세상을 움직이는 은밀하고도 거대한 힘

# 뇌물의 역사

The History of Bribery

세상을 움직이는 은밀하고도 거대한 힘

# 뇌물의 역사

초판 1쇄 발행 2015년 6월 12일
초판 5쇄 발행 2016년 11월 15일

지은이   임용한, 김인호, 노혜경
발행인   김우진

발행처   이야기가있는집
등 록    2014년 2월 13일 제2014-000062호
주 소    서울시 마포구 월드컵북로 375, 2306(DMC 이안오피스텔 1단지 2306호)
전 화    02-6215-1245 ㅣ 팩스 02-6215-1246
이메일   editor@thestoryhouse.kr

ⓒ 2015 임용한, 김인호, 노혜경

ISBN 979-11-952471-8-9  03900

-이야기가있는집은 (주)더스토리하우스의 단행본 브랜드입니다.
-이 책 내용의 전부 또는 일부를 재사용하려면 반드시 동의를 받아야 합니다.
-책값은 뒤표지에 있습니다.

이 도서의 국립중앙도서관 출판예정도서목록(CIP)은 서지정보유통지원시스템 홈페이지(http://seoji.
nl.go.kr)와 국가자료공동목록시스템(http://www.nl.go.kr/kolisnet)에서 이용하실 수 있습니다.
(CIP제어번호: CIP2015014517)

세상을 움직이는 은밀하고도 거대한 힘

# 뇌물의 역사

## The History of Bribery

임용한·김인호·노혜경 공저

이야기가있는집

# 인류와 함께한 뇌물의 역사

오래전 암 전문의가 쓴 암에 관한 글을 읽은 적이 있다. 많은 환자가 의사에게 수술을 받고 암세포를 완전히 들어내고 싶어 하는데, 환자의 이런 염원은 이해하지만 암세포의 성격을 모르고 하는 말이라는 것이다. 암세포는 외부에서 들어오는 바이러스가 아니다. 정상일 때에도 우리 몸에서 항상적으로 생산되는 세포이다. 암세포를 근본적으로 차단하는 방법은 죽음뿐이다. 사는 동안 암세포가 어떤 이유로 일정량 이상 과다 생산되고 몸의 약한 부분에 축적되면 바로 암이 된다. 그의 결론은 이렇다. 암은 인간이 겪는 질병 중에서 아주 특이한 병이다. 외부에서 들어온 바이러스가 아니라 우리가 평생 동안 몸에 생산하는 죽음의 씨앗이다. 암은 근절하는 것이 아니라 다스리는 것이다. 평생 동안 잘 다스리며 살아가야 하는 병이다.

인간 사회에 침투해 있는 뇌물은 잘 다스려야 하는 암세포와 같다. 인간 역사에서 가장 오래된 범죄 중 하나가 바로 뇌물죄이다. 인류 최초의 범죄가 무엇인지는 모르지만 최초의 범죄군에 뇌물죄도 분명 포함될 것이다.

태곳적부터 탄생한 뇌물죄는 모든 범죄 중에서 가장 독특한 양극성을 지니고 있다. 우선 파괴력이 크다. 국가의 정책 결정 과정에서 뇌물이 오

4

고 가면서 국가의 운명이 바뀌고, 기업의 순위가 바뀌고, 대형 사고가 일어나고, 전 국민이 피해를 입기도 한다. 어떤 잔혹한 범죄도 이만한 파괴력을 가지지 못한다. 고대에서 현대까지 동서양을 막론하고 정치가들은 뇌물을 국가가 몰락하는 척도로 보았다. 그만큼 뇌물 문제는 심각하고 중대하다.

그러나 뇌물죄는 거대 범죄이면서 소소한 일상의 범죄이기도 하다. 급행료, 불법적인 수수료, 약간의 사례 등 경우에 따라 범죄라고 할 수도 있지만 차마 범죄라고까지 말하기도 곤란한 일상의 소소한 뇌물 또한 수도 없이 많다. 이런 일들이 쌓이면 나라의 기강이 문란해지고 나라가 망한다고 말하는 사람도 있지만, 어떤 사람들은 그런 뇌물은 범죄는커녕 뇌물이라고도 할 수 없다고 반박한다.

그래서 뇌물은 경계가 모호하다. 실체가 가장 명확할 것 같으면서도 가장 모호한 범죄이다. 법적으로도 그렇고 도덕적으로도 그렇다. 수십억 원을 받고도 대가성이 없다는 이유로 뇌물이 아니라는 판정을 받는 경우가 비일비재하다. 우리는 권력형 비리라고 분노하지만 반드시 그렇지는 않다. 양심을 걸고 법리적으로 판단을 해도, 심증은 분명하지만 확실한 증거를 적발하기가 무척 애매하다.

한 끼 식사비도 안 되는 돈을 주거나 받고 뇌물죄로 걸려 들어간 사람 역시 수없이 많다. 1990년 한 노점상이 단속 경관에게 5,000원을 준 죄로 불구속 입건되었다.[1] 이 사건을 보면 '유전무죄 무전유죄'라는 말을 떠올리게 된다. 당시 단속 경관은 "딱한 사정을 감안해 그냥 눈감아줄 수도 있었지만, 경찰관에게 돈을 주고 불법행위를 무마하려는 잘못된 생각을 바로잡기 위

---

1 〈연합뉴스〉, 1990년 2월 20일자.

해 형사입건을 했다"고 말했다. 이런 일은 미담으로 선정되기도 하고 가혹하다는 비판을 듣기도 하는데, 역사적으로도 반복되고 있다.

도덕과 일상의 관념으로 들어오면 뇌물의 경계는 더욱 모호하다. 소위 스폰형 뇌물이라고 해서 특별한 대가를 지정하지 않고 호의와 선물로 대상을 관리하는 경우에는 어디까지 뇌물이라고 할 수 있을까? 뇌물과 선물의 경계는 더욱 애매하다. 아는 사람에게 작은 보답을 하는 것은 선물일까, 뇌물일까? 더욱 어려운 문제는 뇌물과 인정의 경계가 시대와 상관없이 일정하지 않다는 것이다. 어느 경찰관이 무단횡단을 한 사람을 잡았다. 잡고 보니 평소에 친하게 지내며 공짜 점심도 여러 번 먹여준 동네 식당집 아들이다. 경찰관은 웃으면서 훈계하고 소년을 보내준다. 이것은 인정일까, 부정일까?

## 뇌물은 힘이 아니라 필요에 따라 움직인다

대부분의 범죄는 어느 한쪽에서 일방으로 흐른다. 살인과 폭행은 힘이나 권력이 있는 쪽에서 없는 쪽으로 행사된다. 힘없는 사람의 폭발적 저항은 테러라고 한다(그렇다고 정당하다는 의미는 아니다). 하지만 뇌물은 쌍방향으로 간다. 약자가 강자에게만 뇌물을 바치는 것이 아니다. 강자가 약자에게도 뇌물을 준다. 권력을 가진 자가 가장 가난한 국민을 향해 뇌물을 주기도 한다.

로마 황제는 로마시민을 향해 무상급식과 서커스를 제공하였다. 미국의 금주령 시대에 가난한 경찰관들은 알 카포네가 주는 수당을 받기 위해 줄을 섰다. 현대 사회에서 포퓰리즘 논쟁이 일어나는 이유는 뇌물이 힘을 따라 움직이는 것이 아니라 필요를 따라 움직이기 때문이다.

모든 범죄에 대한 판단에는 어느 정도의 이중성이 있다. 하지만 뇌물죄에 대한 판단은 가장 이중적이고 양면적이다. 예를 들어 도둑은 혐오의 대상이지만 의적은 영웅이 된다. 의적론이 지나치면 살인, 강도까지도 대중의 옹호를 받곤 한다. 그러나 그런 경우 살인, 강도, 도둑질을 정당화하는 것이 아니라 정상참작에 가깝다. 이와 달리 뇌물은 정상참작의 수준을 벗어난다.

하버드대학 행정학 교수인 제임스 윌슨은 1968년 〈뉴욕타임스〉에 기고한 칼럼에서 뇌물을 사회분열적 뇌물과 사회통합적 뇌물로 구분했다. 쉽게 말하면 사회에 해를 끼치는 나쁜 뇌물과 사회에 도움을 주는 정직한 뇌물로 나눈 것이다.[2] 윌슨의 주장은 좀 뻔뻔하다고 할 수 있다. 하지만 윌슨의 뇌물 구분법에 대한 견해를 제외하고 다음과 같은 주장만을 떼어 제시한다면 많은 사람이 동의할 것이다.

"도덕적인 문제와 실제적인 문제를 구분해야 한다. 도덕적인 문제가 실제적인 문제의 중요성을 흐리게 해서는 안 된다. 만약 미국인들이 실제적인 문제를 도덕적인 문제에 종속시킨다면 그건 너무나 금욕적이라고 말할 수밖에 없다."

이런 주장을 하는 사람이 자신과 같은 정당이나 정치적 이슈를 지지하고 있다면 더욱 많은 사람이 동의할 것이다.

인정하기 싫더라도 윌슨의 뇌물 변호론은 독창적인 주장이 아니라 우리의 일상과 의식 속에서 무수히 사용되는 논리를 대변한 것에 불과하다는 사실을 인정해야 한다. 1990년대에 미국의 〈뉴스위크〉는 한국의 기자들이 촌지를 받는 것은 관행이 되었으며 정치인의 비리를 공격하는 기자들도 자신이 받는 적지 않은 양의 촌지를 뇌물로 생각하지 않는다고 꼬집는 기사를

2 존 T. 누난, 이순영 옮김, 《뇌물의 역사》, 한세, 1996, 282~284쪽.

실었다. 20년 사이에 촌지 관행이 많이 개선되었다고 하지만 이 이중적인 인식은 한국에만, 혹은 특정 직업군에만 있었던 것이 아니다. 전 세계의 많은 사람이 뇌물에 대해 자의적이고 이중적인 태도를 보여왔다.

세계적인 관광지로 유명한 동남아시아의 어느 국가에서는 공항에서 입국심사관이 아예 돈 상자를 내놓고 급행료를 챙긴다. 그것에 대해 항의하면 "우리같이 가난한 나라에서 당신들을 위해 이런 공항 시설을 세우고 유지하려면 어쩔 수 없다"고 당당하게 대꾸한다. 물론 그 돈은 공항 관리뿐만이 아니라 직원들의 적은 수입을 보충하는 데에도 사용된다. 그것까지 지적하면 그들은 이렇게 말할지도 모른다.

"우리 아이들이 사는 모습을 봐라. 당신들처럼 비행기를 타고 바다를 건너 관광을 다니는 부유한 사람들은 본 적도 없는 삶을 살고 있다. 나는 가족만이 아니라 가난해서 신발조차 신기 힘들고 학교에도 가지 못하는 수십 명의 친인척과 그들의 아이들까지 돌보아야 한다."

그렇다고 하더라도 이렇게 비정상적인 방법으로 수금하지 말고 공항 사용료와 같은 정당한 명목으로 징수하면 좋지 않겠느냐고 묻는다면, 그 직원은 정말 한심하다는 표정으로 이렇게 대답할 것이다.

"당신네 나라에서는 가능할지 모른다. 그러나 우리가 지금 여기서 챙기지 않으면 우리에게 한 푼도 돌아오지 않는다."

이 주장에 대해 우리는 뭐라고 대답할 수 있을까? 논쟁보다는 행동으로 분석해보자. 그 공항의 급행료에는 두 종류가 있다. 고급 급행료를 낸 팀은 특별 통로로 바로 빠져나간다. 하급 급행료를 낸 팀은 정식 출국 수속을 밟는다. 급행료를 내지 않은 팀은 무한정 기다리는 불이익을 당한다. 많은 사람이 고급 급행료를 낸 팀을 부러운 표정으로 바라본다. 개개인의 마음을 모두 들여다볼 수는 없지만 적어도 사악한 집단이라고 비난하지 않는 것은 분명하다. 급행료를 거부하고 하릴없이 기다리는 팀을 보고는 한심하고 안 됐다는 표정을 짓는다.

외국의 사례가 아닌 우리 일상을 돌이켜보아도 수많은 모순을 발견할 수 있다. 작은 선물, 약한 자가 불이익을 면하기 위해 바치는 것, 가진 자가 베푸는 선심 등은 모두 뇌물이라고 할 수 있을까? 만약 이 모든 경우를 뇌물로 적용하면 뇌물죄에서 자유로운 사람은 한 명도 없을지도 모른다. 1870년 미국에서 벌어진 어느 거대 재벌의 뇌물죄에 대한 의회 청문회에서 재벌 측 법률고문이었던 한 법률가는 의원들을 향해 이렇게 말했다.

"당신들 중 죄 없는 사람이 먼저 돌로 쳐라."[3]

이런 종교적인 해석을 부정하는 사람도 많다. 가진 자의 뇌물죄와 소시민의 뇌물죄를 엄격히 분리해야 한다는 주장도 있다. 그 주장을 백번 인정한다고 해도 세계인이 인정할 수밖에 없는 뇌물에 대한 이중적 가치의 사례는 또 있다. 자국의 이익을 위해 다른 나라에 뭔가를 제공하는 것은 뇌물이 아닌가 하는 문제이다. 우리나라뿐만 아니라 많은 나라의 국민은 자국의 이익을 위해 다른 나라에 뇌물을 주는 것을 정당한 행위로 간주하는 경향을 보인다. 로비스트와 스파이는 타국에서는 역적이고 자국에서는 영웅이다.

이 이중적 기준을 우리는 긍정해야 할지도 모른다. 여기서 이중적 가치관을 문제 삼는 것은 '가진 자의 변명'을 옹호하기 위해서가 아니다. 뇌물이 지닌 또 하나의 보이지 않는 위험을 지적하기 위해서이다. 뇌물의 일상화,

---

3 존 T. 누난, 앞의 책, 231쪽.

뇌물의 만연, 뇌물에 대한 과도한 이중적 가치관은 사회의 건강을 해친다. 의학의 대상은 특정한 병명을 말할 수 있는 눈에 띄는 질병만이 아니다. 시름시름 몸이 약해지고, 의욕을 상실하고, 정신과 신체의 건강한 신진대사를 잃는 것도 심각한 질병이다. 뇌물은 두 가지 형태의 질병을 모두 초래한다.

## 뇌물은 전염성이 강하다

뇌물죄의 성격을 정리하면, 가장 오래되었으며 광범위한 계층에서 가장 많이 저질러지는 범죄라는 것이다. 뇌물의 판정 기준이나 법과 도덕적 경계 역시 모호하다. 모든 사람이 뇌물에 노출되어 있고 가치판단 기준 또한 오락가락하며 해결책을 찾기도 무척 어렵다. 그렇다고 해서 절대 방치할 수도 없다. 뇌물의 파괴력은 어떤 범죄보다도 크고 위험하다. 과거를 돌아보면 뇌물과 부패의 관행을 통제하지 못한 나라와 집단은 반드시 망했다.

뇌물의 파괴력은 양방향에서 온다. 권력형 비리는 어떤 짓도 할 수 있지만, 뇌물의 폐해는 거대한 잘못에 의해서만 야기되는 것이 아니다. 일상의 부정과 생계형 뇌물이 발전해도 핵발전소 폭발과 같은 대형 사고가 일어날 수 있다. 또한 젊은이들 사이에 일상의 비리에 대한 혐오와 자괴감이 만연하면 국가는 생기와 동력을 상실한다.

뇌물은 어떤 범죄보다도 전염성이 강하고, 사회의 모든 영역을 부패시킨다. 그 이유는 의외로 간단하다. 약간 철학적이지만 뇌물에 대한 가장 광범위한 정의는 '자신의 필요를 가장 편한 방법으로 얻으려는 행위'라고 할 수 있기 때문이다. 약자가 강자에게만 뇌물을 바치는 것이 아니다. 강자가 약자에게도 뇌물을 준다. 권력자가 가난한 국민을 향해 뇌물을 주기도 한다.

로마 황제는 로마 시민을 향해 '그라치아'라고 하는 무상급식과 서커스를 제공했다. 미국의 소위 금주령 시대에는 가난한 경찰관들이 마피아인 알 카포네가 주는 수당을 받기 위해 줄을 서서 기다리기도 했다. 현대 사회에서는 포퓰리즘(일반 대중의 인기에만 영합하여 목적을 달성하려는 정치행태) 논쟁이 한창이다. 뇌물도 힘에 따라 움직이는 것이 아니라 필요에 따라 움직인다.

개인의 필요와 사회적 필요란 무한으로 존재한다. 편하고 쉬운 방법을 선호하는 것은 인간의 기본적인 욕망이다. 필요와 욕망이라는 두 가지가 결합하면 모든 것을 극복할 수 있다. 로마의 그라치아 같은 것은 빈민에게만 통할 것 같지만 절대 그렇지 않다. 동로마제국의 수도 비잔티움은 고대 서구에서 가장 부유하여 최고의 부자들로 꽉 찬 도시였다. 동로마는 서로마의 경험을 확대 발전시켜 시민에게 무상급식을 풀었다. 시민들은 여기에 중독되었고 무상급식은 비잔티움이 망하는 날까지 계속되었다.

필요와 욕망은 인간의 삶을 동물의 삶과 다르게 만들고, 인류의 삶과 문명을 발전시킨 근원적 축이다. 그리고 그것의 어두운 면에서 자라는 것이 뇌물이라는 암이다. 결국 뇌물은 끊임없는 다스림과 싸움을 요구한다. 뇌물을 수치로 규정하거나 정의하고 판단할 수 있는 완벽한 개념을 마련하려는 노력은 역사적으로 볼 때 모두 실패했다. 하지만 그런 노력이 있었기에 인류 사회는 유지되었고, 발전하는 집단과 부패하는 집단으로 나뉘게 되었다. 우리가 뇌물의 역사, 뇌물과 싸운 역사를 되돌아보는 이유는 뇌물을 근절하는 완벽한 방법을 찾기 위해서가 아니다. 뇌물을 다스리고 사회를 보다 아름답게 만들 수 있는 지혜를 찾기 위해서이다.

차례

# 1 부

# 은나라 탕왕의
# 6가지 반성을 통해 보는
# 뇌물의 역사

중국 허난성 안양현은 지금은 조용한 소도시이지만 3,000년 전에는 은나라(기원전 1600~1046)의 수도 은허가 있던 곳이다. 역사상으로 중국 최초의 왕은 요와 순 임금 시대이다. 순임금은 우에게 나라를 물려주었는데 우는 나라 이름을 하(夏)라고 했다. 하나라는 17대 만에 폭군 걸왕이 나타나 위기에 빠졌고, 탕(湯)이 걸왕을 내쫓고 새 나라를 세웠다. 그 나라가 바로 은나라이다.

은나라를 세운 탕왕은 13년간 재위했다. 탕왕은 전설 속 명군인 요와 순의 계보를 잇는 인물로 꼽힌다. 그를 유명하게 한 일화가 '6가지 반성'이다. 탕왕이 왕위에 오르고 나서 7년 동안 계속 흉년이 들었다. 탕왕에게 이 일은 심각한 정치적 위기였다. 하나라를 멸망시키고 은나라를 세울 수 있었던 명분은 바로 하나라 왕이 정치를 잘못 해서 하늘이 자신을 시켜 하나라를 정벌하게 했다는 천명론이었기 때문이다.

하나라를 멸망시킨 후 탕왕은 자신감이 넘쳤는지, 자신이 세운 새 나라는 방탕하지 않고 교만하지 않으며, 법과 정의가 살아 있는 나라가 될 것이라고 호언장담했다. 그리고 만약 그렇게 되지 않으면 탕왕 자신이 하늘과 백성 앞에서 책임을 지겠다고 말했다. 그런데 탕왕이 즉위하고 나서 무려 7년 동안 계속 흉년이 든 것이다. 이것은 하나라 시절보다 더한 하늘의 재앙이었다. 정복당한 하나라 백성들은 정치가 잘못되면 하늘이 재앙을 내릴 것이고, 그러면 그 책임은 탕왕 자신이 지겠다고 말한 것을 기억하고 있었다.

위기에 몰린 탕왕은 6가지 잘못을 적어 벽에 걸어놓고 반성했다. 방 안이 아니라 뽕나무 밭에 들어가 반성문을 걸고 기도했다고도 전해진다. 전설에 따르면, 그렇게 기도하니 하늘이 감동해서 비를 내렸다고 한다.

탕왕이 반성을 했다는 6가지 내용은 다음과 같다.

첫째, 정치가 절제되지 않고 문란하지 않은가?

둘째, 백성들이 생업을 잃고 경제가 어렵지 않은가?

셋째, 궁전이 화려하고 사치스럽지 않은가?

넷째, 여자의 청탁이 성하고 정치가 불공정하게 운영되지 않는가?

다섯째, 뇌물이 성행하지 않는가?

여섯째, 참소로 어진 사람이 배척당하고 있지 않은가?

내용을 보면 오늘날의 정치인과 리더들이 마음에 새겨야 할 정도로 적절하다. 조선시대의 왕들은 탕왕의 반성문을 마르고 닳도록 활용했다. 국정이 어렵거나 가뭄이 들어 기우제를 지낼 때면 어김없이 탕왕의 반성문이 등장했다. 진정한 반성문 정치였다. 때로는 시대의 변화를 감안해 항목을 더 늘렸다. 예를 들어 1475년 성종은 가뭄이 들자 반성의 교지를 내렸는데 항목은 15개로 늘어났지만, 탕왕의 반성문에 있던 세 번째와 네 번째 항을 뺐다.[4] 그 후의 왕들도 탕왕의 반성문을 약간씩 수정해서 사용했다. 하지만 어떤 경우에도 뇌물을 염려하는 다섯째 항은 반드시 들어갔다. 그런데 사실 나머지 5가지 항도 다 뇌물과 관련되어 있다.

정치는 권력 남용과 음모로 얼룩지고, 권력자는 백성의 삶을 돌보지 않고 자신의 이익을 챙긴다. 미인계로 모함을 하거나 청탁을 하고 인재는 밀려난다. 이 과정에 뇌물이 있다. 첫째와 둘째 항목인 정치가 절제되지 않고 문란한 것, 백성이 생업을 잃고 경제가 어려운 것은 뇌물과 상관이 없는 듯하지만 갑자기 정부 관리가 상인의 면허를 빼앗아 다른 사람에게 준다거나 신종 세금이 생기거나 경제정책이 엉뚱한 방향으로 흘러가는 경우는 이미 정부 당국자에게 뇌물이 작용한 결과이다. '궁전이 화려하고 사치스럽지 않은가?'라는 셋째 항목도 마찬가지로 생각해볼 수 있다. 고대나 지금이나 대단위 건축 공사처

---

4 《성종실록》 54권, 성종 6년 4월 23일, 신축, 성종의 반성문 항목. "나에게 잘못이 있는지, 정령(政令)에 결함이 있는지, 충신과 간신이 혼동되었는지, 상벌이 잘못되었는지, 옥사와 송사가 지체되었는지, 감사의 인사고과 평가가 공정하지 못하였는지, 수령이 법을 받드는 일에 직분을 다하지 못하였는지, 민간에 등용되지 못한 인재가 있는지, 풍속에 문란한 윤리가 있는지, 도적이 성행하는지, 뇌물이 횡행하는지, 토목공사가 지나치게 일어나고 있는지, 언로가 막혔는지, 놀고먹는 사람이 많은지, 약자를 짓밟는 자가 많은지를 살핀다."

럼 뇌물이 오고 가기 쉬운 기회가 없다. 그리고 권력이 끼어들면 더 쉽고 무자비해진다.

이처럼 탕왕의 반성문은 인류 역사가 시작될 때부터 뇌물이 있었음을 말해준다. 그렇다면 뇌물은 왜 생겨나는 것일까? 권력이 있어서 뇌물이 생겨나는지, 아니면 뇌물이 권력을 타락시키는 것인지는 모르겠다. 가장 근본적인 원인은 인간의 욕망이다. 보다 빠르고 쉽게 원하는 바를 쟁취하고 싶은 욕망, 혹은 자신의 능력 이상의 것을 추구하는 과정에서 뇌물이 발생한다.

욕망과 뇌물은 인간 사회 어느 곳에서나 생긴다. 그러나 욕망이 가장 먼저 몰려드는 곳, 현저하게 충격적인 결과를 만들어내는 곳에 권력이 있다. 사회의 분화, 직업과 권력의 생성, 국가의 탄생과 함께 뇌물의 역사도 기나긴 여정을 시작한다.

따라서 뇌물의 유형을 탕왕의 6가지 반성에 맞춰 분류해보았다. 앞서 말했지만 탕왕의 반성문은 뇌물에 관한 것이 아니고 정치의 타락에 관한 것이다. 뇌물은 6가지 타락 현상 중 하나로 들어가 있다. 그러나 모든 항목이 뇌물과 관련이 있다. 여섯째 항목의 '참소로 어진 사람이 배척을 받는 경우'도 뇌물이 빠질 수 없으며 뇌물의 역사를 살펴보는 데 아주 유용하다. 이런 이유로 '뇌물이 성행하지 않는가?'라는 다섯째 항목은 '뇌물이 정상적인 사회생활과 관행까지 대체하는 특별한 상황'으로 설정했다. 어쩌면 이것이 탕왕의 진의에 더 부합할 것이다. 탕왕의 6가지 반성을 통해 뇌물의 역사에 대해 살펴보도록 하자.

# 정치가 절제되지 않고
# 문란하지 않은가

정치가 문란하다는 것은 권력욕과 탐욕이 잘 통제되지 않는 상황을 말한다. 이 통제 불능 상태를 야기하는 주범은 돈이다. 사회에 돈과 이권이 증가하면 권력가의 탐욕도 증가하고 권력 안으로 들어오려는 욕구도 증가한다. 이 둘이 만나서 탄생하는 것이 매관매직이다. 그렇다고 돈이 악의 근원이라고 단정하지는 말자. 돈과 탐욕이 역사의 발전을 이룬 것은 틀림없는 사실이다. 자본주의의 종말을 그린 칼 마르크스도 자본주의 이전 사회나 원시시대가 행복한 사회였다고 보지 않았다. 다만 새로운 즐거움에는 새로운 악이 항상 따른다. 인류의 역사는 빛과 어둠이 끊임없이 투쟁한 결과이다.

## 공명첩 – 명예를 판다

임진왜란 이후의 조선 사회는 상업과 부가 성장하기 시작했다. 담배와 같은 새로운 히트 상품이 등장하기도 했지만, 최고의 상품은 역시 관직이었다. 그래서 등장한 것이 공명첩(空名帖)이다. 공명첩은 이름을 적는 칸을 비워둔 백지 임명장이다. 돈이나 곡식을 받은 뒤 공란에 구매자의 이름을 적어주면 완전한 임명장이 된다.

17세기에 매관매직은 동서양을 가리지 않고 세계적으로 대유행이었다. 그런데 유럽의 매관매직과 조선과 중국의 매관매직은 조금 다르다. 유럽의 절대왕정에서 판매한 관직은 이름뿐인 것도 있었지만 조세 징수관이나 고등재판소 관원처럼 실제 권력이 따라오는 것도 많았다. 부르주아는 주로 지방 행정관이나 법원의 관직을 차지하며 성장해 정통 귀족과 대립하는 위치로 올라섰다. 이와 달리 조선과 중국에서는 전국시대부터 지방관이 파견되었을 정도로 고대부터 절대주의 국가보다 훨씬 수준 높은 관료제가 시행되었다. 따라서 이미 관직이 포화상태여서 더 팔 관직이 없었다. 그런 상황에서 공명첩을 이용해 팔 수 있는 관직은 명예직뿐이었다.

공명첩 판매의 기원은 오래되었다. 중국 기록을 보면 한나라, 당나라 때부터 시작되었다. 공명첩은 전쟁이나 내전이 벌어지면 재원을 확보하거나 우수한 군사를 고용하기 위해 사용되었다. 공명첩으로 임명하는 관직은 거의 진짜가 아니다. 이름뿐인 관직이기 때문에 관원으로 근무하지도 않고 녹봉도 받지 않는다. 그렇다면 실속 없는 명예에 불과할 것 같지만 꼭 그렇지도 않다.

옛날 중국에 백이청이라는 사람이 있었다. 공명첩으로 5품 관직을 받자 동네 사람들이 그를 비웃었다.

"너는 집도 가난한데 돈도 되지 않는 그런 이름뿐인 관직은 받아서 뭐 하느냐?"

실리주의자인 백이청은 그에게 이렇게 반박했다.

"비록 녹봉은 받지 못하지만 이것은 5품의 직으로 종신토록 높이 누워 있고 조세와 부역을 면하게 해줄 것이다. 당장의 물질적인 보상에 비할 바가 아니다."

이 말에 해설을 달면 이런 뜻이다.

"관직 없이 재산만 늘려놓으면 재산을 지킬 수가 없다. 집에 황제에게서 받은 귀한 보물이 있다고 소문이 나면 권력자에게 빼앗기고 말 것이다. 쌀로 포상을 받으면 일가친척과 동네 사람들이 몰려와 나눠 먹고 끝날 것이다. 관직은 내 재산을 지킬 힘을 줄 뿐만 아니라 타인의 재산을 빼앗아올 힘까지 같이 준다. 공명첩으로 받은 관직이라도 지방 사회에서는 권위가 되고, 품계만큼의 전관예우를 받고, 조세와 부역도 면제된다."

중국의 역대 왕조는 매관매직을 국가의 공식 사업으로 양성화했다. 이 제도의 배경은 군대를 주둔시켜야 하는 국경 지방에서 곡식을 바친 사람에게 관직을 주는 것에서 시작했다. 이것을 연납제(捐納制)라고 한다. 청나라는 연납제를 특히 정식화했는데, 청나라가 한족을 정복하고 팔기군이라는 군사 조직을 유지하기 위해 1년 예산의 20퍼센트를 투자해야 할 정도로 군사비 비중이 높았기 때문이다. 청의 재정 수입은 4,000만~4,800만 냥 정도였고, 이 중 연납으로 받는 돈이 평균 300만 냥 정도였다.

## 조선의 공명첩

공명첩과 연납제 같은 공개적인 매관매직은 신분질서를 파괴하고 관료들에게 손쉬운 수익 수단을 던져줌으로써 관료 세계를 거대한 부패의 늪으로 빠뜨릴 위험이 컸다. 그래서 조선 전기에는 공명첩을 거의 사용하지 않았다. 공명첩과 비슷한 것이라면 도성 축조나 기타 건설 사업에 동원되는 승려들에게 공명도첩을 뿌린 것뿐이었다. 조선시대에는 승려가 되려면 국가의 허락을 받고 등록을 해야 했지만, 불법으로 출가한 무등록 승려들이 꽤 많았다. 그들을 양성화하는 정책으로 주로 국가의 토목, 건설 사업에 참여하면 승려 신분증을 주었다. 하지만 이 과정에도 뇌물과 도첩 판매가 개입했다. 조선 정부는 화들짝 놀랐고 공명첩 발행을 극도로 꺼리게 되었다.

게다가 조선 전기에는 별다른 전쟁이나 국가적 위기 상황이 없었다. 사실 이것이 진짜 이유였다. 유일한 전쟁은 북방 여진족과의 전투였다. 1467년(세조 13) 대사헌 양성지가 국정 개혁안을 올렸는데, 그중에 여진족과의 전쟁을 대비해서 북방에 공명첩을 풀자는 내용이 있었다. 세조는 그 상소를 읽고 양성지를 직접 부르더니 이렇게 말했다.

"그대가 건의한 내용은 비현실적이어서 하나도 쓸 수가 없다."[5]

당시 여진족과의 전쟁은 조선이 주도권을 쥐고 있었다. 국가적으로 위험한 전쟁이 아니었기 때문에 신분제까지 훼손하면서 공명첩을 사용할 필요가 없었다.

그러나 100년 후에 벌어진 임진왜란은 사정이 달랐다. 개전 한 달 만에 한양을 빼앗겼고 왕은 의주까지 달아났다. 전국적으로 군대를 동원하고 군량을 모으고 공로자에게 포상해야 하는데, 피난 정부를 꾸리고 있으니 아무것도 할 수가 없었다. 처음에는 적을 죽이거나 공적을 세운 사람은 이름을 적어두었다가 나중에 포상하겠다고 했다. 하지만 나라가 언제 끝장날지도 모르는 상황에서 사람들이 나중에 주겠다는 말을 신뢰할 리가 없었다. 다급해진 정부는 공명첩을 꺼내들었다. 지휘관이나 지방관이 백지 임명장

5 《세조실록》 42권, 세조 13년 5월 28일, 임진.

을 받아 가지고 있다가 군에 자원하거나 군량을 바치거나 공을 세우면 즉석에서 이름을 적었다. 특히 식량을 모으는 데 공명첩은 매우 유용했다. 그래서 곡식을 바치고 벼슬을 얻는 제도라고 해서 납속(納粟) 제도라고도 했다.

처음에는 공명첩이 얼마나 나갔는지, 누구에게 주었는지 그 현황이 파악되지 않았다. 그나마 다행인 것은 중앙 정부가 공명첩 제작을 장악하고 있었다는 것이다. 주둔군 사령관이나 지방관이 식량이 부족하다거나 성을 쌓거나 군사를 모아야 한다고 보고하면 정부에서 사업에 필요한 예산액을 추정하고 금액을 조달할 수 있을 만큼 공명첩을 만들어 발송했다.

하지만 이 와중에도 조선은 신분제 사회라는 의식이 철저해서 공명첩도 여러 종류를 두고 운영했다. 벼슬을 주는 임명장, 향리역을 면제해주는 면향첩, 군역이나 역리, 나루터지기 같은 신분역을 면제해주는 면역첩, 노비 신분을 면해주는 면천첩 등으로 구분했다. 조선은 행정이 느리기로 유명한 나라였지만 이런 식의 행정 순발력은 존경스러울 정도로 빨랐다.

공명첩 중에서도 제일 존귀한 것은 과거 급제를 증명하는 공명홍패였다. 과거에 급제하면 합격 증명서를 붉은 종이에 써서 주었다고 홍패라고 불렀다. 붉은 종이라고 해도 새빨갛지는 않고 살짝 홍조를 띠는 정도였다.

관직 임명장인 일반 공명첩보다 과거 합격증인 공명홍패가 더 인기였다는 사실은 얼핏 이해가 가지 않는다. 과거 급제는 관직을 받는 것이 아니라 관직을 받을 수 있는 자격을 얻는 것에 불과하기 때문이다. 과거 급제를 해도 즉시 관직을 얻는 사람은 장원급제자 정도였다. 나머지는 임명 대기였고, 평생 대기해야 하는 사람이 절반은 넘었다. 그렇다면 과거 합격증보다는 관직 임명장이 격이 더 높아야 할 것 같은데 그렇지 않았다. 주는 사람

**공명첩**
받는 사람이 따로 있지 않은 백지 임명장이다. 임진왜란 때 남발되기 시작해 조선 후기에 신분제를 문란하게 했다.

은 물론이고 받는 사람도 공명첩이 '공갈첩'이라는 사실을 잘 알고 있었다. 공명첩으로는 잘해야 동네에서 양반 대우를 받는 정도로만 만족해야 했다. 아니 진짜 양반들은 인정해주지도 않았다. 하지만 공명홍패는 달랐다. 진짜 과거 급제 증명서였다.

공명홍패는 반드시 왜군의 목을 베어 오는 사람에게만 주었다. 왜군 한 명을 죽이면 무과 급제로 인정했다. 무과에는 초시(初試)와 도시(都試)가 있는데, 왜군 한 명을 죽이면 초시 합격, 또 한 명을 죽이면 도시에 응시할 자격을 주었다. 왜군을 제일 많이 죽인 사람은 장원급제로 쳤다.

왜군을 죽인 것은 목을 베어 오거나 귀를 가져오는 것으로 증명했다. 그런데 목을 가져오는 게 일단 끔찍하고 비위생적이기도 한 데다 쉽지가 않았다. 베기도 쉽고 운반하기도 쉬운 건 귀였다. 하지만 귀는 사람마다 두 개이기 때문에 나중에는 귀를 인정해주지 않게 되었다.[6]

이 와중에도 공명첩이 신분제와 명분을 해체하고 나중에 사회에 커다란 암적인 존재가 될 것이라고 걱정하고 비판하는 선각자들이 있었다. 하지

---

6 《선조실록》 40권, 선조 26년 7월 16일, 무진.

만 전쟁 중이었다. 현실론자들은 단박에 이렇게 핀잔을 주었다.

"적을 죽인 후에야 나라도 있고 제도도 있다. 아니 이미 노비도 문관직을 받는 판인데 그깟 과거 급제는 아껴서 뭐할 것인가."[7]

계속해서 공명첩은 뿌려졌고 행정과 관리 제도도 발달했다. 1593년 정부는 품계에 따라 공정가격까지 제정했다.

## 매관매직으로 문란해진 정치

전쟁 2년째인 1593년, 금방이라도 나라가 망할 것 같던 위기감은 사라졌다. 명나라가 참전했고 조선 수군은 이순신의 빛나는 지휘 아래 남해에서 전설적인 승리를 거두었다. 조선과 명나라의 연합군은 평양과 한양을 탈환했다. 왜군은 기존의 점령지를 다 포기하고 남해안으로 물러가 경상도 해안 지역에 교두보를 확보하고 버텼다. 조선에서 완전히 철군을 하지는 않았지만 진격도 하지 못했다.

왜군이 후퇴하고 공포감이 사라지자 비로소 사람들의 눈에 이상한 광경이 보이기 시작했다. 시골길을 걷다 보면 당상관의 군복을 입은 사람이 소나 말을 몰고 있다. 분명 관청의 마부나 역졸인데, 당상관 차림을 하고 다닌다. 또 분명 노비처럼 보이는 남자가 등짐을 지고 달려가는데, 귀에서 옥관자(당상관 이상이 사용하는 갓끈)가 덜렁거린다. 마을에 들어가니 주민들 사이로 울긋불긋한 관복을 입은 사람들이 섞여 있다. 한양에서도 보기 힘든 당상관이 시골 마을에 우글우글하다.

관청에 들어가 무엇을 부탁하려고 하니 향리가 없어 행정이 이루어지

---

7 《선조실록》 40권, 선조 26년 7월 18일, 경오.

지 않는다고 한다. 그렇다면 짐을 나르게 노비나 일꾼을 좀 빌려달라고 했더니 그들도 없다고 한다. 다 어디 갔느냐고 물으니 난리통에 상당수가 죽거나 도망쳤고, 일부는 아까 마을에서 본 당상관들 중에 섞여 있다고 한다. 이상한 양반들 중 절반이 마을의 향리와 노비이다. 그중에는 마을의 천덕꾸러기였던 날건달, 부랑자, 기녀의 자식도 있다.

그제야 전쟁 중에 곡식을 바치고 행정 수완을 발휘하고 왜군을 잡아 죽인 사람들은 거의가 향리와 노비, 힘으로 먹고살던 거친 사람들이었다는 사실을 깨닫는다. 공명첩 뿌리기에 바빠 미처 생각을 하지 못했다. 마을 최고의 행정가와 수완가는 모두 향리들이며 그들은 정보를 빨리 얻는다. 사대부와 유생은 말만 많고 호통만 치지, 자기 몸 하나 제대로 가누는 사람이 드물다. 노비와 천인은 목숨을 걸고라도 천인의 신분에서 벗어나려는 욕구가 누구보다 크다. 싸움은 싸움꾼이 제일 잘한다.

이런 이유로 공명첩의 상당수가 향리, 노비, 건달, 싸움꾼, 천민에게 흘러들어갈 수밖에 없었다. 단 2년 만에 전쟁이 바꾸어놓은 신세계였다. 공명첩이 얼마나 뿌려졌는지는 아무도 모른다. 성을 쌓거나 한 지역의 군량을 모으는 책임자에게 수십 장, 수백 장을 쥐어준 적도 있었다. 임진왜란 기간 동안 아무리 적어도 수만 장 이상이 발급된 것은 분명한 것 같다. 10만 단위가 가볍게 넘을 수도 있다. 과장이겠지만 평안도에서는 공명첩을 받을 수 있는 사람은 다 받았다는 소문도 있었다.

임진왜란 발발 3년째인 1594년(선조 27) 어떤 황해도 사람이 소 한 마리를 바칠 테니 참봉 직을 달라고 요구했다. 그 제안을 들은 사람은 조금 놀랐다. 참봉은 너무 낮은 관직이어서 참봉 공명첩은 아예 만들지도 않았기 때문이다.[8] 이 사람은 가난하거나 소심한 것일 수도 있지만 예리한 선견지명을 지닌 실리주의자일 수도 있다. 공명첩이 남발되면 결국 인플레이션이된다. 그럴수록 사람들은 너나없이 더 높은 관직을 얻으려고 할 것이다. 그런데 노비 출신 당상관도 어쩌다 한 명이 있으면 전시에 세운 공로도 있고하니 그럭저럭 예우를 받겠지만 마을마다 넘쳐난다면 누가 노비들을 당상관으로 대우해주겠는가? 자칫하면 전시에 발행한 공명첩을 무효로 할 수도있고 종전 후에 대숙청을 당할 수도 있다. 참봉은 지방에서나 통하는 말직이니 오히려 실용적일 수 있다. 곧 있으면 폐지될 허울뿐인 명예보다 작은것이라도 실질적인 권력을 노린 것이다.

그러나 그 참봉은 결국 소심한 사람이 되고 말았다. 전쟁이 끝난 뒤에도 공명첩은 사라지지 않았다. 아니 없앨 수가 없게 되었다. 우려했던 대로공명첩 장사를 하면서 정부와 관료들이 돈맛에 길들여진 것이다. 하지만 진짜 이유는 따로 있었다.

공명첩이 남발되는 바람에 양반층이 급속히 늘어났다. 양반의 특권이군역 면제였는데, 공명첩이 실제 관직을 준 것은 아니지만 그들이 누리는특권은 보장해주었다. 양반이 공명첩을 사면 상관없지만 평민이 공명첩을사면 바로 군역 대상자가 한 명 줄어버린다. 조선시대 군역은 실제로는 세금이었으니 공명첩으로 양반이 되는 사람이 너무 많아져서 군역세를 내는사람이 절반 이하로 줄어들었다. 조선시대에는 토지세보다도 군역세의 비중이 더 높았다. 군역세가 걷히지 않으면 국가재정이 기울 수밖에 없었다.

전쟁은 끝났지만 재정이 부족하니 정부는 일이 있을 때마다 공명첩을

---

8 《선조실록》 53권, 선조 27년 7월 8일, 갑신.

발행했다. 국가재정으로는 기본적인 운영비, 경상비만 간신히 충당했다. 조금이라도 새롭게 돈이 들어갈 일이 있으면, 예를 들어 성을 쌓거나 군영에 비축한 무기가 낡아서 새로 제조해야 할 때, 흉년이 들어 빈민을 구제해야 할 때에는 수표를 발행하듯이 어김없이 공명첩을 풀었다. 공명첩을 1,000장, 100장 단위로 내려보냈다. 심지어 국가에 공물을 많이 바치는 사찰에 화재가 나면 사찰 복구비도 공명첩으로 조달했다.

여기서 악순환이 발생한다. 공명첩을 많이 풀면 풀수록 군역 면제자는 늘어난다. 세금을 내는 사람이 줄어드니 재정이 더 악화되고 재정 부족분을 채우기 위해 공명첩을 더 많이 발행해야 한다. 설상가상으로 불변의 경제 법칙이 발목을 잡는다. 뭐든지 흔해지면 값이 떨어지는 법이다. 공명첩이 흔해지니 구매욕도 떨어지고 구매욕이 떨어지니 단가가 하락한다.

정부가 공명첩의 액면가를 높이려면 공명첩에 적힌 관직의 등급을 높여야 했다. 처음에는 관직보다는 품계를 팔았다. 조선의 관직은 9품으로 구분되고 품계마다 명칭이 있다. 문관 종9품은 장사랑, 무관은 전력부위이고, 정3품 당상관은 통정대부와 절충장군이라는 식이다. 그러나 양반이 흔해지자 그런 품계는 사려고 들지도 않았다. 가격도 폭락했다. 당상관이란 편전에서 왕과 직접 대화할 수 있는 관직이라는 의미이다. 이외에도 자녀가 과거를 보지 않아도 관리로 채용될 수 있는 음서(蔭敍) 자격을 얻고, 죄를 지어도 용서를 받고 형벌을 면제받는 등 특권이 상당했다. 하지만 당상관의 가격은 현종 때부터 숙종 때까지 쌀 5~10석밖에 안 되었다.

영조 때의 실학자 유수원이 쓴 《우서(迂書)》를 보면 당상관의 직첩은 팔리지도 않았고 대장군의 공명첩은 술 한 상 값에 불과했다고 한다. 정조,

순조 때가 되면 정2품 대신의 품계인 가선대부와 무관 최고위 품계인 절충장군의 가격이 쌀 10~13석 정도였다.

할 수 없이 야금야금 진짜 관직명을 넣기 시작했다. 제일 많이 팔린 것이 중추원의 고관인 정3품 첨지중추부사였다. 줄여서 첨지라고 한다. 사극에서 동네 장년층들이 서로 '박 첨지', '이 첨지' 하고 부르는 장면이 자주 나오는 바람에 우리에게 익숙한 말이다. 덕분에 그냥 장년 남자를 부르는 호칭인 줄 아는 사람도 많은데 원래 첨지는 아주 고관직이다. 그러나 공명첩 덕분에 너무 흔해져서 조선 후기에는 그냥 벼슬하지 못한 양반을 부르는 용어처럼 되었다. 1660년(현종 1) 첨지의 공정가격은 양반의 경우 40석, 양인은 10석을 더 붙여서 50석이었다. 1718년(숙종 44)에는 이 가격이 8석과 10석으로 떨어졌다. 이때의 한 가마니는 지금보다 무거워서 80킬로그램 정도 된다. 한 가마니 가격을 40만 원으로 잡으면 400만 원이면 국무총리 식을 살 수 있었던 것이다. 환상적인 세상이었다.

그러나 사실 조선시대에는 쌀 10석도 적은 양이 아니었다. 조선시대에 5인 가구가 세금도 내며 1년 동안 살 수 있는 땅이 1결인데, 1결의 생산량은 15~20석 정도였다. 토지 문서를 보면 이 정도로 수확을 하는 사람은 전체 인구의 30퍼센트 정도밖에 되지 않았다. 물론 가족이 장사를 하거나 품앗이를 해서 소득이 더 있을 수는 있다. 아무튼 보통 농민의 1년 생산량을 저축하거나 융통할 수 있는 사람이면 당상관이 될 수 있었다. 그리고 양반이 되어 군역세를 면제받을 수 있다면 투자금을 충분히 빼낼 수 있었다.

정부의 입장에서 볼 때 공명첩 한 장에, 그것도 최고 관직을 붙여서 쌀 10석이면 심각한 문제였다. 흉년이 들어서 한 도에서 진휼을 하려면 최소한 1만 석은 필요했다. 한 장에 10석인 공명첩을 팔아 1만 석을 조달하려면 공명첩 1,000장을 발행해야 한다. 각 도에 군현이 50개가 있다고 가정하고 1,000장을 팔면 군현마다 당상관이 200명씩 생겨난다. 흉년이 몇 해 지속되면 마을마다 당상관이 없는 동네가 없게 된다.

공명첩이 상품화되자 공명첩을 이용한 범죄도 늘었다. 조선 후기의 형사 기록을 보면 갑자기 왕의 도장이나 관인을 위조하는 범죄가 급증한다. 대부분 공명첩 위조범이었다. 1734년(영조 10) 서진적이라는 아전이 왕의 도장을 위조해서 가짜 공명첩을 찍어냈다. 그는 위조 사실을 들키지 않으려고 멀리 함경도에 가서 팔아먹다가 체포되었다.[9] 문제는 이렇게 범인을 잡아도 이미 팔아먹은 공명첩은 회수할 수가 없다는 것이다. 제일 황당한 일은 이상건 사건이었다. 이상건은 자기가 술법을 써서 돈과 공명첩을 만들어낼 수 있다고 사기를 쳐 체포되었다. 그는 심문을 받다가 곤장을 맞고 죽었다.[10]

## 진짜 양반으로 대접받기

공명첩은 국가의 재정 제도뿐만 아니라 사대부들이 가장 소중하게 여기던 세계를 파괴하고 있었다. 조선 후기가 되면 주자학이 맹위를 떨치면서 양반들의 사고가 더욱 경직된다. 주자학은 남송에서 탄생했다. 주자학 이전이나 이후의 어떤 유학사상보다 명분과 신분질서와 형식적인 체면을 중시하는 사상이다. 사대부들의 사고는 거의 원리주의 수준으로 경직되었고, 사회는 이 치열한 정신과 반대로 흘러갔다.

---

9 《영조실록》 38권, 영조 10년 5월 3일, 무신.
10 《영조실록》 13권, 영조 3년 10월 6일, 무자.

돈만 내면 양반을 살 수 있고 양반이 흔해지다 보니 하층계급 사람도 양반을 우습게 보기 시작했다.

구한말 부여에 살던 한 선비가 길을 가다가 산지기를 만났다. 선비는 대대로 이 지역에서 살아온 정통 양반이었다. 산지기라면 진짜 양반이 지나가면 길에서 물러나 예를 표해야 했다. 그러나 산지기는 뻣뻣하게 서서 길조차 비켜주지 않았다. 화가 난 선비가 양반에게 이런 무례한 행동을 하느냐고 호통을 치자 산지기는 더 사납게 소리쳤다.

"요즘 세상에 진짜 양반이 어디 있느냐! 돈이면 다 양반이지!"[11]

세상이 이렇게 되었으니 양반으로 대접받으려면 더욱 특별한 행동이 필요했다. 이제 혈통이나 관직만이 아니라 정신과 사상과 예법으로 자기 존재를 확인해야 하는 시대가 도래한 것이다. 실제로 관원이 되면 아무도 무시하지 못했다. 그러나 양반은 너무 많았고 관직은 너무 적었다. 성호 이익(李瀷, 1681~1763) 같은 정통 양반도 벼슬을 하지 못했다. 양반들은 철학적 사변뿐만 아니라 양반다움을 드러내기 위한 행동거지와 생활규범을 자신의 생활에 더덕더덕 붙였다. 사실 철학적 사변을 펼칠 수 있는 양반 학자는 많지 않았다. 그래서 철학적 논쟁에 참여할 수 없는 사람은 양반다움을 과시하기로 했다.

양반이 흔해지자 결국은 양반답게 살 수 있는 사람, 즉 노동을 하지 않

---

11 홍성찬, "1894년 집강소기 설포하의 향촌사정: 부여 대방면 일대를 중심으로", 〈동방학지〉 39, 연세대학교 출판부, 1983.

고 남을 부리며 살 수 있는 사람과 그렇지 않은 사람으로 나뉘었다. 그것이 현실적인 기준이었다. 오래된 진짜 양반과 돈이 있어서 양반처럼 살 수 있는 사람들은 이 혼돈의 시대에 자신들이 양반임을 과시하고 싶어 했다. 적어도 얼치기 양반과는 구분되어야 했다. 그 과시를 위해 이상한 예절과 행동규범이 만들어졌다. 양반은 비가 올 때 뛰어서는 안 되고, 젓가락의 끝을 가지런히 할 때에는 밥상에 대고 두드려서는 안 되며 반드시 손으로 들고 공중에서 끝을 맞추어야 했다. 조선 후기의 문인 박지원이 〈양반전〉에서 신랄하게 비판한 우스꽝스러운 양반의 행동규범은 이렇게 해서 탄생한 것이다.

최악의 규범은 일을 하지 않아야 진정한 양반이라는 것이었다. 굶어죽을 정도로 가난해도 양반다움을 지키겠다고 빈둥거리는 문화가 만연했다. 서얼 집안 출신으로 한국 최초의 부르주아라고도 할 수 있는 윤치호는 시니컬하게 양반을 정의했다.

"양반은 세수할 때와 밥 먹을 때를 제외하고는 자기 손으로 아무것도 안 하는 사람이다."

좀 더 기분 나쁘지만 러일전쟁에 참전하기 위해 1907년경 조선에 왔던 한 일본인 대위는 비유인지 목격담인지 모르겠지만 이렇게 말했다.

"조선의 양반은 말에서 떨어져도 누군가가 와서 일으켜주기까지는 꼼짝도 하지 않는다."

그런데 정말로 이상한 것은 국가를 타락시키고 재정절벽을 초래했으며 양반층을 무한대로 늘려놓아 사대부의 세계를 파괴한 이 공공연한 매관매직을 정작 양반 사대부 누구도 뇌물로 간주하거나 비판하지 않았다는 사실이다. 그래서 양반 사대부의 기준에 따르면 공명첩은 이 책의 내용에서 빠져야 한다. 공명첩이 왜 뇌물이 아닐까? 합법적 뇌물, 공공연한 뇌물이 아닌가?

바로 그래서 공명첩이 뇌물이 아닌 이유이다. 뇌물이란 음지에서 자행되는 불법적인 거래여야 한다. 공명첩은 정부가 공인한 합법적인 증서이다. 정치인의 출판기념회에 참석하거나 그가 경영하는 식당에서 밥 한 그릇을 사 먹는 행위는 만 권의 책을 주문하거나 자장면 한 그릇 값으로 1,000만 원을 내지 않는 이상 뇌물이 아니라 정당한 거래이다. 그래서 누구도 공명첩을 뇌물이라고 비판하지 못했다. 중세 사회를 해체하는 데 있어서 탕왕의 6가지 반성에 나오는 어떤 뇌물보다도 파괴력 넘치는 제도였지만 뇌물은 아니었다. 작위는 왕에게서 나오는 것이 맞기 때문이다.

# 백성들이 생업을 잃고
# 경제가 어렵지 않은가

진시황을 황제로 만들어준 여불위는 하남 지방의 대상인이었다. 당시 진나라가 약소국이어서 진나라 소왕의 손자(둘째 아들의 아들)인 자초가 조나라에 볼모로 와 있었다. 여불위는 자초에게 접근해서 그의 호감을 사고 뇌물을 동원해 자초가 귀국하는 데 힘썼다. 자초가 즉위하자 여불위는 재상으로 등용되었다. 일개 상인에서 최고 권력자가 된 것이다.

여불위는 자초와 교분을 맺을 때 미인 한 명을 진상했다. 그 여인이 낳은 아들이 진시황이다. 여인이 자초에게 가기 전 이미 임신을 한 상태였고 그 상대가 여불위라는 설이 파다하게 퍼져 있다. 그러나 진시황이 워낙 미움을 산 인물이라 지어낸 이야기일 가능성이 크다. 나중에 진시황은 자기 모친과 간통한 죄로 여불위를 처형했는데, 만약 진시황이 여불위의 아들이라면 자신의 아버지를 죽인 사람이 되기 때문이다.

이러한 여불위의 삶을 통해 알 수 있듯이 옛날부터 상인은 권력과 유착하고, 그다음에는 돈으로 권력을 지배하고, 마지막에는 자신이 권력가가 되기도 했다. 근세 이탈리아 대상인 메디치 가는 피렌체를 지배하다가 마침내 국왕이 되었고 교황 레오 10세까지 배출했다. 현대에도 간간이 거부들이 대통령이나 수상이 되는 사례가 있다. 우리나라에서는 아직 성공 사례가 없지만 1990년대부터 재벌 총수나 거부들이 심심찮게 대권에 도전하고 있다.

하지만 그것은 아주 특별한 거부들의 이야기이다. 역사적으로 상인들은 보통 권력에 굴복하고 권력의 보호 아래 부귀영화를 누렸다. 그들의 무기는 돈이고, 권력은 돈을 필요로 하기 때문에 양자 간에는 강제적인 수탈, 강압적이거나 자발적인 뇌물, 정상적인 거래라는 다양한 형태로 마치 혈관을 따라 피가 순환하듯이 늘 돈이 오고 갔다.

## 권력은 돈이 필요하다

권력가들은 상납 혹은 채무라는 형태로 상인들에게서 뇌물을 받았다. 유럽의 왕실은 화려했지만 언제나 빚더미였다. 14세기까지 유럽에서 제일 부유한 국가는 비잔틴제국이었다. 그곳에서도 황제가 사망하면 여지없이 빚잔치가 열릴 정도였다. 신임 황제는 이전 황제의 빚을 자신이 갚겠다고 선언하는 것으로 인심을 얻었다. 그리고 또 빚을 졌다. 서유럽의 제국들도 다르지 않았다. 전쟁, 결혼식, 건축, 사치스러운 생활을 위해 왕은 상인들에게 채무를 졌다.

이것이 순수한 채무가 아닌 것이 왕은 대부분 빚을 갚지 않았다. 권력가는 보통 상인에게 빚을 지면 이권이나 특허권, 기타 다른 방식으로 빚을 갚았다. 결국 채무와 이권을 맞바꾸는 것으로 금융거래를 위장한 뇌물이었다. 모든 뇌물이 그렇지만 뇌물을 바치는 입장에서는 상대방에게서 보답이 온다는 보장이 없다. 권력가의 특징은 무책임이다. 상인의 입장에서 보면 뇌물이 아니라 투기라고 생각했을 것이다. 많은 상인들이 왕실에 돈을 떼이고 파산했다.

조선에서는 왕이 직접 채무자가 되지 않았다. 조선은 왕이 그런 일에 직접 나서는 나라가 아니었다. 그러나 왕실과 대비전, 중궁전, 외척 쪽에서 대단한 권력을 휘둘렀다. 육의전으로 대표되는 시전 상인들은 종로에서 시전을 열 수 있는 독점권을 얻는 대신 정부가 필요로 하는 물자를 조달할 의무가 있었다. 이것을 구실로 늘 사례를 요구하고 빌리기도 하고 털어가기도 했다. 꾸기도 많이 꾸었는데 물론 갚는다는 보장이 없었다.

예를 들면 18세기에 어느 군영에서 야전기동훈련을 하게 되었다. 군인들이 밖에서 식사를 해야 하는데 숟가락이 없었다. 그들은 한양의 육의전에 와서 놋수저를 빌려갔다. 그러고는 절반 정도만 돌려주었다. 당시 놋수저는 귀하고 비싼 물품이었다. 또 돈이 필요하면 차용증을 쓰고 빌려가는 경우도 적지 않았다. 상인들이라고 무조건 당하지는 않았다. 이권을 얻고, 돈을 빌려간 사람보다 더 막강한 권력과 연결이 되면 추심도 할 수 있었다. 다만 더 높은 권력가와 연결되려면 또 정기적인 상납과 뇌물과 선물이 필요했다.

14세기 이탈리아의 한 상인은 좋은 상인이 되기 위한 지침서를 저술했다. 그는 상인의 마음가짐에 대해 이렇게 썼다.

"현명한 상인이라면 너무 인색하지 않게 행동하는 것이 진정한 신중함이라는 것을 알아야 한다. 예컨대 장인과 중간 상인에게 응당 치러야 할 것 이상을 지불하는 것이 늘 잘못은 아니다. 판사나 심판자에게 쓴 돈은 항상 잘 쓴 돈이다. 성경 말씀에도 있듯이 선물은 현자의 눈을 멀게 하고 정직한 사람의 말을 바꾸게 하기 때문이다."[12]

동양이든 서양이든 부당 행위가 하도 많아서 정의로운 사람은 상인이 될 수 없었다. 상인이 되려면 이런 현실에 적응하고, '상인에게 뇌물이란 일상이다. 분노할 수 없으면 즐기고 이용하자'라는 마음가짐으로 살아야 했다.

## 상인에게 뇌물은 일상이다

상인에게 뇌물이 일상화된 데에는 그럴 만한 이유가 있다. 고대와 중세의 상인은 동서양을 막론하고 대개 특허 상인이었다. 장사를 하거나 상인이 되려면 관에서 허가를 받아야 했다. 자본주의가 등장하기 이전 시대에는 상인이란 부당 이윤을 취하는 직업이라는 관념이 지배적이었다. 농민은 1년 내내 열심히 일해서 곡물을 생산하지만 이윤이 극히 적거나 아예 없다. 자기가 먹을 것과 남이 먹을 것을 만들어 바치는 것으로 끝난다. 그런데 상인은 1년 내내 놀다가 추수가 끝나면 수확한 곡물을 농촌에서 도시로, 혹은 흉년이 든 지역으로 잠깐 이동시키는 것으로 농민은 만지지도 못하는 이윤을 얻는다. 이 얼마나 부당한 일인가? 생각 같아서는 상인이라는 존재를 아예 없애버리고 싶다. 그러나 교환이라는 것이 필요하기 때문에 아주 없어지는 못한다. 대신 숫자를 제한하고 통제해야 한다. 아니면 상업 이윤을 국가가 환수해서 상인도 농민과 똑같은 이윤만 얻도록 한다. 이것이 고대와 중세의 정의사회론이자 평등론의 생각이다.

중농주의자들은 여기서 한 발 더 나아가 상인을 천대시하고 못살게 굴어야 한다고 생각했다. 왜일까? 상업의 자유를 주면 농민은 누구나 힘은 덜

---

[12] 이리스 오리고, 남종국 옮김, 《프라토의 중세 상인》, 앨피, 2009, 234쪽.

들고 이윤은 많은 상인이 되고 싶어 할 것이기 때문이다. 우리가 잘 아는 개미와 베짱이의 우화는 이런 중농주의적 불안감의 표출이다. 이 우화가 베짱이가 겨울에 얼어 죽는 것으로 끝나기에 망정이지, 행여나 1년 내내 놀던 베짱이가 겨울에 콘서트를 열어 떼돈을 벌거나 겨울 동안 장사를 해서 1년 동안 다시 빈둥거릴 생활비를 얻게 된다면 개미들은 모두 일개미의 삶을 버리고 베짱이가 되려고 할 것이다.

여기서부터 공포가 온다. 상인이 늘고 농민이 줄면 교환자만 많아지고 생산자는 줄어들 것이다. 생산자가 줄면 생산력이 떨어진다. 국가는 가난해지고 백성은 굶주리게 된다. 그러니 상업을 억제하면서 국가가 상인의 이익을 적당히 환수하고 상인과 점포의 수를 적정 수준으로 통제해야 한다.

이것이 상업 통제론의 명분이다. 국가와 관청은 상업을 허가제로 운영한다. 명분과 실리를 모두 가져다주기 때문에 권력가에게는 정말 좋은 이론이다. 상인이 허가를 받고 이익을 유지하려면 돈을 내고 주기적으로 뇌물을 바쳐야 한다. 이처럼 떳떳한 뇌물 요구도 없다. 베짱이 억제책은 사회 정의의 실현을 위한 것이다. 더 중요한 문제도 있다. 여불위의 이야기가 말해주듯이 부에는 권력이 따라온다. 정치가에게 상인은 위험한 경쟁자이다.

폭군, 악랄한 정치가, 혁명가, 점령자, 산적과 해적에게 상인은 최고의 먹잇감이었다. 그러니 상인들은 생존하기 위해 쉴 새 없이 번 것을 가져다 바쳐야 했다. 1406년 이탈리아 프라토와 피렌체를 근거로 활동하던 상인 프란체스코 디아토는 딸의 결혼식 주례를 부탁하기 위해 볼로냐의 추기경에게 선물을 보냈다. 물론 추기경과 좋은 관계를 맺는 것은 장기적으로 유리한 일이었다. 이 시기에 교황청은 극도로 부패해서 고위 성직자 대부분은 신성한 의무와는 거리가 멀었다. 그러나 권위의식은 분명해서 추기경은 일개 상인의 딸 결혼식 주례를 맡으려고 하지 않았다. 프란체스코는 추기경이 개를 좋아하는 것을 알고 스페인의 카탈로니아 지방에서 들여온 마시티프(몸이 크고 털이 짧은 맹견) 한 마리를 힘들게 구해서 선물했다. 그런데 좋아하는 물건을 바칠 경우 가끔 환금성이 떨어진다는 단점이 있다. 프란체스코는 아이디어를 내서 그 약점을 해결했다. 추기경에게 진상될 마시티프에 추기경의 문장을 새겨 넣은 은박 칼라, 금술이 달린 구리 사슬, 진홍색 옷감으로 만든 외투를 입히고 영양 가죽을 덧대어 멧돼지의 공격을 막아줄 붉은색 벨벳으로 덮인 목줄을 채웠다. 그리고 가는 길에 부인에게 바칠 사파이어 반지도 하인에게 들려 보냈다.[13]

중세의 사상과 종교도 상인을 '죄악 집단'으로 규정했다. 아니 '죄에 가까이 있는 집단'이 더 정확한 표현일 것이다. 이윤은 탐욕이다. 탐욕은 도덕의 최대 적이고, 모든 악의 근원이었다. 중세의 종교와 이데올로기는 동서양의 구분 없이 사치와 욕망을 사형도 내릴 수 있는 중죄로 간주했다. 이윤은 죄악이고, 이윤이 크면 요구도 커지기 때문에 중세 상업의 이윤율은 극히 낮아야 했다. 이윤율을 낮추기 위해 그들은 상인을 착취했다. 착취를 당하는 상인들은 낮은 이윤을 보상받기 위해 더 악랄하게 힘없는 사람들에게 피해를 전가하거나 권력과 결탁해 비공식적이고 불법적인 이윤을 추구하는 것 외에는 다른 방법이 없었을 것이다. 악의 악순환이다.

자본주의가 발달하고 시장과 생산력이 확대되면서 인류는 이 어리석은 이론에서 깨어났다. 상업이 발달하고 상인이 증가하면 농민의 절대 수

---

13 이리스 오리고, 앞의 책, 535쪽.

는 줄겠지만 생산물의 이윤이 높아지기 때문에 생산 의욕은 크게 증가한다. 그 의욕으로 새로운 농법과 농업 기술을 찾아내고 개발한다. 오히려 이런 일이 없는 단순한 농업사회가 식량이 늘어나면 인구가 늘었다가 인구가 늘면 식량이 부족해지고 기아와 전염병으로 다시 인구가 감소하는 순환 과정을 반복한다.

정부와 권력가들도 특허권을 구실로 소수의 상인을 등쳐먹고 뇌물을 받는 것보다 특허권을 철폐해서 상인을 무한 증식시키고 그들에게서 거래세와 소득세를 받아내는 것이 훨씬 이득이라는 사실을 비로소 깨달았다. 특허권을 없애고 자유 상업을 허용해도 상인에게 트집을 잡고 뇌물을 받을 수 있는 수단은 얼마든지 있다는 사실도 깨닫게 되었다. 인간의 창의력은 무궁무진하다.

## 경제와 뇌물의 메커니즘

애덤 스미스가《국부론》에서 자유경쟁과 자유방임주의를 주장한 것은 중세적 상업 통제론의 불합리성을 밝히기 위해서였다. 단 이 배경에는 시대와 기술의 변화가 있다는 사실을 인식해야 한다. 고대와 중세의 사람들이 상업 통제론을 주장한 것은 그들이 어리석어서가 아니다. 고대와 중세에는 생산력도 낮았고 운송수단, 도로, 기타 여러 가지 사정으로 유통망과 시장이 작았다. 다시 말하면 공급 능력이 많이 제한되었고 공급의 탄력성이 크게 떨어졌다. 유치원에서 한 통의 모래를 가져다놓고 아이들에게 모래로 공작 활동을 하게 한다면 선생님이 모래를 통제하고 잘 분배해야 한다. 그렇지 않으면 아이들은 당장 모래를 가지고 다투게 되고 수업은 엉망이 되고 말 것이다. 하지만 바닷가 모래사장에 아이들을 풀어놓고 모래 장난을 하게 한다면 선생님은 모래에는 신경을 쓰지 않을 것이다. 다만 어떤 아이가 힘이 약한 아이를 괴롭히거나 바다로 뛰어드는 것만 감시하면 된다.

애덤 스미스는 인류가 이제 모래사장에 도착했다고 선포한 것이다. 바닷가 모래사장에서 아이들에게 모래를 한 바구니씩만 사용하라고 하거나, 모래 장난을 할 아이를 10명으로 제한하고 선생님에게 잘 보인 학생만 모래 장난을 할 수 있다고 하거나, 모래가 한정돼 있으니 조가비나 조그만 모래성이나 쌓으라고 하는 것은 난센스다. 원하는 사람은 누구나 모래로 만들고 싶은 것을 마음껏 만들 수 있다. 고래를 조각할 수도 있고 모래 파는 기계를 발명할 수도 있다.

현대의 많은 사람이 자유시장경제는 부르주아 내지는 가진 자의 무한 탐욕을 위해 만든 이론이라고 단순히 생각하곤 한다. 애덤 스미스의 진의는 절대 그런 게 아니었다. 오히려 애덤 스미스는 중세적인 부패와 뇌물의 메커니즘을 극복하기 위해 자유주의를 주장했다.

그렇다면 누군가는 이렇게 반문할 것이다. 자유시장경제에서 뇌물이 줄었는가? 무한경쟁은 더 많은 탐욕과 정경유착을 만들지 않았는가? 그렇다. 경제가 성장하면서 이권과 뇌물의 액수도 크게 늘었다. 그러나 경제와 뇌물의 메커니즘은 달라졌다. 중세적 통제경제와 특허권을 둘러싼 정경유착은 뇌물의 액수가 더 적을지 모르지만 그것은 정의로워서가 아니다. 상인의 수가 적고 수익률도 극히 낮았기 때문이다. 시대착오적 부조리와 사회의 정체라는 더 큰 피해를 남겼을 것이다.

마르크스는 중세적 통제경제의 한계와 부조리에 대해서는 공감했다.

그는 절대 원시 사회나 자본주의 이전 시대를 미화하는 낭만주의자가 아니었다. 그의 문제의식은 자본주의와 산업화의 미래를 향했다. 여기서 그는 애덤 스미스와 반대되는 결론을 제시했다. 공급 능력의 해방에 자유를 더하면 무한 탐욕과 공급 과잉으로 인한 사회의 정체가 초래될 것이므로 다시 사회주의라는 통제경제로 가야 한다는 것이다. 그리고 공산주의와 사회주의의 통제는 중세적 통제와 달라서 그 시대의 부조리를 재현하지 않고 자본주의와 자유가 창조해낸 부조리도 극복할 것이라고 보았다.

그러나 사회주의를 실험한 모든 국가들에서 중세적 부조리는 더 심하게 부활했다. 사회주의야말로 뇌물이 없으면 아무것도 되지 않고 권력의 비호 없이 성장할 수 없는 사회를 만들었다. 반면 자본주의의 장점인 생산력은 혁명 초기에 잠깐 반짝하다가 심하게 뒤처지기 시작했다. 이제야 자본주의나 반(半)자본주의로 전향한 국가들은 중세의 잔재와 사회주의, 초기 자본주의가 겪었던 고통을 동시에 앓고 있다.

화두를 다시 뇌물로 좁히면, 뇌물의 절대량보다 무서운 것이 뇌물의 메커니즘과 사회에 만연한 행태이다. 병을 치료할 때에는 병을 유발하는 근원을 직접 공격하는 방법이 있고 면역력과 체력을 키우는 방법이 있다. 실제로는 둘을 병행해야 제대로 치료된다. 사회의 병도 마찬가지이다. 뇌물방지법이나 처벌만으로 뇌물을 억제할 수 없다. 사회 시스템이 건강해져야 한다. 그런데 합병증이 있으면 간단한 병도 고치기 어려워지는 것처럼 뇌물을 유발하는 사회구조도 중세적, 자본주의적, 사회주의적 구조가 섞여 있으면 고치기가 더 힘들다.

우리 사회도 이런 합병증에서 자유롭지 않다. 특히 통제와 규제에 관한

한 오래된 역사와 잘못된 관행, 자유에 대한 잘못된 관념은 그 뿌리가 깊다. 요즘 '관피아'라는 말이 유행하고 있다. 현재 우리 사회에서 벌어지는 뇌물과 부패의 고리는 거의 인허가, 통제, 정의를 포장한 국가 권력의 메커니즘에서 발생한다. 뇌물과 부패의 지수가 낮은 나라일수록 국가와 관의 통제가 적다는 것은 무엇을 의미할까? 자유가 뇌물을 근절하지는 못한다. 뇌물은 언제나 새롭게 발달한다. 그러나 뇌물의 메커니즘에도 낡은 것과 새로운 것이 존재한다. 뇌물이 근절된 사회가 인류 역사상 영원히 오지 않아도 지금의 사회가 맘에 들지 않는다고 해서 과거로 돌아가거나 낡은 방법에 의존해서는 안 된다. 새로운 세대의 문제는 새로운 세대의 방식으로 풀어가야 한다. 그것이 인류의 역사가 가르쳐주는 교훈이다.

# 궁전이 화려하고
# 사치스럽지 않은가

함길도 도관찰사 이유(李愉)가 죽었다. 국가에서 전례에 따라 부의를 내려주었다. 이유의 집안은 원래 가난했다. 이유가 관원이 되어 수령을 많이 역임했는데 자기에게 이익이 되는 일과 뇌물과 권세가에게 아부하는 데 도움이 되는 일이라면 하지 않은 것이 없었다. 덕분에 벼슬이 고관에 이르고 집도 부유했다.

이유가 부평부사가 되었을 때이다. 고을의 성황당에 제사에 사용하는 은그릇이 있었다. 오래된 그릇이라 먼지가 있어 더러웠다. 이유는 은그릇의 품질이 원래는 좋은 것임을 알고, "이 그릇은 먼지로 더러우니 신을 섬기는 데 적합하지 않다. 마땅히 개비해야 되겠다"라고 말하고는 싸고 질이 나쁜 은으로 그릇을 만들어 성황당의 은그릇과 바꿔치기했다. 은그릇을 만드는 비용도 관청의 포를 사용했다.

이때가 건국 초기여서 한양으로 도읍을 옮기게 되었다. 이유는 미리 쌀, 소금, 물고기 젓갈을 많이 준비하여 권세가와 귀족을 섬기니 온 조정이 이유를 칭찬했다. 상주목사가 되었을 때에는 여름철에 고을 백성이 물을 모아 관개하려는 못을 터트려서 물고기를 잡아 말려 젓갈을 만들었다. 뇌물로 쓰기 위한 것이었다. 사헌부에서 그 소식을 듣고 처벌하기를 청했지만 임금이 소문으로 듣고 탄핵한 것이라고 해서 죄를 면했다.[14]

　조선 태조 때부터 세종 때까지 함길도 도관찰사를 지낸 이유는 공금 횡령과 뇌물 수수로 유명했다. 이유는 원래부터 재물을 밝히는 사람이었지만 한양으로 도읍을 옮긴 때를 이용해 뇌물로 권세가들과 사귀었고, 온갖 악명에도 불구하고 승승장구해서 편안하게 삶을 마쳤다.

　기록에는 구체적인 사실이 없고 한양 천도 때 그가 권세가를 사귀었다고만 전해진다. 조선이 건국되고 개경에서 한양으로 수도를 옮기면서 대규모 토목공사가 벌어졌다. 전국에서 징발한 인력이 한양으로 오고, 지방관들은 각종 자재를 공급하며 인력 호송 대책을 세웠다. 이때의 수많은 물자와 인력의 이동을 틈 타 이유는 온갖 물품을 권세가에게 수송해서 바친 것이다. 대규모 건설공사를 통해서 형성된 강력한 커넥션이라 할 수 있다.

## 공사 현장에서 노동하는 사람들

탕왕이 호화 궁전을 건축하는 일을 걱정한 것이 오랫동안 제왕들 사이에서 회자된 이유는 무엇일까? 계층 간의 위화감, 세금 인상, 과도한 비용, 강제노동에 끌려간 가련한 백성들, 공사장의 채찍질, 공사 하면 대부분 이런 단어나 장면이 떠오를 것이다. 대표적으로 이런 이야기가 있다. 고려의 공민왕릉은 역대 왕릉의 축조 방식과 규모를 넘어선 완전히 새로운 공사로 만들어졌다. 왕비인 노국대장 공주가 죽자 공민왕은 미래에 왕비와 함께 자신이

---

14 《세종실록》 19권, 세종 5년 2월 12일, 계해.

**공민왕릉** 왼쪽에 공민왕, 오른쪽에 노국대장공주가 묻혀 있는 쌍무덤이다. 개성시 개풍군에 소재하며 북한 국보 제123호이다.

문힐 합장릉을 조성했다. 왕릉의 규모가 크니 공사 규모도 컸다.《고려사》에는 갑작스런 대규모 공사로 야기된 백성들의 고통이 하나의 에피소드로 묘사되어 있다. 가난한 한 남자가 매일같이 공사장에 동원되었다. 그는 매일 힘든 공사일을 했지만 너무도 가난해서 점심조차 먹을 수 없었다. 그러던 어느 날 아내가 도시락을 만들어 가지고 남편을 찾아왔다. 아내는 자신의 머리카락을 잘라 남편의 도시락을 장만한 것이었다.

왕릉은 엄밀히 말하면 궁전은 아니지만 사후의 궁전이라고 할 수 있다. 은나라 시대에는 사후의 궁전이 생전에 살던 궁전보다 더 큰 규모의 공사로 치러졌다. 그러므로 공민왕릉 건설 사례가 여기에서 말하고 있는 부정적인 사례는 아니다. 이 이야기는 사치스런 궁전(왕릉) 건축으로 인해 백성이 고통을 받았음을 말하려고 한 것이다. 단지 이야기가 전하는 감정적인 메시지는 조금 자제해서 읽을 필요가 있다.

이런 이야기가 나오게 된 것은 왕릉, 성, 다리 등을 짓는 모든 관급 공사가 백성을 징발해서 무상 노동으로 진행되었기 때문이다. 수원 화성 축성과 같이 18세기나 되어서야 임금을 주고 고용하기 시작했다. 이전에는 식사조차 주지 않았다. 단지 아주 중요하고 힘든 핵심 공사를 하는 날에만 간간이 식사를 제공하곤 했다. 그것도 무상이 아니라 이자까지 붙은 유상 급식이었다. 식사를 받은 사람은 고향에 돌아가 자기가 먹은 쌀의 양에 20퍼센트 정도의 이자를 더해서 갚아야 했다. 실제로 고향에 돌아가서 갚는 것은 불가능했고 관리할 수도 없었다. 이자 규정은 정말로 20퍼센트 이자를 받으려고 한 것이 아니라 공짜를 기대하는 심리를 막기 위해서 만든 것일 수도 있다. 좌우간 그 정도로 사람을 공짜로 부려먹었다.

공짜 노동으로는 제대로 된 공사를 할 수가 없다. 기술과 정성이 필요한 부분에 대해서는 보상이 필요하다. 하지만 조선은 복잡하고 어렵고 사치스러운 공사는 줄이고 최대한 무상 노동으로도 가능한 설계로 공사를 했다. 조선의 왕릉이 거의 다 비슷하고 자연의 선을 최대한 살리는 공법을 유지한 것은 이 때문이다.

그래서 조선의 건축은 간결하고 검소하다. 피라미드, 타지마할, 앙코르와트 같은 건축물은 노력 동원으로 지을 수 없다. 특히 강제 노역과 채찍질이라는 부분은 거의 공상에 가깝다. 고대의 공사 현장은 현대인의 기준에서 보면 비인간적이고 가혹했다. 여차하면 감독관의 구타가 그치질 않았다. 그러나 영화에 등장하는 것처럼 노예와 채찍으로 건축물을 세운 것은 아니다. 피라미드 공사장에서는 건축에 사용하는 정육면체의 돌을 완벽한 수평과 수직이 되도록 갈아야 했다. 채찍질로 일일이 검사하면서 돌의 완벽한 수직과 수평을 맞출 수 있었을까? 폭력으로도 할 수 없는 일이 있다. 채찍으로 작업을 강요했다면 사람들은 대충 하거나 느리게 했을 것이고, 결국 피라미드는 완성되지 않았거나 균형을 유지하지 못해 오래전에 무너졌을 것이다.

정교하고 뛰어난 건축물일수록 감독 못지않게 일하는 사람의 자발적인 열의와 책임감이 중요하다. 중요한 작업을 담당하거나 특별한 기술을 지닌 사람에게는 더 많은 보수와 대우가 따랐다. 현대의 역사 고고학자들은 피라미드의 건축 현장 주변에서 인부를 위한 숙소와 부대시설을 발굴했는데, 고급스럽게 조성된 리조트형 도시 유물이 출토되기도 했다.

## 화려한 건축물과 함께 만들어지는 비리의 커넥션

이집트의 피라미드, 인도의 타지마할, 러시아의 겨울 궁전과 같이 제왕을 위한 건축물일수록 지을 때 채찍보다는 당근이 필요했다. 제왕의 이름을 걸고 세우는 건축물을 피와 구타로 채우면 그 원망이 누구에게 집중될 것일지는 뻔했다. 가끔 어리석은 지도자가 없었던 것은 아니지만 피라미드와 타지마할 같은 초대형 건축물의 축조자가 그 정도로 어리석었다면 건축물은 완성되지 못했을 것이다.

덕분에 무상 노동보다 엄청난 비용이 들어간 것은 사실이다. 그러나 조선에서 있었던 무상 노동이 반드시 비용을 절감하는 방식이라고 볼 수도 없다. 임금으로 나간 돈은 결국 경기를 살리고 상품 유통과 기술 개발을 촉진한다. 경기 부양이라는 관점에서 보면 임금을 주는 것이 절약하는 것보다 훨씬 낫다. 따라서 막대한 비용도 생각하는 것처럼 지출만은 아니다.

그러면 뭐가 문제일까? 대형 공사의 진짜 문제는 새어 나가는 돈과 부패 구조에 있다. 대형 공사는 너무 많은 자재와 복잡 다양한 공사 구조 때문

**타지마할** 무굴제국 황제 샤 자한이 왕비 뭄타즈 마할의 죽음을 애도하며 22년 동안 지은 궁전 묘지이다. 건물 전체가 흰 대리석이고 사방에서 완벽하게 대칭을 이루는 아름답고 과학적인 건축물이다.

인지 관리가 어렵고 새는 돈이 많다. 오늘날에도 대형 공사마다 구설수가 끊이지 않는다. 과서에는 더 심할 수밖에 없었다. 공정마다 부실 검사, 불량 검사를 해야 하는데, 특히 전근대시대에 완벽한 공사라는 것이 가능하지 않았을 것이다. 감독관이 하자를 잡아내 시비를 걸면 피해가기 어렵다.

잘못 시공된 그것을 헐고 다시 지으려면 어마어마한 일이 벌어진다. 지금처럼 트럭이 있는 것도 아닌 시대에 어떤 자재들은 코끼리와 낙타 수십, 수백 마리를 죽이며 수백 킬로미터 밖에서 가져온다. 자재를 새로 공급해야 한다면 정글에 가서 코끼리를 잡아 훈련부터 시켜야 하거나 다시 새끼를 키워서 날라야 할지도 모른다. 이건 비용으로 환산할 수 없는 문제이다.

수많은 공정에서 적당히 눈을 감아주거나 트집을 잡는 감독관을 무마하기 위해서 뇌물이 오고 간다. 그 비용을 충당하려면 자재를 싼 것으로 대체하거나 헐값을 주고 가져오거나 훔쳐와야 한다. 부정이 부정을 낳고, 아래로 내려갈수록 더 큰 폭력과 불만을 낳는다.

아마 대부분의 거대 공사는 처음에는 잘 짜인 계획, 최고의 인재와 기술자, 양심적인 감독관이 총동원되어 시작되었을 것이다. 하지만 아무리 양심적인 감독관도 어쩔 수 없는 상황을 수도 없이 맞닥뜨린다. 폭풍이 불거나 가뭄이 닥치는 등 여러 재난이 반드시 생긴다. 건축 공사는 도중에 중단할 수 없고 쉬었다가 할 수도 없다. 어느 한 지역에 홍수가 나서 인부 조달 계획에 차질이 생긴다면 다른 지역에서 그만큼 더 빼내와야 한다.

여기서 무리수가 생기고, 무리수가 생기면 뇌물이 오고 간다. 뇌물 중에는 편하기 위해 바치는 뇌물이 전부가 아니다. 무리한 인력 징발로 가장이 징발되어 생계를 유지할 수 없게 되면 뇌물을 바쳐서라도 빠져야 한다. 한 번 이런 상황이 조성되면 중간 관리자들은 바로 뇌물에 맛을 들이고 눈이 벌게져 약한 자들을 찾기 시작한다. 이들이 생계형 뇌물과 약자 사냥을 하게 되면 사회는 최후의 선을 넘은 것이다.

거대한 공사는 때로는 수십 년간 지속된다. 그 사이에 거대한 비리의 커넥션이 생긴다. 국가의 전신에 거대한 암 줄기가 형성되고 뿌리내린다. 진짜 무서운 일이다. 국가의 행정력, 재정과 조세 시스템이 총동원된 거대 공사가 부패한 관리들의 교유 장이 되고 강한 연대를 만들어낸다. 관리들은 분명 순환 근무를 할 것이고, 그들의 끈끈한 인연은 전쟁터에서 맺은 인연보다 강력하고 질길 것이다. 마침내 공사가 끝나도 커넥션에 맛을 들인 타락한 영혼들은 여전히 살아서 새로운 먹잇감과 비리의 방법을 찾아낼 것이다. 천상의 궁전이 완성되었지만 그 대가로 국가의 전신은 썩어버린다. 탕왕의 세 번째 반성은 이런 상황을 염려한 것이다.

## 빛나는 궁전에 영원한 권력은 없다

역사에 이름을 남긴 제왕들은 대부분 기념비적인 건축물을 남겼다. 이집트 쿠푸 왕의 피라미드, 진시황의 만리장성과 병마용, 페리클레스의 파르테논과 제우스 신전, 루이 14세의 바스티유, 표트르 대제의 상트페테르부르크와 겨울 궁전, 샤 자한의 타지마할과 붉은 성, 서태후의 원명원과 이화원, 고종의 경복궁(실제로는 흥선대원군이 막후에서 주도했다).

그들이 위대한 군주여서 거대한 기념물을 남긴 것인지, 기념물 때문에 유명해 진 것인지는 역사적인 미스터리이다. 분명한 사실은 어쨌든 그들이 후손에게 엄 청난 관광 수입을 남겨주었다는 것과 그 대가로 자신들의 왕국 혹은 인생은 파멸 하고 말았다는 것이다. 그들의 제국은 거의 다음 세대를 넘기지 못했다. 샤 자한 의 무굴제국은 번성했지만 재정 파탄으로 제국의 성장세가 꺾였고 스스로의 삶 도 파멸했다. 샤 자한은 유폐되어 옥상의 작은 방에서 타지마할을 바라만 보다가 생을 마쳤다.

탕왕의 궁전은 이 군주들이 보기에는 궁이라기보다 시골 어느 지주의 집 수준 에 불과한 초가였을 것이다. 그곳에서 잘해야 돗자리나 짐승 가죽을 깔고 앉아 있었을 탕왕이 "궁전이 화려하고 사치스럽지 않은가?" 하고 반성문을 쓰고 있었 던 것이다. 탕왕은 호화 건축물이 지닌 위험성을 예견한 것일까?

인류 문명의 여명기에 호화 건축에 대한 탕왕의 상상력이 그 정도로 뛰어났을 것 같지는 않다. 궁전과 사치에 대한 탕왕의 걱정은 전혀 다른 의미일 수 있다. 탕왕의 시대는 이제 막 지도자와 군주가 분화되어 나오던 시기였다. 가난하고 평 등하게 살던 사람들은 궁전의 풍요로운 생활이나 화려한 의복 등에 익숙하지 않 았다. 그런 민심을 고려해서 탕왕은 너무 튀거나 두드러지지 않아야 한다고 경고 한 것인지도 모른다. 그러나 탕의 왕국이 중간쯤 달려갔을 때에는 벌써 민중의 눈으로 보기에는 남다르고 화려하고 사치스러운 건축물이 은허의 평원 위로 솟 고 있었고, 제국은 병들기 시작했다.

# 여자의 청탁이 성하고
# 정치가 불공정하게 운영되지 않는가

### 혜성이 경고한 여인

옛날에는 정치가 잘못되거나 사회가 타락하면 하늘이 천재지변을 통해 먼저 경고를 준다고 했다. 이런 이데올로기는 정치 선전에 아주 효과적이다. 천재지변 중에서 최고로 불길한 조짐은 혜성이었다. 보통 불길하게 여기는 자연현상은 일식과 월식으로, 발생하면 국가에서 일식과 월식을 구제하는 제사까지 지낸다. 그러나 혜성은 일식과 월식보다도 훨씬 불길한 징조였다.

1910년은 우리나라 사람이라면 누구도 잊을 수 없는 불행한 해이다. 이 해에 혜성 중에서도 제일 밝고 유명한 헬리 혜성이 나타났다. 당시 많은 유학자들은 하늘이 조선왕조의 멸망을 애도하는 것이라고 해석했다. 1680년에도 꽤 치명적인 혜성이 하늘에 등장했다. 키르헤 혜성 혹은 대혜성(C/1680 V1)이라고도 명명된 이 혜성은 대낮에도 관측될 정도로 밝아서 서양에서도 대단한 센세이션을 일으켰다. 네덜란드 로테르담에서 목격된 장면을 그린 그림도 남아 있다. 양력 기준으로 12월 18일에 지구에 최대 근접했고, 12월 29일에 최대 밝기로 밝아졌다.

《조선왕조실록》에도 이 혜성의 관찰 기록이 남아 있다. 《숙종실록》에 음력 10월 1일부터 12월 1일까지, 양력으로는 1680년 11월 21일부터 1681년 1월 20일까지로 혜성이 최고로 빛을 발하고 있을 때였다. 대혜성을 본 조선 사람들은 무척 놀랐다. 관상감에 혜성에 대한 특별 관찰조까지 편성하면서 이 불길한 경고의 의미를 알아내기 위해 전전긍긍했다. 그러나 당시에는 도무지 이해가 되지 않았다. 그만한 재난이 없었기 때문이다. 마침내 40년이 지나 《숙종실록》을 편찬할 때가 되어서야 한 끈질긴 관원이 기어이 하늘의 뜻을 찾아냈다. 그 무렵에 숙종과 연애를 시작한 장희빈과 그녀가 일으킬 파란에 대한 경고였다는 것이다. 한 명의 여인 때문에 하늘이 초강력 혜성을 파견한 재앙은 탕왕의 반성 네 번째 항목에도 언급된, 여자의 청탁으로 나라의 정치가 혼탁해지는 것이었다.

날씨가 침침했다. 흰 기운이 서쪽에서 하늘 가운데로 뻗쳐 며칠 동안 사라지지 않았다. 관상감에서 문신 측후관을 차출해서 숙직하면서 윤번으로 관찰해야 한다고 청했다. 혜성이 여러 별자리를 침범하면서 두 달 동안 나타났다 사라졌다가 했다. 그 후에 희빈 장씨가 일개 첩으로서 임금의 총애를 받아 필경에는 왕비의 지위를 빼앗아 왕후에 승진하기에 이르러 화란을 끼치고 큰 파란을 일으켰다. 그녀가 임금의 총애를 받기 시작한 것이 바로 이 무렵이었다. 이로써 하늘이 조짐을 보여주는 것이 우연이 아님을 알겠다.[15]

조선왕조의 최대 악녀로 지목받는 장희빈은 역관 집안의 딸이었다. 역

---

15 《숙종실록》 10권, 숙종 6년 11월 1일, 병진.

관으로는 명성이 있는 집안 출신이었다. 역관은 무역에도 큰 역할을 했으므로 왕족이나 고관과 깊은 인간관계를 맺는 경우가 많았고 큰 부를 축적하기도 했다. 장희빈의 조부 장응인과 외조부 윤성립은 유명한 역관이었다. 당숙 장현은 장안에 소문난 거부였고 왕족인 복창군 이정의 심복이었다.

장희빈을 싫어하는 사람들도 그녀가 뛰어난 미인이었다는 데에는 동의한다. 피부가 희고 아름다웠으며 눈치가 빠르고 머리도 좋아서 숙종을 단박에 휘어잡았다. 숙종과의 로맨스는 1680년에 시작되었는데, 무슨 일인지 명성왕후(현종의 비, 숙종의 모친)의 미움을 받아 바로 궁에서 쫓겨나 1683년 명성왕후가 승하할 때까지 궁에 돌아오지 못했다.

명성왕후는 장희빈을 "간사하고 악독해서 나중에 무슨 짓을 저지를지 모르는 아이"라고 말했다. 명성왕후의 시누이이며 숙종의 고모인 숙명공주와 숙안공주도 장희빈을 극도로 싫어했다. 명성왕후가 혜안이 있었는지, 장희빈이 미래의 시어머니에게 미운털이 단단히 박힌 것인지는 알 수 없지만, 왕이 총애하는 나인을 왕후가 궁에서 쫓아내는 것은 궁중의 전통에도 맞지 않고 유례를 찾아보기 힘든 특별한 사건이었다. 이유가 무엇이든 장희빈이 미모로나 분위기로나 심상치 않은 여인이었던 것은 분명한 듯하다.

그러나 시어머니와 시누이들에게 미움을 받았다고 해도 가정사일 뿐이다. 장희빈이 희대의 악녀가 된 이유는 숙종 때 벌어진 다섯 번이 넘는 피의 숙청, 인현왕후의 폐위와 복위를 장희빈이 뒤에서 부추겼다는 인식 때문이다. 서인 집안 출신이던 인현왕후가 폐위되고 역관집 딸인 장희빈이 왕비가 되는 초유의 사태가 벌어졌으니 당황스러웠을 만도 하다. 특히 당할 자가 없는 최대 당파이자 집권 당파였던 서인과 서인 중에서도 노론 세력은 이를 갈았다. 그들은 이런 탄압과 수모를 겪은 일이 일찍이 없었다.

그래도 혜성이 출현한 원인을 여인 한 사람에게 돌린 것은 남자들이 꽤나 옹졸하다는 생각이 들게 한다. 게다가 장희빈은 이미 벌을 받았다. 1694년 장희빈은 다시 왕후 자리에서 쫓겨났고 인현왕후가 복귀했다. 1701년(숙종 36) 인현왕후가 사망하자 연잉군(영조)의 모친인 숙빈 최씨가 인현왕후가 죽은 것은 장희빈이 저주했기 때문이라고 고발했다. 이 사건으로 장희빈은 사약을 받고 강제 자살로 생을 마쳤다.

숙종에겐 아들이 둘뿐이었는데, 소론은 장희빈의 아들인 경종을 지지했고 장희빈의 아들이 싫었던 노론은 연잉군을 옹립하고 있었다. 결국 경종이 왕위에 올랐다. 경종의 입장에서 보면 연잉군은 자신의 최대 정적이었고, 연잉군의 어머니는 자기 모친을 죽게 만든 장본인이었다. 그리고 사실 경종의 어머니가 역관의 딸이라고 하지만 연잉군의 어머니는 더욱 보잘것없이 가난한 집안 출신이었다. 경종의 조정은 유례없는 긴장감이 휘돌았다. 실록의 편찬자가 1680년의 혜성 사건을 보고 "이것이었구나"라고 장희빈을 떠올린 것은 무리가 아니었다. 진짜 혜성의 저주는 이제 시작될 판이었다.

사관의 예상은 들어맞았다. 경종은 노론을 향한 대숙청의 칼날을 뽑아 들었다. 1721년(경종 1) 경종은 노론의 리더인 이이명, 김창집, 이건명, 조태채를 일거에 죽였다. 그들을 따라 수십 명이 처형당했다. 연잉군은 간신히 위기를 넘겼지만 결국엔 살아날 방법이 없을 것 같았다. 그러나 1724년 경종이 갑자기 사망함으로써 연잉군은 위기를 넘겼고 왕으로 즉위했다. 그래도 저주는 아직 끝나지 않았다. 경종의 갑작스런 죽음과 노론의 극적인 부활로 경종이 독살당했다는 음모론이 파다하게 퍼졌고, 1728년 마침내 이인좌의 난이 터졌다.

이만하면 혜성이 경고를 보낼 만했다. 요녀 장희빈이 이 모든 사건의 배후인 것이 맞다면 말이다. 그런데 정말 그녀가 이 모든 정치적 사건의 배후이자 원인이었을까? 또 하나의 의문이 있다. 그녀가 배후가 맞다고 해도 이 책의 주제인 뇌물과는 무관하지 않은가?

장희빈의 죄는 투기와 음모만이 아니었다. 그녀는 숙종 때 만연한 부정부패와 뇌물 사건의 원흉으로 지목되었다. 부당하고 자신의 분수를 뛰어넘는 권력을 향해 무한한 욕망을 가졌으며 음모와 청탁에 뛰어

연잉군(영조, 1694~1776)
이름은 이금(李昑), 숙종과 화경숙빈 최씨 사이에서 태어났다. 왕세제로 책봉되어 건강이 좋지 못한 경종의 후계를 이었다.

난 여인이 뇌물을 밝히는 것은 당연하지 않겠는가? 숙종의 시대에는 "평안도의 인삼 전대와 남쪽의 쌀 실은 배"라는 유행어가 있었다.[16] 인삼과 쌀이 뇌물로 사용되기 위해 한양으로 끊임없이 유입되는 사실을 풍자한 말이다. 장희빈의 집안은 비록 역관 가문이지만 원래 조선시대의 최대 부호는 모두 역관이었다. 역관의 주요 수입원은 인삼을 주력 상품으로 하는 대외무역이었다.

노론이 아무리 억울한 숙청을 당했다고 해도 혜성이 한 정파의 불행을 걱정해서 출현했다는 해석은 당위성이 부족하다. 하늘의 경고는 어디까지나 백성의 고통을 걱정해서 나타난다. 노론이 장희빈을 대혜성과 연결시킨 진짜

---

16 《숙종실록》 32권, 숙종 24년 4월 4일, 무신.

이유는 이것이었다. 장희빈이 사사되자 오빠 장희재를 비롯해 그녀의 일가도 처형을 당했다. 죄목은 권력을 낀 뇌물과 청탁 인사, 부정부패였다.

> 이때 민종도와 장희재가 서로 안팎이 되어 마구 뇌물을 주기를 오직 자기들이 하고 싶은 대로 했다.[17]

그러면 장희빈은 숙종 시대의 정치적 격동은 물론 유례없는 시대적 타락과 부패에도 책임이 있는 것일까? 3,000년 전 탕왕은 이런 사태를 걱정해서 '여자의 청탁'을 경계한 것일까? 이 질문에 답하기 전에 장희빈과 비슷한 죄목을 받고 죽어간 또 다른 장씨의 이야기를 살펴보자.

## 왕을 홀린 천인 출신의 여인

연산군은 '흥청'이라는 기생 집단을 궁에서 양성한 것으로 유명하다. 지어낸 말이 분명하지만 연산군이 흥청 2,000명을 목표로 했다는 말도 있다. 그러다 보니 기생이나 천인 출신의 후궁이 생겼다. 그중 연산군이 제일 총애한 여인이 장녹수였다.

장녹수는 천인 출신으로 극빈 가정에서 태어났다. 가난하다 보니 어려서부터 여러 남자와 결혼했고 길에서 몸을 팔며 살았다. 그러다가 제안대군(예종의 아들, 갓난아기일 때 예종이 사망하는 바람에 왕위가 삼촌인 성종에게 넘어갔다. 지능이 조금 떨어졌다는 설도 있는데, 덕분에 정치적 음모에 휘말리지 않고 조선 최고의 갑부로 평생 유복하게 살았다) 집의 노비와 결혼한 뒤 가무를 배워

---

기생이 되었고 연산군에게 발탁되기에 이르렀다. 그 후 아들을 낳고 내명부 종3품의 숙용에까지 올랐다.

장녹수는 의외로 미인은 아니었다고 한다. 그러나 남자의 비위를 맞추는 능력이 탁월해서 연산군의 마음을 휘어잡았다고 한다. 연산군이 어머니인 폐비 윤씨에 대한 콤플렉스 때문에 나이가 많은 장녹수에게 빠져들었다는 설도 있는데 그건 억지인 듯하다. 연산군은 자기 생모가 폐비 윤씨라는 사실을 왕위에 오른 직후에 알았다. 이전에는 정현왕후를 어머니로 알고 성장했기 때문에 성장과정에서 어머니의 정을 모르고 살지도 않았다.

중종반정이 일어나 연산군이 쫓겨나자 관료들은 연산군의 후궁도 처벌해야 한다고 주장했다. 처벌 대상자는 모든 후궁이 아니라 장녹수, 전비, 김귀비, 셋이었다. 그중 첫 번째 대상이 장녹수였다. 이들의 공통점은 낮은 신분으로 후궁이 되어 작위까지 받은 것이었다. 이들의 노비들도 덩달아 위세를 떨쳤는지 이런 기록도 있다.

박원종 등이 또 아뢰었다. "장숙용(張淑容, 장녹수)의 집 종 만석과 귀동, 전숙용(田淑容)의 집 종 중산, 김숙원(金淑媛)의 집 종 말응삭 등은 연산군 시절에 권력에 의지해 남의 집 재산을 빼앗기도 하고 사람을 때려 다치게 하는 등 의롭지 못한 일을 자행했으니 형추(刑推)하여 치죄하소서."[18]

그러나 아무리 조선이 신분제 사회였다고 해도 천인 출신이 종3품 숙용이 되었다는 죄로 처벌할 수는 없었다. 왕의 명으로 관료들이 동의해 책

---

18 《중종실록》 1권, 중종 1년 9월 3일, 기묘.

봉한 합법적인 것이었다. 왕은 초법적인 존재여서 여인의 신분에 구애받지 않고 사랑하고 책봉할 수 있는 권한이 분명히 있었다. 아무리 연산군이 미워도 이것을 문제 삼으면 후대 왕의 모든 권위도 무너지는 것이다. 결국 장녹수에게 붙인 죄는 권력 남용과 뇌물 수수였다.

연산 때 큰 예법이 이미 무너져 내외가 구별이 없으므로 청탁이 공공연히 행하여져 궁문이 저자와 같았습니다. 전비와 장녹수의 무리가 안에서 고혹(蠱惑)하고 내수사의 붙이들이 밖에서 횡포를 부리며 안팎으로 결탁하여 간계를 부리고 교묘한 짓 하기를 못할 것 없이 하였습니다. 심지어 사소한 쟁송사에 이르기까지 연줄을 타 해당 관사를 거치지 않고 궁중에서 결단하면서 반드시 '어결(御決)'이라 하므로 감히 누가 뭐라고 하지 못하였습니다. 그리하여 하늘이 노하고 사람이 분히 여겨 마침내 패란(敗亂)에 이르고 말았던 것이니, 이는 신 등이 목도한 바로서 전하께서 경계 삼으셔야 할 바입니다.[19]

장녹수가 결백하다고는 할 수 없다. 그러나 장녹수가 사형을 당할 정도로 부패했던 것일까? 그녀를 비난하고 처형을 주장한 사람들은 과연 그녀보다 청렴했을까? 장녹수가 청렴하지 않았다고 해도 힘 있는 왕실과 권세가보다 더 심한 권력형 부정을 저지르지 않은 것은 분명하다. 반정 직후 장녹수 등의 재산과 집을 국가가 환수해서 공신에게 분배한다고 하자, 반대 상소가 올라왔다.

---

19 《중종실록》 3권, 중종 2년 7월 2일, 계묘.

전비와 장녹수 무리의 재산은 본래 자기 물건이 아니라 모두 국고에서 나온 것입니다. 그것을 모두 축적한 재산으로 보아 공신의 집에 흩어버려서야 되겠습니까? [20]

장녹수의 재산은 그녀가 뇌물과 부정 축재로 모은 것이 아니라 왕이 하사한 것이라는 말이다. 게다가 이런 이야기도 있다. 나중에 장녹수의 집을 소유하게 된 사람은 반정 일등공신 유순정이었다. 이때에는 집을 준다고 하면 그곳의 가구와 기물 일체를 함께 받았다. 유순정은 무척 기대하고 장녹수의 집을 접수했는데, 막상 그녀의 집을 차지하고 보니 집 안에 재물이 별로 없었다. 크게 실망한 그는 이렇게 말했다고 한다.

유자광은 복도 많아 그가 받은 집에는 재물이 가득하고 장독도 30개나 된다고 하는데, 내가 받은 집은 마치 청소라도 한 것처럼 텅 비어 있다. 이래서 (유자광처럼) 복 있는 사람은 뭐가 달라도 다르다. [21]

장녹수의 죄는 권력 남용이 아니라 천민 주제에 권력과 뇌물 잔치에 참여한 죄였다. 그녀에게 죄가 있었다고 해도 그 죽음은 분명 억울했다. 그나마 그녀에게 위로가 된 것이 있다면 아들의 운명이었다. 반정이 일어나고 12년이 흐른 후, 중종은 장녹수의 아들 이영수를 복권시켜 왕족의 족보에 올리고 집 한 채와 노비 15구, 땅 5결을 주었다. 이 정도 재산이면 지방 군현에서 지주로 살아갈 정도로 괜찮은 수준이었다.

---

20 《중종실록》 1권, 중종 1년 10월 25일, 경오.
21 《중종실록》 17권, 중종 7년 12월 20일, 경신.

뇌물과 부정부패에 대해서는 장희빈도 장녹수의 상황과 비슷하다. 장희빈과 장희재가 뇌물을 받지 않은 것은 아니겠지만 당시 기준에서 보면 특별했던 것도 아니다. 장씨 남매의 전성기와 그들이 숙청된 다음에 그들의 영향력으로 관직을 얻은 자로 분류되고 연좌된 관리는 몇 명 되지 않는다. 심지어 뇌물죄로 엮기는 했지만 사례가 부족해서 억지로 집어넣기도 했다. 이시우라는 인물이 장희재에게 은과 인삼을 뇌물로 주었지만 장희재는 받지 않았다고 한다. 그러나 그것도 뇌물수수죄에 포함시킬 정도였다.

장희빈을 조금 더 변호하자면 인현왕후와 장희빈이 치열한 라이벌 관계였던 것은 분명하다. 두 사람 다 서로를 무섭게 미워했다. 그러나 숙종 때의 정치적 격변과 숙청이 장희빈의 음모였던 것은 절대로 아니다. 숙종이 희대의 미녀이자 요부에게 놀아나 조강지처를 버리고 정치적 방황과 살생을 거듭한 것은 더더욱 아니다. 모든 음모와 사건의 주인공은 조선의 왕 중에서 최고의 음모꾼이자 술수가였던 숙종이다. 장희빈과 인현왕후도 잔인하고 영리한 남편의 희생자였다.

## 첩과 뇌물의 숙명적 관계

이제 이 책의 주제와 관련해서 진짜 질문을 던져야겠다. 장희빈과 장녹수 사건이 조작된 것이라면 조선시대 사람들, 그것도 일반인이 아니라 고급 관료에게까지 왜 그토록 잘 먹혔을까? 왜 탕왕은 반성 항목에 "여자의 청탁이 성하고 정치가 불공정하게 운영되지 않는가?"라는 구절을 넣고 위험으로 간주한 것일까? 왜 사람들은 여인의 청탁과 부정부패라는 화두가 뜨면 신분이 낮고 가련한 '첩의 횡포'에 더 흥미를 느끼는 것일까?

한비자(기원전 280~233)도 이 의문을 품었던 사람 중 한 명이다. 법가 사상가답게 아주 명쾌한 답을 내놓았다. 남자들은 미인에 약하고 여자들은 유혹하는 재주가 있기 때문이란다. 그래서 첩이 와서 청탁을 하면 거절을 못 한단다. 보통 아내보다 첩이 젊고 미인이기 때문이다. 조선의 남자들도 한비자와 비슷하게 진단했다.

창기는 미인계로 사람을 홀리기를 여우처럼 하기 때문에 비록 품행이 바르고 지조가 있다고 자처하는 사람일지라도 그 음부 속에 빠지지 않는 사람이 적습니다. 관직을 구하고 송사를 다투는 사람에 이르기까지 뇌물을 주고 부탁하여 흑백을 바꾸어 어지럽히며, 무지하고 어리석은 세속 사람은 다투어 그 요염한 자태를 부러워합니다. 대신의 첩들도 기녀를 모방하고 서민층 부인들도 기녀를 본 떠 아름다움을 다투고 사랑을 시기하여 기녀를 스승으로 삼게 됩니다. 지체 높은 집안과 빛나는 문벌에도 매우 추잡한 소문이 있게 됩니다.[22]

여성계에서는 천인공노할 발언이지만 이유가 무엇이든 뇌물의 세계에서 정실부인보다 첩이 맹활약을 한 것은 《조선왕조실록》에도 분명히 언급되고 있는 역사적 사실이다. 그러나 여자의 미모가 치명적인 무기이기 때문은 아니다. 여기에는 그럴 만한 사회적 현실이 반영되어 있다.

1474년 형조좌랑 김민이 선상노 35명을 빼돌려 공사장 대신 자신의 첩인 기생 소설오에게 보낸 사건이 적발되었다. 선상노는 지방에서 상경한 노비를 말한다. 조선시대에 중앙 관청들은 각각 노비를 소유하고 있었다. 노

---

22 《연산군일기》, 연산군 7년 7월 28일, 을해.

비들 중에는 지방에 거주하는 사람도 많았다. 지방에 거주하는 노비들은 일정 기간 한양으로 올라와 소유주인 관청에서 필요로 하는 사역에 종사해야 했다. 요즘 같으면 세금을 거둬서 인부를 고용하겠지만 조선 전기에는 그것이 신분제와 사회 분위기를 망친다고 생각했다.

가끔 노비 중에도 부자가 있어서 빈민을 고용해 자신을 대신하게 하는 사람도 있었다. '대신 역을 세운다'고 해서 '대립'이라고 불렀다. 대립은 불법이었다. 그러나 할 일도 많고 돈도 있는데 누가 고생스럽게 한양까지 가서 노역을 하고 싶겠는가? 수요가 있으면 공급이 따라오는 법이다. 김민은 대립할 의사가 있는 사람들을 은밀히 모아 소설오에게 보냈고, 소설오는 그들에게서 수금을 했다. 뇌물을 받고 역에서 빼주거나 수수료를 떼고 대립하는 사람을 써서 충당해주었을 것이다.

김민은 이 뇌물과 불법 거래에 기생인 첩을 매개자로 내세웠다. 뇌물을 받을 때 두려운 것은 배달 사고와 중간 착복이다. 제일 믿을 수 있는 사람은 가족이지만 자신의 집에서 불법 거래를 하다가 들통이 나면 큰일이다. 게다가 부인은 사대부가의 여인이다. 유부녀는 일단 남자를 만날 수 없고 여자라도 아무나 만나고 어울리지 않는다. 밖으로 돌아다니기도 힘들다. 이와 달리 관가나 노비는 누구나 폭넓게 만날 수 있다. '남녀칠세부동석'은 천민에게는 적용되지 않는다. 하물며 기생은 남자를 만나는 것이 업이다.

하지만 더 중요한 이유가 있다. 은밀히 주고받아야 하는 뇌물의 속성상 자신이나 부인이 직접 받는 것은 아무래도 위험하기 때문이다. 청탁자들이 집에 드나들면 바로 눈에 띈다. 조선은 어수룩한 나라가 아니어서 관료는 가까운 일가친척 외에는 아무나 만날 수 없다는 법도 있고, 전문적으로 감시하는 관리도 있다. 부인은 공개적으로 혼인을 하고 족보가 다 노출되어 있지만, 첩은 드러난 첩도 있고 숨겨둔 첩도 있는 법이다. 뇌물 수수에서 첩이 중요한 역할을 할 수밖에 없다. 첩이 기생이라면 신분과 상관없이 남자들을 만날 수 있으니 더욱 좋다.

지방에서 온 노비들에게 값을 거두려면 흥정을 해야 한다. 아직 화폐가 널리 통용되던 시기가 아니었기 때문에 대가는 온갖 물품으로 받았다. 그중 가장 인기 있는 물품은 면포였다. 하지만 면포는 품질이 제각각이어서 얼마나 촘촘하게 짰는지를 보고 품질과 가격을 구분했다. 면포는 2승 포에서 10승 포, 13승 포까지 천차만별이지만, 2승 포와 10승 포는 같은 한 필이라도 들어간 재료값이 5배 차이가 났다. 그렇기 때문에 대가를 받을 때에는 흥정을 하기도 하고 윽박지르기도 하고 가끔 협박도 이겨내야 했다. 게다가 모두 면포로 대가를 지불하는 것도 아니었다. 이때 물건의 가치와 가격을 두고 의견 차이가 발생하곤 했다. 시장가격이 정해지지 않은 시대였기 때문에 만약 벌꿀을 대가로 지불하면 가격을 얼마로 매겨야 할지 애매했다. 산지 가격일까, 현지 가격일까? 현지 가격이라면 그게 얼마인지 누가 알겠는가?

흥정에서 승리하려면 수완, 경험, 미모, 그리고 남자를 다루는 솜씨도 필요하다. 양반가 안방마님이 평민이나 노비와 대면하고 돈거래를 할 수도 없었지만, 설사 만난다고 해도 흥정에 수완을 발휘할 수가 없었다. 그래서 집과 떨어져 살고 직업이 기생인 첩이 접수창구로 적격이었던 것이다.

첩을 이용한 뇌물 사업이 성공하려면 유능한 첩을 얻는 일이 관건이었다. 1566년(명종 21) 사간원은 이전에 감사를 지낸 심전이란 인물을 뇌물죄로 탄핵했다. 심전은 지방관을 역임하면서 뇌물에 맛을 들여 마치 반기업형으로 발전했다. 그는 옆집 과부의 집을 강제로 빼앗아 그 자리에 여러 채의 집을 지었다. 집을 잘게 나누어 지은 다음 기생들을 불러 모아 살게 하고, 그 집들을 첩사(妾舍)라고 부르며 뇌물 접수처로 삼았다.

첩사는 여러 채나 확보했지만 수완 좋은 기생을 한번에 모을 수는 없었다. 심전은 일단 빈 집은 세를 놓았다. 수완가답게 처음에는 아주 좋은 조건으로 세를 놓았다. 사람들이 들어와서 가구도 마련하고 집을 살 만하게 만들어놓으면 갑자기 그들에게 죄를 씌워 빈손으로 내쫓았다. 그리고 그 집에 창기를 들이고 영업을 시작했다.

심전은 뇌물을 받는 데에도 미인계가 필요하다는 사실을 알게 되었다. 어쩌면 다른 사람들도 첩사를 운영해 경쟁이 치열해지다 보니 기왕이면 미인을 내세우자는 생각이 든 것 같다. 전주부윤으로 부임한 심전은 예쁜 관기를 모으는 일에 나섰다. 예쁜 관기를 찾으면 전주부로 불러들인 다음 죽었다고 서류를 꾸며 데리고 있다가 임기가 끝나면 같이 돌아왔다. 이때 관기의 옷, 말, 필요한 물품조차 다른 사람들에게 빼앗아서 조달했다.[23]

18세기가 되면 첩을 이용한 뇌물 영업이 한 단계 더 발전한다. 18세기의 조선은 상업이 발달하고 부자의 수가 증가했다. 부자가 되면 탐욕과 쾌락에 대한 욕망도 커진다. 부자들은 첩을 들이고 뇌물을 바쳐 더 높은 권력이나 신분 혹은 더 많은 이권을 얻으려고 노력하게 되었다.

본가 주위에 첩사를 늘어놓는 방식이 확대되었지만 그것은 이미 낡은 수법이었다. 조선 후기 노론 4대신 중 한 명인 조태채는 전국 각지에 첩사 지점을 설립하는 방식까지도 실행했다고 한다. 정쟁이 워낙 치열한 시대에는

---

23 《명종실록》 33권, 명종 21년 10월 5일, 임술.

정적에 대한 비방 기사가 언제나 과장된다. 따라서 조태채의 이야기가 정말 인지 과장인지는 확실하지 않다. 그러나 지방에 첩을 두면 이익이 따라온 것은 틀림없었다. 조태채만 전국 지점을 갖고 있었을 리도 없다.

그러고 보면 사대부들이 부인의 투기를 죄악시한 데에도 숨겨진 이유가 있었다. 부인의 투기는 칠거지악 중 하나였다. 그런데 뇌물과 첩의 경제적 역할을 보면 투기 금지령의 명분이 단순히 남자의 바람기나 개인적 욕망을 지키기 위해서만은 아니었다. 투기는 남편의 재산 증식과 출세 등에 치명적인 장애를 초래한다. 첩을 두는 데 이처럼 좋은 핑계도 없을 것이다.

첩뿐만 아니라 전국의 일가친척과 노비들도 뇌물 창구 역할을 했다. 오늘날에도 권력자의 친인척이나 동문을 빙자한, 혹은 그들을 통한 모리(謀利) 사건이 끊이지 않는다. 그런데 일가친척과 노비들은 자신이 직접 상납을 관리했을까, 정실부인과 첩을 통해 별도의 창구를 개설했을까?

## 정실부인은 막아도 첩은 막을 수 없다

조선시대에는 우리가 생각하기 힘든 독특한 법이 많았다. 그중 하나가 지방에 부임하는 수령은 가족을 데려갈 수 없다는 법이다. 특히 부인은 절대 동반 금지였다. 아들이나 사위 한두 명은 가끔 데려가도 괜찮았다. 부인의 입장에서 보면 남편이 받은 지방관 임명은 별거 명령서나 마찬가지였다. 이 법을 만든 이유는 비용 절감을 위해서였다. 임지에서 사용하는 수령의 체류비는 지방재정에서 부담하는데 식구를 데려오면 생활비가 더 많이 들기 때문이라고 했다. 생활비가 많이 들면 그만큼 백성에게서 받아내야 한다. 그렇게까지 민생을 배려했구나 하고 생각하면 가슴이 짠하지만 이것은 말이

안 된다.

부인을 한양에 두고 오면 생활비가 더 들면 들었지 절대 적게 들지 않는다. 한양에 있는 가족들의 생활비는 누가 댈까? 조선은 돈보다 쌀과 현물로 거래가 이루어지던 시대이다. 돈을 사용해도 송금 수단이 없어서 결국 사람이 가서 전해줘야 한다. 생필품, 반찬거리, 과일, 이 모든 것이 택배 운송하듯이 하루걸러 오고 간다. 부부 사이가 각별하면 편지도 매일같이 주고받는다. 운송하는 사람은 자기 노비일 수도 있고 관아의 노비나 한양에 가는 지방 사람 등 다양하지만, 결국 비용은 관아에서 나온다. 이런 비용을 계산하면 차라리 가족을 데리고 부임하는 것이 비용이 적게 든다.

그러므로 가족을 데려가지 말라는 법은 절대로 생활비를 줄여 지방재정의 부담을 해소하자고 만든 것이 아니다. 그 이유는 바로 뇌물에 있다. 수령은 공직자이고 생활이 노출되어 있다. 대놓고 접대나 뇌물을 받으면 소문이 나지 않을 수 없다. 그럴 때 청탁자들이 노리는 쪽이 가족이고 주로 목표가 되는 사람이 수령의 부인이다.

청탁자들은 온갖 평계를 만들어 선물을 하고 식사를 대접하고 괜한 행사를 만들어서 초대의 자리를 마련한다. 친분을 쌓으면 청탁을 넣기도 훨씬 쉽다. 이 모습은 현대 사회와 거짓말처럼 똑같다. 누가 갑자기 출세하면 당사자보다 부인과 가족에게 사람들이 더 많이 몰린다. 과거의 대통령들도 부인 때문에 명성에 치명타를 입은 사람이 한둘이 아니다. 남편이 출세하면 갑자기 부인들이 온갖 사회단체와 봉사단체의 간부가 된다. 겉으로 보면 훌륭하지만 그곳에서 친분 관계가 형성된다. 권력가인 남편은 동창회를 비롯한 모든 사적인 모임을 끊고 청렴결백을 과시하는데, 부인은 수십 개 단체를 돌아다니는 경우도 있다.

조선시대라고 다를 것이 없다. 이렇게 부인들을 겨냥하는 이유에 대해 조선시대 남자들은 여자들이 허영심이 많고 유혹에 약하기 때문이라고 했다. 이 해석은 여자들의 분노를 사기에 족하다. 진짜 이유는 여자들이 공직이나 사회생활에서 소외되어 사람이나 선물을 관리해본 경험이 적기 때문이다. 남자든 여자든 갑자기 지위가 높아지거나 재물이 쏟아져 들어오면 자제하기가 힘들다.

그런데 청탁자들이 부인들을 노린 데에는 또 다른 이유가 있다. 조선시대에 부인들에게 하는 청탁에는 지금보다 더 무서운 힘이 있다. 우리는 조선이 남성 우위 시대이고 여자는 남자의 부속물처럼 살았다고 알고 있다. 어려서는 부모에게 의존하고, 성장하면 남편에게 의존하고, 늙으면 자식에게 기대어 사는 것이 조선 여자의 일생, 삼종지도(三從之道)이다. 그러나 겉모습일 뿐, 현실은 다르다.

조선시대의 결혼은 중매로 이루어졌다. 명문대가나 부잣집에서는 똑똑하고 출세할 가능성이 높은 사위를 얻고 싶어 했다. 과거에 급제해 관리가 되기는 정말 힘들었다. 치열하게 공부해서 극심한 경쟁을 뚫어야 했다. 그런데 예나 지금이나 명문대가나 부잣집의 도령은 헝그리 정신이 부족했다. 아주 가끔 그렇지 않은 인재도 있었지만 너무 귀해서 사위로 삼기가 쉽지 않았다. 정말로 똑똑하고 야무진 젊은이는 차상위층, 지방의 약간 한미한 가문에서 더 잘 나온다. 딸 가진 부모의 입장에서 보면 명문가 자식이라고 해도 부모 잘 만나서 흐물흐물하게 살고 있는 녀석과 대단한 명문가 자제는 아니라고 해도 목표의식이 분명하고 야무지게 자기관리 하는 청년 중에 누구를 사위로 맞고 싶을까? 집안의 재력이 좀 부족하고 든든한 배경이 없다면 자신들이 밀어주면 그만이다. 출세하면 부는 따라온다.

그래서 조선시대의 결혼은 이미 출세한 집 딸과 앞으로 출세할 젊은이의 결혼이 가장 이상적인 형태였다. 실제로 처가가 든든한 젊은이들이 출세했다. 위인전에 나오거나 최소한 인명사전에 실릴 만한 인물이라면 거의 대부분 처가가 본가보다 더 힘 있고 부유했다. 게다가 조선은 여자의 재산권을 인정했고 집안 살림은 독립 채산제로 돌아갔다. 서양과 이슬람권 나라의 아내들은 어마어마한 지참금을 가지고 와서 남편 계좌에 넣어주었지만 조선의 여인들은 자기 재산과 노비를 데리고 시집을 왔다. 집에 있는 노비도 남편보다 부인이 더 많이 소유했다.

보통 남편은 처갓집에 일생의 빚을 지고 산다. 그러니 부인의 청탁을 거절하기 힘들다. 청탁을 거절하기는커녕 평소에 집에서 기를 못 펴고 산다. 출세하고 고위 관료가 된 사람일수록 처갓집이 대단하고 신세도 많이 져서 공처가가 될 확률이 높다.

조선시대에 관료가 죽으면 그 사람의 일생을 기록한 행장(行狀)을 써준다. 여기에 빠짐없이 들어가는 내용은 가정을 잘 다스리고, 가정에 위계질서가 분명하고, 부인도 훌륭해서 남편을 공경하고 어쩌고 하는 식의 이야기이다. 많은 사람들이 그 이야기에 속는다. 그것은 사실이 아니라 남자들의 이상이자 바람이다.

이 정도면 부인이 청탁자의 표적이 되는 이유가 충분히 설명될 것이다. 청탁자의 입장에서 보면 뇌물은 위험한 투기이다. 중간 과정에서 사고가 나거나 뇌물을 받고 모른 척하거나 청탁에 실패했다고 해도 방법이 없다. 그러므로 뇌물은 가장 확실한 권력자에게 바치는 것이 제일 안전하다. 첩이 뇌물과 청탁에서 매우 중요한 역할을 했지만 정작 청탁자들이 줄을 대고 싶어 한 사람은 안방마님이었다. 그러니 부인과 첩의 사이는 좋을 수가 없었다. 둘은 남편을 사이에 둔 경쟁자일 뿐만 아니라 수입을 두고도 치열한 경쟁자였다.

어쨌든 안방마님이 뇌물 접수를 시작하면 그 파괴력은 무서웠다. 지방에서는 더 무서운 후유증을 남겼다. 부부가 함께 부임해서 청탁 사업장을 운영한다고 하면 주민들의 원망은 수령 부부 개인에 대한 비난으로 끝나지 않았다. 불만이 쌓이면 한양 사람과 지방민의 대립으로 발전했다. 주민들의 눈에는 수령 부부가 속한 양반층 전체가 한통속으로 보이고 정부와 지배층에 대한 불만으로 이어졌다. 만약 부인이 명망 있는 고관이나 명문가의 딸이라면 사람들이 느끼는 배신감은 더 클 것이다.

이런 이유로 수령이 부인을 동반하고 부임할 수 없다는 법이 통과되었다. 그러나 이 법에는 허점이 있었다. 첩은 예외였다. 남자들은 예외 없이 첩을 데려갔고, 그것은 곧 문제가 되었다. 부인들의 불만도 엄청났을 것이다. 남자들은 교묘한 꾀를 냈다. 첩을 데려가 지방관사의 안방에 데려다놓고 정실부인처럼 행세하게 해서는 안 된다는 법을 만들었다. 안방은 비워놓으라는 말이다. 그러나 한양처럼 첩사를 두는 것은 괜찮았다. 현지에 첩을 두는 것도 안방에만 들이지 않으면 되었다.

현지 사람을 첩으로 두면 새로운 장점이 있었다. 뇌물도 인맥이 있어야 하는데, 현지 첩은 그곳 사정을 누구보다 잘 알고 그곳 사람들과 인맥도 맺고 있었다. 동네의 젊은 미녀가 청탁 창구가 된다면 사람들도 편하고 뇌물에 대한 비난이 정부로 향하는 대신 그녀 개인 혹은 그녀를 이용해 돈을 버는 관련자들을 향했다. 지방 사람들도 수령과 첩이 한양 사람이라면 그들의 부정 축재에 대해 일치단결해서 저항하겠지만, 특히 지방의 유력자나 향리의 경우 현지 첩과의 인연을 활용하면 자신들에게 좋은 기회가 올 거라는 희망을 가졌을 것이다.

첩의 입장에서는 수령의 임기가 끝나면 작별을 하고 다시 새 수령의 첩이 되면 되었다. 뇌물과 이권은 항상 나눠 먹어야 안전하고 오래간다. 첩을 매개로 수령과 지역민 간에 끈끈한 부패의 연결고리가 형성되고, 사회는 총체적 타락을 향해 달려가는 것이다.

## 장미 속의 가시 - 미녀 왕소군의 비밀

기원전 33년 중국 한나라 원제 때 궁중에 왕소군이라는 미인이 있었다. 여자가 너무 많아서 황제는 화공이 그린 여자의 초상을 보고 미인을 간택했다. 여자들은 자신을 예쁘게 그려달라고 화공에게 뇌물을 주었다. 미모에 자신이 있었던 왕소군은 뇌물을 주지 않았다. 화공은 화가 나서 그녀를 추녀로 그려버렸다.

한나라는 늘 북방의 유목민 흉노의 침공으로 고통 받았다. 흉노의 왕은 주기적으로 한나라 미녀를 자신의 아내로 달라고 요구했다. 원제는 초상을 보고 추녀인 왕소군을 지명했다. 왕소군이 떠나는 날 그녀를 보니 절세의 미인이었다. 화가 난 황제는 거짓으로 그린 화공을 처형했지만 왕소군을 되찾아올 수는 없었다.

왕소군은 호한야와 결혼해서 아들 하나를 낳았고, 호한야가 죽자 그의 후계자이자 본처가 낳은 아들인 복주루 선우와 결혼해서 딸 둘을 낳았다. 그녀는 흉노족에게 길쌈과 농경을 가르쳐 문명을 전하고 흉노와 한나라의 평화 정책을 추진했다. 하지만 끝내 고향으로 돌아가지 못하고 흉노 땅에서 죽었다.

그녀의 이야기는 중국인의 심금을 울렸고 시와 문학의 소재가 되었다. 한나라 때 이미 그녀의 비극을 그린 노래들이 세상에 퍼졌다. 이백, 백거이 등 당나라 최고의 시인들도 그녀의 이야기를 시로 읊었고, 원나라 때에는 희곡으로 각색되어 상연되기도 했다.

왕소군의 비극은 화공에게 뇌물을 주지 않은 것이 원인이었지만 왕소군 자신이 한나라가 흉노에 바치는 뇌물이었던 셈이다. 중국인은 나라가 멸망하는 고통을 자주 겪었어도 약소국의 설움은 거의 겪지 않았다. 왕소군의 설화를 특별히 애틋해하는 이유는 그만큼 자존심에 상처를 받았기 때문이다.

그런데 왕소군은 정말 비극의 여인이었을까? 왕소군이 흉노 땅에 가서 농사 기술과 옷 짜는 기술을 가르쳤다는 설화는 거짓일 가능성이 크다. 흉노족을 야만인으로 만들고 왕소군을 문명 전파자로 바꾸는 것이 중국인의 구겨진 자존심을 회복하는 제일 좋은 방법이었을 것이다. 그러나 이 설화가 사실이라면 왕소군이야말로 약한 자의 공물을 가장한 독인 셈이다.

유목민과 농경민은 화합할 수 없는 존재이다. 미국의 석학 새무얼 헌팅턴은 《문명의 충돌》을 통해 역사의 장에서 진정한 문명의 충돌은 종교가 아니라 유목지대와 농경지대의 경계에서 무수히 발생했다고 했다. 중국의 입장에서 이 충돌을 방지하고 평화를 끌어내는 유일한 방법은 유목민을 농경민으로 바꾸는 것이었다. 하지만 유목민을 농경민으로 바꾸는 것은 현대에도 쉽지 않다. 왕소군이 그 일을 가능하게 했다면 그녀는 이국의 땅에 끌려온 비극의 여인이 아니라 백만 군대도 할수 없었던 과업을 이룬 진정한 개척자이자 변혁가이다. 반대로 흉노의 입장에서 보면 흉노의 기마 전사를 농부로 만들어 옷감과 생필품을 약탈하지 않고 자급자족하게 만들었다. 전사의 야성과 패기를 농부의 순종으로 바꾼 그녀야말로 장미를 가장한 메가톤급 가시인 것이다.

# 뇌물이 성행하지 않는가

한 양반이 있었다. 글재주가 뛰어났던데도 과거를 볼 때마다 번번이 떨어졌다. 어느 날 함께 공부하던 친구가 과거에 급제하여 안동부사로 발령을 받았다는 소식을 듣게 되었다. 그 양반은 친구를 찾아가 말했다.

"자네가 안동부사가 되었으니 나도 의지할 언덕을 얻은 듯하네. 비단 의지할 뿐만 아니라 평생을 보내기에 족할 듯하네."

그 말을 들은 친구가 말했다.

"내가 재상이 되어 자네에게 어느 정도 도움을 줄 수 있겠지만 평생을 걱정 없이 살 정도로 도와줄 수야 있겠나? 그건 망상일세."

"자네에게 돈과 재물을 달라는 소리가 아니네. 이번에 안동부사가 되었으니 안동의 도서원(都書員, 세금의 계산을 맡는 서리 중 선임 서리) 자리를 내게 주게나."

"안동은 향리가 센 고을이고, 도서원은 향리직 중에서도 좋은 자리인데 그곳 사람들이 한양의 유생에게 주려고 하겠나? 내가 수령이라고 해도 그런 명령을 내릴 수는 없네."

"그건 내게 맡기게. 나를 도와주면 자네도 고을을 잘 다스린다는 명성을 얻게 될 걸세."

재상의 친구는 그 말을 듣고 그를 도와주기로 했다. 양반은 친구가 안동으로 부임하기 전에 먼저 안동에 내려가 다른 고을에서 쫓겨난 향리 행세를 했다. 가끔 이청(吏廳, 향리들의 사무실)으로 가서 일도 도와주고 대신 글을 써주기도 했다. 안동 향리들이 보니 이 낯선 사람이 글씨도 잘 쓰고 성품도 꼼꼼한 것 같아서 이청에서 기숙하게 해주었다.

얼마 후 신임 부사가 도착했다. 신임 부사는 얼마나 엄격한지 향리가 올린 문서에 조금이라도 실수가 있으면 엄하게 혼을 냈다. 소송을 처리할 때 한 자라도 받아 적지 못하면 야단을 쳤다. 그러나 낯선 향리가 올린 문서는 언제나 무사통과였다. 그 바람에 안동의 향리들은 그가 떠날까 봐 노심초사하게 되었다. 어느 날 신임 부사가 향리들을 불러 모아 이렇게 말했다.

"안동의 향리들은 명성이 높다고 들었는데 내가 직접 와서 보니 실력 있는 사람이 없다. 시험을 봐서 능력 있는 사람을 뽑도록 하겠다."

그러자 모든 향리가 양반을 추천했다. 마침내 그는 안동의 정식 향리가 되어 일하기 시작했고, 일을 잘한다는 명성을 얻어 곧 도서원이 되었다. 도서원으로 일한 지 2년 만에 그는 만금을 벌어, 부사의 임기가 끝날 무렵에 더 많은 돈을 챙겨서 야반도주를 했다.

## 뇌물의 양보다 부패의 구조가 더 중요하다

탕왕이 반성한 다섯째 항목은 직접적으로 뇌물을 조준하고 있다. 그런데 여기에 사실 의문이 있다. 탕왕의 나머지 항목들도 뇌물을 떼어놓고는 생각할 수 없다는 점이다. 결국 모든 항목이 뇌물을 전제로 하고 있다. 그러면 탕왕은 왜 다섯째 항목에 뇌물을 넣었을까? 내용이 중복되더라도 어쨌든 뇌물이라는 것이 정의사회를 이루는 데 빼놓을 수 없는 화두였기 때문일까? 뇌물에 대한 경각심을 강조하기 위해서였을까? 아니면 '뇌물이 성행한다'는 표현대로 엄청난 거금이 뇌물로 오고 가는 일이 만연한 시대를 경고하기 위해서였을까?

"뇌물이 성행하지 않는가?"라는 질문을 받는다면 우리는 거의 뇌물의 규모나 양을 떠올리기 쉽다. 그러나 뇌물의 역사를 볼 때 사회의 건전성과 위험도를 판단하고 경계하기 위해 우리가 더욱 주의 깊게 보아야 할 부분은 뇌물과 부패의 구조이다. 가장 위험한 부패와 뇌물은 자신이 존재하는 사회의 중심을 파괴한다. 부정부패치고 존립 기반에 손상을 주지 않는 것은 없지만, 어떤 사회나 조직이든 자신의 발밑을 파고 있다는 자각이나 위험을 완전히 망각하고 부정부패에 몰입하는 경우가 있다. 그것이 진정한 위기이다.

우리 역사에도 그런 사례가 있다. 조선은 신분제 사회였다. 신분에 따라 사회적, 경제적 역할이 다르고 아주 세심하게 계산한 비율에 따라 신분이 재편되었다. 순전히 재정적 측면에서만 보면 신분의 비율은 현대의 재정계획에 비견할 수도 있다. 현재 우리나라 국가재정에서 법인세가 차지하는 비중은 약 30퍼센트 정도이다. 30퍼센트를 감당하려면 어느 정도의 기업이 있어야 한다. 만약 국내 기업의 50퍼센트가 외국으로 도피한다면 국가재정은 파탄이 난다. 그런데 국가가 기업의 외국 이주에 대한 대책을 전혀 강구하지 않고 오히려 기업을 내쫓고 빈 공장 부지에 아파트만 지으려는 정책을 편다면 결과는 보지 않아도 뻔하다. 기업이 외국에 공장을 지을 수도 있고 아예 본사를 외국으로 옮길 수도 있다. 항상 국가 전체의 경영에 관한 계획과 대책이 있어야 한다. 하지만 놀랍게도 역사를 보면 그런 혜안과 대책이 없었던 시대가 종종 있다. 없었다기보다는 뇌물과 부패의 사슬에 손발이 묶여 눈으로 보고 입으로 비판하면서도 꼼짝하지 못한 것이다.

조선시대에는 사회의 한 부분을 받치는 축이 노비였다. 노비는 국가에 세금을 내지 않고 군역도 부담하지 않았다. 대신 주인에게 세금을 냈다. 조선의 기준에서 노비는 꼭 필요한 존재였지만 노비가 일정 기준 이상 많아지면 기업의 해외 이주 문제와 마찬가지로 국가재정과 군사력에 심각한 타격을 받았다.

그런데 노비 소유주의 입장에서 보면 노비가 많을수록 이익이었다. 토지를 사서 소작인을 들여 경작하게 하고 소작료를 받는 것보다 노비를 얻는 것이 이익이 컸다. 평민 소작인이라면 그가 수익의 일부를 세금과 군역세로 납부해야 하지만, 소작인이 노비라면 국가에 바칠 몫까지 고스란히 소유주가 받아낼 수 있었기 때문이다. 그것을 몸값이라는 뜻으로 신공(身貢, 노비가 주인에게 바치는 세금)이라고 했다. 일반 농민은 성을 쌓거나 다리를 놓는 등 관청과 지역사회의 일에 동원되는 일이 잦았지만, 노비는 그런 일에서 면제되었기에 자기 농사에 전념할 수 있었다.

개인의 이익과 애국심이 충돌하면 어느 쪽이 이길지는 분명하다. 노비의 소유주는 왕, 왕실, 관청, 사원, 양반 관료, 보통 사람 등 계층이 다양했다. 심지어 노비도 노비를 소유할 수 있었다. 극도로 양심적인 특이한 소수만 빼고 거의 모든 사람들이 노비 사냥에 열중했다.

여기서 여러 가지 비리가 발생했다. 대표적인 비리가 노비 소송이다.

어떤 사람이 평민이 아니라 자기 집에서 도망친 노비이거나 그 노비의 후손이라고 고소하는 것이다. 조선은 도망 노비를 신고하면 포상으로 신고자에게 노비를 줄 수 있게 되어 있었다. 4명을 신고하면 25퍼센트인 한 명을 준다. 5명을 신고하면 한 명과 나머지 한 명이 바쳐야 했던 신공을 추정해서 신고자에게 준다.[24]

이 규정을 이용해서 가짜 신고도 많았다. 대표적인 비리가 이런 것이다. 어떤 멀쩡한 양인 농민이 자기가 누구의 도망 노비라고 신고한다. 자수하는 경우도 있고 미리 짜고 가짜 신고인을 내세우는 경우도 있다. 예를 들면 어떤 신고자가 마을의 농민 10명이 정승 가에서 도망친 노비라고 수령에게 신고한다. 재판은 수령 마음이므로 수령도 포섭해야 한다. 10명을 신고했으니 포상으로 받는 노비가 2명이 된다. 2명을 수령과 신고자가 서로 나누어 가진다. 아니면 수령이 정승에게 잃어버린 노비 8명을 되돌려주는 대가로 적당히 보수를 받기도 한다. 이렇게 거래가 성사되면 국가는 세금과 군역을 지게 될 10명을 잃어버리는 셈이다.

양인 농민이 도망 노비라고 위장 신고해서 스스로 노비가 되려는 이유는 노비가 되면 국가에 내는 세금과 부역을 면제받고 주인에게만 세금을 내면 되었기 때문이다. 가짜 노비가 되는 것을 투탁(投託)이라고 한다. 여기서도 거래가 성립하는데, 주인이 되는 사람은 진짜 노비처럼 모질게 대하지 않겠다고 한다. 자신의 권력을 이용해서 관청과 마을에서 요구하는 각종 사역과 부가세로부터 빼줄 것이며 시골 양반이나 향리의 횡포로부터도 보호해주겠다고 한다. 자신이 받을 신공도 줄여서 양인으로 있을 때보다 부

---

**24** 《경국대전》〈형전〉 '공천'

담을 줄여주겠다고 말한다. 이런 거래는 주인이 왕족이나 권세가일수록 확실했다. 마을 주민이나 향리는 위장 노비인 줄 다 알지만 권력이 무서워서 보고하지 못한다.

법적으로 노비가 되었다고 해서 진짜 노비처럼 천대하거나 괄시하기도 쉽지 않았다. 오히려 이런 노비들은 권력을 등에 업고 있었다. 총애를 받는 노비는 수령도 함부로 하지 못했다. 과거에 급제해서 관료가 될 마음이 없는 한(솔직히 일반 농민에게 거의 불가능한 일이다) 양민이 노비가 되는 것은 손해 보는 일이 아니었다.

수령은 노비를 챙겼을 뿐만 아니라 추가적으로 정승에게 잘 보이는 혜택을 얻는다. 정승은 이렇게 일 잘하는 수령을 기억할 것이다. 위장 노비를 정승에게 알선해주는 것 자체가 뇌물이다. 이처럼 노비를 매개로 한 뇌물 수수는 16세기의 대표 비리이자 고위 관료와 수령 간에 생성된 강력한 커넥션이었다. 그 커넥션은 순식간에 권력자들의 세계를 집어삼켰다. 이 비리가 권력자 간에만 발생하는 것도 아니었다. 일반 양반, 지방에 살고 있는 양반 사대부와도 직접적인 거래를 틀 수 있었다.

16세기부터 노비가 급증하기 시작했다. 정도를 넘어 국가가 위험해졌지만 탐욕에는 브레이크가 없다. 조선이 건국된 지 100년이 되지 않아 국가 재정 수입은 3분의 1 수준으로 떨어지고 군대는 흩어지다시피 했다. 그 결과 조선은 멸망의 위기를 겪었다. 일본이 조선을 침공했을 때 조선에는 일본군을 저지할 군대가 없었다. 7년 전쟁 끝에 조선이 기적적으로 살아남기는 했지만 멸망 직전까지 갔고, 자력으로 국가를 지킬 수 없어서 명나라의 원조를 받는 좋지 않은 전례를 남겼다. 조선, 명나라, 일본의 3각 구도에서 조선은 군사력과 경제력 측면에서 소국으로 전락했다. 나중에는 삼국시대 이래 우리가 속국으로 취급하던 여진족에게도 뒤처지게 되었다.

## 낮은 곳에서 조용히 벌어지는 일상의 부패

뇌물의 위험성은 끝이 없다. 뇌물은 나라를 팔아먹고 왕조의 운명을 바꾼다. 잘못된 정책으로 전 국민에게 고통을 주기도 하고, 핵발전소를 폭발시키고 대형 사고를 초래한다. 뇌물은 권력을 가진 사람, 결정권을 가진 사람, 돈을 가진 사람 사이에서 이루어진다. 그래서 우리는 뇌물이라고 하면 있는 자들 간의 검은 거래, 아래에서 위로 올라가는 뇌물의 이미지를 연상하곤 한다. 그러나 현자들은 그 못지않게 무서운 뇌물의 폐단을 경고했다. 권력의 부패 못지않게 무서운 것이 '조용한 부패'라고 불리는 낮은 곳의 부패, 일상의 부패이다.

2010년 세계은행의 보고서는 아프리카의 빈곤과 부패 문제를 지적하면서 일상의 부패가 아프리카의 진정한 문제라고 주장했다. 이 보고서는 일상의 부패를 '조용한 부패'라고 표현했는데, 우리가 흔히 생각하는 수억, 수십억이 오고 가는 뇌물은 사회 최상층의 부패상이라는 것이다. 피해가 전 국민에게 간다고 하더라도 빈곤한 나라에서 그런 부패를 저지를 수 있는 사람은 얼마 되지 않는다. 일반 사람에게 직접적인 피해를 끼치는 것은 조용한 부패이다.

세계은행의 아프리카 부패상에 관한 보고서를 보면 서아프리카 지역에서 팔리는 비료의 43퍼센트에는 주요 영양소가 없었다고 한다. 농민들의 생산 의욕은 떨어지고 의약품이 불량해서 사람들은 병원을 찾지 않았다. 환자가 오지 않고 병원과 약품을 신뢰하지 않으니 의사와 간호사의 무책임으로 이어졌다. 2003년 우간다에서는 의료 종사자들의 결근율이 33퍼센트나 되었다. 학교에서도 교사의 결근이 잦아 교육이 제대로 이루어지지 않았다. 이런 부패의 배후에는 다 뇌물이 있다. 요란한 부패는 당장의 피해를 가져오지만 조용한 부패는 사회의 기능과 모든 공익적 기능, 생산 기능과 함께 인간의 기본적인 삶의 의욕을 저해한다.

앞에서 소개한 안동 도서원이 된 양반의 이야기는 조선 후기의 대표적인 야담집 《계서야담》(조선 후기 영조 대에서 헌종 대까지 이희준이 편찬한 문헌 설화집)에 실린 이야기이다. 실화인지는 의심스럽지만 당시의 사회상은 물론, 작은 권력을 지닌 낮은 계층에서도 부패가 만만치 않게 작동했다는 사실을 보여주는 사례이다.

향리는 고려시대와 조선시대에 지방행정 실무를 담당하던 최하위 관리를 통틀어 지칭하는 말이다. 중앙에서 파견되어 지방 사정에 익숙하지 않은 관리를 보좌하는 토착적이고 세습적인 하급 관리이다. 하지만 국가로부터 아무런 보수를 받지 않기 때문에 때때로 부정행위를 감행함으로써 적잖은 폐해를 끼쳤다.

향리의 부정은 언제나 있었지만 그래도 16세기까지는 사회를 뒤흔들 정도는 아니었다. 향리와 주민 간에 친족 같은 공동체적 유대가 형성되어 있었기 때문이다. 그러나 조선 후기가 되면 사람들이 이사나 이주를 많이 해서 주민 구성이 복잡해져 점점 유대가 끊어졌고, 어떤 경우에는 대립적인 관계가 되기도 했다. 마을은 여러 성과 직업을 가진 사람들로 구성되었다. 이렇게 인정이 개입하는 범위가 줄어들자 향리는 말 그대로 수익성 좋고 돈 벌

고창 읍성 내에 있는 향청(鄕廳) 건물

기 쉬운 직업이 되었다.

향리가 백성을 괴롭히기만 한 것은 아니다. 부자들에게 있어 향리는 첫 번째 수탈의 대상이기도 했다. 향리도 상급 행정구역이나 상급 관청에 가면 그곳의 향리에게 또 상납을 해야 했다. 행정구역이나 관청의 격이 높을수록 위세도 강했다. 심지어 상급 관청의 노비들까지 뇌물을 요구했다. 특히 각지의 군사령관이 데리고 다니는 노비들은 매우 폭력적이었다. 군 행정은 민간 행보다 더 엄했기 때문에 여차하면 매를 들어 때릴 수도 있었다. 무술 시험, 훈련, 행차가 있을 때마다 군졸을 괴롭히고 뇌물을 받는 것을 금지하고 처벌하라고 했지만 잘 지켜지지 않았다.

아무리 정부가 노력해도 뇌물을 완전히 금지할 수는 없었다. 소위 생계형 뇌물이 많았기 때문이다. 향리나 관노비 입장에서는 봉급이 없기 때문에 중간 수탈로 생계를 유지해야 했다. 중간 수탈은 모든 행정 사무와 다 연관되어 있었다. 향리와 부정부패 이야기를 듣고 이런 의문을 품을지도 모르겠다.

"향리가 부패한 것은 월급이나 중개 수수료를 주지 않기 때문이다. 국가에서 정식으로 세금이나 수수료를 받아서 향리에게 사례하면 해결될 문제인데 왜 그렇게 하지 않을까?"

역사를 조금 알거나 사회의 부조리에 대해 잘 안다고 생각하는 사람은 이렇게 대답할 것이다.

"그게 권력자들의 교묘한 술수이다. 일부러 부정부패를 조장하는 것이다. 그래야 자신들도 부정부패를 쉽게 할 수 있다."

이 해석은 절반만 맞다. 사실은 맞다고도 볼 수 없다. 권력자들이 각성하고 향리의 월급과 법정 수수료를 책정한다고 해서 해결되는 문제가 아니기 때문이다. 세금과 수수료도 국민의 부가 일정 수준에 달했을 때에야 부과할 수 있다. 향리의 월급을 주기 위해 세금을 올린다면 세상 문제를 쉽게 보는 사람들에게는 정말 예상 밖의 일이겠지만 백성의 불만이 더 크게 폭발할 수도 있다.

이 시절 백성은 가난했고, 소송이나 소득증명서를 발급받는 등의 일이 오늘날처럼 많지도 않았다. 많은 사람들이 증명서를 떼러 관에 가는 일이 거의 없이 한평생을 보냈다. 그들은 향리의 생계를 위해 세금을 내라는 요구를 거절했을 것이다. 향리와 만날 일이 있는 사람, 세금을 내거나 성을 쌓는 사람, 그 밖에 향리가 꼭 필요한 순간을 맞닥뜨리는 사람은 따로 있다. 좀 수고스럽긴 하겠지만 그들이 고생을 좀 하면 되지 않겠는가? 아마도 대다수 농민의 생각이 이러했을 것이다. 더 큰 문제는 향리의 월급을 위해 세금을 낸다고 해도 근본적으로 중간 수탈을 해결할 수는 없다는 것이다. 세금이 향리의 주머니로 온전히 들어간다는 보장이 없고, 고정 수입이 생겼다고 향리의 중간 수탈이 줄어든다는 보장은 더더욱 할 수 없기 때문이다.

부패가 조장되는 구조도 생각처럼 간단하지 않다. 향리가 부당한 중간 수탈을 해야 윗사람도 상납을 요구할 구실을 얻고 드러나지 않은 수입을 올릴 수 있다. 향리의 입장에서도 상관과 부패의 동지로 얽히는 일이 나쁘지 않다. 서로의 약점을 쥐게 되면서 각자의 필요와 기대에 부응하는 공생관계가 형성된다. 만약 향리가 월급과 정년을 보장받는다면 당당하게 백성의 편에 서서 수령의 잘못된 통치에 항거했을지도 모른다. 통치에는 법칙이 있다. 정의롭고 생계 걱정이 없는 사람보다 약점이 있는 사람이 말을 잘 듣는다. 그래서 지방 관청에서는 거대한 부패의 먹이사슬과 결탁하는 일이 생기게 된다.

향리가 조선시대 내내 악마 같은 수탈을 자행한 것은 아니다. 고을마다 사정도 크게 달랐을 것이다. 이런 중세적이고 후진국형으로 벌어지는 일상의 부패는 어떤 국가에서든지 시대적 한계 속에서 탄생한 생존 방식이자 타협이었다. 그러므로 적당한 관리와 통제만 한다면 백성은 그럭저럭 참으면서 살아갈 수 있었다. 그것이 온전한 정의는 아니지만 현실적인 최선책이었다. 그러나 산업과 생산품이 증가하고 자유경쟁과 성장이 모토인 근대사회가 되면서 부패와의 조용한 동거는 더 이상 유지될 수 없었다.

## 아래를 더욱 짓누르는 향리의 횡포

17세기 이후부터 구한말에 가까워질수록 향리의 이권과 탐욕은 주민과의 우정과 유대관계를 넘어섰다. 향리와 주민 간에 있었던 인정과 공생의 고리가 끊어지면서 수탈이 증가하고 법과 질서가 사라졌으며, 수탈 방법도 치졸하고 폭력적으로 변해갔다.

조선시대에는 권력가나 관청이 이권을 확장하고 향리를 지나치게 핍박하는 것을 방지하기 위해 향소의 향리는 그곳 도관찰사만 체포할 수 있었다. 그러나 조선 후기에 와서는 관청들의 탐욕이 극에 달해서 중앙 관청에서 온갖 트집을 잡아 마음대로 지방 향소의 향리를 잡아올렸다. 그래도 눈치 빠른 향리들은 미리 짐작하고 재산을 팔아서 뇌물을 준비했다. 적당히 인맥도 있었고, 지방 향리는 괴롭히는 것보다 자기편으로 만드는 것이 관청의 입장에서는 유리하기 때문에 뇌물을 받고 풀어주었다.[25] 그렇다고 모든 향리가 편안히 돌아온 것은 아니지만 다시 돌아올 경우 백성에게서 손실분을 뜯어 보충할 여지가 있었다.

더 분노하게 되는 경우는 농민이 세금을 바칠 때이다. 세금은 농민이 정해진 수량을 지정한 장소까지 직접 운반해서 바치게 되어 있었다. 그러나 그 과정에서 향리, 사령, 노비들까지 온갖 트집을 잡아 수탈했으며 수법도 아주 다양했다. 예를 들어 일단 곡식 한 되를 수수료로 바쳐야 한다. 법에는 납부자가 직접 계량을 해서 담게 되어 있고, 되에 고봉으로 올리는 것은 금지되어 있다. 하지만 수탈자들은 정해진 되보다 큰 되를 사용해서 계량한다. 고봉으로 올리는 것은 물론이고 옮겨 담을 때 일부러 마구 흘린다. 그렇게 부어 담으면 농민이 가져온 양이 당연히 지정한 양보다 모자라게 된다. 그러면 바로 매를 친다. 이 꼴을 당하지 않으려면 사전에 수를 써놓든지 중간에 어떻게든 그들을 만족시켜야 한다.

---

25 《비변사등록(備邊司謄錄)》, 현종 1년 11월 10일.

계량을 하기 위해 기다리는 동안에도 줄을 바로 세운다거나 시끄럽다는 등의 이유를 들어 매를 치고 괴롭혔다. 매를 맞지 않고 분위기를 바꾸려면 무언가를 바쳐야 했다. 백성들은 자신이 농사지어 번 곡식을 세금으로 바치면서 감사를 받지는 못할망정 죄 지은 사람처럼 혼나고 두들겨 맞고 뇌물까지 바쳐야 했으니 정말 화가 났을 것이다.

1889년 경상도 함안 수령으로 재직하고 있던 오희문은 마산창에서 함안군민의 세금 납부를 감독하게 되었다. 오희문은 정통 서리 출신으로 행정에 아주 능숙하고 양심적인 관료였다. 그는 세금 납부 광경을 이렇게 기록했다.

세금을 바치려는 백성 수백 명이 이미 와서 기다리고 있고 나머지는 뒤에서 계속 이어져 들어왔다. 되질을 할 때 나는 갑절로 자세히 살펴서 평미레질(평미레는 곡식의 위를 평평하게 밀 때 쓰는 방망이를 말한다)을 반드시 하게 했고, 고자(庫子, 창고지기 혹은 수납 실무자)에게 관례대로 한 되를 줄 때에도 반드시 평미레질을 하게 했다. 창원군 세금 납부소에 가보았더니 채찍과 매가 낭자하고 장형을 치라는 소리가 그칠 때가 없었다. 의령군 납부소는 거리가 멀어서 자세히 보지 못했다. (중략) 납부를 시작한 지 8일 만에 매를 한 대도 대지 않고 일을 마쳤다. 아마 이 조운창을 설치한 이래 처음 있는 일일 것이라고 한다.[26]

이미 폭력적이고 후안무치한 수탈을 견디지 못해 1864년에 소위 임술민란(壬戌民亂)이라 불리는 전국적인 민란이 터진 적이 있었다. 그러나 오

---

26  오희문,《경상도 함안군총쇄록》, 1889년 12월 3일부터 11일까지.

희문의 증언을 보면 30년쯤 지난 후에도 나쁜 관행은 개선되지 않았고 오히려 더 심해진 것이다. 그 광경을 보며 오희문도 꽤 불길한 예감을 가졌던 것 같은데, 구체제의 악질적인 관행에 대한 분노는 결국 1894년 동학농민혁명으로 터져 나왔다.

향리, 사령, 노비가 지닌 지위와 권력은 작은 것일지도 모른다. 그러나 그 아래에 있는 민중은 권력의 옷을 단 한 겹도 걸치지 못하고 있었다. 황금 계단으로 올라가는 첫 번째 계단은 낮고 보잘것없을지 모르지만 계단 위와 계단 아래는 하늘과 땅 차이였다. 각종 수수료, 통행료, 그리고 온갖 시시껄렁하고 자질구레한 거만함과 횡포는 민중에게는 더 자극적이고 화나고 유쾌하지 못한 일이었다. 민란이나 혁명이 일어났을 때 농민이 관리나 양반보다 더 악덕으로 소문난 향리를 먼저 공격한 이유가 바로 여기에 있다.

# 참소로 어진 사람이 배척당하고 있지 않은가

요즘 탐욕스럽고 포악한 자들이 줄을 잇는데도 나라의 형법이 잘 시행되지 않고 있다. 그래서 가혹하게 세금을 거두어들이는 자는 도리어 높은 벼슬을 받고, 청렴하게 근신하는 자는 죄에 걸려 상과 벌이 분명하지 않으니, 어떻게 선을 권면하고 악을 저지하겠는가. 옛사람이 이르기를 "형벌은 총애 때문에 멋대로 시행되고, 정치는 뇌물로써 이루어진다"고 했다. 바로 지금 같은 형편을 두고 말한 것이다.[27]

《선조실록》 편찬에 참여했던 한 사관이 임진왜란이 한창이던 1595년에 이런 평을 달았다. 어느 나라에서든지 뇌물이 맹활약하는 분야는 이권 청탁, 재판, 인사 청탁이다. 관료가 되거나 승진을 하면 권력과 경제적 이익이 모두 따라오니 인사에는 청탁과 뇌물이 들끓을 수밖에 없다. 능력이 부족한 사람일수록 뇌물과 청탁에 의지하게 된다.

그러나 어진 사람이 배척당하는 이유는 뇌물과 청탁 때문만이 아니다. 어질고 유능한 사람은 윗사람에게 잠재적인 위협이다. 대개 고분고분하지

---

27 《선조실록》 65권, 선조 28년 7월 20일, 신묘.

도 않고, 윗사람이 만들어놓은 전례를 거부하며 개혁을 하자고 하고, 윗사람을 받들어 모실 줄도 모른다. 반면 능력이 부족한 인재는 고분고분하니 라이벌이 될 위험이 적고 무엇보다 뇌물을 받아내기도 편하다. 그래서 인사에 뇌물 문화가 만연하면 그 집단은 필연적으로 무능하고 탐욕적인 인물들로 채워지게 되며 조직의 상황은 순식간에 악화된다. 뇌물로 승진한 인사는 항상 자기보다 무능하고 탐욕스런 사람을 선호하기 때문이다. 조직은 더 빨리, 더 심하게 무능해지고 곧바로 위기 단계로 진입하게 된다.

정권이 바뀔 때마다 우리가 듣는 말이 있다.

"인사가 만사이다."

탕왕도 그렇게 생각했을 것이다. 그러나 반성문의 첫머리에 두었어도 어울렸을 이 문제를 탕왕은 맨 마지막 항목에 두었다. 뇌물과 인사 비리 그리고 능력자의 도태 문제가 비중이 작아서가 아니다. 누구나 알고 동의하는 너무나 뻔한 내용이지만, 누구도 자신 있게 도전할 수 없었기 때문일 것이다.

이 문제와 관련해서는 특별한 사례를 소개할 필요를 느끼지 못하겠다. 역사에 사례가 너무나도 많고, 우리 주변 어디에서든지 이와 관련된 한탄이나 고발을 들을 수 있다. 그래서 여기서는 뇌물과 뇌물을 요구하는 출세를 감당할 수 없었던 한 인격자와 그의 삶을 노래한 작품들을 대신 소개하려한다. 그의 노래와 그 노래로써 수천 년간 아픔을 공유한 많은 사람의 감정을 함께 나누는 시간을 가져보자.

## 나는 본래 출세할 소질이 없거늘

도연명(365~427)은 중국 동진(東晉)의 시인이다. 연명은 자(字, 편하게 부를 때 쓰는 일종의 애칭)이다. 본명은 도잠(陶潛)이지만 우리에게는 도연명이라는 이름이 더 친숙하다. 그는 동아시아의 한자 문화권에서 글을 짓고 벼슬한 사람들에게 우상이었다. 젊은 시절 도연명은 벼슬과 은거를 거듭하다가 결국 은거를 자기 삶의 모토로 삼아 실천한 인물이다. 전원생활과 관련한 작품들을 남겨 후대에 많은 사람들의 사랑을 받았다. 자연히 도연명은 세속의 가치에서 벗어나 매일 술을 마시고 시를 지으면서 자유롭게 살았던 사람으로 지금까지 알려져왔다.

그러나 대부분의 은거 문학이 그렇듯이 그의 은거와 자연 속 삶 혹은 자유로운 풍류는 사실 사회와 현실로부터 강요된 것이었다. 도연명은 원래 좋은 가문 출신이었다. 증조부는 동진의 이름난 무장인 도간(陶侃)이었고, 외조부는 이름난 선비인 맹가(孟嘉)였다. 도간은 327년 반란을 진압한 후에 41년 동안 장상의 자리에 있었다. 가문의 화려했던 시절이었다. 도연명은 아마도 어린 시절부터 증조부의 이야기를 들으면서 자랐을 것이다. 증조부는 그가 닮고 싶은 우상일 수밖에 없었다. 특히 그때 도연명의 집안은 상당히 몰락하여 경제적으로 어려움을 겪고 있었다. 도연명의 아버지는 어린 시절에 사망했고, 아마 약간의 토지를 가지고 겨우 살아가는 정도였을 것이다. 다만 그 지역의 이름난 집안의 자손이라는 타이틀은 바뀌지 않았을 것이다.

이런 가정환경은 도간의 어린 시절과 비슷했고 도연명에게 입신출세를 위한 의욕과 의지를 제공했다. 마침내 도연명은 첫 벼슬을 얻었다. 29세 때의 일로, 맡은 관직은 그가 살던 곳의 좨주(祭酒)였다. 좨주란 교육과 제

**도연명(365~427)** 이백, 두보와 함께 중국 고전시가를 대표하는 시인

사를 맡는 관리였다. 집안의 명성 덕에 그는 좨주 직에 추천을 받을 수 있었다. 하지만 도연명은 조금 있다가 사임했는데 이유는 밝혀져 있지 않다. 아무래도 그 관직이 출세와 거리가 멀고 경제적 도움도 별로 되지 않았던 것 같다.

도연명은 출세하고 훌륭한 관료가 되어 증조부처럼 부와 권력과 명예를 얻고 싶었다. 그가 부탁으로 다시 얻은 관직은 진군참군(鎭軍參軍)이었다. 부탁이라니까 이상하게 들릴 테지만, 동진 시대에는 추천으로 인재를 뽑았다. 가문, 평소의 명성, 개인의 능력 등이 참고 기준이 되었다. 참군 직에 있으면서 그는 비록 문관이었지만 군대 생활을 경험할 수 있었다. 당시 군벌이 힘을 쓰던 시대였기에 이를 통해 자신의 능력을 발휘하려 했다.

그렇지만 참군 생활 역시 그의 이상으로는 만족스럽지 않았던 모양이다. 그는 〈처음으로 진군참군이 되어 곡아를 지나면서 짓는다〉라는 시에서 이렇게 노래했다.

어려서부터 세속적 일 밖에 살면서

오직 거문고와 책만을 품고 있었으니

거친 베옷을 입어도 스스로 깨달음에 기뻐했으며

뒤주가 비어도 항상 편안했네

때가 왔으나 진실로 어둠 속의 만남이라

고삐를 돌려 벼슬길에 들어서

지팡이를 버리고 부임할 차비를 갖추고

잠시 전원의 집과 이별했다

외로운 배가 아득하게 멀리 가니

되돌아가고 싶은 생각에 연연한다

나의 가는 곳이 어찌 멀지 않으리오

천리 넘어 올라서 간다

(중략)

잠시 변화에 맡겼지만

끝내 살던 나의 집으로 돌아가리라


도연명은 세속 일과 격리된 자신을 발견하고 벼슬은 "어둠 속의 만남"
이라고 했다. 그래서 "외로운 배"와 같은 자신은 결국 집으로 돌아갈 운명을
지녔다고 했다. 그의 소원은 곧 실현되었다.

도연명이 진군참군이 되었을 당시 35세였다. 진군의 지휘관은 유로지
장군이었다. 유로지는 많은 군사력을 보유한 실력자였다. 그런데 당시 손은
을 중심으로 한 커다란 농민 봉기가 일어났다. 그들은 도교의 일종인 천사
도(天師道)를 내세우면서 세력을 넓혀 절강성 일대를 장악해갔다. 유로지는
그들을 간신히 진압했지만 이를 지켜보던 도연명은 결국 유로지를 떠났다.
두 사람 사이에 어떤 갈등이 있었는지, 유로지 밑에서는 출세할 수 없다는

생각에 그만두었는지는 알 수 없다. 그러나 관료직을 향한 고귀한 이상과 어두운 현실이 보여준 간극을 이겨내기도 쉽지 않았을 것이다.

이후 그는 37세에 형주자사 환현 아래로 들어갔다. 환현은 강릉 지역의 커다란 군벌이었으며 유로지와 경쟁하면서 동진의 3분의 2 정도를 세력권에 넣었다. 어쩌면 도연명은 유로지 밑에서 출세하지 못한 것을 환현에게서 만회하려 했는지 모른다. 자신의 적성이나 인성이 벼슬살이에 맞지 않는다고 생각하면서도 그는 결코 그 길을 포기하지 않았다.


한적하게 살며 30년간을

속세와 멀리 떨어졌노라

책 읽으며 성품을 돈독히 닦고

세속의 때가 없는 들에서 살았거늘

어찌 내 집을 버리고

저 멀리 서쪽 형주까지 갈까

고된 벼슬 생각에 잠도 못 자고

깊은 밤에 혼자서 길을 가노라

본래 나는 출세에 소질이 없고

짝지어 농사짓는 일에 맞거늘

감투를 버리고 옛 마을로 돌아가

좋은 벼슬이라도 다시는 엉키지 않으리[28]

---

**28** 도연명, 〈신축년 7월 휴가 때 강릉으로 돌아가다 밤에 여구를 지나다(辛丑歲七月赴假還江陵夜行塗口)〉

그의 벼슬길은 뜻대로 진행되지 않았다. 성격 탓이었는지 모르지만 그는 출세하기가 쉽지 않았다. 도연명은 가난한 자신의 처지와 관료계의 어두운 현실, 출세의 욕망 속에서 비틀거렸다. 그의 시는 그런 자신에 대한 변명과 자화상이었다. 그는 자신의 성격 탓에 출세하지 못하는 것이고, 농사일이 더 적성에 맞다고 변명했다.

실제로 그가 출세할 수 없었던 이유는 주변 인맥 때문이었는지도 모른다. 비록 과거에는 명망 있는 집안이었지만 그 시기에 그를 끌어줄 주변 인사들은 많지 않았을 것이다. 당시 전형적인 귀족 사회에서 출세는 자신의 능력만이 아니라 주변의 추천과 배경으로 좌우되었다. 문장 능력으로 인재를 뽑는 과거 시험은 한참 뒤에야 등장했고, 이전까지는 집안의 명성과 평판이 출세에 매우 중요한 요소였다. 비록 도연명의 집안은 지역사회 내에서는 어느 정도 명성이 있었지만 일찍이 부모를 잃은 처지라 어제의 유산일 뿐이었다.

증조부 도간의 명성은 도연명의 마음속에나 존재하는 것이었다. 그의 출세를 밀어주기에는 이미 오래전에 빛이 바랜 것이다. 도연명은 출세를 위해서 '소질'이 필요하다는 것을 깨달았다. 소질이란 순수한 의미의 적성이 아닌 것은 분명하다. "나는 농사짓는 일에 맞다"는 말은 자신의 적성이 농사꾼이라는 말도 아니다. 눈은 높은 이상을 원하는데 그곳에 도달하려면 어두운 세계에서 타협하며 버텨야 했다. 도연명은 어둠의 통로 앞에서 발길을 돌렸다. 어둠의 통로로 뛰어들었어도 별 차이는 없었을 것이다. 어둠의 통로 앞에서 그토록 망설이는 사람이 결심을 했다고 해서 없던 '소질'이 생겨날 리가 만무하다.

공자께서 남긴 유훈에

도(道)를 걱정해도 가난을 걱정하지 마라

아득히 높은 경지를 좇기는 어렵지만

차츰 오래 애써볼까 하노라

손수 쟁기를 잡고 즐겁게 농사짓고

웃는 낯으로 농사꾼을 격려하노라

해가 지면 함께 돌아와

항아리 술로 이웃 사람을 위로하네

사립문 닫아둔 채 길게 읊조리며

한가롭게 밭가는 농사꾼이 되리라[29]


그는 농부로 살겠다고 결심했다. 이 시는 고려 말 정도전이 전라도 나주에 있던 거평부곡으로 유배 가서 농사꾼들을 친구 삼아 지내던 모습을 연상시킨다. 정도전은 동네 사람들이 순박하고 허영심이 없으며 힘써 농사짓기를 직업으로 삼았다고 썼다.[30] 황연이란 사람은 술을 좋아해 정도전을 불러 같이 마시는 일이 많았다. 황연에 대한 설명은 도연명이 시에서 추구한 인물들과 비슷하다. 사실 정도전도 도연명을 좋아해서 〈도연명의 시를 베끼다〉라는 시를 짓기도 했다. 그 역시 도연명을 뜻이 높은 선비(高士)로 보았고 마음이 서로 같다고 했다.

이런 삶이 중국과 조선의 전통 지식인들이 추구하는 바였다. 선비는 벼슬에 나가지 못하면 농사를 짓고 은거하는 삶을 추구해야 했다. 그렇지만 보

---

29  도연명, 〈계묘년 초봄에 옛 농촌집을 생각하다(癸卯歲始春懷古田舍)〉
30  정도전, 《삼봉집(三峯集)》 4권, 〈소재동기(消災洞記)〉

통의 경우 가난과 사회적 위신을 함께 얻어야 한다는 욕망이 언제나 남아 있어서 종종 위선적으로까지 보일 정도로 벼슬길을 완전히 포기할 수는 없었다. 도연명 역시 이런 인간적인 그물에서 벗어날 수 없었다. 그러나 어찌하랴. 적당한 타협이나 뇌물, 부정 없이는 살아남을 수 없고, 자신은 그런 세상에서 생존할 소질도 의욕도 없는 것을. 이것이 도연명의 진정한 고민이었다.

## 세상이 알아주지 않아 슬프다

도연명이 지은 〈가난한 선비를 읊다〉라는 시를 보자.

> 만물은 각각 기댈 곳이 있거늘
>
> 외로운 구름은 홀로 의지할 데 없어라
>
> 아득히 공중에서 살아져 없어지니
>
> 언제나 은은하게 여광을 남기리
>
> 새벽 놀에 밤안개가 걷히고
>
> 뭇 새들 짝지어 날건만
>
> 미적미적 숲을 나선 새는
>
> 저녁도 되기 전에 다시 되돌아오네
>
> 분수 따라 옛길을 지킨 선비는
>
> 누구나 추위와 굶주림에 시달렸노라
>
> 이제 나를 알아주는 사람이 없으니
>
> 별 수 없이 슬퍼한들 무엇하리오

도연명은 자신을 "숲을 나선 새"로 비유했다. 그는 다른 뭇 새들이 짝지어 날아서 출세하는 모습을 지켜보았다. 그렇지만 자신은 늦게 출발해 저녁도 되기 전에 되돌아온 존재였다. 남들과 달리 소득이 없는 자신의 모습이었다. 그것이 양심껏 분수를 지킨 고고한 선비의 결말이었고, 남은 것은 추위와 굶주림이었다. 이 때문에 도연명은 다시 벼슬길에 나가야 했다.

도연명의 친척과 벗들이 지방관으로 나가라고 권유했다. 당시 지역의 세력가들도 실무를 할 사람들이 필요했다. 이때 숙부였던 도기의 주선으로 도연명은 현령 직을 얻게 되었다. 도연명은 차마 말하지 못했지만 현령 직을 얻은 것은 자신에게 없는 소질을 숙부든 누구든 발휘했고 자신도 잠시 눈을 질끈 감았기에 가능했을 것이다. 결국 그는 41세에 다시 팽택현(彭澤縣, 강서성 호구현)을 다스리는 현령이 되었다. 순전히 생계를 위해서였다. 집이 가난해서 농사를 지어도 자급할 형편이 못 되었는데 어린아이들은 많았다.

그러나 업무를 시작한 지 며칠 되지 않아서 도연명은 집에 돌아가려고 했다. 그의 말에 따르면 자신은 본성이 '자연적인', 즉 제도와 틀에 맞지 않는 성격이라는 것이다.[31] 없는 소질은 끝내 생겨나지 않았고, 현령은 고을의 사법, 행정, 치안 등 모든 일을 맡아 처리해야 했기 때문에 유능하면서도 세속적인 기준에서 인간적이어야 했다. 도연명은 탈세속적이기도 했지만 고고한 인격을 넘어서 확실히 현실감각이 떨어졌다.

현령이 된 덕분에 그는 땅을 받았다. 200무나 되어 먹고살기 충분한 괜찮은 양이었다. 부정을 저지르지 않고 깨끗하게 살면서 재산을 늘리려면 현령의 임기 동안 땅을 최대한 효과적으로 이용해야 했다. 그의 아내는 수익

---

31 도연명, 〈귀거래사병서(歸去來辭并敍)〉

성이 좋은 메벼를 심어야 한다고 말했다. 그러나 그는 반대하며 찰벼를 심자고 했다. 찰벼를 심어야 술을 빚을 수 있기 때문이다. 부부는 다투었지만 아직은 남자의 권한이 강한 시대였다. 겨우 50무에만 메벼를 심고, 150무에는 찰벼를 심었다.

수령이 된 지 80여 일이 되었을 때 상위 기관에서 독우(督郵, 지방 감찰관)가 방문한다는 소식이 들려왔다. 당시 현의 아전이 독우를 잘 대접해야 한다고 충고했다. 단정하게 옷도 입고 공손한 태도로 맞이해야 한다는 등의 충고였다. 도연명은 그 얘기를 듣고, "내가 다섯 되의 쌀 때문에 시골 아이에게 허리를 굽히겠는가?" 하고 말하면서 관복을 벗고 도장을 맡긴 후 관청을 떠났다. 이것이 마지막 벼슬이었다.

도연명은 다시 자신의 고향으로 돌아갔다. 얼핏 보면 도연명의 자존심으로 인한 은거처럼 보인다. 그렇지만 감독관인 독우가 공손한 인사로 만족할 상황이 아니었다. 감독관은 완전한 갑이었고 그를 대접하는 현령은 을인 관계였다. 공손한 태도는 마음만이 아니라 물질로도 표현되어야 했다. 물질에 따라 평가가 달라졌다.

도연명은 이전에 관식 생활을 해보았으니 뇌물이 필요하다는 사실을 잘 알았을 것이다. 가난한 생활을 했던 도연명은 뇌물을 주고 그것을 보충해야 할 일이 아득했을 것 같다. 그는 자신의 명예를 소중히 생각한 만큼 자존심이 강했다. 독우에게 뇌물을 주고 다시 보충하는 일은 지금까지 자신이 쌓아올린 명성을 무너뜨리는 일이었다. 그는 출세를 완전히 포기하고 차라리 문장으로 세상에 영원히 남는 명예를 선택하기로 했다.

이 시대의 귀족이란 기본적으로 높은 관직을 통해 사회적 지위를 확보하거나 사람들에게 '귀족다움'을 보여야 했다. 관직 외에 귀족다움을 과시하는 유일한 방법이 바로 교양, 즉 문학이었다. 글과 학문에 뛰어난 재능은 사회적 존재감을 과시할 수 있는 좋은 수단이었다. 더구나 문학은 군벌이 권력가의 행세를 하는 시대에는 그들과 다른 매력을 보여주는 기회일 수 있었다. 도연명이 사회적 존재감을 높일 수단은 이제 문학뿐이었다.

그는 자신의 존재감을 보여줄 명작을 지었다. 벼슬길에서 은거로 방향을 튼 후의 감회를 쓴 〈귀거래사(歸去來辭)〉였다. "돌아가리라. 전원이 황폐해지는데 어찌 돌아가지 않으랴" 하고 시작하는 유명한 시이다. 다음 대목이 그의 심정을 단적으로 보여줄 것이다.

> 바라건대 세속적인 교제를 그만두련다
> 세상과 나는 서로 맞지를 않아
> 다시 벼슬길에 올라 무엇을 구하랴
> 친척들과 정 넘치는 이야기에 기쁘고
> 거문고와 책을 즐겨 걱정을 달랜다
> (중략)
> 부귀도 내가 바라는 바가 아니고
> 천국도 기대할 수 없으니
> 좋은 시간이라 생각되면 혼자 거닐고
> 때로는 지팡이를 세워두고 김을 맨다
> 동쪽 언덕에 올라 조용히 읊조리고
> 맑은 시냇가에서 시를 짓는다

잠시 조화의 수레를 타고 목숨 다하는 대로 돌아가니

천명을 즐길 뿐 무엇을 다시 의심하랴


이 시는 이후 중국과 조선에서 현실에 지친 모든 선비들을 위로했다. 그의 이름은 한자 문화권에서 오랫동안 정신적 영향을 미쳤으며 시를 짓는 데 영감을 주었다. 예를 들어 도연명은 〈음주(飮酒)〉라는 시에서 이렇게 말하고 있다.


동쪽 정원에 자란 푸른 소나무

뭇 풀에 묻혀 안 보였지만

찬 서리에 다른 소나무가 시들자

높은 가지 우뚝 솟아 보이더라


여기서 계절의 변화는 인간 세상의 어려움이 닥친 시기를 상징한다. 사람에게는 누구나 굴곡이 있고 계절이 변하듯 겨울 같은 시기가 온다. 주변의 어려움이 닥쳤을 때 이겨내는 사람이 높은 가지가 된다.

이 시는 조선 후기에 제주도로 유배를 간 김정희에게 영감을 주었다. 김정희는 영조의 딸 화순옹주의 증손자이다. 유복한 환경에서 태어난 그는 고생을 모르고 살다가 제주도에서 인생 처음으로 고생을 경험했다. 그의 제자 이상적은 통역관으로 중국에 가서 귀한 책을 구해 김정희에게 보내주었다. 김정희는 권력의 끈이 떨어진 자신을 잊지 않은 제자에게 고맙다는 표현을 하고 싶었다. 대표작인 〈세한도(歲寒圖)〉가 그 표현의 산물이다.

**세한도** 추사 김정희의 1844년 작으로 국보 180호이다. 국립중앙박물관 소장되어 있다.

　그는 《논어》 〈자한(子罕)〉편에 나오는 "겨울이 돼서야 소나무와 잣나무가 시들지 않는다는 사실을 알게 된다"라는 구절을 활용해 그림을 그렸다. 그런데 이 주제는 도연명의 시에도 나오는 것이다. 김정희가 도연명이 지은 시들을 몰랐을 리 없다. 은거의 삶에서 〈귀거래사〉는 물론이고 도연명의 시들이 위안을 주었을 것이다. 도연명이 지은 시는 〈세한도〉와 너무도 닮았다. 이처럼 도연명의 글은 은거를 꿈꾸는 사람, 권력을 좇다가 실패했지만 출세를 향한 욕망을 버리지 못하는 사람, 그러면서도 뇌물과 부정이 판치는 세속의 깊은 늪에 빠지고 싶지 않은 사람에게 정신적 안식처였다. 그런데 동쪽 정원의 소나무가 우뚝 솟아 보이는 날이 올까? 도연명과 김정희는 그런 날을 보았을까?

# 2부

## 뇌물을 둘러싼
## 조선시대의
## 진실 게임

범죄 수사에 획기적 계기가 된 것이 지문과 혈액형의 발견이었다. 지문을 범죄 수사에 공식적으로 사용한 것은 20세기가 다 되어서였다. 1886년 에드워드 모스가 영국 경시청에 수사를 할 때 지문 사용을 권했으나 경시청은 거부했다. 그러니 사실상 20세기 전에는 수사가 목격자의 증언이나 정황증거에 의존할 수밖에 없었다.

하지만 20세기의 과학수사도 한계가 분명했다. DNA 감식법이 나온 이후 미국에서 유전자 감식 기법을 이용해 애매한 살인범을 구제하는 사업이 진행되었는데 신청자의 25퍼센트 정도가 무죄로 판명되었다고 한다. 20세기의 수사 능력이 이 정도인데 과연 구타와 고문으로 범죄를 찾아내던 이전 시대의 수사 정확도는 어느 정도였을까? 일반 형사범죄를 밝혀낼 과학적 수단이 전무하던 시대였다. 조선시대에도 법의학이 있었고 과학적추리를 하지 않은 것은 아니지만, 현대에서 기대하는 것보다 신뢰도가 엄청나게 낮았다.

그런데 뇌물은 과학의 시대인 지금도 애매하기 그지없는 범죄이다. 우선 다른 범죄와 달리 정황증거와 추측이 넘쳐나는 것이 문제이다. 정치적으로 예민한 사건이 될 수 있기 때문에 권력이 안정되어 있을 때에는 잠잠하다가 권력이 불안정해지면 음모와 계략이 난무한다. 증언도 소문도 믿을 수 없고 객관적인 증거는 거의 없다. 금융거래가 없던 시절에는 계좌 추적도 불가능하고 증언은 믿을 수가 없었다. 대가성을 증명하기는 더욱 어려웠다. 전근대사회일수록 모든 조직이 학연, 지연, 혈연 등의 관계를 기반으로 한다. 이를 비난하는 사람도 많았지만 그 시대에는 어떤 사람도 연줄 인사 자체를 부정하지는 않았다. 모든 사회가 인연에 의해 움직였다. 단지 오남용을 비난할 뿐이었다.

이 시대의 모든 뇌물 사건은 음모론적 해석이 가능하다. 뇌물 사건 자체가 음모론적 판단 때문에 생기기도 한다. 따라서 오늘날에도 그렇고 당시에도 사건의 진상은 안개 속에 묻혔다. 뇌물 방지를 위한 법과 제도를 세우는 것도 마땅하지 않았다.

조선시대에도, 그 이전 시대에도 뇌물에 대한 처벌 규정은 있었다. 하지만 현대의 시각에서 보면 조선시대에는 관리들이 뇌물을 척결하려는 의지가 불충분하고 서로의 부정을 감싼 채 권력자의 횡포에 맞설 생각을 아예 하지 않은 것처럼 보인다. 그것은 사실이다. 왕조의 말기에는 정말로 총체적인 타락상을 보인 것도 맞다. 그렇지만 조선시대 내내 관리의 양심이나 부정부패에 대한 경각심이 현대보다 더 타락하고 무감각했던 것은 절대로 아니다. 상어에게 쫓기는 물고기에게 육지로 나와 숲으로 숨으라고 요구할 수 없는 법이다. 모든 상황에는 시대적 한계가 있다. 시대의 차이를 고려하고 그 한계와 고민을 이해하는 것이 지혜를 채우는 진정한 탐구의 길이다.

# 조선의 왕은 결코
# 뇌물을 받지 않았다?

유럽의 군주들은 공공연히 뇌물을 챙겼다. 왕의 권력은 모두 현금화했다고 할 정도이다. 관직 매매 역시 법으로 보장하고 공개 입찰을 할 만큼 양성화되어 있었다. 조선에서는 공명첩 장사가 이뤄지긴 했지만 관직 매매는 어디까지나 뇌물의 영역에서 비공식적으로 행해졌다. 조선에서 왕의 권한을 현금화한 것은 공명첩뿐이다. 그렇다면 음성적인 관직 매매와 기타 권력형 비리에서 조선의 왕은 어떤 역할을 했을까?

## 왕의 뇌물죄가 성립하지 않는 합법적인 이유

뇌물의 흐름에는 법칙이 있다. 제1법칙은 현안을 해결해줄 확실한 권력을 따른다는 것이다. 물이 도랑을 따라 흐르듯이 뇌물은 권력을 따라 움직인다. 5공화국, 6공화국 시절 전두환, 노태우 두 대통령이 받은 뇌물의 정확한 액수는 아무도 모른다. 한때 검찰은 8,000억에서 1조에 이른다고 추정했다. 그 돈을 두 대통령 개인과 가족이 다 소비하지는 않았겠지만, 그토록 천문학적인 금액이 그들에게 흘러들어간 것은 그들이 그 시절 절대 권력을 지닌 최고 통치권자였기 때문이다. 따라서 뇌물의 제1법칙에 따라 조선시대, 아니 그 이전 시대에도 가장 많은 뇌물을 받은 사람은 왕일 수밖에 없다.

왕에게는 인사권, 법령 제정권, 기타 모든 정책의 시행을 결정하는 권한이 있었다. 무엇보다도 직할의 공단과 전국의 특산물, 수공업 제품을 쥐고 있었다. 궁에는 매일같이 전국의 특산물, 자재, 공산품이 흘러들어왔다. 조선은 상업을 억제하던 국가라 궁과 중앙 관청은 필요한 물자와 반찬거리를 현물로 받았다.

궁에서 매일 소비되는 물자도 엄청났지만 단순히 소비재만이 아니었다. 조선의 궁궐은 국립 공단의 기능도 겸하고 있었다. 전국의 장인을 불러 모아 궁궐에 필요한 모든 물품과 나라에 필요한 물자, 상품, 군수품을 생산했다. 그들은 궁에 직접 소속되지 않고 중앙의 여러 관청에 소속되어 있었지만, 관청은 궁 안에도 있었고 장원서(掌苑署, 화초와 과일을 재배하는 곳), 상의원(尙衣院, 의복을 만드는 곳)처럼 궁궐 운영과 직결된 관청도 다수 있었다.

15~16세기만 해도 궁과 주변에 포진한 30개 관청에서 129종의 물품을 직접 생산했다. 그러나 그 직업군이 대장장이, 방직공, 목공처럼 명칭이 포괄적이었기 때문에 실제로 생산한 세품은 수천 종이 넘었을 것이다. 여기에 종사하는 장인만 2,800명이었다. 지금 보면 규모가 작아 보이지만 330개 군현에 소속된 장인은 3,500명, 생산 품목은 단지 27종에 불과했다.

공단을 운영하려니 전국에서 생산되는 상품과 원료가 궁에 쌓였다. 정부는 필요한 현물을 전국 군현에 할당해서 바치게 했다. 이것을 공물(貢物)이라고 한다. 실제로 현물로 납품을 하려면 정해진 물량보다 좀 더 많이 바쳐야 했다. 운반 중에 발생하는 손상분과 손실분, 납품 검사 과정에서 필요한 수수료성 뇌물 때문이다. 더 웃기는 일은 기왕에 바치는 김에 왕실을 포함해서 요소요소의 권력자들에게도 조금씩 상납해야 했다.

왕비가 참외를 좋아한다고 참외를 왕비전에만 보내고 대비전에는 보내지 않아서야 되겠는가? 약재나 나전칠기 같은 생필품도 마찬가지이다. 후궁이 사용하던 나전칠기 화장품함이 깨져서 통영에서 새것을 만들어 보내게 되었다고 하자. 어떤 간 큰 통제사가 그 후궁에게만 새 화장품함을 보낼 수 있겠는가? 반짝거리는 그 신제품을 대비나 왕비가 본다면?

왕이 상품화할 수 있는 권력과 물자는 무수히 많았다. 유럽의 군주라면 정말 신나는 일이었다. 공짜로 얻은 헌 상품을 재판매하면 막대한 수익이 보장되었다. 그러나 조선의 왕은 하사품이라는 선물을 내릴지언정 판매하지는 않았다. 뇌물도 절대 받지 않았다. 이것을 어떻게 단언할 수 있을까? 간단하다. 무엇을 받아도 왕에게는 뇌물죄가 성립하지 않기 때문이다. 연산군이 한 유명한 말이 있다.

"이 땅의 들꽃 하나도 다 내 것이다."

연산군이 말한 들꽃은 여자를 뜻한다. 모든 여자는 왕이 마음대로 할 수 있다는 의미이다. 하지만 원래 뜻은 조선의 모든 것은 왕의 소유라는 말이다. 그것은 명확하게 합법이다. 조선의 모든 땅, 사람, 재물은 모두 왕의 소유였다.

다만 어디까지나 원리적이고 철학적으로 그렇다는 말이다. 모든 것이 왕의 것이라는 공포스러운 전제에도 불구하고 조선 사회는 재산권에 대한 개념과 보호가 확실했다. 순진한 왕이 이 말을 곧이곧대로 듣고 조선의 모든 재산과 여인에 대해 소유권을 행사하려 했다가는 전 백성이 왕의 적이 되어 당장 쫓아낼 것이다. 연산군도 들꽃을 탐하다가 공분을 사서 왕위에서 쫓겨나야 했다.

그러나 왕이 조심스럽게 접근하면 상당히 곤란한 상황이 벌어진다. 왕이 어느 지역에 왕릉을 조성하거나 별장을 짓겠다고 한다. 그곳에 살던 사람이 퇴거를 거부하면 왕은 "이 땅은 모두 내 것이다, 내가 나가라고 하면 너는 나가야 한다"고 말할 수 있다. 원망은 할 수 있어도 거부할 수는 없다. 그러나 그냥 쫓아내지 않는다. 왕의 체면도 있으니 보상은 풍족하게 해준다. 약삭빠른 사람은 그것을 오히려 좋은 기회로 여긴다. 하지만 절대 왕이 매입하는 것은 아니다. 단지 자비심으로 보상해주는 것이다.

신하들도 반격했다. 왕은 개인 재산을 두거나 회사를 운영해서는 안 된다는 것이었다. 왕이 수익 사업을 하려고 하면 신하들은 이렇게 말했다.

"전국이 왕의 것인데 왜 별도로 금고를 두려고 하십니까?"

그러나 왕도 이 말에 속지 않았다. 권력이 총구에서 나온다고 하지만 총이 활개 치는 순간은 잠깐이다. 총도 돈 앞에 복종한다. 유럽이고 조선이고 총을 살 돈이 없는 가난한 국왕은 힘을 쓰지 못했다. 조선의 왕도 '내수사(內需司)'라는 관청을 설치해서 전국의 토지와 노비를 관리하고 고리대금업을 운영했다. 여기서 막대한 부가 흘러들어왔다. 그뿐만이 아니었다. 왕, 왕비, 대비, 후궁에게는 전국에서 생산되는 물자와 산물이 매일 상납되었다. 그 과정에서 청탁과 뇌물이 들어오지 않을 수가 없었다.

이처럼 현물이나 청탁을 받았다고 해도 왕에게는 뇌물죄가 성립하지 않았다. 모든 것은 왕의 것이었다. 이것을 왕토사상(王土思想)이라고 한다. 자신의 물건을 자신이 받았으니 뇌물이 될 수가 없다. 아무리 사회에서 현실적으로 개인의 재산권을 인정한다고 해도 왕토사상을 부정할 수 없었다. 만약 법적으로 부정한다면 조선의 모든 법 제도와 질서를 완전히 재편해야 했다.

## "왕에게 뇌물을 바쳤다고 처벌하는 경우가 있느냐?"

법리적으로 왕에게 뇌물죄가 성립하지 않는 것을 근거로 왕이 공개적인 접수창구를 만들고 매일같이 상납을 받고 흥정을 하면 어떻게 될까? 그것은 가장 어리석은 일이다. 사회의 모든 타락과 부정부패와 불만이 왕을 원흉으로 지목할 것이기 때문이다. 조선왕조가 다른 나라 같으면 왕조가 바뀌었을 만한 사건을 두세 번이나 겪으면서도 500년이라는 세월 동안 생존할 수 있었던 비결 중 하나는 왕이 절대로 전면에 나서지 않았던 일종의 신비주의 덕분이었다.

조선 사회에는 신기할 정도로 왕은 착하고 백성을 사랑하고 진심으로 걱정한다는 신앙에 가까운 믿음이 있었다. 철종 때 부정부패가 급증해서 전국의 고을에서 민란이 봇물 터지듯이 터졌을 때에도 백성들은 이렇게 믿고 있었다.

"왕은 백성의 고통을 알고 좋은 임금이 되려고 노력하는데 안동 김씨들이 왕을 허수아비로 만들어서 선정을 베풀 수가 없다."

왕이 아니라 주변의 악한 무리가 문제라는 시각이다. 내수사와 내수사 노비의 횡포는 유명했지만 그런 경우에도 왕보다는 횡령과 부정을 일삼는 내수사의 관리와 노비를 원망했다. 백성의 생각에는 왕도 자신들과 같은 피해자였다. 만약 유럽의 왕들처럼 조선의 왕이 장사판을 벌였다면 왕에 대한 우호적인 시각은 절대 통용되지 못했을 것이다.

왕에게 무언가를 은밀하게 청탁하기도 쉽지 않았다. 왕은 아무리 고관이라도 함부로 만날 수가 없었고, 사적 공간에서 은밀하게 만날 수는 더욱 없었다. 정승이 왕을 만날 때에도 독대는 없었다. 조선시대에 독대, 즉 일대일의 비밀 회담이 인정된 경우는 세종과 황희, 효종과 송시열 정도였는데 그것도 몇 번 되지 않았다. 그러면 왕은 머나먼 존재였을까? 왕에게 청탁을 할 경로가 없었던 것은 아니다. 왕비, 후궁, 대비 등 왕실 가족을 통해서는 가능했다. 탕왕이 여인을 통한 청탁과 부정을 경계한 이유도 왕에게 청탁할 때 제일 좋은 경로가 그들이었기 때문이다. 대비전, 중궁전 그리고 각종 마마님들과 만나는 일에는 의외로 경로가 열려 있었다.

조선시대에는 궁과 사대부 가문이 끊임없이 교류했다. 민간인의 궁궐 출입은 엄격히 제한되었다고 알려져 있다. 왕비나 후궁도 한 번 입궐하면 부모를 자주 만나지 못했다. 왕의 형제자매와 왕족도 행사나 왕의 입궐 명령 없이는 아무 때나 입궐할 수 없었다. 그러나 이것은 표면적인 엄격함이

**창덕궁 단봉문**
궁궐의 출입은 아주 어려울 것 같지만 궁녀나 궁인은 이 소문으로 비교적 자유롭게 출입했다. 특히 여인은 출입이 더욱 자유로웠다.

다. 궁에서 일하는 별감, 상궁, 무수리 중 상당수는 관리의 자제, 특히 서얼 자제나 노비의 자녀가 많았다. 그들 중에는 출퇴근하는 사람도 있었고 심부름이나 기타 사유로 수없이 궁을 드나들었다. 그러는 중에 정보가 새고 청탁이 이루어졌다. 얼마나 많은 물건과 청탁을 전달하는 무선 통신이 오고 갔는지는 아무도 모른다. 하지만 실제로는 엄청난 교류가 있었던 것이 틀림 없었고 일부는 왕에게 전달되었을 것이다. 그런 상황을 짐작할 수 있는 약간의 사례를 보자.

1418년 태종은 신효창이란 인물을 좌군도총제로 임명했다. 이 인사는 조정에 충격을 주었다. 신효창은 태조의 심복이었다. 조선 건국 때에는 원종공신으로도 임명되었다. 인물평을 보면 상당히 과격하고 무식한 듯하지만 개국 일등공신이며 조선 건국 당시 최고위직 재상이었던 김사형의 사위였다. 그런데 1402년 태조 이성계가 동북면으로 탈출해서 조사의의 반란을 선동할 때 신효창은 태조를 호위하고 동북면으로 따라간 전적이 있었다. 신효창의 이런 처신에 대해서는 상반된 평가가 있다. 중간에 태조와 조사의의 내통을 확인하고, 태조를 호위하기 위해 차출되어 온 별시위 무사들에게 몰래 통보했다. 그러자 별시위 무사 몇몇이 태조를 버리고 탈주해서 조정에 반란을 보고했다. 그것은 조사의의 난을 조기 진압하는 데 결정적인 공을 세웠다.

태종이 신효창을 좋아했고 평소에도 늘 그의 관직과 동향에 관심이 있었다고 한 것을 보면 태조의 심복이라기보다는 오히려 태종 측의 스파이였을 가능성이 높아 보인다. 그러나 신하들은 그의 임명에 반대했다. 신효창이 태조를 끝까지 따라다녔으니 반역죄로 다스려야 한다는 의견도 있었다. 그

오래된 사건이 다시 논란이 된 이유는 도총제가 정2품으로 지금의 삼군 참모총장에 해당하는 직책이었기 때문이다. 정치적으로는 그리 중요하지 않아도 군 최고 사령관 직을 태조의 구세력으로 분류되는 신효창에게 주는 것은 충격이었다. 더욱이 태종의 측근들은 쿠데타를 일으켜 태조의 심복들을 처치하고 정권을 잡은 사람들이 아닌가?

태종의 심복인 정승들과 대간들이 나서서 대대적인 반대를 했다. 태종이 신효창을 옹호하자 신하들은 조사의의 난 때의 행적을 거론하며 지금이라도 반역죄로 처벌해야 한다고 역공을 폈다. 결국 태종이 도총제 임명을 철회하고 말았지만 이 작은 승리로 기세가 오른 대간들은 임명 취소에 만족하지 않고 처벌론을 계속 주장했다 신효창으로서는 괜히 관직에 임명되는 바람에 오래 전에 끝난 역모죄로 처벌받을 위기에 놓였다.

궁지에 몰린 신효창은 태종의 사랑을 받던 신녕궁주에게 노비를 바치고 사건을 무마해줄 것을 요청했다. 하지만 그 일 또한 탄로가 나면서 더 궁지에 몰렸다. 신하들은 이제 신효창을 뇌물죄로도 처벌해야 한다고 주장하기 시작했다. 그 순간 태종이 결정적인 말을 던졌다.

"왕에게 뇌물을 바쳤다고 처벌하는 경우가 있느냐?"[32]

신하들은 아차 했을 것이다. 태종을 코너에 몰았다고 생각했을 때 조심했어야 했다. 태종은 조선의 많은 왕들 중에서 단연 정치 100단이었다. 보통 사람은 파워 게임을 벌이면 선을 긋고 그 선을 사수하려고 한다. 그러나 진정한 고수는 적을 끌어들인 뒤에 카운터펀치를 날린다.

왕에게 뇌물을 바쳤다고 처벌하는 경우가 있느냐는 말은 무서운 질문

---

32 《세종실록》 2권, 세종 즉위년 11월 13일, 기미.

이었다. 왕이 뇌물을 받았다고 하면 왕토사상, 즉 왕의 존재 자체를 부정하는 것이 된다. 태종의 이 한마디에 누구도 반론을 펼 수 없었다. 결과적으로 왕조시대에 최고의 청백리는 왕이었다. 왕은 절대 뇌물을 받지 않는, 아니 받을 수가 없는 존재였다. 지금 이 이야기를 가장 부러워할 사람은 전직 대통령들일 것 같다. 이것이 아무리 제왕적 대통령이라고 해도 왕이 될 수 없는 결정적 차이일 것이다.

왕에 대해 뇌물죄가 성립하지 않는 것은 왕이 뇌물을 받았다고 언급하는 것 자체가 왕권 모독죄가 되기 때문이다. 그래서 《조선왕조실록》에는 왕이 뇌물을 받았다는 기록 자체가 금기이다. 기껏해야 누군가가 개, 사냥용 매, 꽃과 같은 기호품을 선물해서 총애를 얻었다고 비판하는 정도이다. 폭군으로 낙인찍힌 연산군 정도가 되면 누가 전국에서 예쁜 여자를 찾아 바쳐서 관직을 얻었다는 기록이 있다. 하지만 이 경우에도 왕 개인의 기호에 맞추어 총애를 얻었다는 정도이다. 국정 운영과 정책 시행이나 인사 발령을 두고 왕이 뇌물을 받았다는 식의 공격은 절대 하지 못했다.

그러면 조선의 군주는 국정을 두고 흥정을 하지 않은 것일까? 증거는 없지만 안 했다고 볼 수는 없다. 신하들은 왕의 뇌물을 언급할 수 없으니 여인의 청탁이 있다고 둘러댔다. 사실 청탁과 뇌물 문제에서 여성이 조금 억울한 측면은 있다. 고대 중국에서는 여인의 청탁을 받으면 나라가 망한다고 과장했고 양귀비, 정난정, 장희빈 등이 죄를 뒤집어쓴 배경에는 왕의 뇌물죄를 언급조차 할 수 없었던 사정이 있었다.

# 뇌물에 관한 소문, 어디까지 진실인가

세조는 양성지를 "나의 제갈량"이라고 불렀다. 세조는 조선의 국가체제와 정치 풍토를 수립하는 데 커다란 역할을 한 인물이다. 그는 세종이 완성한 법전《경제육전》을 대폭 수정해서 새로운 법전인《경국대전》을 편찬했다.《경국대전》이 성종 때 완성되는 바람에《경국대전》하면 성종을 떠올리지만 책의 체제와 내용의 기초를 닦은 사람은 세조였다.

《경국대전》에서 세종이 만든 법제와 가장 크게 달라진 부분은 외척과 공신 중심으로 이루어진 정치체제의 시작이다. 태종은 외척의 발호를 경계해서 자신이 직접 자신과 세종의 처가까지 숙청했다. 세종은 자신의 손에 피를 묻히지 않아도 되었고 아버지가 해준 희생을 감사히 받아들였다. 태종과 세종 시대에는 공신들이 큰 권력을 누렸다. 하지만 견제와 제한도 많이 받았다.

외척을 다시 중용하고 소수의 특권 대신이나 공신이 정치의 중심에 자리 잡는 체제는 세조의 작품이다. 이후로 한말 세도정치 시기까지 외척은 정치계의 구심점이 되었다. 흔히 세조가 신권을 억압하고 왕권 강화를 추구했다고 하는데, 그것은 조선 정치의 구조와 역학을 모르고 하는 소리이다. 세조의 왕권은 소수 특권 세력과의 결합을 통해 얻어낸 것이다.

정치 구조가 크게 바뀌었으니 법조문도 많이 고쳐야 했다. 머리가 좋고 기획력이 풍부한 양성지는 이 기회를 놓치지 않았다. 양성지는 집현전 학사 출신이었다. 사육신에는 가담하지 않고 세조 편에 섰다. 하지만 세조의 반정 과정에서 어떤 역할을 했는지는 확실하지 않다. 그가 두각을 나타낸 것은 세조가 즉위한 이후 새로운 법제를 제정하는 과정에서였다. 양성지는 국방, 조세, 사회, 문화 사업 등 국정 각 분야에 걸쳐 상당히 많은 분석과 정책 제안을 내놓았다. 세조가 양성지를 제갈량이라고 칭찬한 것도 이 때문인 듯하다.

양성지의 정치적 역할은 그의 장황한 상소 덕분에 과대평가되었다는 평도 있다. 그의 상소는 방대한 분량에 비해 법조문으로 채택된 비율이 낮았다. 그러나 장문의 상소는 후대의 정책연구가와 역사가들에게 큰 주목을 받았다. 그 글들 덕분에 세조의 법제 개정 사업에서 양성지가 주도적 역할을 한 것 같은 착시 현상이 생겼다. 하지만 양성지는 세조가 총애한 신하였고, 당시 사람들의 눈에는 빠르게 출세한 성공 사례였음은 틀림없다. 명문가 출신도 아니었기 때문에 그의 벼락출세는 당연히 부러움과 질투, 뒷담화의 대상이 되었다.

## 뇌물 바치러 온 사람들로 시장터처럼 붐볐다

1477년(성종 8) 성종이 양성지를 대사헌에 임명했다. 이 소식이 알려지자 사헌부 관리들이 일제히 들고일어났다. 그들은 양성지가 탐욕스럽고 뇌물을 좋아해서 감찰을 맡는 대사헌에 적합하지 않다고 상소했다. 그중 사헌부 장령 김제신이 올린 상소는 놀라웠다. 그는 양성지가 이조판서가 되었을 때 뇌물을 바치는 사람들이 집에 몰려들어 문 앞이 시장터처럼 붐볐다고 고발했다. 그 상소에서 양성지에게 치명적인 모욕이 된 유명한 '오마(五馬)판서'라는 별명이 등장했다. 양성지가 받은 뇌물이 말 5마리에 실을 정도의 물량이어서 그런 별명까지 붙었다는 것이다. 또 고급 비단을 바치면서 뇌물임을 감추기 위해 돗자리로 싸서 바쳤다거나, 말발굽에 쇠로 만든 편자를 박아 끌고 간 뒤에 편자를 뽑아 뇌물로 바치고 나왔다는 기상천외한 수법까지 동원됐다고 폭로했다(조선은 쇠가 귀해서 하다못해 못과 같은 철제품도 뇌물로 인기였다).[33]

조선시대의 부정부패를 비난하는 사람은 오마판서 일화를 곧잘 인용하곤 한다. 공정함을 기하기 위해서 말 5마리에 실은 분량이 상상처럼 엄청난 양은 아니라는 사실을 덧붙여야 할 것 같다. 지금으로 치면 자가용 한 대에 실은 양도 되지 않는다. 자가용 한 대 분량이라고 해도 황금, 지폐, 비단을 실었다면 엄청난 금액이 되겠지만 이 시대의 뇌물은 대개 쌀, 철물, 젓갈, 생선 등의 현물이었다. 심지어 장작에 기와도 있었다.

말 5마리에 싣는 양은 쌀로 치면 10가마 정도이고, 생선 젓갈이라면 10독이다. 말 5마리 분량이라는 것도 누군가가 한꺼번에 무언가를 싣고 가져가 바쳤다는 것인지, 판서 재직 기간에 양성지가 받은 물품의 총량을 말하는 것인지 분명하지 않다. 양성지가 이조판서로 재직한 기간은 6개월이었다. 그동안 받은 뇌물이 쌀, 생선, 젓갈로 말 5마리에 실을 분량이라면 양성지는 적게 받은 편에 속한다. 반대로 이 정도의 일이 장안의 화제가 될 정도

---

33 《성종실록》 85권, 성종 8년 10월 4일, 무술.

라면 조선은 엄청나게 청렴한 사회인 셈이다.

'문 앞이 시장터처럼 붐볐다'는 표현도 당시 상황을 감안해 생각해봐야 한다. 이 표현은 뇌물 탄핵 상소에 거의 빠짐없이 등장하는 표현이다. 우리가 주로 상상하는 시장터의 모습, 사람들이 바글바글하게 길을 꽉 메운 시장 풍경은 17세기 이후의 모습이다. 16세기까지는 전국에 상설시장이 없었다. 유일하게 한양의 종로 거리에 육의전이 있었고, 사람들이 구름처럼 몰려다닌다고 해서 '운종가(雲從街)'라는 이름이 붙었다. 하지만 그 구름의 양상을 우리는 도무지 알 수가 없다. 상업이 조선 전기와는 비교할 수 없을 정도로 발달한 한말 시기의 운종가 점포의 매장은 오늘날의 24시간 편의점 크기 정도밖에 되지 않는다. 문 앞이 시장터처럼 붐볐다는 것이 도대체 어떤 풍경이고 어느 정도를 의미하는 것일까? 말 한 마리에 노비가 2명 정도는 따라붙었으니 10~20명이 옹기종기 모여 줄을 서거나 대문 앞에서 약간 웅성거리는 정도를 시장터 같다고 표현했을 수도 있다. 조선시대에 대부분의 거리는 조용하고 한적한 주택가였을 테니 말이다.

다음은 진실 게임의 문제이다. 사극이나 드라마 때문인지는 모르겠지만, 지금 시대에는 옛날 사람들 혹은 사대부나 선비는 항상 진지하고 입이 무거우며 신중하다고 생각하는 이상한 착각이 만연해 있다. 역사를 기록하는 사관이나 간쟁을 임무로 하는 대간으로 확대되면 착각은 더 심해져서 그들이 현대의 학자들보다 정확하게 사실 여부를 확인하며 목숨을 걸고 진실만을 이야기했을 거라 믿는다. 하지만 전혀 그렇지 않다. 취재 자료를 검증하고 사실관계가 잘못되면 명예훼손으로 소송을 당해 거액을 배상하는 것은 근대시대에 탄생한 직업윤리이다. 물론 간쟁하는 사람이나 역사가는 정

**짐 실은 말**
기와집 앞에 짐을 실은 말과
사람들이 서 있다.

**조선의 붐비는 시장터**
모자를 파는 사람과 나막신을
파는 사람을 둘러싸고 여러 사
람들이 모여 있다.

**한적한 골목길**
골목 한가운데에 우물이 있는
길에 인적이 드물다.

직해야 하고 진실만을 기록해야 한다. 하지만 진실을 객관적이고 과학적으로 검증하는 태도와 정확하게 표현하는 방법은 근대의 산물이다.

조선시대에는 과학적 수사 기법의 부재로 사실을 확인할 방법이 거의 없었다. 그래서 소문, 정황증거, 추정으로 상소하고 탄핵했다. 문장 분야에서도 시와 수필은 뛰어났지만 사실 기록은 전문적으로 교육하고 훈련하지 않았다. 육하원칙에 의한 글쓰기는 이 시대에 소개되지도 않았다. 주어와 술어의 정확한 연결은 고사하고 시간과 공간이 제멋대로 압축되고 뛰어넘었다. 과장법과 감정적 표현이 난무했다. 숫자 개념은 더더욱 부족했다. '시장터처럼 붐볐다'는 감정적이고 추상적인 표현은 고의적으로 사용되기도 했지만, 숫자를 사용해서 정확하게 글을 쓴다는 개념 자체가 없었다.

## 소문과 진실 사이

뇌물과 상납은 음지에서 이루어진다. 누가 얼마를 받았는지 어떻게 알 수 있을까? 오마판서 일화는 양성지 개인의 명예훼손 문제로 번졌다. 양성지를 옹호하는 사람들은 진실을 규명하지 않으면 후손들까지 '오마판서의 후예'라는 오명을 뒤집어쓸 테니 진실을 밝혀주어야 한다고 호소했다. 성종은 김제신을 불러 취재원이 누구인지 추궁했다. 김제신은 옛날에 들은 소문이라 기억이 나지 않는다고 대답했다.

취재원을 보호하기 위해 거짓말을 한 것인지, 정말인지는 확인할 수가 없다. 그런데 이날 김제신의 대답 중에 확인 가능한 내용이 하나 있었다. 김제신은 양성지가 뇌물을 밝히는 인물이라는 증거로 상소에는 언급하지 않았던 소문 하나를 거론했다. 소위 '민수의 사초' 사건이었다. 예종 때 벌어진 유명한 사건인데 사관이었던 민수는 집권 대신들의 비리를 용감하게 사초(史草, 사관이 매일 기록하는 글)에 적었다. 그런데 막상《세조실록》을 편찬한다고 하자 겁이 덜컥 났다. 민수는 기사관으로 실록 편찬에 참여하고 있던 친구 강치성에게 부탁해서 이미 바친 사초를 빼내 기록을 수정했다. 이 사건이 발각이 나서 민수와 강치성은 사형을 당했다.

민수의 사초 사건은 장안의 화제가 되었다. 민수가 기록했다는 대신은 누구이며 그들의 비리란 어떤 것일까? 민수가 고친 내용은 임원준과 양성지에 관한 것이었다. 그런데 사실 내용은 그렇게 엄청난 폭로는 아니었다. 민수는 임원준이 의술로 아부해서 벼슬을 얻었다고 적었다. 양성지는 세조 때에도 대사헌을 지낸 적이 있었는데, 사헌부에서 상인들의 소송 사건을 잘못 처리한 죄로 사헌부 관리들 전원이 세조에게 혼이 난 적이 있었다. 그때 양성지가 사헌부의 장이면서 책임을 지지 않고 자신은 무죄라고 변명하고 빠져나갔다. 리더의 자세가 잘못되었다고 본 민수는 그 사실을 적으면서 "양성지가 구차하게 변명을 해서 빠져나갔다"라고 적었다. 민수가 지운 부분은 "구차하게 변명을 해서"라는 표현이었다.

그러나 뭐든지 한 번 구설수를 타면 소문이 진실을 이기는 법이다. 소송 자체가 부자 상인들 간의 일이었고 이 시대에는 상인의 정경유착이 당연한 것이었기에 사람들은 뭔가 내막이 있을 것이라고 짐작했다. 또 분명 양성지가 뇌물을 받았다는 내용일 거라고 믿었다. 김제신이 이 소문을 듣고 민수의 사초 사건은 양성지가 뇌물을 받았다는 내용을 기록했다가 벌어진 것이라고 말한 것이다. 실록을 뒤지고 사람들의 말을 들어보니 민수가 양성지가 뇌물을 받았다고 기록한 것은 사실이 아니라고 밝혀졌다. 하지만 소문이 돈

것은 사실이었다. 김제신은 10년 전에 소문을 들었다고 했다.

김제신의 상소는 그의 정의감과 소문의 합작품이었다. 이 고발을 어떻게 처리해야 할까? 김제신과 동료들은 양성지에 관한 소문이 진실이든 아니든 소문이 돌았다는 자체만으로도 대사헌이 될 자격이 없다고 우겼다. 양성지가 청렴하지 않았다고 해도 말이 안 되는 주장이었다. 정승이었던 정창손은 만약 이런 사실로 대사헌 임명을 철회하면 앞으로 인사 때마다 중상모략이 판을 칠 것이라고 경고했다. 말을 끌고 들어가서 편자를 빼주고 나왔다는 소문이 있었던 것은 사실이었다고 한다. 그러나 정말 소문대로였을까? 누구도 진위를 판가름할 수 없다.

혹시 구설수에 휘말린 사람이 양성지뿐이었다면 우리는 아니 땐 굴뚝에 연기 나겠느냐고 말할 수 있다. 하지만 오늘날 SNS에 떠도는 유언비어로 고생한 경험이 있는 사람들은 아니 땐 굴뚝에도 정말 연기가 나더라고 한결같이 말한다. 그런 의미에서 민수의 사초 사건 때 양성지와 함께 언급되었고, 그 소문으로 인해 평생 고생한 임원준의 이야기를 해보자.

## 세종에게 찍혀버린 임원준

임원준은 연산군 때의 간신으로 악명 높았던 임사홍의 아버지이다. 부자가 모두 역사에서 좋지 못한 명성을 얻었다. 그런데 그들은 확실히 억울할 만한 사정이 있었다. 임원준은 당대의 수재였다. 과거에 장원으로 급제했고 성균관 시절에도 요즘 식으로 말하면 학생회장을 지낸 인재였다. 그를 싫어하는 사람도 그가 문학과 기예의 재주가 넘쳤다고 말할 정도였다.[34]

---

34 《세종실록》 2권, 세종 1년 8월 19일, 임술.

**임원준 묘 무인상(武人像)**
봉분 좌우로 배치된 석상으로 현재 여주시 능현
동에 소재해 있다.

그러나 자신감과 엘리트 의식이 넘
치고 가치관이나 생각이 너무 튀었던 것
같다. 재주가 덕을 앞선다고 표현할 수 있
겠다. 1444년(세종 26) 임원준은 한성부에
서 실시한 시험에서 친구의 답안지를 대
신 작성했다가 적발되고 말았다. 머리 좋
은 청년들에게서 흔히 나타나는 우월감
으로 스스로는 별 죄의식 없이 한 일 같
은데 막상 적발되자 문제가 커졌다. 임원
준은 평생토록 다시는 과거를 볼 수 없다
는 최악의 처벌을 받았다(과거는 모두 3번의 시험을 통과해야 관료가 될 수 있
다).[35] 세종에게 애절한 상소를 올려보았지만 세종은 원칙을 넘어선 범죄나
후세에 악영향을 미칠 범죄에 대해서는 용서하지 않았다.[36]

그래도 임원준은 좌절하지 않았다. 수재였던 임원준은 의술을 배워 내
의원 의원이 되었고, 당대 최고의 의사가 되어 왕과 대신들의 주치의가 되
었다. 힘 있는 사람은 찾아다니지 않은 사람이 없었는데 그와 친분을 맺은
사람이 황희의 아들 황수신이었다.

1447년(세종 29) 세종이 의서를 편집한 공로로 내의원 의원들의 품계를
높여주라는 명령을 내렸다. 도승지였던 황수신은 이 틈에 살짝 포상을 더해
서 임원준에게 광흥창을 담당하는 실직을 주었다. 광흥창은 관원의 녹봉에

35 《세종실록》 104권, 세종 26년 4월 5일, 갑신.
36 《세종실록》 117권, 세종 29년 8월 7일, 병인.

관한 사무를 보는 곳이었다. 게다가 그 자리는 종7품관을 임명하는 자리였는데 임원준은 종8품이었다. 안평대군은 임원준이 내의원의 약을 훔쳐서 황수신에게 주었고, 황수신이 그 대가로 관직을 주었다고 고발했다.

세종은 황수신을 불러 추궁했다. 약을 훔친 것과 뇌물은 몰라도 불법 임명을 한 것은 분명했다. 황수신은 종7품관 중에 사람이 없어서 그랬다고 말했지만 그 거짓말이 세종의 분노를 키우고 말았다. 화가 난 세종은 황수신과 임원준을 파면했다. 영의정 황희가 울면서 세종에게 부탁한 덕분에 황수신은 간신히 용서를 받았다. 임원준도 직접 그 자리를 달라고 청탁한 증거가 없다는 이유로 파면만 당하고 유배나 다른 형벌은 받지 않았다.

임원준은 세종에게 단단히 찍히고 말았다. 더 이상 세종 때 등용되기는 틀렸음을 안 그는 눈치 빠르게 수양대군(세조)에게 접근했다. 세조는 즉위하자마자 임원준을 포함해서 1444년의 한성시 부정행위자 전원을 사면했다. 그 뒤로 임원준의 출세는 거칠 것이 없었다. 하지만 내의원에서 약을 훔쳐 황수신에게 뇌물로 주었다는 이야기는 평생 그를 따라다녔다.

세조는 그 고발이 임원준을 자신에게서 떼어놓기 위해 안평대군이 날조한 모함이라고 말했다. 성종도 세조의 그런 생각을 직접 들었다고 증언했다. 세조가 사망할 때 성종은 겨우 12세였다. 어린 나이에 임원준 이야기를 들었다는 사실을 보면 임원준이 화제의 인물이기는 했던 모양이다. 하지만 세조는 자기 사람을 위해 얼마든지 거짓말을 할 수 있는 인물이라는 점도 밝혀야 할 것 같다.

아무튼 임원준은 억울하다고 하소연했다. 한명회도 임원준의 뇌물 소문은 억울한 것이라고 했다.[37] 여러분은 임원준은 물론이고 한명회의 말을 신뢰할 수 있느냐고 반문할 것이다. 그들은 모두 세조의 심복이며 부패한 정치인이 아닌가? SNS에서 이런 소문을 두고 논쟁을 벌이면 무조건 자극적인 이야기가 이긴다. 그러나 역사를 그렇게 심증으로 단정해서는 안 된다. 실록이 아무리 자세하고 정직한 기록이라고 해도 거기에 언급된 뇌물 스캔들로 진실을 확인하기란 불가능하다.

그렇다고 임원준이 깨끗한 정치인이었다는 말은 아니다. 나중에 이야기하겠지만 여기에는 조선의 사회구조적 배경이 있다. 그래서 조선의 관료는 누구나 뇌물이나 뇌물성 선물을 받았고 뇌물과 선물, 당연한 것과 부정한 것의 구분이 명확하지 않았다. 바로 이 점이 뇌물에 대한 경계심을 무디게 하는 동시에 높이는 이중적 기능을 했다.

뇌물은 누구나 받는 당연한 것이다. 그래도 법적으로 명백한 범죄이고, 탕왕의 반성문에 따르면 나라를 망하게 하는 최고의 병이다. 누구나 받을 수 있는 당연한 것이면서 망국의 원인이라니. 이 이중성 덕분에 뇌물은 누구나 쉽게 걸려들거나 뒤집어씌울 수 있는 것이 되었다. 조선의 유명 정치인들이 비난받고 쫓겨날 때 거의 예외 없이 뇌물죄를 덮어쓴 것은 이런 사정 때문이다. 그래도 정치인들 사이에 끈끈한 이해와 동지의식이 있으면 적당히 뇌물이 오고 갔는데, 정쟁이 격화되면 '내가 하면 로맨스, 남이 하면 불륜'이라는 식으로 뇌물은 가장 좋은 공격 수단이 되었다.

---

[37] 《성종실록》 92권, 성종 9년 5월 1일, 임술.

# 유자광의
# 벼락출세

유자광은 조선시대 최고의 풍운아이다. 양반 사대부이지만 중간 수준의 가문에서 서얼로 태어나 신하로서는 최고의 관직인 부원군까지 승진했다. 무과 장원에다 무협 영화에나 나올 만한 장면을 연출할 정도로 무술 실력이 당대의 최고수였다. 또한 길 가는 여자를 납치할 정도로 밤거리의 부랑아였으며 공부를 열심히 해서 문과 장원도 했다. 빠르고 냉철한 상황 판단력과 분석력은 따를 자가 없었다. 단점이라면 너무 빠르다는 것이었다.

유자광은 세조의 총애를 받았다. 그의 출세 이야기는 세조 때 가장 빛나는 성공담이었다. 하지만 세조에게만 잘 보여서는 이런 출세가 불가능했다. 그는 세조를 둘러싼 거대한 대신 그룹과 원만한 관계를 유지했다. 2인자라고 할 수 있는 한명회와도 돈독한 관계를 유지했다.

성종이 즉위했을 때 유자광은 이미 무령군으로 책봉되어 있었고 충분히 권력의 정점에 있었다. 그러나 그는 성종이 성장하고 세조의 원로대신들이 쇠퇴하는 것을 보면서 자신의 새로운 가치를 찾아냈다. 성종의 장인이 바로 한명회였다. 성종이 형 월산대군을 제치고 후계자가 된 데에는 한명회의 노력이 적지 않았을 것이다. 그러나 한명회의 딸 공혜왕후가 아이를 낳다가 사망하고 말았다. 한순간에 한명회는 왕의 장인에서 왕에게 부담스러운 존재로 돌변하고 말았다.

　유자광은 이 기회를 잡았다. 분명 그는 성종이 한명회를 제거할 구실을 찾고 있을 것이라고 판단한 것 같다. 아니 한명회뿐만 아니라 한명회로 대표되는 세조의 원로대신들, 어린 성종을 둘러싸고 스승 노릇을 한 그들 전부를 성종이 부담스러워하고 있을 것이라고 판단했다. 성종의 언질도 받지 않은 상태에서 유자광은 겁 없이 원로대신 전체를 적으로 돌릴 수도 있는 대담한 싸움을 시작했다. 바로 뇌물을 활용한 것이다.

　전하께서는 백성을 사랑하고 세금을 가볍게 하여 지극히 인자하고 정성스러우신데, 공경들은 사사로이 서로 청탁하고 뇌물 받기를 공공연히 행하고 있습니다. 이로써 미루어 볼 때, 전하께서만 홀로 위에서 애써 공경하고 삼가실 뿐이고 공경대부들은 아래에서 불법을 행하고 있는 것입니다.[38]

　유자광은 대놓고 성종과 대신들 간에 싸움을 붙였다. 마침 이 무렵 성종은 탕왕의 글을 본뜬 반성문을 써서 하늘에 빌고 있었다. 그런데 유자광은 성종이 반성문을 쓸 필요가 없다고 말하는 것이다. 성종은 충분히 잘하고 있는데 물난리와 가뭄이 이어지는 이유는 왕에게 자중하고 절약하고 열심히 일하라고 하면서 대신들은 사치하고 온갖 뇌물을 받고 부정을 저지르고 있기 때문이라는 것이다.

---

**38** 《성종실록》 70권, 성종 7년 8월 10일, 경진.

공경대부들은 의복, 저택, 말과 가마, 향연이 분수에 넘쳐 법도를 무시하니 그 마음에 만족함이 없음을 알 수 있고 감사, 수령과 서로 통하여 백성의 고혈을 짜냈음도 알 수 있습니다. 이런데도 백성이 원통해하고 하늘이 노하지 않겠습니까? 음양이 조화롭지 않아 물난리와 가뭄이 서로 잇따르며 산이 무너지고 물이 넘치는 것은 실로 공경과 사대부가 불법을 행하기 때문이지, 어찌 전하의 지성스러운 덕에 결함이 있어서 그렇겠습니까.[39]

유자광의 이 말은 성종뿐만 아니라 모든 왕이 하고 싶었던 속 시원한 말이었을 것이다. 그러나 유자광은 너무 빨리 행동했고 상대를 너무 쉽게 보았다. 그보다 더 노련했던 대신들은 유자광을 쳐 죽이자고 하는 대신, 모두 왕에게 가서 탄핵을 받아 부끄럽다며 자신들이 모두 물러나겠다고 말했다. 젊은 성종 또한 노련했다. 유자광의 용감한 상소로 부패하고 늙은 대신들이 한번에 은퇴하게 되면 정계가 정화되고 세대교체가 이루어질까? 아니다. 상납 구조는 그대로 남을 것이다. 받는 사람만 바뀔 뿐이다. 그렇다면 신진들은 구세대에게 가던 상납이 이젠 자기 것이 되었다고 좋아하기라도 할까? 그렇지 않다. 간혹 철부지도 있겠지만 똑똑한 인물이라면 성종이 원로들을 내친 사실을 기억하고 이런 왕 밑에서 자신들도 언젠가는 당하고 말 것이라고 생각할 것이다. 성종은 대신들을 말렸다.

"무슨 소리인가? 뇌물이 횡행한다면 모두가 내 탓이다."

성종의 말은 유자광을 아찔하게 했다. 10대인 성종이 유자광보다 더 노련했던 것이다. 성종은 한마디로 대신들의 불안감을 재우고 유자광의 기를

---

39 앞의 《성종실록》과 같다.

꺾었다. 하지만 유자광의 가치도 함께 알아보았다. 성종은 유자광을 꾸짖으면서도 보호했다. 유자광은 성종에게는 잘 갈아둔 비수 같은 존재였다. 원로 대신들은 위협을 느꼈지만 더 이상 유자광을 공격할 수 없었다. 성종은 날이 선 비수를 칼집에 눌러 넣은 대신 자신의 허리춤에 찼다.

그러면 유자광은 뇌물을 받지 않았을까? 그 역시 조선 최고 갑부 중 한 명이었다. 어머니의 장례를 남원에서 치렀는데 한양에서 남원까지 가는 동안 자기 땅만 밟고 가고 자기 노비의 집에서만 잠을 자서 민폐는 전혀 끼치지 않았다고 뻔뻔하게 말하는 사람이었다. 상납도 엄청나게 받았다. 바로 다음 해 김주 사건이 터졌다. 거의 모든 대신이 김주의 뇌물을 받았다. 유자광도 예외는 아니었다. 그는 성종에게 가서 자기도 받았노라고 고백했다.[40] 성종은 아마도 가슴을 쓸어내렸을 것이다. 작년에 유자광의 말을 믿고 숙청판을 벌였더라면 수백 명이 연루된 김주 사건은 수습할 수 없었을 것이다(김주 사건은 327쪽부터 참조).

---

40 《성종실록》 83권, 성종 8년 8월 25일, 기미.

# 송시열과 윤휴,
# 누가 더 많이 받았을까?

조선시대 라이벌의 역사를 쓴다면 반드시 등장하는 콤비가 송시열과 윤휴이다. 두 사람은 서인이 노론과 소론으로 분열하고 노론, 소론, 남인의 당쟁이 절정에 달하는 시대에 살았다. 젊은 시절에는 서로 친한 동료였지만 험악한 정치판에서 서로 갈라지게 되었고 마지막에는 불구대천의 원수가 되었다. 송시열은 노론의 지도자였고, 윤휴는 당파가 조금 애매한데 남인에 가깝다고 보기도 하고 소론 쪽에 가깝다고 보기도 한다.

## 개성이 강한 숙명적 라이벌

윤휴는 파란만장하고 불우한 성장기를 보냈다. 송시열은 불우하진 않았지만 지방 출신으로 중앙 권력과는 거리가 있었다. 그러나 서서히 산림 세력이 정계로 진출하면서 지방 출신이라는 벽을 극복하고 정치계의 거물이자 서인(노론)의 대표적 인사가 되었다. 그 무렵 송시열은 10대 시절에 우정을 쌓은 윤휴를 좋은 동반자로 생각하고 있었던 것 같다. 송시열의 명성은 높았어도 중앙 정계에서 인적 기반은 약했으므로 사람을 모을 필요가 있었다.

윤휴(1617~1680, 좌)와 송시열(1607~1689, 우)  주자와 북벌에 대한 뚜렷한 견해 차이로 화해하지 못한 두 사람은 결국 사사되어 같은 운명으로 끝났다.

병자호란이 끝난 뒤 윤휴를 관료로 추천해서 정계로 들어오게 한 사람이 송시열이었다. 그러나 윤휴는 송시열과 생각이 달랐다. 윤휴도 자부심이 강하고 개성이 강한 인물이었다. 결국 삶의 방식이나 가치관에서 두 사람의 차이가 드러나기 시작했다. 두 사람이 대립하게 된 결정적 계기는 1659년에 벌어진 1차 예송논쟁이다. 예송논쟁은 효종이 죽고 계모인 자의대비가 상복을 몇 년 입어야 하는지를 두고 당파끼리 갈등한 사건이다.

숙종 때의 정치는 파란만장해서 집권 당파가 계속 바뀌었다. 아무튼 윤휴는 소론을 축출하고 남인 정권 시대를 연 허적의 정승 시절에 허적과 공조하며 전성기를 보냈다. 상대 당파는 서로 상대방의 거물을 공격했다. 송시열과 윤휴가 그 선두에 서 있었다. 당연히 비난과 비판이 빗발쳤다.

두 사람에 대해서는 인품, 학식, 식견, 정책 등 어떤 주제를 두고 다루어도 진상을 알아내기가 쉽지 않다. 어떤 주제에서든 두 사람에 대한 평가는 그때나 지금이나 이해하기 힘들 정도로 극단으로 갈린다. 송시열과 윤휴 모두 조선 후기를 대표하는 대학자이며 성리학의 거봉으로 추앙받지만 각자의 반대파는 "송시열은 학식이 없다", "윤휴가 고명한 학자면 조조, 왕망, 동탁도 고명한 학자겠다"라는 식으로 냉소적인 비웃음을 흘렸다. 그들이 추진한 정책에 대해서도 극단적 찬양과 비난 일색이었다. 한쪽에서는 국가의 미래를 결정하는 대계를 세웠다고 추앙하고, 반대쪽에서는 내놓는 정책마다 하나같이 말도 안 되는 어처구니없는 것이라고 비난했다.

예를 들면 두 사람은 모두 북벌론을 지지했다. 송시열의 북벌은 군사적 북벌보다는 정신적이고 문화적인 북벌을 강조하는 경향이 있었다. 군사적 북벌에 성공하기 위해서라도 최소한 먼저 군건한 정신 자세와 체제를 확립해야 한다고 보았다. 정신 자세란 청나라에 의해 멸망한 명나라의 정통성을 잇고 성리학의 정통성을 확보하는 것이었다. 송시열의 반대파는 송시열의 북벌론이 진실성과 실천 의지가 없고 정치적 목적을 이루려는 얕은 수에 불과하다고 비난했다. 반면 윤휴는 진짜 북벌론을 주장했다. 그러나 이 말을 들으면 송시열의 지지자들은 '윤휴의 북벌론이 진실하다고?' 하며 어이없어 했을 것이다. 그들은 윤휴야말로 소문에 불과한 정보와 턱없는 추정으로 북벌이 쉽게 될 것처럼 충동질한다고 했다. 준비 안 된 전쟁과 무모한 전쟁만큼 위험한 것이 어디 있느냐며 윤휴의 북벌론이야말로 진실성과 실천력이 결여된 것이라고 비난했다.

두 사람의 공통점은 정치 역정이 파란만장하고 개성이 너무 강해서 인간적인 결점이 확실히 두드러진다는 것이다. 여기서 결점이라는 것은 인격적인 결점일 수도 있고 정치적인 결점일 수도 있다. 치열한 정치판에서 두 사람은 이성적이고 합리적인 정책을 내세울 수가 없었다. 때로는 성급했다

**송시열의 마지막 시**
제주도로 유배 가는 도중 보길도 해안의 바위에 쓴 것이다.
그해 6월에 다시 육지로 소환되어 사약을 받았다.

가 때로는 얕은 수를 보였고, 지나치게 공격적이었다가 지나치게 궤변이기
도 했다.

결과는 비극적이었다. 두 사람 모두 사약을 받고 최후를 맞았다. 이런
굴곡 많은 정치 역정은 뇌물 스캔들을 낳을 수밖에 없다. 정적들은 경쟁하
듯이 두 사람이 뇌물을 밝혔다고 비난했다. 조선 정치사의 전통에서 누군가
를 숙청할 때 뇌물만큼 좋은 건수가 없기 때문이다.

## 내가 하면 로맨스, 네가 하면 불륜

1675년 1월 2일 신년이 시작되자마자 사헌부 장령 남천한과 사간원 정언 이
수경이 공동으로 송시열을 비난하는 상소를 올렸다.

송시열, 고 숭준길, 이유태는 오직 붕당을 만드는 일에만 힘을 써 자신들

이 기른 자들을 요직에 가득 채우고 간사한 동류들을 남김없이 끌어들였습니다. 자기와 뜻을 달리하는 자는 사사로운 원수를 공격하듯 하니 인사는 모두 그의 명령을 따르고 언관의 탄핵은 죄다 그의 지휘를 받았습니다. (중략) 행실이 나쁜 자들이 떼 지어 가서 아첨으로 관직을 얻어 나가는 일이 이어졌고, 뇌물이 낭자하고 청탁이 횡행하며 재판의 판결도 인간관계로 결정되었습니다.[41]

다른 기록에서는 송시열이 자기 무리를 데리고 지방을 하도 돌아다니는 통에 민가에 있는 닭과 개마저도 힘들었다고 나온다. 그가 나타날 때마다 접대를 하고 상납을 해야 했기 때문이다.

물론 송시열의 지지자들에 의한 반론이 바로 튀어나왔다. 송시열을 지지한 사람들은 근거 없는 비난이며 그런 근거 없는 비난을 하는 것은 군자에 대한 예우가 아니라고 했다. 닭과 개마저 힘들었다는 발언에 대해서도 송시열의 명성을 흠모한 사람들이 자발적으로 찾아오고 애로사항을 토로한 것이라고 했다. 그들은 군자가 지방민의 고충을 듣고 위로하는 것이 잘못이냐며 찾아온 사람들의 성의를 받은 것은 인정하지만 어디까지나 정당했다고 말했다.

하지만 이 반론은 법대로 해석하면 궁색하기는 하다. 이때 송시열은 관직에서 물러난 상태였다. 명성이 있어서 선물도 받고 학생을 가르치는 것까지는 괜찮지만 소원 수리를 하고 고충을 듣는 일은 관권을 침범하는 것이었다. 지금이야 당연한 일이지만 조선시대의 법으로는 문제가 있는 행동이었다. 문제가 있었으므로 '군자'란 표현을 쓴 것이다. 특별한 군자나 대학자의

---

41 《숙종실록》 2권, 숙종 1년 1월 2일, 신유.

행동을 일반적인 기준으로 평가할 수 없다는 말이다. 나름 일리 있는 주장이다. 군자가 오직 자기 편에만 해당되는 게 문제이지만 말이다.

서인(노론)도 당하고만 있지 않았다. 그들도 반격했다. 정말로 뇌물을 받은 쪽은 남인 정권이라고 맞받아쳤다. 그래서 다시 윤휴가 표적이 되었다. 윤휴는 녹봉이 많고 재산도 넉넉했는데 뇌물을 널리 받아 재산을 늘렸다고 했다. 《경국대전》에 재상의 임무는 백관을 다스리는 것이라고 규정되어 있었다. 서인 측은 윤휴가 그 규정을 두고 재상이 모든 관선의 물건을 마음대로 쓸 수 있다는 의미로 해석해서 관사의 물건을 제멋대로 가져다 썼다고 했다. 그 주장에 윤휴는 이렇게 반격했다.

"그래, 받았다. 하지만 내가 받은 것은 송시열의 무리가 만들어놓은 상납 구조를 이어받은 것이다."

다시 말하면 "나는 너희들이 한 만큼 한 것에 불과하다. 너희는 더 받지 않았느냐?"라는 소리이다.

신이 아닌 이상 누구의 말이 맞는지는 아무도 모른다. 우리가 알 수 있는 것은 정쟁이 상식의 선을 넘고 '내가 하면 로맨스, 네가 하면 불륜'이라는 논리가 횡행하면서 뇌물죄에 대한 탄핵이 오히려 정쟁을 악화시키고 뇌물에 대한 문제의식과 자제심을 약화시켰다는 사실이다. 탄핵은 부정행위에 대한 경각심을 불러일으키거나 그 행위를 감소시키기 위한 것인데도 말이다.

조선시대에는 거의 모든 관료가 선물 같은 상납, 상납 같은 선물을 받고 뇌물죄로 쫓겨나거나 비방을 받았다. 이 황당한 구조는 조선의 정치판을 더욱 당파적이고 감정적인 싸움으로 몰고 가는 데 크게 기여했다. 뇌물죄로 엮을라치면 누구라도 걸려 쫓겨날 수 있었고, 쫓겨난 사람은 모두가 억울하다고 하소연을 했다. 그러면서 승자는 쫓겨난 자의 이권을 접수하고, 이권을 빼앗긴 사람은 다시 뇌물죄로 그들을 공격했다. 끊임없는 이권 쟁탈전과 뇌물죄를 이용한 몰락과 숙청, 이것이 뇌물이 만드는 정치의 메커니즘이었다.

여기서 많은 사람들은 지금의 정치판을 떠올리고 실망을 할 것이다. 그러나 사실은 세계의 모든 국가가 탕왕이 "정치가 문란하지 않은가?"라고 걱정하던 시절부터 이런 과정을 겪어왔다. 선진국이라고 해도 청렴을 자랑하게 된 것은 20세기 후반 이후부터이다. 또 아무리 선진국이라고 해도 언제든지 과거의 문제가 재발할 수 있다.

## 1차 예송논쟁

인조에게는 소현세자와 봉림대군이라는 두 아들이 있었다. 소현세자가 사망하는 바람에 봉림대군이 효종으로 즉위했다. 1659년 효종이 사망해서 장례를 치르게 되었는데, 그때 인조의 두 번째 왕비였던 자의대비가 생존해 있었다. 계모인 자의대비는 효종을 위해 상복을 입어야 했다.

조선시대에는 가족 간의 촌수에 따라 상복을 입는 기간이 정해져 있었다. 계모가 생존해 있는 동안 아들이 먼저 사망했을 경우 적장자면 3년, 차자면 1년이었다. 서인은 효종이 장자가 아니니 1년상을 해야 맞다고 주장했다. 그러자 윤휴가 반론을 폈다. 효종은 차남이지만 왕위를 계승했으니 적장자로 대우해 3년 동안 상복을 입어야 한다는 것이었다.

교리적인 논쟁으로 보이지만 이 사건은 곧바로 정치적 논쟁으로 번졌다. 효종이 적장자가 아니라는 말이 여차하면 정통성 없다는 말로 와전될 수 있었기 때문이다. 이 일을 계기로 윤휴와 송시열은 크게 대립했다. 송시열은 윤휴를 '사문난적(斯文亂賊)'이라고 비난했다.

# 포도대장의 부패와
# 시대의 한계

조선시대의 경찰청인 포도청은 조선 건국 때부터 있던 관청이 아니었다. 조선은 건국 초에는 범죄가 없었던 나라였는지, 수사와 체포를 전담하는 경찰 기구가 존재하지 않았다. 주민 간의 싸움이나 순찰과 통금 같은 일반적인 치안 유지와 방범 활동은 한성부가 맡았다. 지방에서는 수령이 군사권을 쥐고 있었으므로 군졸과 관청 하인을 이용해서 지방의 치안을 전담했다. 그러다가 성종 때에 이르러 도둑이나 폭력배가 증가하자 포도대장이라는 관직을 만들었다. 이때에도 포도청은 상설 기구가 아니었다. 포도대장과 휘하의 포졸들은 특별수사대와 비슷한 조직이었다. 포도대장이라는 관직의 효과를 보자 16세기에 포도청이 상설 기구가 되었다.

## 검거의 달인, 이양생

포도대장의 원조이며 포도청을 상설 기구로 만드는 데 혁혁한 공을 세운 사람이 이양생이다. 그는 당대 제일의 수사반장으로 명성을 얻었다. 이양생은 천인 출신으로 원래 직업은 신발을 만드는 장인이었다. 무술 실력을 인정받아 세조의 심복이 되었고 세조가 반정에 성공하자 겸사복으로 임명되었다. 겸사복은 왕의 말과 마구간을 돌보는 관직인데 실제로는 왕의 근접 경호원이다. 명칭과 실상이 맞지 않는 듯하지만 지금도 경호에서 차량을 관리하는 일이 얼마나 중요한지를 생각하면 이상하지 않다.

세조 때 경복궁 뒷산에 호랑이가 출몰했다. 이때 이양생은 호랑이 사냥에 적임자로 추천받았다. 그는 무술이 궁정 무사 중에서 최고일 정도로 실력자였지만 사냥 실력만이 아니라 관찰과 추적에도 탁월한 재능이 있었던 것 같다. 그 재능이 현장 검증과 추적 등 범죄자 검거에도 활용되었다. 점점 전문가가 되어 표정만 보고도 도둑인지 아닌지 밝혀냈다고 한다.

성종이 즉위한 무렵, 도성 외곽에 도적들이 출몰하기 시작했다. 지방에도 산적들이 생겨났다. 단순한 개인 범죄가 아니라 집단적인 범죄들이 성행한 것이다. 1469년(성종 즉위년) 12월 30일 겸사복 이양생은 병사 30명을 거느리고 도적단을 수색해 소탕하라는 명령을 받았다. 그의 포도대장 경력의 시작이었다. 이양생은 10일 만에 무려 59명의 도적을 체포하는 개가를 올렸다.[42] 이양생은 즉시 당상관인 절충장군으로 승진했다. 부하 장교와 포졸 30명도 모두 포상을 받았다.

다음 해 5월에는 30명의 도적단이 적성현 관아를 습격해서 재물을 약탈한 사건이 발생했다.[43] 임꺽정의 원조급이었다. 적성현 사건은 포졸만이 아니라 경성 군사와 황해도 군사를 동원해서 대대적인 체포 작전을 폈다. 이양생뿐만 아니라 김계정, 홍순로라는 장수들이 추가로 파견되었다. 하지

---

42 《성종실록》 1권, 성종 즉위년 12월 30일, 기묘.
43 《성종실록》 5권, 성종 1년 5월 2일, 기묘.

만 공을 세운 사람은 이양생이었다. 이양생은 한 달 만에 두목을 체포했다.

그런데 처음 도성 외곽의 도적단 소탕 작업에서 그가 체포한 59명 중 39명은 전과자였다. 문제는 나머지 20명인데 증거가 없었다. 증거가 없었다기보다는 당시의 수사 능력으로는 찾아낼 수 있는 증거란 장물밖에 없었다. 20명의 집에서는 장물이 나오지 않았다. 그렇다고 범인이 아니라고 단정할 수도 없었다. 장물을 숨겼거나 이미 처분했을 가능성도 높았다. 그러면 남은 수단은 정황증거와 직감, 고문에 의한 자백뿐이었다.

이양생은 도적을 체포할 때마다 벼슬이 오르고 포상을 받았다. 나중에는 계성군으로 봉군되었다. 천인 출신으로 왕족급의 지위로 신분이 상승한 것은 조선사에서 극히 드문 경우이다. 그러나 이양생은 체포한 사람 중에 무고한 자가 섞여 있을 수 있다는 의심도 함께 받았다. 권력을 이용해 무고한 사람을 체포하는 등 불법을 자행한다는 비난을 여러 번 받았다.

마침내 이양생은 1474년 포도대장 자리에서 파직되었다. 이유는 부하들을 개인적으로 부리고 도둑을 잡는다고 고문을 하는 등 직권을 남용했으며 범죄자들로부터 뇌물을 받았다는 것이었다.

도승지 이숭원 등이 아뢰었다. "이양생은 포도대장이 되어 건장한 병졸을 많이 거느리면서 도둑을 잡는다고 평계를 대고 자기 집에서 일을 시켰습니다. 만약 오랜 혐의가 있는 자가 있으면 비록 도둑이 아닐망정 얽어매어 채찍으로 때리는 등 하지 못하는 바가 없습니다. 그래서 쌓이고 쌓인 이양생의 위세에 겁을 먹고, 소를 잡는 무뢰한 무리들이 그의 집에 모여들어 공공연하게 뇌물을 바칩니다. 신 등이 생각하건대 포도대장은 임시로 장수에게 명하여 도둑

을 잡을 뿐이니 포도대장을 상설할 필요는 없습니다." 그리하여 명하여 파직하게 하였다.[44]

　　도승지의 고발이 무고라고 생각되지는 않는다. 당시 조정에서는 포도청을 상설직으로 할 것이냐, 임시직으로 할 것이냐를 두고 고민하고 있었는데, 임시직을 지지했던 도승지가 포도대장의 문제점을 인식시키기 위해 이양생을 고발한 것이다. 도승지는 포도청이 권력을 남용해서 폭력을 행사하거나 우범자로부터 상납을 받는 부패한 기구가 될 수 있다고 생각했던 것이다.

## 포도청이 부패와 가까운 이유

도승지의 고발에 대해 이양생은 하고 싶은 말이 많았을 것이다. 과학적인 수사 기법이 전무하던 시절에 무고한 피해자 없이 범인을 잡는 것은 불가능했다. 선진국과 후진국의 차이는 경찰이 사회적 존경을 받느냐와 그렇지 않느냐에 있다는 말이 있다. 1970~1980년대까지도 우리는 선진국의 경찰 제도를 무척이나 부러워했다. 1980년대쯤 한 일간지에 영국 경찰의 교통 단속 제도가 소개되었다. 영국에서는 경찰이 매복해 있다가, 혹은 모퉁이를 돌아서자마자 스피드건을 들고 나타나면 불법이다. 경찰은 반드시 멀리서도 훤히 보이는 곳에서 단속을 하게 되어 있다. 이것은 당시만 해도 한국 사회에 충격에 가까운 정보였다. 1980년대에 비해 엄청나게 좋아진 상황이긴 하지만 지금도 우리는 그렇게 단속하면 과속 단속률과 적발률은 떨어지고 범칙

---

44 《성종실록》 38권, 성종 5년 1월 25일, 신해.

금 수입에 지장을 초래할 거라는 불평이 간간이 들린다.

선진국 역시 부패 경찰의 오명을 벗은 지는 얼마 되지 않는다. 보비(Bobby)라는 애칭으로 불리며 세계에서 가장 존경받는 경찰로 간주되는 영국 경찰도 그 사랑을 받게 된 것은 20세기에 들어서이다. 찰스 디킨스의 소설《올리버 트위스트》나《위대한 유산》을 읽어보면 100년 전 보비의 본모습을 생생하게 느낄 수 있다.

선진 경찰에 기여한 결정적 요소는 과학적 수사 기법이다. 과학적 수사의 획기적인 전환점이 된 기술은 지문 감식이다. 지문 감식이 범죄 수사에 사용되기 시작한 것은 1901년 영국에서였다. 21세기에는 유전자 감식법이 사용되면서 과학적 수사가 완벽하게 업그레이드되었다. 그런데 지문과 혈액형을 이용해서 체포한 강력범과 살인범 일부를 유전자 감식법으로 다시 조사해보니 상당수가 무죄로 판명되었다. 재심 요구자의 20퍼센트가 무죄로 판명되고 있다는 설도 있다.

그러니 15세기 말 조선의 포도청이 비난과 우려의 대상이 된 것은 어쩌면 당연하다. 증거는 자백에 의존할 수밖에 없고, 자백을 얻으려면 경험, 직감, 공갈, 협박, 고문에 의존할 수밖에 없었다. 기록으로 보면 이양생이 범죄의 냄새를 맡고 범인을 적발하는 데 탁월한 능력이 있었다고 나온다. 다른 사람이라면 더 많은 고문과 억울한 피해자를 양산했을지도 모른다. 그러나 아무리 직감이 뛰어난 인물이라도 착오와 부당한 폭력이 없을 수 없다. 그것이 시대의 한계이다.

이양생이 부하를 개인적으로 부리고 우범자들에게 뇌물을 받았다는 것도 입장에 따라 전혀 다른 해석이 나올 수 있다. 이양생과 부하들은 범죄

**조선의 재판에서 주리를 트는 모습**
일반 사건에서는 사용하지 않고
주로 포도청에서 도적을 취조할 때
사용했다. 실제로는 조선 후기에
등장한 고문 방법이다.

자들과 전투를 벌이며 살았다. 이양생조차 압도적 다수의 도적 떼와 싸우다
가 칼에 찔려 죽을 뻔한 적이 있었다. 그들은 범죄자들에게는 언제나 보복
의 대상이다. 한참 후의 일이지만 나이 들어 은퇴한 수사관이 원한을 가진
범죄자들의 공격을 받아 살해당한 사건도 있었다. 보복과 암살을 면하려면
집단 자체가 끈끈한 유대와 단결력을 지녀야 하며, 피해를 입으면 반드시
보복한다는 인상을 심어주어야 했다. 일종의 '눈에는 눈, 이에는 이' 방식이
다. 그래야 범죄 집단이 함부로 공격하지 못했다.

　우범 지역의 주민, 전과자, 우범자와도 교유를 나누어야 한다. 이양생
에게 뇌물을 주었다는 소 잡는 무뢰배란 분명 동대문 근처에 모여 사는 백
정 집단일 것이다. 나중에 임걱정도 양주 백정으로 알려졌지만 16세기 무
렵부터 양주에 있던 백정들이 동대문 근처로 몰려들면서 그 지역이 우범지
대와 빈민가로 변했다. 20세기 초반까지도 선진국에서도 강력 사건이 발생
하면 일대의 우범자와 조직폭력배 등을 괴롭혀서 그들 스스로 범인을 찾아
내거나 정보를 건네게 하는 방법을 자주 사용했다. 경찰과 우범자들과의 공

생관계란 정의롭고 아름답지는 않았지만 절대적인 치안을 확보할 능력이 없던 시절에는 종종 필요했다. 어느 정도 밤의 권력과 불법은 눈감아주되 선을 넘지 못하도록 하는 것이다.

마지막으로 포도청이 부패할 수밖에 없는 제도적인 문제가 있었다. 포졸의 월급이 너무 박했다. 대신 도둑의 집에서 주인을 찾을 수 없는 장물을 발견하면 포상으로 나누어주게 했다. 도둑의 재산도 아마 강탈해서 분배했을 것이다. 국가재정을 절약하고 도둑 체포에 의욕을 주려는 일종의 성과급이라고 할 수 있지만 부패로 바로 연결될 소지가 있었다.

**포도대장**
포도청은 좌포도청과 우포도청으로 나뉘며 도성의 치안을 담당했다. 포도대장(종2품), 종사관(종5품), 군관, 포도부장, 포도군사 등으로 구성되었다.

포상 제도와 우범자와의 공생관계는 자칫하면 심한 부패로 연결될 위험이 있다. 조선 정부도 그 사실을 알고 있었다. 정부에서 포도대장을 상설직으로 하지 않고 임시직으로 해서 이양생이 파면과 복직을 반복한 것은 범인 체포의 고충을 몰라서가 아니다. 너무 잘 알았기 때문에 주기적으로 휴식기를 주었다고도 할 수 있다.

포졸에게 범인의 재산을 포상으로 주는 방법도 정식 법제를 따른 것은 아니다. 그러나 범죄가 심하거나 특별수사대 같은 것을 조직할 필요가 있을 때에는 틈틈이 부활했다. 조선 후기의 천주교 박해가 대표적인 사례로, 포졸들에게 체포한 천주교인의 재산을 포상으로 주었다. 그러자 포졸들은 부자 교인을 잡아내려고 혈안이 되었고, 가난하거나 평범한 사람은 뇌물을 받고 풀어주는 경우가 잦았다.

제도의 문제점을 알지만 이용하지 않을 수도 없다. 이 딜레마를 해결하는 방법은 간간이 적당히 하는 것이다. 이양생이 뇌물죄로 탄핵을 받고 해임과 복직을 반복한 것은 정부가 이양생의 공을 잊고 숙청하려고 한 것이 아니라 쉬어가기 위한 작전이었을 것이다. 그러다가 16세기에 들어 도시가 발달하고 범죄가 늘어나자 포도청과 포도대장을 상설직으로 인정한 것이다.

# 3 부

## 뇌물로 보는
## 어지러운 세상

프랑스 사상가 장 자크 루소는《인간 불평등 기원론》에서 누군가가 땅에 울타리를 치기 시작하면서 세계는 가진 자와 없는 자로 분열되고 세상의 모든 악폐가 발생했다고 했다. 정열적인 루소의 발언은 권력과 계급에 대한 아주 단순한 감정에 호소하고 있는데, 바로 그 이유로 수많은 사람의 마음을 사로잡았다.

그런데 울타리는 누군가의 토지 소유욕에 의해 탄생한 것도 아니고, 토지의 경계선에서만 발생한 것도 아니다. 인간에게는 욕망이 있고, 욕망은 권력욕과 소유욕, 권력과 소유를 보다 쉽게 얻으려는 욕구를 창출한다. 인류의 역사를 보면 계급, 지역, 재산, 직업, 가족, 업무 등에서 인간은 어떤 일로든 자기 주변에 울타리를 치고 어떤 형태의 권력이든 생성해냈다. 여기서 층간의 권력이 생겼다. 사람들이 층을 넘나들 때면 통행료, 급행료, 수수료, 이용료, 사용료, 노골적인 뇌물 등 온갖 형태의 비용을 물어야 했다.

루소를 포함해서 현대인이 무척이나 낭만적으로 바라보곤 하는 원시 사회 역시 욕망과 욕망의 횡포로부터 자유롭지 않았다. 권력, 상업, 행정, 성직과 신의 영역에서도 뇌물은 발생했다. 뇌물은 층간의 아래에서 위로만 올라가는 것이 아니다. 위에서 아래로 가는 뇌물도 있었다. 사회에서 가장 낮은 계층의 사람에게도 권력이 있었다. 최고 권력자도 대중을 유혹하고 대중의 힘을 빌어야 할 때가 있었기 때문이다.

인간의 욕망이 다양한 만큼이나 뇌물의 형태와 원인, 생존 방식 그리고 인류와 사회의 결합 방식은 다양하다. 맛의 종류와 맛을 느끼는 감각 구조는 인간 모두에게 공통된다. 그러나 음식과 맛의 조화는 나라와 민족마다 다르다. 음식은 자연환경, 식재료, 경제력의 영향을 받는다. 뇌물의 형태도 비슷하다.

# 원시 사회에서 신의 영역까지, 시공을 넘어선 뇌물

## 인디언에게 구슬이란

1803년 미 육군 대위 메리웨더 루이스는 여행 준비로 여념이 없었다. 여행은 준비하고 필요한 물품을 쇼핑하는 여행 이전의 과정이 더 즐겁다고도 하지만, 루이스의 여행 준비는 상당히 어려운 것이었다. 이번 여행은 25명이 넘는 탐험대가 아직 백인은 아무도 들어가보지 못한 미국 중부로 들어가 로키산맥을 넘어 서해안까지 도달하는 여정이었다. 가는 길의 지형은 어떤지, 얼마나 오랜 시간이 걸릴지, 어떤 사나운 인디언과 질병 그리고 악마와 자연의 함정이 기다리고 있을지 알 수 없었다.[45]

탐험용 선박을 특수 제작해서 투입하기는 하겠지만 궁극적으로는 모든 짐을 그들이 메고 갈 수밖에 없다는 사실이 가장 골치 아팠다. 루이스는 예상되는 필요한 물품과 적정량, 그것을 운반할 대원의 수를 산출해야 했다. 필요한 물품이 한둘이 아니었지만, 경도와 위도를 계산하기 위한 관측용 장비, 총과 탄약, 식량, 의약품만 해도 머리가 아팠다.

---

45  스티븐 앰브로스, 박중서 옮김, 《불굴의 용기》, 뜨인돌, 2009, 116~135쪽.

**메리웨더 루이스(Meriwether Lewis, 1774~1809)**
토머스 제퍼슨 대통령이 미지의 서부를 개척하기 위해 원정대 지휘를 맡긴 인물이다. 세인트루이스에서 태평양 연안까지 863일간의 왕복 여정을 마친 후 미주리 주 주지사로 일했다.

미지의 지형을 헤쳐 나가는 데 총은 필수품이었다. 전투나 자기방어보다는 사냥을 위해 필요했다. 이 시대의 총은 거의 사람 키만 해서 길고 무거워 거추장스러웠다. 루이스는 미 육군을 위해 특별 제작된 사정거리 100미터의 약간 짧은 총을 찾아냈다. 야전 식량으로는 콩과 야채를 건조시켜 만든 즉석 수프를 구입했다. 초창기의 이 인스턴트식품은 마치 탐험대를 위해 만든 듯한 신제품이었다.

이외에 그는 육분의(각도를 측정하는 기구), 크로노미터(배의 위치를 계산하는 시계), 낚시 도구, 화약통, 의류, 담배, 셔츠, 담뱃대 겸용 토마호크 도끼, 부싯돌, 점화용 강철 부싯돌, 바늘, 송곳, 소금, 모기장, 책 등을 준비했다. 화약통은 납으로 만든 것을 준비했는데, 총알이 떨어지면 화약통을 녹여 납탄을 만들기 위해서였다. 탐험하는 동안 일지를 기록하기 위해 종이, 먹지, 잉크, 야전용 책상, 크레용 세트, 초까지 준비했다.

의약품은 정말 골칫거리였다. 탐험대에는 의사가 없었다. 의사가 동행한다고 해도 얼마나 차이가 있을지 모를 일이었다. 당시의 의학 수준으로는 예상되는 병의 치료제가 없었다. 만병통치약이라는 러시 알약 500알로 시작해서 설사제, 구토제, 발한제, 아편 등 30여 종의 약품과 지혈기, 주사기, 관장용 주입기를 마련했다.

닥터 러시가 조제해준 만병통치약은 수은과 염소를 6 대 1로 섞은 것으로 지금 보면 약이 아니라 독약이었다. 나머지 약들도 병을 치료하기보다는 사람의 진을 더 빼는 반 독약이었다. 당시의 치료법은 사람의 몸에서 뭐든지 강제로 빼내는 것이었다. 다행히 탐험대원들은 대부분 강인한 군인이거나 사냥꾼으로 자연적인 질병과 독약까지 거의 다 이겨냈다. 그러나 항생제가 없었기 때문에 많은 대원들이 인디언 여인들과 접촉하면서 성병에 걸렸고 그 후유증으로 젊은 나이에 생을 마쳤다.

모든 물품 중에서 제일 고민스러웠던 것은 인디언에게 줄 선물이었다. 그들이 가야 하는 지역은 인디언들의 땅이었다. 탐험에 성공하려면 인디언들로부터 식량과 말, 호의까지도 구입해야 했다. 인디언에게 화폐는 무용지물이었다. 루이스는 가위, 놋쇠 골무, 재봉실, 비단, 물감, 칼, 빗, 완장, 귀걸이 등을 챙겼다. 그중 비장의 무기는 구슬이었다. 흰색, 붉은색, 푸른색 구슬은 최대한 잔뜩 마련했다. 구슬은 작고 가벼워서 운반하기 좋았고 인기가 그만이었다.

인디언의 입장에서 보면 구슬은 전혀 실용적인 물건이 아니었다. 그러나 구슬이 그들에게 상당히 인기가 있었던 것은 장식품을 좋아하는 것이 인간의 본성이기도 하지만 인류 사회의 초기 분화기에 나타나는 장식이 머리장식, 팔찌, 목걸이라는 사실과 무관하지 않다. 루이스 탐험대가 만나게 될 인디언 사회는 씨족을 기초로 한 부족 사회였다. 부족 간의 연합체나 회의 기구도 있지 않았다. 소위 대추장이라고 불리는 부족 연맹의 장은 거의 100년 후 아메리카의 인디언 사회가 백인에 의해 멸망할 때까지 잠깐 등장했다.

백인의 눈으로 보면 인디언 사회는 추장과 평민이 거의 구분되지 않

**아메리카 인디언** 서부 개척으로 도로가 만들어지면서 미국인들이 몰려들었고, 그 지역의 인디언들은 강렬한 저항을 하다가 결국 강제 이주를 당했다.

는 공동체 사회였다. 그러나 여기에도 신분에 따른 허영과 과시욕이 자라나고 있었다. 구슬은 그 허영심을 만족시켜 도움을 이끌어내는 데 아주 유용했다. 대부분의 인디언 부족은 루이스 탐험대에 호의적이었다. 뇌물 공세에 아주 쉽게 넘어갔고 한 번 맛을 들이면 귀찮을 정도로 자꾸 요구하곤 했다. 루이스는 인디언 사회의 내부를 찬찬히 들여다볼 여유가 없었다. 그러나 외부인에 대해 그렇게 행동했다면 이미 그들 사회 내부에서 뇌물이 오갔을 것이다. 그들의 사회도 약간은 분화되어 있었기 때문이다.

가끔 뇌물은 공동체의 관습이라는 형태로 행해지기도 한다. 개인 소유지도 없고 공동 유목과 공동 사냥으로 살아가는 인디언 집단에서도 도저히 해결할 수 없는 평등 문제는 사랑과 결혼이었다. 낭만적인 사회주의자나 공동체주의자 중에서는 결혼 제도까지 반대하는 사람이 있지만, 사랑하는 사람을 독점하고 싶은 욕구를 어떤 명분과 법으로 제한할 수 있을까? 그러나 사랑과 정욕의 감정은 균등 분배가 안 되고 늘 편중되기 때문에 문제가 발생한다.

루이스가 본 인디언 사회는 축제 기간에 여러 가지 핑계로, 즉 사냥의 명수인 노인이 있으면 그의 기를 받아 유능한 사냥꾼 아들을 낳아야 한다는 식의 핑계로 프리 섹스를 허용하고 있었다. 가끔 유력한 가문의 딸이나 부인 가운데에는 거부하는 사람도 있었다고 한다. 그리스 역사가 헤로도토스가 남긴 고대 기록에도 비슷한 관행이 나온다. 그리스의 디오니소스 축제 같은 행사는 무엇이든 허용되는 하룻밤 광란의 축제였고 고대 영국에서 시베리아까지 만연해 있었다. 이런 풍속에는 다산, 풍년의 기원, 신의 축복, 정 안 되면 신의 명령까지 동원하면서 온갖 그럴듯한 이유가 붙었다. 하지만 아직 불평등과 불균형, 개인의 소유와 더불어 살아가는 것이 익숙하지 않은 사회에서는 불만과 갈등을 해소하기 위한 고육책이 되었다.

그래도 이때에는 아직 공동체가 살아 있었고 권력의 계단이 진흙으로 만든 한두 계단에 불과한 시기였다. 우리가 알고 있는 역사시대로 진입하면 권력의 황금 계단은 지상을 넘어 하늘까지 뻗친다.

## 신에게 바치는 뇌물

임종을 맞이한 사람들에게 연옥의 문제를 내세워 종교상의 속죄를 보류하는 사제들의 행위는 잘못된 것이며 어리석은 짓이다. 헌금에 던진 돈이 '딸랑' 소리를 내는 순간 영혼은 연옥에서 벗어나 천국으로 들어선다고 말하는 것은 인간의 학설을 설교하는 것이다. 돈이 헌금 궤에서 울릴 때마다 자라나는 것

은 이득과 탐욕이다. 가난한 자를 구제하고 궁핍한 자에게 꾸어주는 것이 면
죄부를 사는 것보다 더 선한 일이라는 것을 우리는 그리스도인에게 가르쳐주
어야 한다.

1517년 독일 비텐베르크 대학 교수 마틴 루터가 성안에 있던 만인성
자교회의 문 앞에 붙여놓은 95개조의 일부이다. 당시 로마 교황청은 바티칸
의 성 베드로 대성당의 비용을 조달하기 위해 면죄부 판매를 적극 권장했
다. 면죄부 판매가 극성하자 현대의 복권 사업처럼 입찰을 해서 면죄부 판매
를 위탁받는 사업자도 등장했다. 그리고 이런 자극적인 카피까지 등장했다.

"성모 마리아를 겁탈해도 면죄부를 사면 용서받을 수 있다."

그야말로 범죄를 조장하는 것과 같다. 이 말대로라면 은행을 털고 나
오면서 동전 하나를 헌금함에 던져 넣으면 남은 돈을 마음대로 써도 된다는
의미가 된다. 16세기 사람들이 그래도 순진했던 것에 감사해야 할 것이다.

면죄부가 루터의 시대에 처음 등장한 것은 아니다. 교황들은 교황청의
재정이 궁핍해지면 종종 면죄부를 발행했다. 서기 800년 프랑크 왕국의 샤
를르마뉴 대제를 신성로마제국의 황제로 임명한 레오 3세가 그때 처음으로
면죄부를 발생했다고 알려져 있다.

하지만 면죄부의 기원은 더 오래되고 근원적인 곳에 있다. 바로 연옥
(purgatory)이다. 연옥이란 천국과 지옥의 중간 지대이다. 이곳에서 열심히
덕을 쌓거나 지상에 남은 자들이 그들을 위해서 공덕을 쌓거나 사원에 기부
를 하면 천국으로 갈 수도 있다. 내세관을 지닌 종교는 죄를 지은 자가 지옥
에 떨어진다고 한다. 그러나 이생에서 보낸 짧은 삶의 대가로 영원한 지옥

행은 불공평해 보인다. 그래서 중간 지대인 연옥이 등장했다.

연옥이 아니어도 죽은 영혼이 내세에서 평안한 삶을 보내기 위해, 혹은 속죄를 하기 위해 현세인의 끊임없는 공양과 제사가 필요하다는 종교도 있다. 종교적 내세관과 지속적인 구원설이 싫었던 사람들은 죽은 사람의 속죄를 위한 공양이 뇌물이 아니고 무엇이냐고 비판했다. 루터는 면죄부를 두고 '신에게 바치는 뇌물'이라고 표현하지는 않았다. 그러나 따지고 보면 뇌물과 다름없었다. 이 점에 대해서는 조선과 중국의 유학자들이 더 직설적으로 대응했다. 유학자들은 불교를 공격할 때 '부처에게 바치는 뇌물론'을 자주 들고 나왔다.

(성균관 생원 이경 등의 상소) 옛사람이 이렇게 말하였습니다. "천당이 없다면 그만이겠지만 있다면 군자가 올라갈 것이며, 지옥이 없다면 그만이겠지만 있다면 소인이 들어갈 것이다. 지금 사람들이 어버이가 죽으면 부처에게 비는 것은 그의 어버이를 군자로 여기지 않고 악을 쌓은 죄 있는 소인으로 여기는 것이니, 어버이를 대우함이 어찌 그렇게 박한 것인가? 혹이나 어버이가 실로 악을 쌓아 죄가 있다면 어찌 부처에게 뇌물을 주어 죄를 면할 수 있겠는가?" 이 말은 천 년 뒤에도 부처를 받드는 자에게 경계가 될 만한 말입니다. 우리의 선왕에게 무슨 죄고가 있어서 부처에게 뇌물을 주고 면하기를 바라는 것입니까?[46]

종교의 속죄 행위를 이해하는 데에는 유신론자와 무신론자 간에 심한 간극이 존재한다. 면죄부 판매에 대해서는 루터까지도 반기를 들었다. 그러

46 《중종실록》 12권, 중종 5년 12월 19일, 신축.

나 루터도 헌금과 교회에 대한 기부 행위까지 부정하지는 않았다. 무신론자의 입장에서 보면 죽은 자의 속죄와 극락왕생을 기원하는 공양도 뇌물임이 틀림없지만 말이다.

루터의 95개조는 유럽을 뒤흔들고 기독교계를 재편했다. 그러나 기독교 자체가 흔들리지는 않았다. 가톨릭도 굳건했다. "부처도 뇌물을 받느냐?"라는 주장은 어떨까? 그것은 유학자들끼리 주고받은 찻잔 속 태풍으로 그쳤다. 그리고 많은 유학자들도 종교로서 불교를 받아들이거나 아내와 딸이 불교를 믿는 것을 방해하지 않았다.

헌금, 기부, 공양 같은 것이 신에게 바치는 뇌물이 아니냐고 말한다면 신자들로부터 "뇌물이면 어때서?"라는 답이 돌아올 것이다. 무슨 신이 그 모양이냐고 묻는다면 종교학자는 이렇게 대답할 것이다.

"신은 원래 그랬다."

사실 세상을 뒤져보면 정의로운 신은 얼마 되지 않는다. 고대 세계에 등장한 신들의 윤리 수준은 거의 인간과 똑같았다. 오히려 신이라는 지위를 이용해서 인간의 기초적인 윤리와 규범조차 무시하기 일쑤였다. 제우스와 올림포스 산에 사는 12명의 바람둥이를 위시해서 파괴의 신인 인도의 시바, 성경에 나와서 유명해진 고대 중동의 바알과 이세벨 등에게 윤리란 자의적이고 제한적이다. 자신을 잘 섬기는 사람, 그리스의 영웅들처럼 인간적으로 탁월한 능력이나 지위가 있어서 자기의 추종자가 되면 훨씬 편리할 것 같은 사람, 그리고 자신의 사생아들에게 "착한 아들아" 하고 나타날 뿐이다.

그들이 신이 된 이유는 자신의 욕망을 실현하고 추종자의 욕망을 실현시켜주는 데 있어서 인간보다 더 파괴적이고 압도적인 능력을 지녔기 때문이다. 그러니 이집트의 파라오나 중국의 황제가 스스로를 신이라고 하거나 신적인 존재로 격상시킨 것은 전혀 뻔뻔하거나 무례한 행동이 아니었다. 능력으로 보면 황제와 파라오는 분명히 신이 될 수 있는 자격을 갖추고 있었다.

신의 욕망과 개인의 욕망이 만나는 자리에서 성의와 인정(설사 그것이 뇌물이라고 하더라도)이 오고 가는 것은 당연하고 자연스러운 일이다. 상대가 신이기에 뇌물이라는 죄책감을 가질 필요도 없다. 부정하고 치사한 세속의 권력자에게 뇌물을 바치는 것보다야 훨씬 낫지 않은가?

그래도 그것은 고대 이야기이다. 중세시대만 해도 부처와 하나님은 정의와 공평의 신이었다. 신과 인간 사이의 도덕성의 거리, 완전한 신과 불완전한 인간의 관계와 만남의 방식에 대해서는 수천 년 동안 어마어마한 사변과 논쟁이 제기되었다. 그리고 승부가 나지도 않았다. 여기서 말하고 싶은 것은 신에게 바치는 뇌물이 결코 죄의식을 불러오지 않았다는 것이다. 왜일까? 인간에게 속죄와 사후 세계의 심판, 현실의 축복은 서로 얽혀 있었으며 인간의 삶에서 그만큼 절박한 것이었기 때문이다.

현대인이 가장 이해하기 힘든 것이 중세인의 종교관이다. 유신론자와 무신론자가 서로를 이해하는 일보다 더 어렵다. 그 이유는 우리가 중세라는 시대의 사회상을 잘 이해하지 못하기 때문이다. 요한 하위징아의 걸작《중세의 가을》에서는 중세 유럽인의 독특한 신앙관을 극단적인 이중적 결합으로 소개하고 있다. 가톨릭이 정신세계를 지배하던 당시 중세인은 일상의 모든 것에 지나칠 정도로 종교적 의미를 부여했고, 신의 보호가 없으면 단 한 순간도 살 수 없을 것처럼 생활했으면서도 지독하게 세속적이었다. 매일 금식하고 기도하고 울며 자신의 죄를 뉘우치는 왕은 기도실에서 나오면 바로 잔혹한 군주로 돌변했다.

선량공 필리프는 터무니없이 호사스러운 축제를 즐긴 것으로 유명했다. 수많은 사생아를 낳았고, 정치에서는 당리당략과 권모술수에 능했다. 자존심이 강하고, 화가 나면 격렬하게 분노하는 성격이었다. 그러나 그는 매우 경건한 신앙인이었다. 단순한 허식이 아니었다. 미사가 끝난 후에도 오랫동안 예배실에 머물렀고, 일주일에 4일은 빵과 물만 먹는 절식을 했다. 평일에도 오후 4시까지는 음식을 입에 대지 않았다. 죽은 영주에서 시종에 이르는 사람들을 위해서까지 미사를 올리고 미사 봉납을 위해 돈을 지불했다. 심지어 급박한 전투 중에도 전투를 중지하고 말 위에 앉은 채 기나긴 기도서를 읽고 특별 감사 기도를 드리기 시작했다. 옆에 있던 시종이 아직 전투가 종결되지 않았으니 적을 마저 몰아붙여야 하고 이러고 있으면 위험하다고 애를 태우며 사정을 해도 꿈쩍하지 않았다.[47]

이런 극단적 행동이 하나도 이상하지 않은 시대가 중세였다. 굳이 따지고 보면 현대도 마찬가지일지도 모른다. 그러나 현대인은 일단 바빠서라도 하루에 몇 번씩 기도하고 금식하는 종교적 행위를 해낼 수가 없고, 적어도 일상과 종교 행위를 분리하고 사는 데 능숙하다. 중세인에게는 이런 분리 의식이 없었다. 그래서 '주의 영광'을 외치며 말 위에서 칼을 내려치거나 약탈 물품을 챙기는 중세인의 행동이 더 위선적이고 이해할 수 없는 것으

---

**47** 요한 하위징아, 이희승맑시아 옮김,《중세의 가을》, 동서문화사, 2010, 270쪽.

로 느껴질 것이다.

중세인은 늘 동시에 두 가지 시대를 대비하면서 살아갔다. 쾌락과 현실적 욕망이 뒤엉킨 현세와 지옥과 천국으로 나눠진 사후 세계이다. 둘 중 어느 것도 버릴 수 없었다. 특히 사후 세계에 대한 두려움은 현대를 살아가는 우리는 도저히 이해할 수 없다. 그들에게 죽음은 아주 불가사의한 것으로 삶에 아주 가까이 있었고 낮은 의학 수준 덕에 급작스럽게 다가왔다. 지극히 인간적이고 초자연적인 현상을 그들은 다 설명할 수도, 이해할 수도 없었다. 적응해서 살 뿐이었다. 이런 점이 현대인에게 이상하게 보일 뿐이다.

예를 들어보자. 기독교는 유일신을 숭배한다. 그러나 중세인의 삶은 유일신에게만 기대기에는 너무나 위험이 많고 불확실했다. 위험한 호수, 검은 숲, 전염병, 갑작스럽게 벌어지는 폭력, 그로 인해 인간은 항상 의사, 과학자, 보디가드, 경찰 같은 전문가를 필요로 했다. 그런 전문가가 없었으니 전문적인 신을 찾았다. 그렇다고 기독교를 다신교로 바꿀 수도 없었다. 그래서 등장한 것이 성인(聖人) 숭배였다. 과거에 수많은 신과 요정이 하던 역할이 성인에게로 옮겨갔다. 특히 병과 관련된 성인이 많았다. 전문의 성인들이 등장하면서 아예 병의 명칭이 변해버렸다. 성 안토니우스는 피부병을, 성 마우루스는 통풍을 치료하는 사람이었는데 나중에 피부병은 아예 성 안토니우스 병, 통풍은 성 마우루스 병으로 불리게 되었다.

여기까지가 신앙심에 의한 해석이다. 그런데 병은 왜 생길까? 중세인은 이 문제를 아주 인간적으로 해석한다. 성인이 퍼트린다고 말이다. 왜냐하면 성인도 먹고살아야 하기 때문이다.[48] 이상한 해석일까? 현대인도 이런

---

48  요한 하위징아, 앞의 책, 259~260쪽.

해석을 즐기긴 한다. 바이러스를 주제로 다룬 어떤 영화를 보면 배후에는 언제나 다국적 제약회사가 있다.

중세에는 다국적 제약회사에 성인이 대입된다. 그래서 중세인은 성인들의 밥벌이용 심술을 방지하기 위해 무언가 호의를 베풀어야 한다고 생각했다. 중세인이 어리석어 보이지만 그렇지 않다. 가끔 의식이 투철한 사람들은 다국적 기업의 제품은 사지 말아야 하고, 프로 스포츠는 거부해야 하고, 모 방송과 신문은 보지도 말아야 한다고 말한다. 그 말에 공감하는 사람은 꽤 많을 수 있지만 실천하는 사람은 실망스러울 정도로 드물다. 그 제품을 구매할 때나 TV 앞에 앉을 때마다 죄책감을 느끼지도 않는다. 그것들 없이 사는 일이 더 괴롭기 때문이다. 중세시대에 '신에게 바치는 뇌물'이 공감을 일으키는 정도도 비슷했을 것이다.

## 가난한 사람에게는 너무 먼 신앙의 세계

신과 속죄와 관련한 뇌물 논쟁은 우리에게 아주 중요한 사실을 또 하나 가르쳐준다. 세속의 사람들이 뇌물을 비판할 때 결코 정의와 불법이라는 관점으로만 바라보는 것은 아니라는 것이다.

인류 사회의 초창기부터 사회는 수많은 계층으로 조직되고 계층 간에는 인간적인 권력의 거리와 신의 권위까지 더해져 있었다. 보수와 수익도 상당한 차이가 있었다. 고대 그리스인들은 벌써부터 계층 간의 간극, 심지어 인간과 신의 간극도 뇌물로 채울 수밖에 없다는 사실을 성찰하고 있었다. 그래서 그들은 하늘에서 땅 밑의 저승 세계까지 깊은 간극을 날아다녀야 하는 전령의 신 헤르메스를 뇌물의 신이자 도둑질의 신으로 만들었다.

뇌물을 써서라도 성역에 도달하고 싶은 심정이 일어나는 것은 교리적으로는 타락한 신앙심일 수 있겠으나 그것조차 본능적인 욕망이라는 것을 부정할 수 없다. 가난한 양치기가 산 위에서 귀족들의 저택을 바라보듯이 그 욕망에는 권력과 특권의 끈으로부터 소외된 자신에 대한 단절의 아픔이 포함되어 있다. 뇌물은 판매자의 입장에서 보면 권력의 판매이지만 구매자의 입장에서 보면 권력과 닿아보려는 가느다란 끈이다. 부와 권력을 획득하기 위해 뇌물이라는 쉽고 편한 방법을 사용할 수 있다는 사실 자체가 거대한 특권 중 하나이다.

보통 사람이나 가난한 촌부는 뇌물을 바치기 쉽지 않다. 어느 농부가 산속에서 보물을 얻었다고 가정하자. 그는 보물을 권력자에게 바치고 벼슬을 얻으려 한다. 하지만 산속에 사는 촌부라 아는 권력자도, 권력자에게 다가갈 끈도 없다. 중간 브로커에게 보물을 맡기면 십중팔구 그가 보물을 중간에서 가로채거나 자기 공로로 바꿔버릴 것이다. 농부는 항의조차 할 수 없다. 잘못 항의했다가는 중간 브로커나 자신이 뇌물을 받은 사실이 공개되기를 꺼리는 권력자가 보낸 해결사에 의해 세상을 하직할 수 있다.

불쌍하게도 백성들은 뇌물이라는 부정의 세계에서도 소외되었던 것이다. 정확히 표현하면 자신을 위한 뇌물에서도 소외되었다. 백성들도 지주와 향리, 힘 있는 사람들에게 끊임없이 뇌물을 바쳐야 했지만, 이런 뇌물은 상대의 탐욕을 채워주고 생계를 간신히 유지하기 위한 것이었지, 자신에게 권력과 부를 주는 자신을 위한 뇌물은 아니었다.

중세에는 신앙의 세계에서도 이런 식의 소외가 당연시되었다. 일반 백성들은 현실 세계에서 신분과 부에 의해 차별받았을 뿐만 아니라 사후 세계에서 심판과 내세의 복을 얻는 데에서도 매우 불리했다. 종교에서도 구원과 속죄의 방법은 보통 사람들이 닿기에는 조금 높은 곳에 있었다.

천당이 없다면 그만이겠지만 있다면 군자가 올라갈 것이며, 지옥이 없다면 그만이겠지만 있다면 소인이 들어갈 것이다.

이 말을 다시 음미해보자. 여기서 말한 군자와 소인은 순수하게 인격에 의해 구분한 것일까? 공자는 군자란 의를 위해 사는 사람이고, 소인은 이익을 위해 사는 사람이라고 했다. 이 말만 보면 군자와 소인은 신분과는 무관한 듯하다. 하지만 실제로는 군자의 요건 자체가 신분적 차별을 전제로 한 것이다. 군자가 되려면 교육을 받아야 하고 생계를 위한 노동에 시간을 투자하는 일은 거의 포기한 채 공부와 수양에 몰입해야 한다.

효를 수행하기 위해서는 부모와 조상을 잘 봉양해야 하는데 최고의 효도는 입신양명해서 부모에게 부와 명예를 선사하는 것이다. 조선시대 선비의 청빈사상은 상당히 잘못 알려진 내용이 많다. 군자는 청렴결백해야 할지 모르지만 가난해서는 효를 제대로 행할 수 없다. 조선의 사대부에게는 나이 든 부모에게 고기반찬을 대접하지 못하고, 제때에 약을 달여드리지 못하고, 매일 술을 올리지 못하는 것만큼 불효도 없었다. 그 정도도 하지 못하면서 밖에 나가서 군자라고 폼을 잡을 수는 없었다. 그런데 그 정도의 효도만 하기 위해서도 상당한 재산과 권력이 필요했다. 조선시대에 재산을 모으는 가장 좋은 방법은 관직을 얻는 것이었다. 장사를 하거나 무역을 해서 축재를 할 수도 있었지만 장사꾼이 되어서는 군자의 체통을 유지할 수 없었다.

속세를 떠나 은거해서 군자가 되는 사람도 많았다. 그런데 군자의 행동거지와 준수해야 하는 윤리도덕 중에 신분제의 규범도 있었다. 이것은 매우 중요하다. 군자가 되려면 신분제의 윤리를 뼛속까지 깊이 각인하고 준수하는 자세를 갖춰야 한다. 예를 들어 어떤 양반에게 양반인 처와 평민이나 노비 출신인 첩이 있다고 하자. 임종할 때가 되면 처는 남편과 마지막 이별을 할 수 있어도 첩은 어림도 없다. 문 밖에서 첩이 정말 인간적인 염원으로 마지막으로 얼굴 한 번 보고 이별하게 해달라고 울부짖어도 눈 하나 깜짝하지 않아야 진정한 군자이다.

서양도 다르지 않다. 최후의 중세인으로 불리는 이탈리아의 시인 단테가 쓴 《신곡》을 보면 저승에 간 단테는 첫 번째 지옥에서 한 무리의 빛을 내는 사람들을 만난다. 단테가 상상한 지옥은 9층으로 구성되었는데 첫 번째 지옥은 그래도 지옥 같지 않은 지옥이다. 그곳은 영광이 없는 공간이기는 하지만 징벌도 없다. 거기에 있는 사람들은 '죄를 짓지 않았으나 신앙이 없는 사람들',[49] 즉 그리스도가 태어나기 전에 태어난 현자와 위인들이다. 세례와 구원을 받지 못해 천국에 올라가지는 못했지만 죄가 없거나 생전에 세상에 미친 공적으로 벌은 받지 않고 살고 있다.

이들은 누구일까? 단테가 처음 만난 사람은 단테와 동종 직업을 가진 '고귀한 시인들'이다. 시인들의 왕(단테의 기준에 의하면) 호메로스와 호라티우스, 로마의 시인 오비디우스와 루카누스이다. 이들이 고매한 시인이라서 죄가 없다는 것은 기독교의 신앙관에도 어긋나지만 단테는 직업의식과 동료애를 발휘해 지옥에서도 빛을 내는 존재로 만들었다.

---

**49** 단테, 《신곡》〈연옥편〉

**《신곡》을 쓴 단테의 모습을 형상화한 그림** 보티첼리가 그린 대표적인 풍속화이다. 《신곡》은 단테가 1307년에 집필을 시작하여 1321년에 완성한 장편 서사시로 〈지옥편〉, 〈연옥편〉, 〈천국편〉으로 구성되어 있다.

그다음 단테는 트로이 전쟁의 영웅 헥토르와 아이네이아스, 로마의 카이사르까지 만난다. 여기서 단테는 이교도의 왕인 살라딘까지도 이 집단에 포함시키는 아량을 살짝 보인다. 이슬람의 창시자 마호메트는 저 아래 지옥에서 매일 생살이 찢어지는 형벌을 받고 있는데 말이다. 살라딘은 단테가 고마워할 이유가 있다. 살라딘은 기사도 정신의 모범이었다. 십자군과 휴전을 맺었고 유럽인의 예루살렘 성지순례를 허용했다. 그러나 이 집단에서 높은 곳에 앉아 있는 사람은 소크라테스, 플라톤, 데모크리토스, 탈레스, 제논, 프톨레마이오스 같은 그리스의 철학자와 과학자들이다.

시인과 철학자를 아우르는 단어는 '현자(賢者)'이다. 직업적인 방랑시인이나 음유시인과는 다르다. 그래서 단테는 '고귀한 시인'이라고 표현했다. 고대와 중세에서 지식과 지혜와 소양도 상위 신분 혹은 유한계층의 소유물이었다. 오랜 교육과 수양, 지속적인 지적 탐구 행위와 무한한 토론의 결과물이기 때문에 죄 없는 인격과 동일시되었다.

중세의 종교에서는 개인의 선행과 자선이 선한 행위였고, 그 행동을 통해 '죄 없는 사람'으로 인정받을 수 있다는 교리도 있었다. 그 교리가 민중적인 것이었을까? 아니다. 중세의 민중은 대부분 가난했다. 조금 베푼다고 해도 근본적으로 자선을 받을 대상이지, 베풀 수 있는 대상이 아니었다.

양이 뭐가 그리 중요할까. 양보다는 진심이 중요하다. "하나님은 부자의 헌금보다 가난한 과부의 동전 두 닢을 더 사랑하신다"(마가복음 12장 41절)라고 반박할 수 있다. 일상의 나눔, 작은 것이라도 서로 나누며 돕고 사는 생활을 자선이라고 할 수도 있다. 하지만 정작 가난한 사람들(적어도 중세에서는)에게는 이런 자선이 자신의 죄를 속죄할 만큼 커다란 종교적 행위로 느껴지지는 않았다.

그들이 나누는 물자는 너무 적어서 일생 동안 지은 죄를 속죄하기에 너무나 변변찮아 보인다. 게다가 그렇게 서로 돕고 사는 생활은 가난한 민중에게는 일상의 당연한 생존 방식이다. 그리스 신화에 나오는 세 일런의 마녀는 눈과 귀와 입이 하나씩밖에 없어서 3명의 마녀가 서로 돌아가면서 나누어 쓴다. 세 마녀의 우정은 칭찬할 만하지만 그것은 우정에서 나온 것이 아닌 삶의 궁핍함이 준 공생이다. 그렇게 서로 돕고 의지하지 않고는 살 수가 없다. 평민의 삶도 비슷하다. 그들의 삶을 비하하려는 것이 아니다. 종교학에 '성(聖)'과 '속(俗)'이라는 개념이 있다. 성은 평범하고 세속적인 것과 다른 것, 초월적인 것에 대한 동경이다. 아무리 공동체적 삶이라고 해도 평소에 자신이 살아가는 생존 방식을 성스러운 구제의 행위이며 구원과 해탈의 방법이라고 간주하는 것도 쑥스럽다.

가난한 사람들이 사는 방식 자체를 칭찬하고 그것에 감동하는 사람들은 그 삶에 찌들대로 찌든 가난한 사람이 아니라 풍요로움과 세속에 지친 귀족이나 지식인이다. 그들에게는 민중의 삶이 성스러움의 조건, 즉 희귀함과 낯섦, 그리고 자신은 죽어도 쉽게 따라 하기 힘든 고행의 생활이라는 요건을 갖추고 있기 때문이다.

성스러움은 구별되는 것이다. 가난한 백성에게 구별되는 성역은 귀족의 세계이다. 그런데 그 세계는 사후 세계에서도, 현실에서도 너무 멀리 있다. 화려한 성당과 사원에 흙 묻은 발을 한 사람들이 자유롭게 들어가서 함께 앉아 예배를 볼 수 있게 된 것은 인류 역사로 보면 아주 근래의 일이다.

민중은 나무 그늘 아래에서, 혹은 동굴 안에서 명상에 잠기거나 수도를 하는 것도 쉽지 않았다. 뙤약볕이 내리쬐는 인도 평원에서 보리수나무 그늘 아래에 앉을 수 있다는 것 자체가 특권이었다. 동굴 사원도 마찬가지였다. 일단 그런 곳에 앉아서 소일할 시간이 없었다. 대부분의 농민들은 밭에서 일하면서 곁눈질로 특혜 받은 사람들을 쳐다봐야 했다. 수도자들은 몸에 걸친 옷 한 벌 과 표주박 하나 외에는 아무것도 소유하지 않는다고 했다. 그러나 농부의 삶도 비슷했다. 흙벽으로 두른 움막 같은 그들의 집은 동굴과 다름이 없었다. 집 안에는 가재도구도 없고 부엌도 없었다. 마당을 파서 화덕을 만들고 그곳에서 조리를 했다. 날씨도 1년 내내 여름이니 옷은 평생 한 벌이었다.

농부들은 밭에서 일을 하다가 잠시 허리를 펴고 멀리 있는 첨탑을 아련하게나마 보던 존재들이었다. 가끔 사제나 승려가 출타해서 그들을 잠시 만나주면 종교적 축제나 종교의식에 참여할 수 있는 기회를 얻곤 했다. 그들에게는 보다 쉽고 간결하게, 그러면서도 자기희생을 동반한 종교적 의식이 필요했다. 그 조건을 갖춘 것이 헌금과 보시와 같은 기부이다. 면죄부 판매 같은 극단적인 방식은 대단히 비이성적 행위로 보이지만 민중의 입장에서 보면 특권에 참여하거나 신분계층의 위에만 있던 특권이 하강한 형태이기도 하다. 귀족과 부자는 죄가 많아서 그렇다 치고 민중에게까지 면죄부 판매가 열정적 호응을 얻었던 이유는 민중이 어리석어서가 아니라 그것 자체로 자신들에게 특권이 개방된다고 여겼기 때문이다. 이제는 그들도 자신을 위한 뇌물을 신에게 바칠 수 있게 된 것이 면죄부가 준 쾌감이었다.

## 조선 사대부는 신이 아닌 조상에게 의존했다

마지막으로 신에게 바치는 뇌물에 대한 조선 사대부의 비판적인 태도에 대해 살펴보자. 사대부들은 불교의 속죄와 구원 행위를 '부처에게 바치는 뇌물'이라고 비판했다. 여기에는 뇌물에 대한 그들의 예민한 감성과 교육이 작용했다. 조선과 중국은 강력하고 조직적인 정부와 관료제를 운영했다. 그들에게 뇌물은 심각한 망국병이었다. 그러니 평소에 이런 사상으로 단단히 무장한 사람들에게는 "공양은 뇌물이다"라는 말 한마디만으로 충분했다.

그러나 '헌금은 곧 뇌물'이라는 인식에는 보다 근본적인 배경이 있다. 조선 유학자도 중세인이다. 사후 세계에 대한 두려움과 현실에 대한 불안감이 없었을 리가 없다. 현실에서 복을 받고 병과 재난, 불현듯 찾아오는 재액에서 벗어나기 위해서는 신과 같은 초자연적 존재의 도움을 필요로 하는 마음을 버릴 수 없었다. 그래서 유가에서는 그 힘을 하늘이나 신이 아닌 조상에게 의존했다.

현실 세계의 효는 사후 세계의 제사를 통한 조상 숭배로 연결되었다. 현실 세계의 질서가 내세에 그대로 연장되고, 내세에 있는 조상의 배려가 현실 세계에 있는 나의 삶에 영향을 미친다. 쉽게 말하면 제사를 잘 모셔야 조상이 내게 복을 주고, 내가 현세에서 복을 받아야 조상을 잘 모실 수 있다. 따지고 보면 은근히 양자 간 계약 관계이고 뇌물이라 할 수 있다. 그러나 유가에서는 절대로 뇌물이라고 보지 않았다. 자식이 부모를 봉양하는 것이 뇌물이라면 인륜이나 천륜은 무너지고 말 것이다. 자식이 부모를 봉양하는 것은 당위이고, 부모와 조상이 자식 잘되기를 바라는 것은 인지상정이다.

유학자들은 부와 축복의 메커니즘을 이렇게 효도의 과정에 넣어버렸다. 축복과 구원과 속죄가 말 그대로 집안일이다. 이 관계에는 뇌물이나 도덕과 같은 것이 들어올 여지가 없다. 그래서 타 종교의 속죄 행위를 향해 "신도 뇌물을 받느냐?"라는 말을 쉽게 할 수 있었던 것이다.

# 절대군주와 성직자가 꽃피운 매관매직

## 어떤 얼간이도 관직을 살 수 있다

군주의 은총을 받으려고 하는 사람이 군주가 소중히 여기고 있는 것이나 받고 기뻐할 것을 가지고 찾아가는 것이 관습화된 것 같습니다. 그렇기 때문에 군주들은 말, 무기, 비단, 보석 등을 비롯하여 자신의 위엄에 어울릴 만한 장신구를 선물로 받는 일이 자주 있습니다. 저 또한 전하에 대한 보잘것없는 충성의 표시를 가지고 찾아뵙고 싶습니다.[50]

권력과 금권의 결합 형태는 다양하지만 가장 노골적이자 타락의 지표가 되는 것이 매관매직이다. 관직을 두고 오가는 뇌물의 방식은 두 종류가 있다. 인사 담당자에게 은밀히 뇌물을 주는 방식과 공공연하게 관직을 판매하는 방식이다. 매관매직을 뇌물로 볼 수 있느냐고 하겠지만 매관매직은 뇌물이 양성화된 것이다.

---

50 마키아벨리, 《군주론》 〈로렌초 데 메디치 전하께 올리는 글〉

매관매직은 소크라테스가 태어나기 전부터 있었다. 유럽에서 제일 활개 쳤던 시대는 17~18세기 절대왕정 시대이다. 갑자기 도덕적으로 타락해서가 아니고, 젠트리(gentry)와 부르주아의 성장, 국가 기구의 확대로 새로운 관직 시장이 형성되면서 구매력과 관직을 사려는 욕구를 가진 새로운 계층이 등장했기 때문이다.

유럽의 군주들은 절대왕정이 요구하는 권력을 얻기 위해 돈이 필요했다. 특허권, 독점권, 전매권, 수수료, 작위, 무역회사 설립권 등 자신이 줄 수 있는 모든 권한을 현금화했다. 그중에서 아주 왕성했던 것이 매관매직이었다. 절대주의 시대에 유럽 각국의 군주들은 거의 매관매직에 탐닉했다. 유럽의 왕들이 비교적 자유롭게 관직 장사를 할 수 있었던 이유는 국왕을 견제하는 통일적 권력이 부족했기 때문이다.

중세까지 유럽은 많은 봉건 영지와 자치도시로 분할되어 있었다. 왕을 견제하기 위해 귀족들이 결합하면서 의회가 탄생했다. 그러나 의회는 그 자체가 귀족의 이권을 보호하기 위한 것이었고, 귀족들은 국가 행정 전반에 관여할 마음이 없었다. 그들의 관심사는 오직 세금이었고 면세 혜택을 누리는 데 열중했다. 게다가 귀족 내에서도 대귀족과 중소 귀족, 기사, 그리고 도시와 농촌에서 막 성장하던 부르주아가 대립하고 있었다.

왕의 유일한 견제 세력은 고등법원이었다. 국왕이 반포하는 칙령은 고등법원에 등기가 되어야 법령으로 유효했다. 하지만 고등법원 역시 정통 귀족이 아닌 사람이 돈으로 관직을 사고 세습을 유지하는 새로운 법복귀족층이 장악하고 있었다. 그들은 가끔 국왕과 정통 귀족과 대립했지만 자신들을 탄생시킨 매관매직에 대해서는 반대할 이유가 없었다. 그래서 관료 임명이나 기타 국가 운영에는 크게 관여하지 않았다.

국가의 관료와 국왕의 관료의 구분이 애매하다는 점도 작용했다. 국왕은 나라 전체를 지배하지 못했다. 국왕의 관리란 재상이나 재무관을 제외하고 국왕의 직할지를 경영하는 관리가 대부분이다. 영지와 도시에는 각각의 행정관리가 있었다. 그러니 의회가 관리의 임명과 승진과 운영을 위해 통일된 제도와 법을 만들자고 할 리가 만무했다.

15세기 이래 국왕은 귀족과 투쟁하면서 매수, 혼인, 숙청 등 온갖 방법을 사용해 야금야금 그들의 영지와 도시를 수중에 넣었다. 국가 전체의 관료제를 개혁하려면 국가를 먼저 통일해야 했는데 그 과정은 상당히 길었다. 게다가 새로 병합한 영지에는 왕이 자신의 행정관을 바로 파견하기 전에 이전에 있던 귀족의 권위를 어느 정도 인정해주고 지역민을 관리로 등용해야 했다. 다른 지역의 영주들과 귀족들을 안심시켜야 했기 때문이다. 뿐만 아니라 오랫동안 폐쇄적으로 살아온 지역민들은 다른 지역의 사람이 국왕의 임명장을 들고 나타나 자신들을 통치하려는 것을 용납할 수 없었다. 절대왕정 시대에 제대로 된 지방관을 파견하기 시작한 것은 영국이나 프랑스 모두 18세기가 다 되어서였다.

결국 국왕은 관직을 입찰에 내걸고 영지와 도시 내부에 있는 중소 귀족이나 성장하는 부르주아들을 관리나 재판관으로 임명했다. 돈을 받고 팔았다고는 하지만 왕의 입장에서도 그 지방에 아는 사람이 없고 충성심이나 유능함을 시험해볼 방법이 없었다. 남보다 많은 돈을 벌었다면 무슨 능력이든 있는 셈이었고, 그들의 탐욕과 돈 버는 수단은 국왕에게 해롭지 않은 능력이었다. 아무튼 그들은 자기 수입의 증대를 위해서라도 왕에게 많은 것을 바치며 이권을 두고 귀족들과 싸울 것이다. 탐욕이 너무 지나쳐서 자신의 운명조차 통제하지 못하게 되면 국왕이 그들을 처벌하고 재산을 몰수할 것이다.

관직은 입찰 경쟁을 붙여 최고 가격을 부른 자에게 낙찰되었다. 아무리 얼간이라도 돈을 뿌리기만 하면 어떤 천재에게도 이길 수 있었다. 유곽 주인이 추기경 회의의 평의원이 될 수도 있었다. 매관매직은 부지기수로 일어났다. 세상에서 소문난 얼간이가 추밀원 고문에 임명되었고, 사기꾼이나 도둑조차도 시장이나 법관의 자리에 올랐다. 뷔르템베르크의 칼 오이겐 공작이 관직 경매를 맡은 신하 비틀레더에게 내린 훈령 가운데에는 "설령 재능이 없더라도 그 사람은 역시 훌륭한 인물이다. 4,000굴덴이라면 큰돈이기 때문이다"라는 정직한 말이 있다. 프로이센의 프리드리히 빌헬름 1세도 관직을 줄 때에는 누가 가장 많이 낼 수 있는가를 가리기 위해 몇 차례나 회의를 열었다. 관직을 사고자 하는 사람이 하나도 없을 때에는 곧바로 돈 있는 사람에게 수여되었다. 만약 그 사람이 군주로부터 받은 그 명예를 고사하면 그는 독일에서는 변경 요새로 추방되고 프랑스에서는 바스티유 감옥에 갇히는 위험을 무릅써야 했다.[51]

## 왕권 강화를 위한 매관매직

유럽 전역에서 매관매직이 판을 쳤지만 가장 압권이었던 나라는 프랑스였다. 1604년 앙리 4세는 폴레트(paulette)라는 기념비적인 세금 제도를 만들었다. 샤를르 폴레가 주장한 폴레트는 관직 보유자가 관직 구입 가격에 대해 매년 일정 비율(60분의 1)의 돈을 지불하면 관직을 상속할 수 있도록 한

---

51 에두아르트 푹스, 이기웅 · 박종만 옮김, 《풍속의 역사 1》, 까치, 1977, 116쪽.

제도이다. 폴레트 제도로 걷히는 세금은 전체 세수의 8퍼센트 정도를 차지했다. 그러나 20년 정도 지나면서 전체 세수의 38퍼센트까지 올라갔다.[52] 매관매직이 전성기를 이룬 루이 14세 시절, 태양왕이 세금으로 1년간 벌어들인 돈은 약 1억 3,800만 리브르였는데 매관매직으로 벌어들인 돈이 세액의 30퍼센트쯤 되었다.

프랑스의 매관매직에는 독특한 사정이 있었다. 카페 왕조 시절 프랑스 왕은 강대한 봉건 제후들에 둘러싸인 힘없는 존재였다. 그러나 백년전쟁을 치른 후 지방에서 중소 귀족과 부르주아가 성장하면서 국왕은 힘을 얻기 시작했다. 세력 있는 영주령을 소멸시키고 그들의 영토를 군주의 통치령으로 바꾸었다. 그러나 형식상의 통일은 달성했지만 그 영토를 완전히 제압할 수 있었던 것은 아니었다.

유럽에서도 가장 강력했던 프랑스의 영주들을 제압하고 프랑스를 태양왕이 다스리는 나라로 이끈 사람은 루이 11세이다. 그는 조금만 더 정의로웠거나 인기가 있었더라면 드라마의 주인공이 되고도 남을 인물이었다. 누구보다도 파란만장한 역전의 삶을 살았기 때문이다. 그는 백년전쟁 동안에 태어났다. 프랑스는 분열해 있었고 왕은 허약했다. 귀족의 절반은 영국의 지원을 받았다. 노르망디 일대는 공식적으로 영국의 땅이었다. 1440년 부친 샤를 7세의 권위에 반대해서 귀족들의 반란이 일어났다. 17세였던 루이 11세는 귀족 편에 가담해서 아버지와 싸웠고, 이 전쟁에서 패배한 후 17년의 유배형을 받았다.

아버지가 죽자 왕이 된 루이 11세는 부르고뉴 대공 샤를 용담공과 프

52 페리 앤더슨, 김현일 옮김, 《절대주의의 계보》, 현실문화연구, 2014, 146쪽.

**루이 11세(1423~1483, 재위 1461~1483)**
왕권 강화를 위해 전쟁은 물론 뇌물과 외교적 술수를 동원하며 프랑스 절대왕정의 토대를 닦았다.

랑스 패권을 놓고 전쟁을 벌였다. 화끈한 승리를 거두지는 못했지만 용담공의 지원 세력들을 매수해서 자기편으로 끌어들였다. 용담공은 결국 그들과 싸우다가 전투에서 사망했다. 루이 11세는 '매수의 천재'로 평생 동안 있었던 수많은 위기를 매수로 극복했다. 전쟁은 확실성이 없는 사업이라고 말하던 루이 11세는 총칼보다는 돈의 힘을 믿었다. 적은 돈으로 매수하고 결혼, 상속, 지참금 등을 이용해 영토를 사들였다. 마침내 그는 영국이 프랑스에 구축한 앙주 왕국을 모두 되찾고 백년전쟁을 끝냈다.

루이 11세는 프랑스를 12개의 총독관구로 나누고 행정은 왕족이나 지도적인 귀족에게 맡겼다. 통치에서 소외된 귀족은 돈으로 매수했다. 또한 귀족들에게 왕의 관료가 되어 권력을 유지하거나 권력을 놓고 연금생활자가 될 것을 강요했다. 프랑스에는 국왕을 알현할 수 있는 권한을 가진 대귀족이 4,000명이나 있었다. 그들은 영지에 대한 권리를 포기하는 대신, 국가 혹은 왕으로부터 연금을 받고 국왕의 사치스러운 행사에 참여할 수 있는 권한을 받았다. 귀족의 아들은 군에서 장교로 복무하면서 연금을 받기도 했다. 그들에게 지급되는 돈이 국가 전체 예산의 4분의 1이었다. 군사 예산 중 절반이 귀족 자제의 월급으로 나갔다.[53]

---

53  알베르 마띠에, 김종철 옮김,《프랑스혁명사(상)》, 창작과비평, 1982, 11~12쪽.

겉으로 보면 귀족에게 연금을 주거나 월급제 관료로 고용한 것이지만 사실상 매수였다. 이 매수에 들어가는 돈을 조달하기 위해 루이 11세는 관직 매매를 확대했다. 그는 귀족 세력을 견제하기 위해 고등법원제를 창설했다. 중세의 법정은 지방의 영주와 교회가 장악하고 있었다. 여기에 국왕이 주재하는 새로운 재판소가 등장한 것이다. 16세기 이래 유럽은 내전과 농민 반란을 겪었다. 영주와 교회와 주민 간의 불신이 극에 달한 상황에서 고등재판소는 인기가 있었다.

왕은 고등재판소를 계속 증설하며 고등재판소의 관직을 돈을 받고 팔았다. 행정관리, 법관, 새로운 부르주아와 돈 있는 사람들이 이 관직을 사서 폴레트를 이용해 관직을 세습했다. 그들은 정통 귀족과 대립하는 새로운 세습 귀족이 되어 법복귀족이라고 불렸다. 왕은 충성스런 행정관리와 수입을 한꺼번에 얻을 수 있었다. 법복귀족들은 조세를 면제받는 등 수많은 특권을

**앙시앵 레짐(Ancien Régime, 구체제)을 풍자하는 그림**
1789년 프랑스 혁명이 일어나기 전의 절대군주정체를 중세와 다를 것이 없다 하여 '앙시앵 레짐'이라고 한다. 이 체제에서 소수의 성직자와 귀족은 세금 면제 등 온갖 특권을 누리며 많은 재산을 소유했지만 국민 대다수인 시민, 농민, 노동자는 불평등하게 여러 의무와 많은 세금을 강요받았다.

얻었다. 재판에서도 뇌물이 그치지 않았기 때문에 관직 매수는 수익성이 있
는 장사였다. 돈만 내며 착취당하기만 하는 것보다 돈을 내고 세금을 면제
받는 명예로운 존재가 되는 것이 훨씬 좋았다.

고등재판소와 관직 매매는 루이 11세의 권위와 프랑스 통일에 엄청
난 힘을 실어주었다. 귀족들에게 들어가는 막대한 금액을 조달하고, 새로
성장하는 부르주아와 하급 귀족들이 왕을 지지하게 했다. 관직 매매로 루
이 11세는 돈과 지지 세력을 동시에 얻었다. 마침내 승리한 루이 11세는 이
렇게 외쳤다.

"짐이 곧 프랑스다."

## 초기 자본주의 시대의 새로운 관직과 재원

영국도 매관매직이 성행하기는 마찬가지였다. 관직 매매는 공공연하게 이
루어졌고 국왕이 총애하는 신하를 고위 성직자로 임명하는 관습이 있었다.
프랑스나 다른 나라도 마찬가지였는데, 프랑스는 프랑스혁명 때까지도 주
교는 거의 고급 귀족에서 선발되었다. 하지만 그들은 교구 근처에도 가보
지 않았다.

스페인 무적함대를 격파하고 동인도회사를 키워 영국을 강대국의 반
열로 올려놓은 엘리자베스 1세 시대에도 부패는 공공연했다. 다만 여왕의
시대에 부패가 급증했다는 설도 있고, 그렇지 않다는 설도 있다. 영국은 의
회 제도가 발달한 나라였지만 의회를 구성하고 있는 사람들은 대부분 귀족
과 젠트리였다. 의회의 주 기능은 세금을 매기는 것이었다. 그런데 귀족과
젠트리가 자신들에게 관대한 세금 정책을 지지했기 때문에 국가재정은 쪼

들릴 수밖에 없었다. 대신 국왕은 세금을 제외한 모든 영역에서 자유로운 권력을 소유하고 있었다. 왕은 회사를 설립하고 무역선을 운영하는 등 다양한 수익 사업을 벌였다. 그러나 언제나 돈에 쪼들렸다. 돈을 벌려면 구매력이 있는 사람들을 찾고 그들이 원하는 상품을 창조해야 했다.

16세기는 자본주의의 성장기였다. 자본주의는 영국에서 부유한 젠트리 층에 의해 처음 탄생했다. 나중에 부르주아의 원조가 되는 돈 많은 그들은 권력을 간절하게 원했다. 영국의 왕들은 자연스럽게 관직 매매로 유혹했다. 엘리자베스 1세가 매물로 내놓을 수 있는 관직만 해도 1,200개 정도나 되었다. 그래도 엘리자베스 1세는 후대의 왕들처럼 관직 매매에 직접 개입하지 않았기에 궁정 내에 암시장처럼 형성되었다. 그렇기 때문에 뇌물과 더욱 가까웠다. 관직의 수입이 좋을수록 액수가 높았다. 낮은 자리는 200파운드 정도였고, 수익이 좋은 후견권 법정이나 재무부의 관료 자리는 4,000파운드까지 올랐다.[54]

그래도 헨리 8세나 엘리자베스 1세의 튜더 왕조 시대에는 관직 매매를 조금 자제할 수 있었다. 국왕의 왕령지를 팔아 재정 수요를 조달할 수 있었기 때문이다. 그러나 스튜어트 왕조의 제임스 1세 시대가 되면 왕령지도 별로 남지 않았다. 제임스 1세는 왕령지라는 부동산을 수익성 있게 운영하지 못하고 마구 팔아버린 선왕들의 경솔함을 한탄하며 관직 매매 시장을 성대하게 열었다. 왕이 얻는 수입의 30퍼센트 이상이 관직 매매로 벌어들이는 돈이었다. 궁정의 관리들도 횡령과 뇌물을 일삼았다. 덕분에 제임스 1세는 매관매직으로 악명을 얻었다. 관직만으로 부족했던 제임스 1세는 독점권 판

---

54 케네스 모건, 영국사학회 옮김, 《옥스퍼드 영국사》, 한울아카데미, 2009, 324쪽.

**태양왕 루이 14세(1638~1715, 재위 1643~1715)**
정부를 베르사유 궁으로 옮기고 귀족의 반란을 방지하기 위해 귀족들을 궁으로 불러 감시했다. 귀족들은 왕의 사치와 향락을 함께하며 정치권력에서 멀어졌다.

매도 끌어들였다(독점권 판매에 대한 내용은 216쪽부터 참조).

"짐이 곧 국가다"라고 말한 프랑스의 태양왕 루이 14세도 이야기하지 않을 수 없다. 루이 14세는 유럽 절대왕정의 상징적인 인물이다. 프랑스는 자본주의 발달이 영국보다 조금 늦었고 식민지 경쟁에서도 처졌다. 그러나 프랑스는 원래부터 유럽에서 제일 부유하고 활기찬 국가였다. 관직을 살 수 있는 돈도 풍부했고 구매층도 확실했다. 오늘날 근대 시민층, 상공업자를 두고도 '젠트리'라고 하지 않고 프랑스에서 유래한 말인 '부르주아'라고 하지 않는가.

루이 14세는 관직 매매라는 합법적인 뇌물 영역에서 새로운 경지를 개척했다. 최대의 수익을 준 관직 매매는 조세 징수권 판매였다. 원래 이 방식은 로마인이 개발한 것으로, 정부가 입찰을 거쳐 조세 징수권을 개인에게 판매하는 제도였다. 국가는 조세 징수권을 얻은 관리에게 그가 거두어서 국가에 바칠 조세 액수를 정해주었다. 다만 그것은 어디까지나 국가에 바치는 양이었다. 조세 징수권자가 얼마를 거두느냐 하는 것은 재량에 맡겼다. 이 효율적인(?) 조세 징수권으로 프랑스의 국가재정은 유럽 최고 수준이 되었다. 유럽의 다른 군주들은 프랑스의 재력을 정말로 부러워했다. 그들은 이렇게 말했다.

"프랑스는 유능하고 효율적인 조세 제도를 두고 있다. 덕분에 프랑스 왕은 제일 부유하고 강한 상비군을 거느리고 있다."

신이 난 프랑스 정부는 매년 세금을 올렸다. 조세 징수인들은 그 과정에서 뇌물을 받고 조세액을 조정하는 것은 기본이고 할당량을 한참 상회하는 조세를 거두었다. 조세 징수권이 판매되면서 루이 14세의 수입은 4배로 늘었다. 조세 징수인들이 거둔 세금의 4분의 3을 착복했는데도 말이다. 여기서 끝나지 않았다. 돈에 쪼들리는 왕을 위해 조세 징수인들은 조합을 만들어 착복한 돈을 국왕에게 높은 이자로 빌려주었다.[55] 국왕은 대출과 이자 부담을 줄이고 재정 궁핍을 해결하기 위해 다시 조세액을 올려야 했고, 세액이 오를수록 조세 청부업자가 착복하는 금액은 더욱 커졌다.

그래도 루이 14세는 돈에 쪼들렸다. 욕구가 강렬하면 새로운 아이디어가 떠오르기 마련이다. 그는 전통적인 관직 매매 시장에서 새로운 상품을 개발했다. 돼지 검사관, 가발 감독관, 건축용 석재 검사관, 건초 검사관, 버터의 신선도 검사관, 버터 시식관, 목재 쌓기 감독관, 눈 판매관, 포도주 검사관 등과 같이 이전에는 볼 수 없었던 새롭고 희한한 관직들을 만들었다.[56] 이처럼 창의적으로 관직을 찍어내니 왕은 돈을 벌었지만 백성들은 전에 없던 새로운 괴롭힘을 당하게 되었다. 독일의 역사가 에두아르트 푹스는 그

---

55 페리 앤더슨, 앞의 책, 147쪽.
56 에두아르트 푹스, 앞의 책과 같다.

의 걸작《풍속의 역사》에서 새로운 관직이 만들어낸 새로운 풍속도를 다음과 같이 묘사했다.

　　특히 벌이가 좋은 관직이 매매 대상이 되었다. 관리는 어떤 것이든 거저 주는 것이 없었고 사소한 일에도 수수료를 받으려고 했다. 세상 사람들은 높은 곳에서 임명한 관리가 하는 일에는 응할 수밖에 없었다. 예를 들면 가난한 농민은 자기 집에서 만드는 포도주의 술통마저 관리의 검사를 받아야 했고 그에게 수수료를 지불해야 했다. 수수료를 낼 수 없으면 포도주 통이 썩어가도 지하실에 방치할 수밖에 없었다. 포도주 한 잔 마실 돈도 없는 가난한 사람도 수수료를 내고 검사를 받아야 했다. 관직은 돈만 있다면 얼마든지 한꺼번에 여러 개를 살 수도 있었다. 아무튼 파리에만 900명에 가까운 포도주 검사관이 재직하고 있었다.[57]

　　에두아르트 푹스는 문제의식이 넘치는 지식인이었지만 역사가의 자질을 평가하자면 감정 과잉의 호사가이다. 이 서술도 자본주의가 만든 세상에 대한 분노 때문에 고발에 치중하다 보니 역사적 진실을 보지 못하고 있다. 당시의 기준으로 보면 포도주 검사 같은 것은 분명 황당한 사건이었고, 루이 14세의 탐욕과 관직 매매로 애꿎은 백성들이 엉뚱한 고통을 받는 것처럼 보였을 것이다.

　　그러나 가만히 생각해보면 석재 검사관, 포도주 검사관, 버터 시식관 같은 관직은 현대인의 관점에서는 하나도 이상하지 않다. 태양왕의 이 관원

---

57　에두아르트 푹스, 앞의 책, 115~116쪽.

들은 오늘날의 가스 검사관, 소방 검사관, 자동차 검사관의 조상 격이다. 검사관의 존재를 부정하거나 오직 뇌물을 위한 관직이라고 이해하려면, 작은 화재로 건물 전체가 전소하거나 음식물에서 뭔가가 나오거나 새 자동차에 결함이 있거나 장마철에 축대가 무너지면 정부를 향해 관리 감독을 소홀히 한 책임을 지라고 소리치는 일도 포기할 각오가 되어 있어야 한다.

긍정적인 시각에서 보면 루이 14세가 만든 희한한 관직들은 도시 생활, 식품 안전과 위생, 민중의 먹을거리에 대한 권리를 보호하고 공공질서를 유지하기 위해 국가 기능이 확대되는 과정으로 볼 수 있다. 루이 14세는 국가가 요구하는 새로운 기능을 발견했다. 이런 점에서 그는 선각자적 재능이 있었다고 할 수 있다. 그러나 그 새로운 기능에 자신의 필요를 얹었고, 유혹을 통제하지 못했다.

루이 14세의 판매 사업은 역사의 중요한 교훈을 확인해준다. 개혁과 변화는 새로운 효능과 부정이라는 두 얼굴을 항상 공유한다. 개혁을 하면 부정은 일소되고 정의로운 세상이 올 것이라는 생각은 완전히 착각이다. 구체제의 부정을 치우고 새로운 악과 마주하는 것이다. 그렇다고 차라리 옛날 방식대로 안주하면 국가와 사회는 도태하거나 공멸한다. 반면 기껏 신세계에 동참하면서 새로운 탐욕에 매몰되면 그 세계는 파멸하고 말 것이다. 절대주의의 극성기를 살며 루이 14세의 말기를 경험한 몽테스키외는 1748년에 출간한 《법의 정신》에서 다음과 같이 말했다.

군주정체는 국왕이 점차 여러 단체의 특권이나 도시의 특권을 빼앗을 때 부패한다. 군주정체는 군주가 모든 것을 자신에게 끌어당길 때, 곧 국가를 수

도로, 수도를 자기 궁정으로, 궁정을 자기 한 몸으로 끌어당길 때 멸망한다.[58]

절대주의의 성장을 이끌었던 초기 자본주의와 관료 제도라는 레일은 매관매직과 뇌물의 함량 초과로 불량품이 되었다. 절대주의는 그 위로 불꽃을 일으키며 달렸다. 그러다가 혁명이라는 폭발을 만나서 멈추고 말았다.

## 신은 하늘에 있지만 신의 권력은 지상에 있다

1378년 로마에서 16명의 추기경이 모인 비밀회의가 열렸다. 오늘날까지 계승되고 있는 교황 선출을 위한 회합이었다. 추기경단은 바르톨로메오 프리냐노를 새 교황 우르바누스 6세로 선출했다. 우르바누스 6세는 열정적인 개혁가였다. 그는 교회에 만연한 부패를 신랄하게 공격했다. 취임 2주 후 고위 성직자와 대중이 함께 있는 집회에서 교황은 성직자의 비리를 신랄하게 공격하더니 이제부터 연금을 중단할 것이고 교황청으로 올라오는 모든 일에 대해서 어떤 종류의 사례금이나 선물도 받지 말라고 명령했다. 집회에 참석한 추기경들은 노골적으로 투덜거렸고, 곧 거대한 웅성거림으로 가득 찼다. 우르바누스 6세는 멍청한 중얼거림을 멈추라고 명령했다. 이에 오르시니 추기경이 항의하자 교황은 그에게 "멍청이"라고 소리쳤다. 그러자 리모주(프랑스 중서부의 도시)의 추기경이 교황의 품위 없는 단어 사용과 공개적인 모욕에 항의했고, 교황은 그에게 달려들어 싸우기 시작했다.[59]

그날 우르바누스 6세가 추기경들에게 요구한 내용은 교계 부패의 전

---

58 몽테스키외, 이명성 옮김, 《법의 정신》, 홍신문화사, 2006, 124쪽.
59 월 듀런트, 안인희 옮김, 《문명이야기 5-2》, 민음사, 2011, 12쪽.

부라기보다는 작은 것이었다. 가장 거대한 부패를 이루고 수익이 컸던 사업은 성직 매매였다. 성직 매매의 보편적 수단 중 하나는 성직을 사서 교구로 부임한 사제가 헌금 등 첫해의 수입을 모두 교황에게 바치는 것이었다. 그 수익은 엄청난 것이었다. 주먹다짐까지 하며 개혁을 주장하는 우르바누스 6세도 이 관행만은 손대지 않겠다고 버텼다. 그랬다가는 교황청 자체가 없어질 수도 있었다.

성직 매매의 역사는 10세기로 거슬러 올라간다. 가톨릭이 유럽의 정신세계를 지배하게 되면서 수도원은 순식간에 권력과 부를 지닌 성소가 되었다. 수도원의 헌금과 십일조를 누가 가져가느냐, 사제의 임명권을 누가 행사할 것이냐를 두고 처음에는 영주와 교황이 대립했다. 영주들은 자신의 이복형제들을 주로 수도원장에 임명했고, 형제가 영지와 성지를 나누어 지배하고 세습하는 것이 일반적이었다.

11세기 중반 레오 9세는 독일의 하인리히 3세의 후원을 받아 사제의 결혼을 금지하고 성직 매매를 처벌하는 개혁 입법에 성공했다. 그러나 영주들로부터 빼앗은 수도원이라는 과실(사제 임명권)을 누가 차지하느냐를 두고 교황과 군주가 다시 이전보다 더욱 격렬하게 맞붙었다. 그 과정에서 교황 그레고리우스 7세에게 파문당한 하인리히 4세가 눈 덮인 산에서 교황에게 무릎을 꿇고 애원한 '카노사의 굴욕' 사건이 벌어졌다.

'카노사의 굴욕'은 교황이 세속 군주를 이긴 중세의 대표적인 사건으로 알려져 있지만 이는 오해이다. 하인리히 4세의 굴욕은 그야말로 세속적 정치 상황 때문에 닥친 일시적이고 불운한 곤경이었다. 제후들이 반란을 일으켰는데 교황의 파문이 반란의 명목에 불을 붙였기 때문이다. 하인리히 4세

**무릎을 꿇은 하인리히 4세**
하인리히 4세가 토스카나의 마틸다와 클뤼니수도원장 휴고에게
그레고리우스 7세를 만나게 해달라고 간청하는 장면이다.

는 회개하는 자는 용서받아야 한다는 성경의 교리를 무기로 무릎을 꿇고 빌었고, 신앙인으로서 최후의 양심을 지니고 있었던 그레고리우스 7세는 그를 용서할 수밖에 없었다. 권력을 회복한 하인리히 4세는 바로 교황을 붙잡아 죽을 때까지 아비뇽에 유폐시켰다.

중세를 통틀어서 교황이 군주를 이겨본 적은 거의 없었고 이기는 것도 불가능했다. 하지만 종교의 힘은 강해서 투쟁 끝에 전 유럽의 교회와 교구에 성직자 임명권을 주고 교황을 정점으로 성직 체제를 수직화하는 데에는 성공했다. 교회법은 가톨릭 세계에서 국가를 초월해 통용되는 보편법이었다.

## 교황이 지켜야 할 것들

그러나 교황청의 타락을 부추긴 진정한 원인은 교황령이다. 교황은 성역의 군주이면서 세속의 군주이기도 했다. 오늘날 바티칸 공국은 0.44제곱킬로미터에 인구 900명이 사는 조촐한 곳이지만, 19세기까지 교황령은 로마시를 포함해서 이탈리아의 4분의 1을 지배하는 완벽한 세속 왕국이었다.

교황은 세속의 영토와 교황청의 보물창고, 도시와 거리에 흩어져 있는

**바티칸** 로마 북서부의 가톨릭 교황국이다. 19세기에 이탈리아가 통일국가가 되자 교황청 주변 지역의 주권을 이양받아 작은 독립국으로 현재까지 유지되고 있다.

수많은 예술품과 재산을 지켜야 했다. 로마제국과 르네상스의 유산으로 이탈리아는 전 유럽에서 보물과 보물급 문화재가 가장 많은 곳이었다. 교황을 도와주고 지켜줄 나라도 없었다. 유럽의 군주들은 모두 가톨릭 신자였지만 하나같이 하인리히 4세와 같았다. 프랑스와 독일, 심지어 터키까지도 호시 탐탐 이탈리아와 바티칸을 침공할 기회만 노리고 있었다. 다른 이탈리아의 도시국가들도 전혀 도움이 되지 않았다. 이탈리아는 완전히 분열해서 이탈리아에서 제일 크고 강한 나라가 교황령이었다. 그리고 도시국가들도 한결같이 교황령을 노리는 늑대들에 불과했다. 부와 영토가 확실한 교황령을 정복하면 이탈리아 통일은 따놓은 당상이었다.

교황은 모든 세상의 악과 싸워야 했다. 신앙은 믿음으로 지키지만 성벽은 대포로 사수해야 했다. 교황은 군대가 필요했고 군대를 유지하기 위해서는 돈이 필요했다. 설상가상으로 그때 유럽의 군사 제도는 용병 천하였다. 과거 로마제국을 이룩했던 충성스럽고 명예를 아는 시민군 같은 것은 어디에도 없었다. 용병의 충성심은 최악이었다. 한 달만 월급이 제때 지급되지 않아도 바로 창을 거꾸로 들었다. 어디까지나 고용주의 입장이겠지만 월급도 너무 비쌌다. 고용비가 너무 많이 들어서 통일 전쟁은 꿈도 꿀 수 없었고, 교황령의 방어와 치안에 필요한 충분한 병력조차 고용하기 벅찼다. 교황청에는 엄청난 골동품과 값비싼 예술품이 그득했다. 대우가 조금만 만족스럽지 않아도 교황청의 용병대는 바로 폭도로 돌변할 것이었다.

15~16세기의 이탈리아는 교황청의 타락과 성직 매매가 극악에 달해 있었다. 인노첸시오 8세의 사례를 보자. 그의 이름은 '정직한 교황'이라는 뜻이지만 그도 성직 매매에 맛을 들였다. 교황을 선출할 때 선거인단인 추기경들에게 뇌물을 주고 교황으로 선출된 뒤 사례를 예약해둔 일은 놀라운 정도도 아니다. 그것은 이전부터 있던 관례였다. 교황이 되면 관직을 팔아 투자금을 회수했다. 이탈리아는 작아도 성직 매매는 전 유럽을 대상으로 하는 시장이어서 수요자가 넘쳐났다. 인노첸시오 8세는 새로운 관직을 만들어 관직을 증설했다. 2명이면 충분한 교황청 서기직을 26명까지 늘리고 6만 2,400두카트를 벌었다. 봉납 서기는 52명까지 늘렸다. 그들이 하는 일이란 교황이 내린 명령서에 납땜을 붙이는 일이었다.[60]

성직 매매가 만연했지만 양심은 남아 있었다. 가톨릭의 명예를 위해 한마디 덧붙이자면 아무리 타락한 시대에도 3분의 1 정도는 정직한 추기경들이었다. 반면 최소 3분의 1 이상, 때에 따라서는 절반 이상이 사제복만

---

60 윌 듀런트, 앞의 책, 67쪽.

인노첸시오 8세(1432~1492, 재위 1484~1492)
제213대 교황이다. 주변 도시와 전쟁을 치르면서
교황청의 재정을 충당하기 위해 성직을 만들어 팔았다.

걸친 완벽한 무자격자들이었다. 그들도 최후의 양심은 있었다. 그들은 선거철이 되면 교황에게 선출해주는 대가로 조건을 걸었다. 추기경을 증원하지 말 것, 친인척을 등용하지 말 것. 이 약속을 지키는 교황이 없자 좀 더 현실적인 조건을 내걸었다. 추기경과 친인척 등용의 인원 수에 제한을 둔 것이다. 하지만 그것도 효과가 없었다.

신의 사도와 세속의 군주, 양심과 현실 사이에서 방황한 것은 교황도 마찬가지였다. 아무리 타락한 교황일지라도 성직 매매와 뇌물은 그리스도가 원하지 않는 짓이며 자신이 죄인이라는 사실을 자각하고 있었다. 주기적으로 그 사실을 떠올리며 고통을 받았다. 그러나 언제나 현실이 발목을 잡았다.

알렉산데르 6세는 역대 교황 중에서 최고의 수완가였으며 마키아벨리가 《군주론》의 모델로 삼았다는 체사레 보르자(교황의 사생아로 태어나 이탈리아 통일을 꿈꾸다가 31세에 사망했다)의 아버지였다. 체사레 보르자는 약간 과대평가된 면이 있는데, 그가 이룬 업적과 절반은 알렉산데르 6세의 후원과 수단이 있었기에 가능했다. 아버지가 사망하자마자 체사레는 우왕좌왕하며 연속적인 판단 실수를 저질렀다. 젊고 착한 아내의 후원 덕분에 재기의 기회가 있었음에도 성급한 전투를 벌이다가 전사하고 말았다.

**알렉산데르 6세(1431~1503, 재위 1492~1503)**
재임 초기에는 법 집행에 엄격하고 질서 있게 통치했으나 족벌주의, 호색 등의 문제로 혹평을 받기도 했다. 외교관, 정치가, 행정관으로서의 능력만큼은 후대 교황들에게 큰 인정을 받았다.

　마키아벨리가 정말로 모델로 삼아야 했던 사람은 알렉산데르 6세였다. 이 냉철하고 타락한 교황도 자신의 큰아들 조반니가 자객에게 살해당하자 (범인이 체사레였다는 설도 있다) 하나님이 자신의 죄악을 징벌했다는 자책에 몸을 떨었다. 진지하게 반성한 그는 즉시 비서들을 불러 성직 매매와 모든 부정에 대한 개혁안을 만들라고 지시했다. 그러나 비서들이 개혁안을 작성해서 바치는 동안 눈물과 슬픔의 안개가 걷혔다. 조금 이성을 차리자 그의 눈앞에 놓인 현실이 드러났다. 프랑스의 침공 위협은 어느 때보다 노골적이었고, 유럽의 내로라하는 용병대들이 이탈리아를 침공해 약탈하고 있었다. 체사레가 이끄는 교황청의 군대는 당시 전쟁 중이어서 당장 이번 달 봉급이 필요했다. 정신을 차린 알렉산데르 6세는 즉시 예전의 교황으로 돌아왔다.[61]

---

61  윌 듀런트, 앞의 책, 90쪽.

## 중세 가톨릭의 타락

이 글은 결코 가톨릭이 유일하게, 혹은 가장 부패한 종교 집단이었다고 말하려는 게 아니다. 앞에서도 밝혔지만 중세의 가톨릭은 14~15세기 교황청과 이탈리아의 특별한 정치적 상황을 충분히 감안해야 한다. 또 하나 중요한 요인이 있다. 종교의 세계에는 어떤 조직보다 비밀스러운 면이 있다. 하지만 가톨릭에 대한 신랄한 비난은 종교개혁과 여러 가지 역사적 사정 덕분에 가톨릭의 비리가 다른 어떤 종교보다도 잘 기록되어 공정하고 온전하게 역사가의 책상까지 배달될 수 있어 가능했다.

세상의 모든 종교에는 '성'과 '속'이라는 빛과 어둠이 있다. 계층 간의 권력도 비단 가톨릭 교회에만 존재한 것은 아니다. 개신교는 가톨릭의 부패를 비난한 종교개혁으로 탄생했지만 개신교단에서도 첫해의 헌금을 담보로 한 성직 매매가 근래까지 횡행했다. 세상의 모든 종교에는 비슷한 유형의 타락상이 존재한다. 어떤 종교든 인간을 구성원으로 한다는 진리는 변함이 없기 때문이다.

종교의 타락이 교단 조직이라는 세속적 형태 때문에 발생한다고 지적하는 사람도 있다. 교단 조직을 없애고 성직과 위계를 없애면 종교의 타락이 없어질 거라고 믿는 사람과 조직도 있다. 이것은 총을 쏠 손을 모두 자르면 전쟁이 없어질 것이라고 말하는 것과 같다. 교단이 없어지고 종교 조직이 개별 단위나 개인 단위로 미세하게 분열되면 재정과 건전한 의미의 권력, 교육, 문화 활동, 의료 사업 등은 자금과 인력, 관리 능력의 부재로 불가능해질 것이다. 성직자의 교육과 관리 체제도 없어져 더 많은 사이비 종교인과 위험한 극단주의자가 양산될 수도 있다.

종교에서는 흔히 세상을 선과 악이 대립하는 전쟁으로 비유한다. 뇌물도 그 중에 포함된다. 하지만 영원한 변증법적 전쟁이지, 어느 하나를 없앤다고 근절되는 것은 아니다.

# 대중을 위한
# 뇌물

### 그리스 희곡-쾌락을 선물하다

기원전 417년 어느 날 동이 틀 무렵, 그리스 델로스 섬의 주민들은 수평선 위에 걸린 붉은 해를 향해 바다 위를 걸어 들어가는 화려한 합창단을 보고 탄성을 질렀다. 델로스 섬에는 태양의 신 아폴론의 신전이 있었다. 합창단은 아폴로 신전에 봉헌을 하러 오는 아테네 시민 행렬의 일부였다. 행렬의 연출자이자 후원자였던 고대 아테네의 정치가 니키아스는 델로스 섬 인근에 있는 레네이아 섬에서 델로스 섬까지 배로 가교를 놓고 막대한 비용을 들여 배와 합창단을 화려하게 장식했다. 그래서 마치 그들이 물 위를 걷는 것처럼 보였던 것이다.

델로스에 도착한 니키아스는 아폴론 신전에 청동으로 만든 야자나무를 봉헌하고 1만 드라크마(유로가 도입되기 이전의 그리스 화폐 단위)어치의 땅을 바쳤다. 그리고 그 땅에서 나는 수입으로 신들의 축제를 개최하게 했다. 니키아스가 연출한 명장면 중의 하나였다.[62]

---

62 도널드 케이건, 허승일 · 박재욱 옮김, 《펠로폰네소스 전쟁사》, 까치, 2006, 299쪽.

그리스 신화의 요정 아레투사의 상이 새겨진
드라크마 은화(기원전 410년경)

알렉산드로스 대왕 사후 그를 제우스 신으로
신격화한 첫 주화인 드라크마 은화(기원전 297~281)

《영웅전》의 작가 플루타르코스의 증언에 따르면 니키아스는 아테네의 상층 시민으로 최대의 거부였다. 당시 아테네에서 민중에 대한 선의와 호의를 타고났다는 평판을 듣는 세 사람의 부유한 시민 중 한 사람이었다. 그는 페리클레스처럼 대중을 사로잡을 줄 아는 능력이나 탁월한 정치적 감각과 언변, 지도력과 용기는 갖추지 못한 인물이었다. 그런 그가 아테네의 운명이 걸린 시칠리아 원정에 사령관으로 선출될 수 있었던 이유는 대중을 사로잡을 수 있는 능력은 없어도 도구는 있었기 때문이다. 바로 재산이었다.

니키아스는 합창 공연, 체육 경기, 선심 쓰기 등을 통해 민중을 사로잡으려고 했다. 평소에도 자선을 잘 베풀었고 같은 일을 해도 다른 사람보다 보수를 후하게 쳐주었다. 하지만 그의 명성을 결정적으로 드높인 것은 연극이었다. 그가 기획한 연극과 행사의 화려함이나 비용은 유례가 없었던 것으로 동시대의 다른 행사에서 찾아볼 수 없는 수준이었다.

고대 민주주의와 투표 제도를 창시한 아테네인은 대중의 마음을 사로잡으려면 단순히 인기와 관심을 얻는 것이 아니라 그 인기가 투표로 연결되게 하기 위한 수단이 필요하고, 그러기 위해서는 재산 기부와 같은 부의 환원 이상의 것이 필요하다는 사실을 일찌감치 파악했다. 탐욕스러운 관료나 평의원회에 공동체와 시민을 위해 써달라고 돈을 내놓는 것은 깊은 연못에 동전을 던지는 것과 같았다. 내놓은 돈이 얼마나 공정하고 효과적으로 쓰일지 어찌 알겠는가. 돈이 공정하게 사용되어 도시에 멋진 시설이 들어서고 기부자에 대한 감사의 비나 동상이 세워진다면 기부자는 광장에서 사람들이 자신의 동상을 가리키며 칭찬하는 말을 들을 수 있을지는 모른다. 그러나 기념물은 동시에 그가 대중과는 다른 거부라는 사실을 상기시키고 소외감과 거부감을 불러일으킨다. 대중의 머릿속에는 금방 이런 생각이 떠오른다.

'저것 봐. 저 돈을 어떻게 벌었겠어?'

대중은 그의 재산과 축재 능력을 부러워했지만 그 재산에 의지하려고 하지 않았다. 대중이 그를 자신의 운명과 미래를 맡길 지도자로 선출하고 의지하게 하려면 단순한 부가 아닌 감동의 공유와 환원이 필요했다.

그리스인은 지혜를 발견하자 방법도 찾아냈다. 바로 연극이었다. 아리스토텔레스는 희곡이 디오니소스 축제 기간에 행해지던 '남근 행렬'이라는 길거리 카니발과 같은 행사에서 기원했다고 말했다. 카니발은 원시시대가 남긴 소박하면서도 난잡한 행사였다. 고대인은 생산과 생식을 같은 원리로 이해했다. 식물의 생산은 대지와의 성교에 의해 탄생한다는 신앙이 남근 숭배의 기원이고, 동남아시아에는 링가(linga)와 요니(yoni)라는 이름으로 지금까지 뚜렷하게 남아 있다. 디오니소스 축제 때 그리스인은 다른 식물을 주관하는 신들을 찬양하면서 신과 대지의 결합을 주선하는 의식을 치렀다. 생산은 신에게 맡기고 자신들은 번식을 위한 결합을 했다.

**디오니소스 축제** 술의 신 디오니소스를 숭배하던 신도들이 극단적인 광란의 의식으로 시작했다가 공식 축제로 지정되면서 합창, 무용, 연극, 가장 행렬 등으로 순화, 발전되었다. 고대 그리스에서 매년 정기적으로 열렸다.

기원전 6세기경에 디오니소스 축제의 전통, 서로 제각기 발전해오던 서사시, 문학, 합창, 음악과 춤, 풍자극을 결합한 완전히 새로운 양식의 종합 예술이 탄생했다. 바로 그리스 희곡이다. 여기서 중요한 것은 희곡의 탄생 시점이다.

## 대중은 논리로 설득하는 게 아니다

그리스 희곡을 탄생시킨 3대 작가 중 첫 번째 인물인 아이스킬로스는 마라톤 전투(기원전 490년 2차 페르시아 전쟁 때 그리스가 페르시아를 무찌른 전투)에 참전한 용사였다. 그는 용감하게 싸웠지만 형제였던 키네레이노스는 전사했다. 아테네 정부는 이 형제의 공적을 기리는 그림까지 제작했다. 아이스킬로스는 2차 페르시아 전쟁 때 3대 해전이라고 할 수 있는 아르테미시온 해전, 살라미스 해전, 플라타이아 해전에 모두 참전했다.

**고대 그리스 3대 비극 시인**  좌측부터 아이스킬로스, 에우리피데스, 소포클레스이다.

페르시아 전쟁의 승리는 아테네를 소박한 도시국가에서 제국을 능가하는, 혹은 능가할 잠재력을 지닌 국가로 바꾸어놓았다. 아테네는 그리스의 맹주가 되었고 주체할 수 없는 부가 쏟아져 들어왔다. 아테네의 야심가들에게 디오니소스 축제 기간에 벌어지는 연극은 부유해진 아테네의 능력과 강한 자신감, 감동을 설파하고 공유할 수 있는 최고의 기회였다. 그리스 비극에 그런 내용이 어디 있느냐고 반문할지도 모른다. 그러나 미래에 대한 희망설은 더 어이가 없어 보인다. 그리스 3대 작가인 소포클레스, 아이스킬로스, 에우리피데스의 희곡은 모두 비극이 아닌가.

그러나 대중을 설득하는 최고의 방법은 논리를 전하는 것이 아니었다. 새로운 연극에는 화려한 무대와 퍼포먼스, 의상과 무대장치로 막대한 비용이 들었다. 가장 중요한 장치이면서 비용도 제일 많이 드는 것은 합창단이었다. 도대체 한 도시의 번영을 가시적으로 증명할 때, 이전과 비교도 안 되게 화려하고 웅장하고 강렬한 사운드를 내뿜는 블록버스터급 공연은 얼마나 효과적일까? 할리우드가 미국의 부를 상징하는 이유이듯 말이다.

디오니소스 축제의 무대는 생존을 위한 생산에서 번영을 위한 상징과 희망의 함성을 토해내는 자리로 바뀌었다. 스토리는 비극이었지만 장엄한 비극이었다. 불가능과 신에 도전하고 무엇보다 운명의 거대한 심연에 도전하는 영웅들의 이야기가 지금껏 보지 못한 화려한 무대에서 장엄하게 울려퍼졌다. 적과 싸우다 죽은 장병들의 장례식에서 페리클레스가 행한 추도 연설은 그리스 비극의 분위기와 정확히 맞아떨어졌다.

"우리의 정치체제는 다른 나라들의 제도에 비할 바가 아닙니다. 우리의 제도는 이웃 나라들을 모방한 것이 아니며 오히려 그들에게 귀감이 되고 있습니다. 지위가 아무리 보잘것없다 해도 국가에 유익한 봉사를 할 수 있는 사람이라면 가난은 장애가 되지 않습니다. 우리는 공공생활에서 어느 누구도 배제하지 않으며 개인들 사이의 교제에서도 서로를 의심하지 않습니다. 우리 아테네야말로 모든 헬라인들의 학교이며, 아테네 시민은 자신의 인식 안에 더없는 품위와 재능으로 어떠한 행동이든 능히 해낼 수 있는 능력을 갖추고 있다고 믿습니다. 하루도 빠짐없이 아테네인의 위대한 모습에서 눈을 떼지 마십시오. 그리하면 여러분의 가슴은 아테네에 대한 애정으로 차고 넘칠 것입니다."

페리클레스는 멋진 연설을 이렇게 마무리했다.

"설령 과업이 실패로 끝났다고 해도 자신의 미덕으로 어떻게든 조국에 이바지하고자 했고 목숨까지도 바쳤던 사람들에 의해 우리의 제국이 이루어졌다는 사실을 기억하십시오. 사실 온 세상은 이러한 영웅들의 묘지입니다."

페리클레스 시대, 아테네 황금기의 분위기를 상징하는 데 이보다 더 적절한 말이 있었을까?

**페리클레스(기원전 495~429)**
민주 정치의 전성기를 이끈 고대 아테네의 정치가로 아테네의 황금시대를 대변하는 인물이다.

## 연극의 힘이 능력자를 뽑다

비극이든 희극이든 연극의 가치를 깨달은 유력자들은 즉시 희곡 작가의 후원자가 되어 거금을 투자하기 시작했다. 투자만 하는 정도가 아니라 연극 제작에도 참여하고 디오니소스 축제의 상연작으로 선택받기 위해 로비를 아끼지 않았다. 연극은 평소에는 상연이 금지되었고 오직 디오니소스 축제 기간에만 상연이 허락되었다. 축제 상연작으로 선정되려면 최고 행정 책임자인 아르콘에게 희곡을 제출해서 경쟁에서 승리해야 했다. 아테네는 10개의 데모스(구와 같은 것으로 원래는 10개 부족을 의미한다)로 구성되어 있었는데, 각 데모스에서 제일 부유한 사람이 합창단의 지휘자이자 후원자가 되었다.

상연작들은 서로 경연을 벌여 우승자를 뽑았다. 그래야 작가와 후원자의 명성이 더욱 올라갈 수 있었다. 최다 우승자였던 소포클레스는 희곡 작가로서 인기를 얻어 펠로폰네소스 전쟁에서 장군으로 선출되기도 했다. 니키아스는 그가 후원한 연극이 모두 우승하는 완벽한 기록을 세웠다. 부자라는 이미지로만 남지 않기 위해 그는 직접 무대에 섰고, 나이가 들어 더 이상 소리를 낼 수 없게 될 때까지 합창단에서 노래를 불렀다.

이런 노력으로 니키아스는 단순히 돈만 많은 자선가가 아니라 경건하고 점잖은 신앙인이면서 아테네 시민에게 필요한 것과 즐거움을 줄 수 있는 능력자로 각인될 수 있었다. 그의 정적으로 민주파를 이끌었던 클레온은 진짜 평민 출신 지도자였지만 시민들이 클레온을 바라보는 이미지는 탐욕스런 부자였다. 니키아스는 아테네 시민에게 베푼 연극과 퍼포먼스로 클레온을 꺾고 평민에게도 사랑받는 지도자가 되었다.

니키아스는 아테네 역사에서 공공의 뇌물 정책을 완벽하게 성공시킨 사람이었다. 동시에 뇌물로 얻은 권력의 종말과 부작용에 대한 완벽한 사례이기도 하다. 기원전 415년 알키비아데스가 시칠리아 원정 계획을 제안했을 때 니키아스는 원정 반대론의 대표자였다. 니키아스의 합리적이면서 차분한 반대론은 아테네 시민들에게 불안감을 불어넣는 데에는 성공했지만, 아테네의 정신과 환상에 깊이 빠져 있던 시민들을 깨우지는 못했다. 시민들은 시칠리아 원정을 지지했다. 니키아스에게 존경심을 품은 시민들은 그의 반대론을 경청했고, 그가 일으킨 불안감을 해소하기 위해 그를 두 번째 지휘관으로 선출했다. 평소에 니키아스가 상당한 인망을 얻고 있던 데다가 아테네 시민들은 원정의 위험성을 가장 잘 아는 사람이 문제를 해결하는 능력도 제일 뛰어날 것이라고 생각했던 것 같다.

니키아스가 연출한 연극들은 단순히 연출자적 능력만으로 구사할 수 있는 것이 아니었다. 엄청난 비용과 인력, 의상, 비품의 조달 등을 감안하면 경영자적 능력도 필요했다. 니키아스는 그런 쪽으로 재능이 있었다. 장거리 원정과 상륙 작전에서 가장 어려운 일은 전쟁에 필요한 모든 물자를 정확히 예측하고 효율적으로 싣고 가는 것이었다. 예를 들어 갑옷을 묶고 수선

니키아스(기원전 470~413)
페리클레스가 죽은 후 클레온, 알키비아데스
와 함께 아테네에서 가장 큰 영향력을 가졌다.

할 가죽끈을 빠트리거나 부족하게 가져갔을 경우, 갑옷을 사용할 수 없게 되어 전술 능력을 통째로 상실할 수 있었다.

원정군 사령관으로 알키비아데스, 니키아스, 그리고 라마코스가 선출되었는데, 셋 중에서 그 방면에 가장 재능이 뛰어난 사람은 분명 니키아스였다. 그는 축제 후원을 통해 자신의 능력을 확실히 증명했다. 그러나 군사 지휘관의 능력은 축제와는 무관했다. 아테네 시민들은 그가 우유부단하고, 지나치게 조심하고, 비난을 받거나 갑자기 위기상황이 닥치면 판단력을 잃고 혼란에 빠지는 인물이라는 사실을 전혀 알지 못했다.

이런 무지는 뇌물로 왜곡됐다기보다는 뇌물에 가려졌다고 보는 게 맞을 것이다. 결국 뇌물로 가려진 무지 때문에 니키아스 자신과 아테네 시민 모두에게 재앙이 닥쳤다. 처음 원정군 지휘부는 그리 나쁜 구성은 아니었다. 3명의 장군은 각기 개성과 장점이 분명했고, 각자가 자신의 장기를 살린다면 환상적인 팀이 될 수도 있었다. 그러나 총사령관 격인 알키비아데스는 개전 초에 모함에 의해 스파르타로 망명했고, 용맹한 실전형 장군이었던 라마코스는 전사했다. 졸지에 니키아스가 단독으로 전쟁을 지휘하게 되었다. 상황에 따라서 그는 간간이 좋은 결과를 내기도 했지만 전쟁에는 어울리지 않는 성품 탓에 아테네는 승리의 기회를 여러 번 놓쳤다.

대중의 기호를 만족시키기란 결코 쉽지 않다. 대중은 변덕스럽고 무엇보다 기호가 다양하다. 다양한 기호를 지닌 그들로부터 환호를 이끌어내려면 하나의 연출 속에 여러 가지 요소를 섬세하고 교묘하게 배치해야 한다. 그것이 연극 제작자로서 축제에서 전승한 니키아스의 장점이었다. 하지만 너무 많은 것을 배려하는 성품은 전투 사령관으로서는 아주 부적합한 재능이다. 아테네 군대는 시라쿠사를 포위했다. 이 도시의 함락에 원정의 성패가 달려 있었다. 아테네는 시라쿠사의 항복을 받아낼 기회가 여러 번 있었지만 그때마다 니키아스가 너무 고민을 하다가 기회를 놓쳤다.

장기 포위 상태로 아테네 군대는 세력이 약화되었고 결국 반격을 받아 전멸했다. 니키아스는 시칠리아 측에 잡혀 처형당했다. 시칠리아 원정 실패로 커다란 타격을 입은 아테네는 다시는 이전의 수준으로 재기하지 못했고, 펠로폰네소스 전쟁에서 승리할 수 있는 기회를 영원히 놓치고 말았다.

## 로마의 잿더미 위에 지은 네로 황제의 황금 궁전

로마사에서 페르시아 전쟁 이후의 그리스에 비견할 수 있는 시대라면 팍스 로마나(Pax Romana, 로마의 평화)가 시작되던 아우구스트 시대일 것이다. 자신들이 이루어놓은 것에 대한 감격, 앞으로 벌어질 무한한 도전과 영광의 시대에 대한 벅찬 기대, 세계의 끝까지 거칠 것 없이 달려갈 수 있을 듯한 자신감. 로마 군단이 가져온 승리의 대가와 영광은 페르시아 전쟁기의 아테네와는 비교도 할 수 없을 정도로 막대하고 풍족했다.

로마는 흥청망청했다. 거리에서 달마다 축제가 벌어지고, 콜로세움에서는 1년에 100일은 공연이 벌어졌다. 도시의 향락 산업도 나날이 발전했다. 로마의 지배층은 그들이 이룬 성과를 로마 시민들에게 '빵과 서커스'로

풀었다. 시민들에게 무료 급식이 제공되었고 원형극장에서 3일에 한 번 꼴로 공연이 열렸다. 로마에 산재한 신전에서도 돌아가며 매일같이 축제와 행사가 벌어졌다.

'빵과 서커스'라는 표현은 대중을 가지고 노는 기만적인 정책이라는 뉘앙스를 풍긴다. 실제로 2세기 초 로마의 풍자 작가 유베날리스가 콜로세움에서 벌어지는 광경을 냉소적으로 표현한 것이다. 현대의 풍자적 지식인들은 이와 비슷한 의미로 3S(Sports, Screen, Sex)라는 용어를 사용한다. 풍자는 논쟁에서는 유리하지만 사고에는 해롭다. 예리한 풍자일수록 총체적 진실과는 거리가 있다. 빵과 서커스 정책의 중심인 콜로세움에서 그 의미를 살펴보자.

콜로세움의 의미를 이해하려면 먼저 네로 황제부터 이야기해야 한다. 네로는 오랫동안 무능하고 사악한 황제의 전형이었다. 황제이면서 되고 싶은 것도 참 많았다. 그는 시인, 가수, 극단 배우를 동경했다. 영화 〈벤허〉에 나오는 4륜 경주용 전차를 몰아보는 것도 필생의 꿈이었다. 가수가 되기 위해 귀족 청년으로 편성한 박수 부대까지 조직해서 열심히 연습했다. 박수 부대의 이름은 어이없게도 아우구스트단이었다(아우구스트는 로마의 초대 황제인 동시에 '존엄자'라는 뜻이 있다). 시인이 되고 싶은 소망을 채우기 위해 로마에 불을 지르고 불타는 로마를 보며 리라를 들고 노래를 불렀다.

최근에는 네로를 변호하는 주장도 많다. 로마의 화재는 네로의 방화가 아니며, 불타는 로마를 보며 시를 쓰려고 한 그의 행동은 로마의 참상을 애도하는 황제의 모습을 보여주기 위한 것이었다고 한다. 다만 대형 사고 현장에 간 정치인이 연예인들과 웃으면서 사진을 찍는 것과 같은 역효과를 낳

지하 구조까지 드러낸 콜로세움의 모습

은 것뿐이라는 것이다. 이외에도 그는 순진한 것이 문제였지 사악한 황제는 아니었고, 민중의 마음을 사로잡는 법안을 만들지도 못했지만 두드러진 악법을 내놓은 적도 없다고 한다.

로마의 역사가 타키투스는 네로에 대해 아주 비판적이지만 네로의 방화설을 하나의 혐의로만 취급한다. 황제가 화제 현장을 보며 노래를 부른 것도 소문으로 돌았을 뿐이라고만 적었다. 그러면 네로의 문제는 무엇일까? 타키투스의 진단에 따르면 네로는 로마를 자신의 놀이터로 만들었다.

네로는 로마를 세계에서 가장 즐거운 도시로 만들기 위해 여러 가지로 노력했다. 문제는 즐거움의 향유가 자신에게 집중되었다는 것이다. 공공장소에서 향연을 베풀고 수도 전체를 자신의 집처럼 사용했다. 로마의 장군 마르쿠스 아그리파의 연못에서 벌어진 향연이 특히 유명했다. 연못에 목재로 인공 섬을 만들어 띄우고 그 위에서 향연을 베풀었다. 섬을 끄는 배는 황

금과 상아로 장식했다. 전 세계에서 귀한 새와 짐승을 모으고 북해에서 바다 괴물을 가져오게 했다. 바다 괴물이란 아마도 물개나 해마류가 아니었나 싶다. 이 동물들이 물에서 헤엄치는 광경은 지금도 모든 동물원에서 가장 인기가 있다. 연못 제방에는 사창가를 짓고 명문가의 여성으로 가득 채웠다.

대화재 이후 네로는 야심찬 재건 계획을 발표했다. 계획도시로서 도로의 폭과 건물의 높이를 제한했으며 건물에 목재만 사용하지 말고 내화성이 좋고 아름다운 돌을 혼합하게 했다. 공동 벽의 사용을 금지하고 개별 주택은 모두 고유의 벽으로 둘러싸게 했다. 불이 옮겨붙는 것을 방지하기 위해 공동 주택에는 안뜰에 정원을 반드시 만들도록 했다. 도로면으로는 방화용 주랑(朱廊)을 건설했다. 주랑의 건설비는 황제가 다 부담하겠다고 했다. 새로운 주택 건설을 위해 장려금을 지급하고 건축상 필요하다고 인정되면 주변의 공유지까지도 공터를 주인에게 양도해주었다.

이런 훌륭한 대책에도 불구하고 로마 시민은 또 한 번 분노했다. 로마에서 가장 아름다운 지역에 들어선 건물은 네로의 황금 궁전이었다. 방이 300개나 되는 이 궁전은 방마다 황금과 휘황찬란한 인테리어로 장식되었다. 타키투스는 이미 사치가 넘쳐나는 로마에서 황금과 보석으로 장식한 방은 진부할 정도여서 놀랄 일도 아니라고 탄식했다. 오히려 사람들을 놀라게 한 것은 대저택 안을 차지한 잔디나 연못, 여기저기에 산재하는 숲, 넓은 공터, 조망이었다.

타키투스는 자신의 생각을 노골적으로 드러내지 않았지만 네로의 잘못에 대한 그의 진단은 분명했다. 네로는 도시의 괴멸을 이용해 황금의 대저택을 건조했다. 네로가 차라리 황금과 보석의 인테리어에 치중했다면 황제의 황금 응접실 소문은 요란하게 퍼졌어도 내부를 볼 수 있는 보통 시민들은 거의 없었을 것이다. 그러나 건축사적으로는 꽤 의미 있을 법한 황금 저택의 정원은 모든 사람에게 공개되었다.

새롭고 처음 보는 것은 더 신기해 보이기 마련이다. 그리고 로마가 잿더미가 되고 식량 공급과 보조금이 끊어질 듯하고 재정이 파탄 상태로 가는 판에 네로의 정원이 등장하게 되면서 로마의 부를 황제가 남용한다는 불만이 생겨났고 황제가 일부러 불을 질렀다는 음모론까지 확대되었다.

## 빵과 서커스 정책, 콜로세움

68년에 네로가 자살로 생을 마치고 69년에 로마 황제가 된 베스파시아누스 플라비우스는 로마 역사상 최초의 평민 출신 황제였다. 그는 평민 출신답게 평민이 필요로 하는 것이 무엇인지를 정확히 알았다. 베스파시아누스 황제는 네로의 황금 궁전 터의 넓은 곳에 로마인을 위한 공용 극장을 지으라는 명령을 내렸다. 건축가들은 기겁했다. 그 넓은 곳은 호수가 있는 저지대였다. 하지만 황제의 의지는 단호했다. 결국 건축가들은 호수 위에 아치로 벽을 받치고 외벽을 대리석 조각으로 장식한 거대한 원형극장을 세웠다. 이것이 플라비우스 원형극장, 곧 지금의 콜로세움이다.

지금 우리가 보는 콜로세움은 외벽의 조각과 관람 시설이 뜯겨 나간 뼈대만 남은 건물이다. 당시에는 황제의 궁전에 들어온 듯한 착각을 일으킬 정도로 웅장하고 고급스런 시설이었다. 전임 황제의 은밀한 별장이 민중의 오락을 위한 장소로 바뀐 것이다.[63] 콜로세움 개장 기념 공연에서는 3,000명의 검투사가 투입되는 대혈투가 벌어졌다. 이 정도면 고대 그리스 시대에 있었던 웬만한 도시국가의 혈전과 맞먹는 수준이었다.

콜로세움은 극장으로서도 첨단 시설을 갖추었다. 지하에 설치한 수많은 방과 기계장치를 이용해 땅 밑에서 이동식 무대와 동물들이 올라왔다. 심지어 기반이 호수였다는 특성을 이용해 해전까지 재현했다. 콜로세움의 연출자들은 쉽게 싫증을 내는 관객의 기호를 맞추기 위해 온갖 공연과 검투극, 검투사와 동물의 싸움과 관련한 아이디어를 짜냈다.

여기서 벌어진 굉장한 공연들은 영화 같은 상상력이 고대에도 이미 존재했음을 보여준다. 사람과 동물의 대결뿐만 아니라 사자, 코뿔소, 황소, 코끼리, 표범, 곰 등 진귀한 야수들 간의 대결이 펼쳐졌다. 여자 검투사와 표범의 대결 같은 자극적인 흥행거리도 있었다. 거대 동물의 싸움만 있었던 것은 아니다. 닭 싸움도 꽤 인기 있는 종목이었고 병아리에게 강철 발톱을 끼워 싸움을 붙이기도 했다.[64] 콜로세움과 원형극장에서 소비되는 동물이 얼마나 많았던지 로마의 속주 총독들은 기괴한 동물과 야수를 잡아 보내라는 콜로세움의 독촉에 진절머리가 날 정도였다.

검투사들의 대결은 다양했지만 막무가내 식 싸움은 금방 싫증이 났기

63 롤프 H. 요한젠, 안인희 옮김, 《서양건축》, 해냄출판사, 2004, 26쪽.
64 레이 로렌스, 최기철 옮김, 《로마제국 쾌락의 역사》, 미래의창, 2011, 304쪽.

때문에 로마의 역사적인 전투와 그리스 신화까지 재현하게 되었다. 이카로스의 신화를 재현하기 위해 죄수에게 날개를 달아 공중에서 추락시켜 죽이는 장면도 있었다. 유대의 왕족으로 로마에 귀순한 역사가 요세푸스는 콜로세움에서 믿을 수 없는 거대한 공연을 목격했는데 그의 조국 이스라엘이 로마 군에 멸망당하는 장면이었다. 베스파시아누스 황제가 직접 제우스 복장을 하고 등장했고, 그 뒤를 원로원 의원과 이스라엘에서 약탈한 전리품과 포로들이 따라 들어왔다. 이어 로마의 연출가들은 이스라엘에서 벌어진 로마의 승리를 재현했다.

관중 앞에서 이스라엘 군대와 로마 군대의 전투, 유대인의 대량 학살, 역사적 요새 도시였던 예루살렘의 공성전(攻城戰), 도망치는 유대인의 모습이 펼쳐졌다. 요세푸스가 쓴 기록에 의하면 성이 함락당할 때 유대인들은 금화를 삼켜서 몸에 넣고 달아났다. 우연히 그 사실을 알게 된 로마 병사들이 유대인을 잡는 족족 배를 갈랐다. 그 장면까지 연출되었는지는 모르겠지만 이날 공연에는 도시들이 피바다가 되고 성전이 불타고 집이 무너져 내리며 강줄기에 물 대신 불길이 흐르는 장면이 파노라마처럼 펼쳐졌다.[65] 방법은 알 수 없지만 현재 할리우드 영화에서도 컴퓨터그래픽 기술로나 가능할 것 같은 장면들이 콜로세움에서 생생하게 재현된 것이다.

관중들은 환호했다. 황제는 분명 자신과 군중과 로마가 진심으로 하나가 되는 순간을 느꼈을 것이다. 이런 공연이 콜로세움에서만 상연된 것은 아니다. 전국의 원형극장에서 수많은 공연이 펼쳐졌지만 콜로세움 공연은 특별했다. 시민들에게 이것이 로마이고 로마의 힘이라는 것을 느끼게 해주

---

65 레이 로렌스, 앞의 책, 308쪽.

었기 때문이다.

멋진 경기나 연극을 보여주려면 자본이 필요했다. 벤치마킹에 빨랐던 로마인들은 즉시 그리스의 역사를 기억해냈다. 귀족과 부자는 흥행에 필요한 자금을 댔다. 후원자의 눈에는 관중의 함성과 박수, 후원자에 대한 경의의 표시가 자신에 대한 지지로 보였다.

검투사의 대결과 공연은 콜로세움 이전부터 있었다. 하지만 이제 새로이 콜로세움에서 벌어지는 공연과 행사는 그 규모와 인력, 시설과 비용 덕분에 황제의 정원에서도 재현할 수 없었다. 7만 명을 수용할 수 있는 이 극장에서 황제, 귀족, 고관, 그리고 평민이 함께 앉아 관람했다. 그곳이 네로의 별장 터라는 사실을 알고 있고 아그리파 연못에서 벌어진 네로 황제의 환락 쇼를 기억하는 사람들은 황제만의 즐거움을 대중에게 개방한 평민 황제에게 감복했을 것이다.

네로와 평민 황제의 차이점은 무엇일까? 인간의 심리는 언제나 이중적이다. 사회가 갑자기 부유해지면 순박했던 과거를 그리워하며 속물화된 세상을 비난하는 심정과 물질을 향해 솟구치는 욕망이 공존한다. 이것은 이상한 것이 아니고 자본주의 사회에서 탄생한 별난 현상도 아니다. 팍스 로마나의 개장기 아우구스트 시대를 살았던 시인 오비디우스는 〈로마의 축제〉에서 이 시기의 로마인의 분위기를 이렇게 묘사했다.

옛날보다 지금의 부는 더 큰 가치가 있소.
유피테르(제우스)께서는 신전이 좁아 똑바로 서 계실 수가 없었고
그분께서 오른손에 들고 계신 벼락은 진흙으로 빚은 것이었소.

카피톨리움은 지금의 보석 대신 나뭇잎으로 장식되어 있었고

원로원 의원은 손수 자기 양 떼를 쳤다오.

법정관은 쟁기질을 하다 말고 백성에게 판결을 내렸고

(수고비로 받는) 얇은 은화도 범죄로 여겼다오.

그러나 로마의 행운이 고개를 들고

로마의 정수리가 신들에게까지 닿은 뒤로는

부가 늘고 부에 대한 광적인 욕구도 늘었소.

지금은 돈이 제일이오. 재력이 관직도 가져다주고

우정도 가져다주니 가난한 자는 어디서나 유린당하지요.


기원전 2~1세기 사이에 로마는 도시국가에서 세계 제국이 되었다. 쏟아져 들어오는 부는 로마를 '부에 대한 광적인 열망'이 지배하는 도시로 변모시켰다. 오비디우스는 이 세태를 한탄했다. 명예가 사라진 세상에는 이제 돈이 최고였다. 뇌물이 횡행해서 돈만 있으면 관직을 살 수 있었고 사람들도 돈과 권력이 있는 사람에게 모여들었다.

오비디우스가 현재의 세태에 대해 이 정도로 탄식했다면 그다음 구절은 마물인 돈과 물신주의, 타락한 양심에 대한 비판이 이어질 것 같다. 그러나 예지가 돋보이는 시인은 우리의 예상을 깬다.


우리 역시 옛 신전을 칭찬하면서도 황금 신전을 좋아하오.

신에게는 장엄함이 어울리니까요.

우리는 옛날을 찬양하면서 오늘 이 시대를 즐기고 있소.

하지만 두 가지 관습이 다 존중되어야 마땅하오.

이 구절은 물질주의와 인간에 관한 가장 솔직한 성찰이다. 이 지혜를 로마 시민을 향한 황제의 뇌물에 적용해보자. 뇌물은 사회적 특권을 판매하는 행위이거나 특권에 참여하는 행위이다. 물질에 대한 욕구와 마찬가지로 인간은 특권을 비난하는 마음과 동경하는 마음이 공존한다. 그런데 인간은 욕망을 제어하지 못하는 것 같으면서도 의외로 이성적이기도 하다. 이 시대의 사람들은 모든 사람이 황금 궁전에서 살 수 없다는 사실을 잘 알았다. 민중이 봉기해서 황제와 귀족을 타도한다면 한 뙈기의 농토를 평등하게 분배할 수 있을지 모르지만 모든 시민의 방을 황금으로 장식할 수 없다는 사실도 잘 알았다.

황제의 특권을 분배할 수 없지만 하루 정도의 참여와 나눔은 가능했다. 최상의 공공시설에서 최상의 공연을 펼친다면 말이다. 정작 배우가 되고 싶어 했던 네로는 민중의 소망을 이해하지 못했다. 베스파시아누스 황제는 민중의 심리를 정확히 알았기에 네로의 땅에 플라비우스 원형극장을 짓고 로마제국이 제공할 수 있는 최상의 오락을 대중과 함께했다. 권력과 재산을 모든 사람에게 분배할 수는 없다. 그러나 위대한 로마만이 가능한 최고의 기쁨을 공유할 수는 있다. 로마 시민들은 제국에 대한 자신의 충성과 희생이 헛되지 않았음을 느꼈다. 적어도 그들이 3일에 한 번 콜로세움에서 무료 식사와 간식을 받으며 하루 종일 흥미진진한 결투와 공연을 즐기는 순간에는 말이다.

병든 노부에게 아들이 손가락을 잘라 피를 마시게 했다.

어머니가 병이 나자 허벅다리 살을 베어 고기를 먹였다.

아버지의 병간호를 하면서 변을 맛보고, 매일 목욕재계한 후 북두칠성에 기도했다.

병든 모친이 겨울철에 죽순이 먹고 싶다고 했다. 대밭 사이를 울며 지나가다가 죽순을 발견하고 구해서 먹였다.

꿩이 먹고 싶다고 하니 꿩이 저절로 날아들어 안겼다.

겨울에 얼음이 굳었는데 잉어가 얼음을 깨고 뛰쳐나와 품에 안겼다.

자라가 기어서 부엌에 들어왔다.

노루가 집 주변을 어슬렁거리다가 울타리 사이에서 저절로 죽었다.

꿈에서 노인이 어디를 가리켰는데 그곳에 갔더니 맛난 과일이 있어서 부모님께 드렸다.

묘 옆에서 삼년상을 지내는데 호랑이가 와서 절을 했다.


정약용의 〈효자론〉에 나오는 효자의 사연이다. 조선시대에는 충신의 후손, 효자, 열녀, 열부를 찾아 국가에서 포상을 했다. 포상 대상자로 선정되면 집 대문에 붉은 홍살문이 걸렸다. 가문으로서도 영광이고 경제적으로도 이익이 되었다. 효자나 열녀 집안으로 선정되면 지방에서 부과하는 잡세(요역)가 면제되었다. 잘하면 관직을 얻을 수도 있었다.

효자는 중앙에서 일제히 조사령을 내려 선발하기도 하고 문중에서 천거하기도 했다. 지방관에게 이런저런 효자가 있다고 신고하면 지방관이 도에 올리고 도에서 다시 중앙에 올려 심의를 한 뒤에 표창을 내렸다. 이때 효자라고 신고하는 사연에는 비현실적이거나 동화 같은 내용이 많았다. 지금도 전국의 효자 설화에서 그런 기록을 많이 볼 수 있다.

정약용은 '기적의 효도'를 비판했다. 그는 세상에 드문 행실인 것은 맞지만 후세에 교훈할 내용은 아니라고 생각했다. 그의 비판은 냉철했다. 이상한 이적이 발생해야만 효도인가? 이런 행동은 예가 아니다. 가끔 동네 사람들이나 수령은 당사자가 지어낸 이야기인 줄 알면서도 넘어갔다. 이는 부모를 빙자해 명망을 구하고 요역을 피하기 위해 간사한 말로 임금을 속이도록 백성을 가르치는 행위이다.

정약용은 열녀에 대해서도 비판했다. 보통 열녀로 표창을 받은 사람은 남편을 따라 죽는 여인이었다. 남편이 억울한 죽음을 당해서 따라 죽는 경우는 있을 수 있지만 보통의 경우에 왜 따라 죽어야 열녀란 말인가? 정약용은 생명은 귀한 것이고, 자기 몸을 상하게 하는 행동은 결코 훌륭한 행동이 될 수 없다고 했다. 효자보다 열녀의 사례가 더 비인간적이었다. 효자 이야기가 설화적 구조를 따라간다면 열녀 이야기는 대부분 수절하거나 남편을 구하다가 함께 죽거나 대신 죽는 식이다. 간혹 어떤 경우는 남녀 차별의 한계를 넘어서 상식의 한계를 넘기도 했다.

효종 2년 평안도 용강현에 살던 옥남의 아내는 남편이 바다에 빠져 죽자 자기도 자살했다. 그런데 그녀에게는 어린 자식이 있었는데 아이를 이웃에 맡기고 죽었다.[66] 삼척에 살던 응옥이라는 여인은 노비였다. 남편이 호랑

---

66 《효종실록》 13권, 효종 5년 9월 18일 갑진

이에게 물려가는 것을 보고 손으로 호랑이를 쳐서 시체를 빼앗았다. 이는 열녀 표창에서 흔한 사례인데, 응옥은 감사가 중앙에 보고해서 정표를 받았지만 환수되고 말았다. 삼척부사가 그녀가 개가했다고 보고했기 때문이다.[67]

정약용의 비판은 합리적이고 정당하지만 그의 지적은 조금 불공평하다. 그는 사연을 지어내는 사람을 비판하고 그것을 받아주는 사람을 한심하게 여겼다. 하지만 백성들이 설화 같은 이야기를 지어낼 수밖에 없는 책임은 정부에 있었다. 정부 스스로가 기묘하거나 과격한 이야기를 효도라고 가르쳤기 때문이다. 충효사상을 전파한다고 교육용으로 간행해 보급한《삼강행실도》나《오륜행실도》에는 충신, 효자, 열녀의 기괴한 이야기들이 가득하다. 진나라의 왕상이라는 효자는 모친이 계모였다. 자신을 매우 학대했지만 계모가 병에 걸리자 봉양하느라고 강에 잉어를 잡으러 나갔다. 추위에 강이 얼어붙어 있었지만 옷을 벗고 잉어를 잡으려고 하자 얼음이 저절로 갈라지며 잉어 두 마리가 물 위로 튀어 올랐다. 자식이 스스로 피를 내고 허벅지 살을 베어 먹이는 이야기 역시 수없이 많다.

이성적으로 이해되지 않는 이야기도 많다. 영녀라는 여인은 남편이 죽고 주변에서 재가를 권유하자 자신의 두 귀와 코를 베어냈다. 주적이라는 사람은 나이 든 부모를 봉양하기 위해 고향으로 내려가려고 했지만 너무 가난해서 고향에 갈 노자가 없었다. 그러자 아내가 자기희생을 감행했다. 여기서 주적의 아내가 자신의 머리카락을 잘라 팔아 여비를 마련했다는 이야기 정도라면 이해할 수 있겠는데, 그녀는 자신의 몸을 팔았다. 그것도 노비로 팔려가거나 매춘을 한 것이 아니라 자기 몸을 식당의 재료로 넘겼다.

67 박주,《조선시대의 정표정책》, 일조각, 1990, 191쪽.

**《삼강행실도》** 1434년에 세종의 명으로 엮은 도덕서이다. 〈효자편〉, 〈충신편〉, 〈열녀편〉으로 구성되었고 안견 등 유명 화원들이 밑그림에 참여했다.

《삼강행실도》는 다른 사람도 아니고 세종이 명령해서 집현전에서 편찬한 것이다.[68] 책의 서문에는 이렇게 쓰여 있다.

"이 책을 읽으면 누군들 마음으로 공경하지 않겠습니까? 대부분 감격하고 깨달아서 분발하게 되고, 태평성대가 되어 사람들이 태평한 시대를 목격하게 될 것입니다."

그렇다고 정말 이렇게까지 행동하라는 의미는 아니었을 것이다. 조선시대는 자극과 욕망이 억제되던 시대였다. 무덤덤한 사회에서 백성을 분발시키기 위해서는 강한 자극이 필요했다. 아주 높은 목표 또한 필요했다. 그래야 보통 사람들이 절반이라도 따라 할 것이 아닌가. 그래서 특별한 수준을 찾다 보니 비정상적인 괴담 수준까지 되어버린 것이다.

조정에서 배포한 것이니 《삼강행실도》의 기괴한 이야기는 조선시대

---

**68** 《세종실록》 56권, 세종 14년 6월 9일, 병신.

에 표창을 받거나 남에게 모범이 될 만한 효행의 표준이 된 셈이다. 실제로 효자를 표창하거나 탁월한 효자라며 관원으로 등용할 때 이런 칭찬을 하곤 했다.

"효행으로 하늘을 감동시키고 동물까지 감동시켰도다."

효자로 뽑히려면 주변 사람의 증언으로는 부족했다. 하늘의 이적과 동물의 감동이라는 증거가 필요했다.

효자나 열녀로 표창을 받은 사람 중에는 진짜인 사람이 많았을 것이다. 하지만 진정한 효자와 열녀를 찾아서 표창할 때에도 진실한 사연은 빠지고 과장된 이야기로 대체되었다. 평범한 진실이 자극적인 기사로 바뀌는 일은 오늘날에도 쉬지 않고 벌어지고 있지 않은가?

그러나 정약용이 개탄할 만큼 표창이 국가적인 위증과 문서 위조로 확대된 데에는 다른 이유가 하나 더 있다. 정부가 이 도덕적 명예를 로마의 '빵과 서커스'처럼 사용하기 시작한 것이다.

## 표창을 둘러싼 각 계층의 서로 다른 목적

유학의 장점이자 한계는 도덕의 연쇄성을 중시한다는 것이다. 요즘 한국의 청문회가 능력 검증이 아니라 모 정치인의 말처럼 "예수님, 부처님이 와도 통과하기 힘들 정도로" 도덕성 검증회로 일관되는 것도 이런 전통의 영향이다. 효자이면 충신이고 당연히 좋은 남편이어야 한다. 재능도 인격에 종속된다. 그중의 근본이 효이다. 중국에서는 과거 제도가 생기기 전에 인재를 뽑을 때 효행을 기준으로 뽑았다. 과거제가 시행된 당송시대 이후에도 효렴(孝廉) 천거는 계속되었다.

재능과 전문성을 무시하는 비합리적인 방법 같지만 그 정도는 아니었다. 효자라는 명분으로 포장할 뿐이지, 실제로 사람을 추천하고 뽑을 때에는 재능과 능력을 보았다. 다만 그가 소문난 불효자여서는 곤란했다. 조선에서 효렴 천거는 다분히 형식적으로 이루어졌다. 관원을 뽑기보다는 소위 교화 정책이라고 해서 유교의 도덕을 장려하려는 정책적 목적이 강했다. 간간이 효행으로 뽑혀 관원이 된 사람도 있었는데, 과거로 관리가 되었을 사람이거나 이미 과거에 급제한 사람이었다.

효가 세상의 근본이라고 말하는 사대부들이었지만 효렴으로 관리를 선발하는 데에는 매우 부정적이었다. 효렴 천거의 기준이 애매하고 효가 실제 사무 능력과 무관한 장점이기 때문이라는 실용적 사고에 의한 반대는 아니었다. 과거 제도도 전문성과 실용성이 없기는 마찬가지였다. 토플 성적이나 효행이나 일의 전문성과 무관하기는 매한가지인 것처럼 말이다.

관료들은 과거제로도 차고 넘쳐서 경쟁이 대단했기 때문에 여기서 경쟁 상대를 더 늘리고 싶지 않았다. 반면 관료라도 아직 기득권층에 진입하지 못한 신진 관료나 지방의 사림은 효렴 천거를 강력하게 주장했다. 일단 그들은 수가 많았고 지역에 기반을 두고 있었다. 과거는 채점관의 손에 합격이 좌우되었으므로 지역 안배를 기대할 수 없었다. 하지만 천거는 수에 좌우되고 지역별로 할당해서 뽑는 수밖에 없었다. 조선 후기에 지방의 명망가들이 효렴으로 천거되어 관원이 되는 경우가 간간이 있기는 했지만 과거제 운영에 타격을 줄 정도로 활성화되지는 못했다. 과거제와 효렴 천거의 장단점은 위에서 보느냐, 아래에서 보느냐에 따라 크게 달라진다. 효렴 천거를 주장하던 사람들도 막상 출세해서 관리를 뽑는 위치가 되면 과거제를 더 선호했다.

효렴 천거는 지지부진했고 정부는 다른 용도를 발견했다. 효자나 열녀에 대한 표창이 사람들에게 명예를 준다는 사실이었다. 다만 그 명예는 개인의 것이 아니라 집단적 가치에 의한 것이었다. 기존 사회의 제도, 관습, 충성 관계, 심지어 단점까지도 이해하고 포용할 때 유지될 수 있는 명예였다. 더욱이 경제적으로 큰 도움은 되지 않았지만 왕이 직접 하사하는 사회적 특권까지 따라왔다. 관직이든 포상이든 왕에게 무언가를 받았다는 점은 왕과 개인 간의 특별한 충성 관계나 의리 관계가 생긴 것을 의미했다.

조선 후기에 점점 격렬해지고 잔인해지는 정치판에서 왕과 집권층은 후원 세력을 절실하게 찾고 있었다. 특히 왕은 친위 세력이 절실히 필요했다. 당쟁이 격화되면서 많은 관료들이 왕의 관료가 아니라 당원이 되어갔기 때문이다. 당원들은 세력 확대를 위한 사업을 시작했다. 과거의 정치판은 대개 한양에 거주하는 관리들의 싸움이었다. 지방에는 일가친척, 친구, 협력자, 노비를 통한 네트워크 정도가 전부였다. 그러나 싸움은 격렬해졌다. 17세기 이후로 공명첩을 남발하면서 양반의 수가 크게 늘었다. 그들을 당직 무적자로 놔둘 수는 없었다. 당원들은 가능한 모든 인연을 들먹이며 백성과 지역으로 깊이 스며들기 시작했다. 한편으로 만들기 위해 족보를 파는 일도 서슴지 않았다.

뻗어가는 그들의 세력을 보면서 왕은 불안해졌다. 이전에는 왕의 신하들만 있으면 정부 운영에 문제가 없었는데 이제는 왕의 백성이 필요했다. 백성의 절반 이상을 양반으로 만들 정도로 공명첩을 어마어마하게 뿌렸지만 신생 양반들은 당이 흡수하고 있었다. 왕은 충신, 효자, 열녀에게 표창을 뿌리기 시작했다. 이 표창을 '정표'라고 한다. 오래된 충신 가문에도 잊지 않고 다시 정표를 내렸다. 과거의 충성을 기억하고 왕과 가문의 관계가 끊어지지 않았음을 기억하라는 의미였다.

충신은 과거사의 제한을 받았지만 효자와 열녀는 무한한 시장이었다. 출신 지역과 정원 수에 구애를 받을 필요도 없었다. 모든 백성이 효자의 표식을 문에 붙이고 사는 나라가 바로 공자가 꿈꾸던 세상이 아니겠는가. 신분의 구별도 없었다. 신분제 관념이 엄격한 16세기에도 표창 대상자에 평민과 천인이 있었지만 수적으로는 양반이 많았다. 신분제에 해로울 것이 없고 오히려 도움이 되니 왕은 표창을 마다할 이유가 없었다.

정표가 남발되기 시작한 것은 숙종 때였고, 가장 많이 발급된 때는 정약용이 모셨던 정조와 고종 때였다. 정약용이 문제를 제기한 것은 자신의 주군이 펴는 정책을 곁에서 직접 보았기 때문이다. 뇌물은 준다고 되는 것이 아니다. 수요자가 있고 수요자의 필요에 맞추는 것이 중요하다. 그런 점에서 정표 정책은 뛰어난 발상이었다. 수요자의 욕구와 필요와 만족도가 매우 높았다.

17세기 이후 조선에서 관료가 되려면 공신 가문이거나 웬만큼 튼튼한 연줄이 있어야 했다. 많은 사족이 출세의 꿈을 접었다. 그러나 현실 사회의 권위와 명예까지 포기한 것은 아니었다. 오히려 지역사회나 마을에서 자신의 명예를 보존해줄 다른 것을 필요로 했다. 정표는 그 욕구에 딱 맞았다. 신분 상승으로 양반이 되는 사람이 늘어나고 평민과 노비도 양반을 우습게 보기 시작한 시대에 그들이 내세울 수 있는 것은 품성이었다. 관직과 혈통은 돈으로 살 수 있지만 근본은 바꿀 수 없다는 완벽한 표식이었다.

하지만 안타깝게도 반대의 증거도 된다. 평민과 천민 층에서도 효자와

효자 열녀문에 내린 정표

열녀가 나오는데 돈으로 양반을 산 집안에서도 효자와 열녀를 배출할 수 있었다. 오히려 기회는 더 많았다. 강도가 들어오거나 화재나 수해를 입거나 호랑이나 곰에 물릴 기회는 편안하게 사는 정통 양반가보다는 생활전선에서 뛰는 신흥 양반가에 발생할 확률이 더 높았다. 효자나 열녀로 포상을 받으면 사대부의 내면적 자격까지 갖추었음을 증명할 수 있었다.

조선은 사대부의 내적 자격과 영예를 선물했다. 정책은 상당히 효과적이었다. 오래된 양반들은 돈으로 된 양반들과 자신이 다르다는 것을 보여주기 위해서, 새로 양반이 된 사람들은 자신이 진짜 양반이 되었다는 증명을 얻기 위해서 정표를 원했다. 관직은 워낙 얻기 힘드니 도덕적 명예와 잘하면 관직도 받을 수 있다는 가능성을 선호했다.

명예를 선물하는 일이 국가가 백성에게 뿌리는 뇌물이라고 해도 새로운 사회가 필요로 하는 시민정신이나 새로운 계층의식을 창출한다면 사회의 변화와 발전에 도움이 될 수 있다. 그러나 17세기 이래 남발된 명예는 전 백성을 정치적 갈등이라는 가마솥 안으로 끌어들인 역할밖에 하지 않았다. 정치적 문란에 의한 뇌물과 그것으로 확산된 갈등, 그리고 문란한 정치를 더 부추겼을 뿐이다.

# 정경유착,
# 뇌물과 독점의 변증법

## 돈을 내지 않으면 세수도 할 수 없다

> 왕이 어찌나 많은 독점권을 만들어내고 팔았는지 독점권자에게 돈을 지불
> 하지 않고는 세수나 빨래도 할 수 없었고 술을 마시거나 카드놀이도 할 수 없었
> 다. 심지어 성경도 읽을 수 없을 정도였다.[69]

17세기 영국의 사회상을 풍자한 글이다. 제임스 1세는 매관매직으로는 부족해서 독점권 판매로 영역을 넓혔다. 온갖 자잘한 것에까지 독점권을 붙여 얼마나 많이 팔았는지 로열티를 지불하지 않고는 성경도 읽을 수 없다고 한탄할 정도였다. 결국 1624년 영국 의회는 왕이 의회의 동의 없이 제멋대로 독점권을 생산, 판매하는 것을 금지하는 법을 제정했다.

권력가와 상인이 만나는 비리의 정점이 독점이다. 상인의 입장에서 독점은 가장 쉽게 장사하고 돈을 벌 수 있는 방법이었다. 가격도 최대한 비싸

---

69 나종일 · 송규범, 《영국의 역사(상)》, 한울아카데미, 2005, 347쪽.

**제임스 1세(1566~1625, 재위 1603~1625)**
엘리자베스 1세의 뒤를 이어 왕이 되었으나 선왕의 업적에
가려져 별다른 인기를 얻지 못했다.

게 매길 수 있었다. 권력가는 독점
권을 팔아 수익을 올릴 수 있었지
만 그게 전부가 아니었다. 독점권
은 얼마든지 갱신하거나 대체할 수
있었다. 그래서 독점권을 유지하려
면 상인들은 정기적으로 상납을 하
고 권력가의 요구를 들어줘야 했
다. 이때 발생하는 수익이 훨씬 컸
을 것이다.

여기서 반드시 명심해야 할
사실이 있다. 독점이 정경유착이라
는 비리를 위해 탄생한 제도는 아
니라는 점이다. 독점을 매개로 한
정경유착은 관허 상업과 통제경제

정책이 만들어낸 부산물이다. 오늘날 감정적인 자본주의 비판론이 횡행하
다 보니 독점과 정경유착을 자본주의가 탄생시킨 괴물처럼 여기기도 하는
데 완전히 잘못된 생각이다. 동서양을 막론하고 고대와 중세 국가의 경제정
책은 거의가 관허 상업이었다.

국가는 관허 제도로 독점, 특허, 전매를 통해 상인을 관리하고 상업을
통제했다. 여기에는 합리적인 이유가 있다. 근대 산업사회 이전에는 모든 상
품을 수공업으로 생산했기 때문에 생산량이 적었다. 수송 수단과 도로 사정
이 열악해서 유통하기도 힘들었다. 어떤 지역에서 특정 상품의 수요가 폭발

했다고 해도 수공업 시대에는 수요에 맞춰 신속하게 생산을 늘릴 수 없었다. 좁은 도로 때문에 겨우 노새나 수레로 운반하는 수준이었으니 원료나 완제품을 신속하게 조달하는 데 물론 큰 한계가 있었다.

공장에 의존하는 현대 사회에는 대부분 제품의 공급 과다가 고민이 된다. 공급이 넘쳐나고 상인들이 난립하고 경쟁이 치열해지면 물가는 떨어진다. 그런데 근대 이전 시대에는 반대였다. 공급량이 고정된 상태에서 상인이 난립하고 경쟁이 치열해지면 공급자가 귀한 몸이 되었다. 상품 구매 과정에서 입찰가가 오르고, 상인의 증가로 상인 개개인이 확보하는 상품의 양이 줄어들었다. 원가는 오르고 판매량이 줄어드니 당연히 가격이 올랐다.

자유상업과 자유시장경제에서는 어느 지역에서 수요가 폭증하거나 가격이 폭등하면 상인들이 몰려든다. 필요한 만큼 공급이 가능하기 때문에 가능한 방식이다. 공급이 고정되어 있다면 어느 지역에서 가격이 폭등했다고 상인들이 그곳으로 몰려가면 다른 지역 주민들은 그 상품을 구경도 할 수 없게 된다. 그것이 곡물, 소금, 의복, 비누 같은 생필품이라면 주민에게는 생존이 걸린 문제가 된다.

그래서 전근대사회에서는 국가가 상업과 유통을 관리해야 했다. 상업을 관리하는 제일 좋은 방법은 상인을 제한하고 관리하는 것이다. 상인은 수가 적을수록 관리하기 쉬웠고, 공급과 시장의 제한으로 그렇게 많은 상인도 필요 없었다. 여기서 독점권 내지는 허가권이 탄생했다. 그 부작용으로 독점 제도는 정경유착과 뇌물을 낳았다. 관리들은 이 점도 마음에 들었을 것이다. 그러나 절대로 뇌물과 정경유착이 독점권을 만든 본래의 목적은 아니었다. 역설적이지만 관허 상업과 독점 제도는 상인, 시장, 수익을 제한함으로써 관리들의 탐욕과 뇌물과 부패를 제한하는 역할도 했다.

뇌물 수수라는 관점에서 보면 관리들은 상인이 많을수록 좋다. 상인 간의 경쟁이 치열해지면 상인들은 관리의 지원을 받기 위해 관리를 매수하려고 들 것이다. 그러면 뇌물을 바칠 사람도 많아지고 돈 많은 상인은 막대한 뇌물을 바쳐 독점권을 얻으려고 할 것이다. 하지만 전근대의 상업은 상인의 수가 기본적으로 제한되고 가능한 한 세습직으로 운영되었기 때문에 상인 간의 과잉 경쟁과 뇌물의 폭증도 제한할 수 있었다.

그런데 자본주의 시대가 되면서 생산력, 구매력, 수송 능력이 모두 급증했다. 산업혁명이 기폭제가 되었다. 예를 들면 성경은 과거에는 귀중품 중에서 최고 귀중품이었다. 신의 말씀을 수도원의 수도사들이 정성들여 필사하고 최고급 가죽과 종이에 예술적인 조각과 삽화까지 곁들여 제작했다. 일반인들은 성경을 사서 볼 수 없었다. 성경의 구매자는 왕족과 귀족, 아주 부유한 상인이었다. 한 권의 가격이 현재 가격으로 수천만 원을 능가했다. 그런데 구텐베르크가 활판 인쇄술을 발명하자 책의 가격이 폭락했다. 구텐베르크는 3년 동안 성경 180부를 인쇄했다. 이전의 필사본에 비해 15배나 증가한 것이다. 그래도 1년에 60부라면 형편없는 생산량인데 구텐베르크가 성경을 필사본처럼 고급스럽게 보이려고 했기 때문이다. 일반적인 책의 인쇄 속도는 그 이상으로 빨라졌다. 여기에 인쇄소들이 마구 생기기 시작하면서 책의 보급량은 100배, 1,000배로 증가했다. 가격도 하락했다.

언제나 그렇듯이 이번에도 통치자들의 이성보다는 욕망이 먼저 고개를 들었다. 욕망의 눈에 새로이 형성되는 상품과 시장은 새로운 독점권으로밖에 보이지 않았다. 국왕은 새로 개발되는 상품, 성경처럼 일반화되는 상품, 새롭게 생기는 인기 상품에 마구 전매권을 책정하고 상인과 신흥 자본 가들에게 팔기 시작했다. 이것이 바로 독점자본주의의 시작이다. 그래서 스튜어트 왕조 시대에는 로열티를 지급하지 않고는 세수를 하거나 빵을 먹거나 성경을 읽을 수 없다고 탄식하게 된 것이다.

## 뇌물과 학문 사이를 오간 베이컨

제임스 1세 시절의 독점권 판매와 그 부패상의 정도는 프랜시스 베이컨 사건을 통해 알 수 있다. 경험론의 창시자로 알려진 베이컨은 교수나 성직자가 아니라 세습된 궁정 관리였다. 그는 부친을 이어 궁정 관리가 되었고, 왕의 총애를 받아 국새관(왕의 국새를 관리하는 관원으로 실제 임무는 재상에 가깝다)을 거쳐 대법관에 올랐다.

베이컨은 제임스 1세에게 국왕의 임무란 "이성의 경계를 확장하고 인간의 운명에 새로운 가치를 선물하는 일"이라고 가르친 인물이다. 그는 경제 분야에서 자신의 가르침을 실현한 걸까? 독점권의 판매는 투명한 공정거래가 될 리 없었다. 입찰 가격 외에 뇌물이 오고 가는 것은 필수였다. 베이컨은 이 사업에 투신했다. 국새관은 연봉이 3,000파운드 정도였다. 일반 노동자의 연봉이 30파운드였으니 영국 최고 수준이었다. 그런데 베이컨은 국새관으로 4년간 재직하는 동안 10만 파운드를 벌었다. 대법관으로 재직하는 2년 동안에는 1만 파운드가 넘는 수익을 올렸다.[70] 모두 뇌물을 통해 축적한 재산이었다.

1621년 베이컨은 과다 뇌물 수령죄로 의회의 탄핵을 받고 공직에서 추

---

70 존 T. 누난 지음, 앞의 책, 88쪽.

**프랜시스 베이컨(1561~1626)**
제임스 1세의 최측근이었던 영국 철학자로 관찰과
실험을 중시한 근대 경험론의 선구자이다.

방되었다. 그러나 더 이상의 형사처벌은 모두 면제받았다. 런던탑에도 갇혔지만 며칠 만에 풀려났다. 4만 파운드의 벌금을 선고받았는데 국고가 아니라 자신이 지정한 사람에게 주라는 판결을 받았다. 다시 말하면 아내, 자식, 친구 등 아는 사람에게 주었다가 돌려받아도 된다는 이야기였다. 공직 추방도 말로만 추방이었고 퇴직이나 다름없었다. 연간 2,000~3,000파운드에 달하는 연금도 받을 수 있었다.

이 이상한 처벌은 실권자인 버킹엄 공에게 뇌물을 주고 얻어낸 것이었다. 베이컨은 더 욕심을 내서 공직에 복귀할 수 있도록 완전한 사면을 받으려고 했다. 버킹엄은 대가로 베이컨의 아버지가 물려준 저택을 요구했다. 베이컨은 그의 요청을 들어주려 했지만 제임스 1세가 완강히 거부하는 바람에 공직 복귀에 실패했다.

베이컨은 은퇴를 받아들이고《대혁신》6부작을 집필하는 일에 착수했다. 혁신이라고 했지만 현실 정책이 아닌 학문의 새로운 과학적 방법론에 관한 것이었다. 공직에 돌아가기는 글렀어도 시골에 파묻힌 늙은이가 될 수는 없어서 학자로 전환을 시도한 것이다. 정치 생명이 끝난 관료나 정치인이 대학에 들어가는 사례는 오늘날 우리 사회에서도 쉽게 볼 수 있다. 그래도 베이컨은 엉터리 대학 교수가 되지는 않았다.《대혁신》이 제시한 새로운 사유 체제인 경험론은 근대적 사유에서 빼놓을 수 없는 부분이 되었다. 덕분에 관료로서의 오명은 아는 사람만 아는 비사가 되었다.

## 시카고와 밤의 대통령

1980년 이후에 태어난 사람들은 토미 건, 알 카포네, 시카고 밸런타인데이의 학살, 엘리엇 네스를 잘 들어보지 못했을 것이다. 그러나 1970년대까지도 시카고 마피아의 보스 알 카포네와 그를 체포하려는 FBI 특별수사관 엘리엇 네스는 미국 드라마에 제일 많이 등장하는 인물이었다. 이제는 오래되었지만 1987년에 제작된 케빈 코스트너 주연의 영화 〈언터처블〉 역시 엘리엇 네스와 동료들의 활약상을 그렸다. 하지만 마피아의 역사로 보면 시카고의 마피아는 영화 〈대부〉에 등장하는 뉴욕 마피아에 상대가 되지 않는다.

마피아의 기원은 확실하지 않지만 이탈리아 시칠리아 지방에서 활동하던 비밀결사 조직에서 유래했다는 것이 정설이다. 최근까지도 시칠리아에는 마피아의 연계 조직이 있었다. 시칠리아는 이탈리아의 일부이지만 섬이기 때문에 고대부터 본토와는 이질적인 곳이었다. 여기에 지중해 항해의 근거지였으므로 카르타고, 그리스, 이탈리아, 소아시아 등 다양한 세력들의 지속적인 침입을 받았다. 이런 환경 때문에 지역 주민의 강한 결속력이 형성되고 지배층의 법과 질서를 따르지 않는 비밀 조직이 결성된 것 같다.

비밀 조직은 자경단 역할을 하기도 하고 때로는 외세에 저항하며 독립운동 단체로 존경받기도 했다. 하지만 이런 조직은 언제나 한 발은 폭력과 불법의 세계에 발을 디딜 수밖에 없다. 오히려 지역 사람들이 외세의 지배와 권력에 대한 불신으로 당국에 폭력조직을 고발하거나 소탕을 의뢰하지 않는 풍조가 마피아의 존속을 가능하게 했다고도 볼 수 있다.

이탈리아 이민자에 의해 미국에서 최초의 마피아가 탄생한 곳은 뉴올리언스였다. 마피아는 대공황기에 미국으로 이주한 이탈리아 사람들에 의해 갱단으로 재건되었다. 혁명 이전에 세계적 관광지였던 쿠바의 아바나, 미국의 마이애미와 라스베이거스를 건설한 갱단은 진짜 시칠리아 출신의 뉴욕 마피아였다. 쿠바와 마이애미를 관광지로 만드는 데에는 뉴욕 마피아의 보스인 찰스 루치아노가 크게 공헌했다. 라스베이거스를 건설한 벅시 시겔은 루치아노에 의해 살해당하기는 했지만 루치아노의 동료였다.

그럼에도 불구하고 뉴욕 마피아를 다룬 영화 〈대부〉가 등장하기 전까지 뉴욕 마피아는 대중적 관심의 대상이 아니었다. 영화나 드라마에서는 시칠리아가 아닌 나폴리 출신인 알 카포네의 시카고 갱단과 엘리엇 네스의 대결만이 불꽃을 튀겼다. 시카고가 훨씬 요란했기 때문이다. 과거 갱스터 영화에서 빠지지 않았던 장면이 누군가가 거리 모퉁이를 걸어갈 때 검은색 승용차가 획 나타나 기관단총인 토미 건으로 난사하는 것이었다. 영화에서 너무 남용되기는 했지만 기관단총을 이용한 저격은 갱스터의 쓸데없는 힘자랑이자 도시가 무법천지임을 과시하는 행위에 불과했다.

1926년 9월 20일 알 카포네의 라이벌인 벅스 모란은 수십 명의 부하들을 동원해 호텔에서 식사를 하고 있던 카포네와 부하들을 공격했다. 7대의 차량을 타고 온 암살자들은 토미 건으로 수천 발을 난사했다. 1층 로비와 식당이 총탄으로 쑥대밭이 되었지만 카포네는 고사하고 일행 전체가 멀쩡했다. 괜히 길 가던 시민들만 다쳤다.

카포네의 대부 격이었던 조니 토리오는 타 조직의 두목인 오베니언 암살의 보복으로 저격을 당했다. 토미 건의 사격에 그는 여러 발을 맞고 쓰러졌다. 마지막 암살자가 그의 하복부에 토미 건을 대고 탄창이 빌 때까지 쏘았지만 토리오는 기적적으로 생명을 건졌다. 토미 건의 약점은 총알이 크고 무거워서 위력이 떨어진다는 데 있었다.

토미 건을 이용한 저격은 보통 요란만 떨고 끝이 났다. 이 총은 디자인도 멋있고 총기의 역사에 큰 족적을 남겼지만, 20~30미터만 떨어져도 명중률이 급속히 떨어졌다. 갱스터 전쟁의 절정기에 토미 건은 연속 발사하면 반동 때문에 총이 손 안에서 고양이처럼 뛰어 총구가 하늘로 솟았다. 이 단점은 가스 분사기를 개량해서 총구를 아래로 눌러주는 힘을 발생시켜 해결되었지만 그것은 한참 나중의 일이다. 이런 총을 자동차 안에서 쏘아대니 잘해야 주변 사람만 다칠 뿐이었다. 마피아 역사에서 진짜 역사적인 암살은 거의 식당이나 이발소에서 권총을 이용한 근접 저격으로 이루어졌다.

카포네의 선배 격으로 시카고 암흑가를 양분하고 있던 오베니언은 아일랜드계였다. 그는 꽃집을 운영했는데 1924년 뉴욕의 마피아이자 카포네의 후원자인 프랭키 예일이 오베니언의 꽃가게를 방문했다. 마침 시카고의 이탈리안 노동조합의 지도자인 마이크 멜로라는 거물이 사망해서 오베니언은 그의 장례식에 쓰일 화환을 제작하던 중이었다. 예일 일행이 방문했을 때 오베니언은 한 손에는 화환을 만들던 가위를 그대로 든 채였다. 손을 닦으며 오베니언이 프랭키와 악수하는 순간 프랭키가 그의 손을 비틀었고, 함께 온 2명의 저격수가 오베니언의 가슴과 목에 총구를 대고 방아쇠를 당겼다.

토미 건의 명예를 위해 한마디를 첨가하면 토미 건을 이용한 저격이 다 실패한 것은 아니다. 오베니언을 죽인 프랭키 예일은 1928년 뉴욕 브루클린에서 토미 건으로 살해당했다. 이 암살을 지령한 사람은 카포네였다.

여하튼 권총으로 해도 충분한 일을 갱단이 대낮에 명중률도 낮은 기관단총을 휘둘러댔다는 것은 그만큼 갱단이 거리낄 것이 없었다는 것이다. 선량한 시민들은 충격을 받았다. 대낮에 기관단총 난사라니. 그리고 신문과 영화에서 사건이 과장되면서 뉴욕 마피아에 한참 못 미쳤던 시카고 갱단이 세계적인 유명세를 떨쳤다.

시카고가 이렇게 요란한 도시가 된 진짜 배경은 시카고의 부패에 있다. 카포네 시절 시카고 시장이었던 윌리엄 톰슨은 부패하고 교활하면서도 포퓰리즘을 확실하게 이용한 정치가였다. 카포네는 자신의 전기에서 톰슨이 오랫동안 시장 직책을 유지한 비결을 밝히기도 했다. 시카고에도 여러 민족의 집단 거주지가 있었는데, 톰슨은 유대인을 만나도 소원을 들어주겠다고 했고, 아일랜드 사람을 만나도 소원을 들어주겠다고 약속했다. 부촌에 가면 부자들의 소원을 들어주겠다고 했고, 빈민촌에 가서는 그곳 사람들과 약속을 했다. 이런 정치인은 부패하기 마련이다. 톰슨은 갱단의 뒤를 봐주고 선거에도 이용했다. 시카고의 공무원, 언론, 경찰은 뇌물과 부패의 덩어리였다. 기자와 경찰은 갱단에게서 거의 줄서다시피 월급을 받았다. 카포네가 밤의 대통령으로 군림하던 시절에 시카고에서 카포네가 죽인 사람이 150명이 넘는다는 이야기가 있었지만 경찰은 그를 전혀 건드리지 않았다.

카포네의 득세와 시카고 공권력의 방치를 보다 못한 연방 정부는 엘리엇 네스를 수장으로 한 특별수사대를 편성했다. 엘리엇 네스는 과거에 알려진 것처럼 FBI 소속이 아니라 재무부 소속의 주류 단속반 수사관이었다. 법학, 경영학, 범죄학을 전공하고 박사학위를 받은 인텔리였다. 시카고 공권력의 비협조 탓에 카포네를 잡아낼 방법이라고는 탈세 혐의밖에 없었다. 실제로 네스가 마침내 카포네를 감옥에 보낸 죄목도 탈세였다. 그런데 연방 정부가 네스를 파견한 이유는 갱을 혐오하는 연방 정부의 정의감 때문이 아니라는 설이 있다. 온갖 비리에도 불구하고 교활한 톰슨의 인기는 계속 올라갔고, 급기야 부통령 후보로 거론되며 나중에는 대권까지 욕심낸다는 소문이 돌았다. 그래서 그의 정치적 위협을 제거하려는 의도가 연방 정부의 갑작스런 정의감의 배후라고 보기도 한다.

시 정부에 만연한 부패와 뇌물은 카포네조차도 비판했다. 그는 부패한 정치인이나 훌륭한 척하면서 사람들을 갈취하는 놈들보다 자신이 더 깨끗하다고 주장했다. 카포네의 주장에 동조하면서 그를 영웅시하는 사람들도 있었다. 그들을 어리석다고 비웃기 전에 왜 그런 분위기가 형성되었는지를 되짚어봐야 한다. 궁핍한 삶, 부패한 권력과 폭력에 대한 시민들의 불감증 내지는 자조적인 방관이 톰슨의 시대와 밤의 대통령 시대를 연 주요인이기 때문이다.

## 경제의 소용돌이와 갱단의 역사

마피아가 미국의 암흑가를 장악하게 된 궁극적인 원인은 대공황이었다. 1929년 주식시장의 거품이 꺼지면서 시작된 대공황으로 은행의 5분의 1이 문을 닫았고 전체 근로자의 4명 중 1명이 실직을 했다. 국가의 총생산은 대공황 직전의 70퍼센트 수준으로 하락했다. 마침 미국이 한창 세계적인 산업 국가로 성장하면서 빈부 격차, 농촌 몰락, 도시로의 인구 집중, 도시 빈민 증가 등의 문제가 대두되던 차에 벌어진 공황이어서 사회적 충격은 더욱 컸다.

경기가 하락하고 생계가 어려워지면 불법과 뇌물이 판친다. 작은 일자리를 얻기 위해서도 뇌물이 필요하고, 월급이 줄어 생계가 어려워진 사람들은 일자리가 있어도 뇌물을 찾는다. 인심은 곳간에서 나고, 배가 불러야 염치도 알고 예의범절도 안다는 말이 있다. 생계가 극한 상황으로 몰리면 사람의 감정과 행동도 이기적이고 극단적으로 변한다.

이런 상황에 기름을 부은 일이 유명한 미국의 금주령이다. 1919년 미국 의회에서 주류의 양조, 판매, 운반, 수출입을 금지하는 법이 통과되었다. 아무리 미국이 청교도에 의해 세워진 나라라고 해도 그해는 미국 사회가 1차 세계대전으로 인한 거대한 호황으로 완연한 산업자본주의로 넘어가던 시기였다. 세기의 전환기에 중세적인 법이 튀어나온 것이다. 자본주의와 산업화로 중세적 가치관이 변화하자 도덕과 가치의 타락을 막겠다는 것이 금주법의 목적이었다. 하지만 금주법은 사회를 도덕으로 통제하기는커녕 밀주와 밀거래로 전 사회를 뇌물투성이로 만들고 암흑가를 키우는 데 결정적인 공헌을 했다. 10년 후 경제공황까지 닥치면서 주류의 수요는 폭발했고, 밀주로 발생한 자금은 사회의 거의 모든 상부 구조를 부패시켰다.

여기에 가난하고 어려운 가정환경 탓에 불나방 같은 범죄의 삶을 기꺼이 선택한 청소년과 젊은이를 공급하는 모집단이 생겼다. 무대를 진짜 마피아의 도시인 뉴욕으로 옮기면, 뉴욕 갱단의 근원지는 거의 뉴욕 항구 주변인 브루클린 지역이었다. 아메리칸 드림을 찾아 미국으로 온 유럽인들은 브루클린 지역에 집단 거주지를 만들었다. 집단 이주의 순서에 따라 유대계 구역, 아일랜드계 구역, 이탈리아계 구역이 생겨났다.

대체로 이민 첫 세대의 아버지들은 힘든 막노동을 하며 바닥에서부터 삶을 시작했다. 문제는 아이들이었다. 아이들은 패를 지어 빈둥거리며 불량 소년으로 자라났다. 더럽고 무질서한 거리, 가난하고 희망을 잃은 삶, 강 건너편에 보이는 도시의 화려한 불빛, 솟아오르는 마천루 한쪽에서 무너지는 삶, 무엇보다도 이민자 집단이 만들어낸 강한 연대와 공존의 삶이 희대의 갱단과 유명한 범죄자들을 돕거나 방관하는 보호 집단을 탄생시켰다.

빈민가의 삶에는 양면성이 있다. 성공 스토리도 많다. 미국을 만든 유명 인사들 중 케네디 가문과 레이건은 아일랜드계 이민자 가문에서 태어나 성공한 삶을 살았다. 유대계 가문의 인사들은 말할 것도 없었다. 그러나 성공한 사람들은 희망을 주기도 하지만 더 심한 좌절감을 안겨주기도 한다. 좌절한 청소년들이나 양지보다는 음지에서 성공하기를 꿈꾸는 청년들은 암흑가로 모였다.

초기의 갱들은 대개 민족별로 구분된 빈민가에서 만난 것이 인연이 되어 단결력을 중요시하며 민족 단위로 만들어졌다. 거주민들은 갱단 때문에 피해를 보면서도 그들에게 의존했다. 서로 상부상조할 수밖에 없었던 가난한 이민자들에게 갱단에 얽힌 친인척들이 자경단 역할도 해주고 약한 그들을 힘으로 보살펴주었기 때문이다.

갱단이 성장하고 강해짐에 따라 지역의 경찰, 공무원, 정치가는 그들의 후원과 주기적인 상납을 받게 되었다. 갱단은 점점 더 건드릴 수 없는 강력한 집단이 되었다. 그들의 관계를 깨뜨리는 제일 좋은 방법은 정당하고 강력한 공권력이기 전에 은나라 탕왕이 염려하기도 한 '경제가 어렵고 백성이 생업을 잃은 상태'를 개선하는 것이다.

갱단의 역사를 보면 아주 재미난 사례를 볼 수 있다. 뉴욕과 시카고의 역

**미국 금주령 시대** 1919년 1월 16일 미국 의회에서 제정된 금주법은 주류 밀거래, 무허가 술집 개업, 주류 사업 이익을 노린 폭력조직 간의 살인사건 등의 부작용을 낳았다.

사를 보아도 초기 갱단의 주역은 유럽과 러시아의 박해와 가난을 피해 온 유대인이었다. 그러나 유대인 갱단은 빠르게 몰락했다. 유대인 이민자들은 중산층으로 빠르게 성장해서 빈민가에서는 세력이 급속히 약화되었기 때문이다. 다음으로 아일랜드계가 장악했지만 그들 역시 이주민 집단이 중산층으로 성장하면서 세력이 약화되었다. 그다음 세력이 마피아로 알려진 이탈리안 갱이다. 이탈리안 갱은 마피아와 같은 모태 조직이 있어서 경험에서도 앞섰고 조직력이 좋았다.

단명했던 유대계와 아일랜드계와 달리 이탈리안 갱은 인종과 조직을 초월한 신디케이트를 표방하는 변화된 전술과 기타 몇 개의 특수한 사정으로 20세기 동안 생존에 성공했다. 하지만 경제의 법칙 앞엔 예외가 없었다. 가난한 이탈리아 이민자 집단도 오래전에 해체되었다. 모집단을 잃어버린 마피아는 이제는 동남아와 남미의 이민자 집단에게 밀려나고 있다.

## 고양이에게 생선 창고를 맡기다

1865년 4월 14일 링컨 대통령이 포드 극장에서 존 윌크스 부스의 총을 맞고 쓰러졌을 때 워싱턴은 큰 혼란에 빠졌다. 총에 맞은 링컨은 급히 극장 맞은편에 있던 피터슨의 하숙집으로 옮겨졌다. 사경을 헤매는 대통령의 주위에서 사람들은 우왕좌왕했다. 대통령에게 특별한 사고가 생기면 사태를 지휘해야 할 사람은 국무장관 윌리엄 슈어드였다. 그러나 슈어드도 같은 시간에 윌크스 부스의 동료였던 남군 출신의 전사 파월에게 테러를 당해 사경을 헤매고 있었다. 슈어드는 모두가 가망 없다고 했지만 기적적으로 살아나 천수를 누렸다. 당시 슈어드 다음 순위로 사태를 지휘할 사람은 전쟁장관 에드윈 스탠턴이었다.

다부지고 정열적인 스탠턴은 그날 밤 유일하게 침착했던 사람이다. 그가 할 일은 두 가지였다. 암살의 배후를 밝혀내고 암살범을 추적하는 일과 대통령의 죽음으로 야기될 수 있는 불행한 사태를 방지하는 일이었다. 암살 배후에 거대한 정치 세력이나 쿠데타 음모가 있는지는 알 수 없는 일이었다. 링컨은 의외로 적이 많았다. 슈어드를 시작으로 주요 각료들은 모두 링컨과 대통령 후보 자리를 두고 경쟁하고 있었고, 그중 몇 명은 여전히 차기 대통령을 꿈꾸고 있었다. 덕분에 암살을 둘러싼 음모론은 지금까지도 수없이 양산되고 있는데 배후 인물로 추정되는 사람 중에는 스탠턴도 있다.

우왕좌왕하는 사람들 틈에서 스탠턴은 우렁찬 목소리로 즉시 수사대를 조직하고 도시에 경계망을 펴라고 명령했다. 그리고 수도 방어를 위해 북부군 총사령관인 그랜트를 워싱턴으로 호출했다. 15일 아침 7시 22분, 링컨이 숨을 거두고 장례식을 치르는 며칠 동안 스탠턴은 지칠 줄 모르고 일에 몰두했다. 사람들은 그의 냉정함과 침착함에 감탄했다. 그러나 옆에서 누군가가 링컨의 이름을 꺼내기만 하면 자리에 털썩 주저앉아 통곡하고는 다시 일어나 임무로 복귀했다고 한다. 링컨의 비서였던 존 헤이는 스탠턴의 모습에 큰 감명을 받았다. 그는 나중에 스탠턴에게 감사의 편지를 보냈다.

"모두들 장관께서 이만큼이나 세상을 떠난 대통령과 가까웠는지, 대통령이 얼마나 장관님을 사랑하고 신뢰했는지, 그 믿음과 신뢰를 뒤흔들려는 노력이 얼마나 무익한지 모를 것입니다."[71]

스탠턴은 유능했지만 다루기 힘든 사람이었다. 소신이 강하고 매사에 지나칠 정도로 강경론자였다. 지금도 남부에 대해 무서울 정도로 가혹했던 태도는 비판의 대상이 되고 있다.

스탠턴은 잘나가는 변호사 시절이던 1855년 9월 신시내티에서 링컨을 처음 만났다. 당시만 해도 링컨은 무명의 시골뜨기 변호사였다. 둘의 만남은 악연이었다. 존 하딩이라는 거물 변호사가 메이저급 소송 사건에 링컨을 고용했다가 스탠턴으로 교체했는데 부하직원이 링컨에게 그 사실을 통보해주지 않았다. 처음에 하딩이 링컨을 고용한 것부터가 링컨의 능력을 인정해서가 아니었다. 미국이 연방제 국가였던 만큼 관례상 재판이 벌어지는 지역의 변호사를 고용해야 했다. 처음 재판이 열리는 장소는 일리노이 주의 시카고였다. 그래서 하딩이 일리노이의 변호사였던 링컨을 고용한 것이다. 그런데 재판 장소가 갑자기 시카고에서 오하이오 주의 신시내티로 변경되

---

71 도리스 컨스 굿윈, 이수연 옮김, 《권력의 조건》, 21세기북스, 2007, 799쪽.

어 링컨을 고용할 필요가 없어진 것이다.

이런 사실을 까맣게 몰랐던 링컨은 난생 처음 큰 사건을 맡게 되었다는 기대감에 들떴다. 열심히 재판 준비를 하고 설레는 마음으로 신시내티로 왔다. 역에서 내려 법원으로 가던 길에 하딩과 스탠턴을 발견한 링컨은 반갑게 손을 내밀며 "같이 뭉쳐서 함께 갑시다"라고 소리쳤다. 하딩과 스탠턴은 질색을 하며 링컨을 외면했다. 당시 링컨의 복장은 정말 가관이었는데 노란색인가 파란색인 양산까지 들고 있었다고 한다. 하딩이나 스탠턴 같은 명사가 도저히 함께 걸어줄 몰골이 아니었다. 링컨을 지나치며 스탠턴은 하딩에게 이렇게 속삭였다.

"저 긴팔원숭이는 왜 끌어들인 거요? 아무것도 모르고 쓸모도 없는데."

6년 후 쓸모없던 긴팔원숭이 사내는 미국 대통령이 되었다.


대통령이 된 링컨은 남북전쟁과 노예 해방이라는 미증유의 사태에 직면했다. 전쟁은 겉으로 보면 장군들의 싸움이지만 뒤를 돌아보면 경영자와 행정 관리의 싸움이다. 1861년 남북전쟁이 발발할 당시 미국은 북부든 남부든 광활한 미국 대륙에서 전쟁을 벌일 수 있는 준비가 전혀 되어 있지 않았다. 병사를 급히 징병했지만 총과 총알도 없었고, 병사들이 야전에서 덮을 모포와 군화, 야전 식량, 의약품 등 뭐 하나 준비된 것이 없었다. 업무를 맡은 전쟁부 직원은 겨우 200명에 불과했다.

이때 전쟁부를 책임진 장관은 펜실베이니아의 맹주 사이먼 캐머런이었다. 캐머런은 권력과 돈이 형제간이라는 사실을 너무나 잘 아는 정치인이었다. 건설업, 철도업, 인디언과의 거래로 돈을 번 그는 정치에 뛰어드느라 돈을 쓰지 않았다면 펜실베이니아 최고의 부자가 되었을 거라고 말하곤 했다. 상원의원이 된 그는 권력과 이권을 이용해 철저하게 자신의 인맥을 관리하고 인정을 유지하며 살았다.

링컨의 대통령 당선은 미국 대통령 선거 사상 가장 불가사의한 승리로 받아들여지고 있는데, 더욱 불가사의한 일은 공화당 후보 결정전에서 이긴 사건이다. 선거 전날까지도 예상 순위 4위 안에 들지 못하던 사람이 하룻밤 사이에 1등을 해버렸다. 모든 사람의 예상을 깨고 승리를 거둔 데에는 캐머런이 결정적 역할을 했다.

19세기는 전 세계가 부패하고 뇌물이 일상화된 시기였다. 오늘날 소위 OECD에 속한 나라들도 하나같이 아프리카보다 더 부패했다. 정치는 말할 것도 없었다. 정당 선거나 총선은 사전 거래를 통해 표가 매매되었다. 그 사실이 신문에 공개되면 파렴치한 정치인으로 찍혀 비난을 받았지만 모든 정치인들은 뇌물과 협상을 숙명 정도로 알던 시대였다.

링컨이 대통령에 출마했을 때에도 사전에 온갖 거래가 이루어졌다. 슈어드는 캐머런이 자신을 지지한다고 믿고 있었다. 하지만 링컨의 유능한 선거 참모였던 데이비드 데이비스는 캐머런과의 협상을 통해 펜실베이니아 의원들의 표를 통째로 가져오는 데 성공했다. 데이비스가 캐머런에게 무슨 제안을 했는지는 알려지지 않았다. 다만 유력 후보였던 에드워드 베이츠가 캐머런에게 전쟁장관 자리를 제안했고, 그 사실을 데이비스가 알고 있었다는 점, 그리고 링컨이 당선되자 캐머런은 당연히 자신이 재무장관이 되리라고 생각하고 있었다는 사실까지만 알려져 있다.

캐머런이 재무장관으로 임명되는 것은 캐머런 자신뿐만 아니라 펜실베이니아 전체가 원하는 일이었다. 링컨에게 추천장이 쏟아졌다. 펜실베이니아의 유력자들 입장에서는 기왕 펜실베이니아 출신이 재무장관이 된다면 바늘도 들어가지 않는 청렴결백한 인물보다는 캐머런 같은 사람이 임명되는 일이 훨씬 바람직했다. 캐머런의 지지 세력 만큼 반대 세력도 엄청났다. 캐머런에게 재무장관을 맡기는 것은 고양이에게 생선 창고를 맡기는 격이라는 것이다. 결국 캐머런을 전쟁장관에 임명하는 것으로 타협했다. 군수 산업 역시 엄청난 이권이 걸린 자리였다. 그래서 이런 유머까지 생겨났다.

캐머런이 링컨의 내각에 장관으로 내정됐다는 소문을 듣고 링컨의 라이벌 타데우스 스티븐스마저 놀라 링컨에게 달려갔다. 그는 캐머런처럼 손버릇이 나쁜 사람을 내각에 들이면 링컨의 이미지가 크게 훼손될 것이라고 경고했다. 정직했지만 결단코 순진하지 않았던 링컨은 정직하면서 순진한 척하는 화법으로 되물었다.

"캐머런이 도둑질을 할 거라는 얘기는 아니겠지요?"

스티븐스가 말했다.

"아닙니다. 캐머런이 벌겋게 달궈져 있는 난로야 훔치지 않겠죠."

링컨은 이 이야기가 너무 재미있어서 캐머런에게 말해버렸다. 캐머런은 당연히 스티븐스에게 발언을 철회할 것을 요구했다. 얼마 후 얼굴이 발개진 스티븐스가 백악관에 나타났다.

"제가 한 말을 왜 캐머런에게 했습니까?"

"꽤 괜찮은 농담이어서요. 그가 화를 낼 거라고는 생각하지 못했습니다."

"보십시오. 그가 매우 화를 내는 바람에 저는 제가 한 말을 취소하겠다고 약속할 수밖에 없었습니다."

신사였던 스티븐스는 대통령 앞에서 자신이 한 말을 철회했다.

"지금 취소합니다. 저는 제가 캐머런이 벌겋게 달궈져 있는 난로는 훔치지 않을 거라고 했던 그 말을 철회합니다."

19세기 미국의 군수산업은 세계 군수산업의 절반을 차지하는 오늘날의 수준과는 거리가 멀었다. 군대는 경찰 병력 수준도 되지 않았다. 그래도 군수산업 현장은 적지 않은 수수료와 보수가 오고 가는 곳이었다. 캐머런은 장관을 끝으로 더 이상 높은 자리를 바라지 않았다. 군수산업은 잔재미가 있었고 만날 사람이 많았다. 캐머런은 서류나 문서조차 제대로 정리하지 않고 대강대강 일했다. 게을러서라기보다 나쁜 손버릇을 지닌 사람의 본능적인 업무 수행 방식이었을 것이다. 그래서 이런 이야기도 전해진다. 남북전쟁이 발발한 뒤 총사령관 스콧 장군의 집무실에서 회의가 열렸다.

링컨이 캐머런에게 물었다.

"워싱턴 수도 근처에 아군 숫자가 얼마나 됩니까?"

캐머런이 천연덕스럽게 대답했다.

"글쎄요. 잘 모르겠지만 어디 자료에 적혀 있겠지요."

그러자 대통령은 신문에서 '젊은 나폴레옹'이라고 부르지만 아직 큰 전투는 한 번도 해본 적이 없는 포토맥 군단의 사령관에게 물었다.

"매클렐런 장군?"

"각하, 당장은 전체 숫자가 파악되어 있지 않습니다. 포토맥 군단 숫자는 말씀드릴 수 있지만 전체 숫자는 모릅니다."

링컨은 한심하다는 듯이 스콧 장군을 쳐다보았다.

"장군은 총사령관이시니까 아시지 않겠소?"

"제가 총사령관이기는 하나 아무도 제게 병력 보고를 하지 않았습니다."[72]

남북전쟁이 터지지 않았더라면 캐머런은 무난히 인생의 마지막 공직을 즐기면서 살 수 있었을지도 모른다. 그러나 전쟁이 터지고 9개월 만에 연방군은 1만 6,000명에서 67만 명으로 늘었다. 전쟁부는 북새통이 되었다. 수천 명이 해야 할 업무가 200명에게 부과되었다. 캐머런의 천국 생활은 끝났다. 그는 아무도 부러워하지 않는 자리에 임명되었다고 하소연했다. 그러나 육체적인 문제에 한해서 그랬고, 사실 캐머런은 대박을 쳤다. 전쟁부의 예산 역시 어마어마하게 늘었던 것이다. 당시 기준으로 수백만 달러에 달하는 거대 계약들이 줄을 섰다.

전쟁이 터지고 얼마 되지 않아 링컨은 캐머런의 전쟁부에 대해 두 가지 보고를 받았다. 수백만 달러짜리 계약이 제대로 된 서류도 없이 진행되고 있었다. 부패는 불을 보듯 뻔했다. 전쟁 중인데도 말이다. 전쟁이 터진 뒤 두 달도 되지 않아서 망가진 총, 눈먼 말, 비가 오면 찢어지는 배낭이 병사들에게 지급되었다는 소문이 돌았다. 의회가 수사에 착수했다. 전쟁부에 만연한 부패를 지적한 보고서는 무려 1,100페이지에 달했다.

링컨은 캐머런을 해임했다. 그러나 그것으로 끝날 일이 아니었다. 링컨은 전쟁부 직원 전체가 불성실하고 그들의 업무 효율 또한 형편없다는 사실

---

[72] 고어 비달, 남신우 옮김, 《대통령 링컨 2》, 문학과지성사, 1999, 28쪽.

을 발견했다. 캐머런은 평생 인맥 관리로 살아온 사람이었다. 전쟁부는 업무로 찾아온 사람들보다 캐머런을 만나러 오는 정치가와 구직자로 우글우글했다. 직원들은 정상적인 업무를 볼 수 없었다. 직원들 역시 인맥과 뇌물로 얽힌 사람들이 분명했다. 심지어 전쟁터에서 보낸 급전을 열어보는 데에도 몇 주가 걸렸다.

이 시대의 권력과 부패에 대한 느슨한 도덕적 기준을 감안한다면, 적당히 수입을 챙기더라도 일이라도 잘해주면 다행이라고 생각할 수 있다. 사실 청렴하다는 사람도 어디까지나 정도 문제였다. 일류 변호사의 1년 수입이 5만 달러였는데 장관 봉급이 8,000달러였다. 정직한 장관에게 돌아오는 운명은 파산이었다.

그러나 아무리 어쩔 수 없는 정도가 있다고 해도 명심해야 할 진리가 있다. 부패한 유능한 관리는 탁월하게 유능한 관리보다도 드물다. 처음에는 유능한 직원들로 구성했다고 하더라도 부패한 조직은 악마의 거래를 한 대가로 유능함과 의욕을 제물로 바쳐야 한다. 개개인의 역량도 저하되지만 부패한 조직일수록 자기계발을 추구하는 유능하고 야심찬 인재를 꺼리고 무능하고 현실에 안주하는 사람을 원한다.

이것이 일상적인 뇌물의 폐해이고, 뇌물이 성행하는 조직과 사회가 처한 진정한 위기이다. 캐머런이 해임되기 전에 링컨은 군수물자의 제조와 보급에 관한 업무를 재무성에 맡기는 임시 조치를 취했다. 재무성 직원들은 뇌물은 고사하고 무보수로 일하면서도 전쟁부 직원들보다 훨씬 유능했다.

캐머런을 내친 링컨은 새로운 전쟁장관을 찾아야 했다. 그때 떠오른 사람이 스탠턴이었다. 스탠턴은 국무장관 슈어드와 재무장관 체이스와도

**에드윈 M. 스탠턴(1814~1869)**
링컨을 향해 온갖 모욕적인 언사를 서슴지 않았으나 전쟁장관에 임명된 후 링컨을 잘 보좌하며 남북전쟁을 승리로 이끌었다.

인연이 있었다. 두 사람은 스탠턴에게 신세를 져서 고마운 기억을 가지고 있었다. 링컨은 반대로 긴팔원숭이의 추억을 가지고 있었지만 스탠턴을 받아들이기로 했다. 그리고 그 결정이 남북전쟁과 미국의 운명을 바꾸는 데 결정적 기여를 했다.

전쟁부로 취임한 스탠턴은 화요일부터 금요일까지 누구도 전쟁부에 찾아올 수 없다는 금족령을 내렸다. 캐머런의 측근들을 해임하고 열정적이고 헌신적인 사람들을 주요 보직에 임명했다. 청탁과 구직 요청도 일체 거절했다. 그러나 취임하자마자 한 사나이가 스탠턴을 찾아왔다. 그는 영부인 메리 여사가 써준 추천장을 들고 있었다.

취임 다음날 스탠턴은 본능적으로 반은 건달이고 반은 신사라고 판단했던 한 사내를 만났다. 그는 자신을 경찰국장으로 임명해달라고 부탁하는 링컨 부인의 추천장을 가지고 있었다. 스탠턴은 분개하여 추천장을 찢고 사내를 쫓아냈다. 바로 다음날 사내는 메리의 공식 요청서를 들고 돌아왔다. 스탠턴은 또다시 그 구직자를 쫓아냈다.

그날 오후 스탠턴은 링컨 부인에게 들렀다. 그는 "국가의 존립이 달린 전쟁 한가운데에서 제 첫 번째 임무는 국민을 위해 일하는 것이며, 당신의 남편과 당신의 체면을 지키는 것이 그다음에 할 일입니다"라고 말했다. 그는 호의에 보답하기 위해 자격도 없는 사람들을 임명한다면 모든 이의 신뢰를 뿌리째 뒤흔들 것이라고 말했다. 메리는 그의 주장을 충분히 이해했다.

"스탠턴 씨, 귀하의 말씀이 맞습니다. 다시는 무언가를 부탁드리지 않겠습니다."

(스탠턴이 전쟁부를 일신한 뒤) 워싱턴에 거주하던 한 특파원은 이렇게 썼다.

"먼 곳에 있는 사람들은 워싱턴에서 전쟁장관의 교체로 어떤 혁명이 일어났는지 잘 모를 것이다. 도시와 거리 호텔, 국회의사당은 변화의 분위기에 휩싸여 있다."[73]

스탠턴의 일화는 우리에게 중요한 교훈을 남겼다. 우리는 보통 뇌물이 잘못된 것이라고 판단하는 데 만족한다. 뇌물은 악이고 부패이다. 그러나 썩은 음식이 몸에 나쁘다고 말하는 것만으로는 의학 지식이 되지 않는다. 썩은 음식이 몸에 미치는 영향과 질병까지 알아야 의학이 된다. 뇌물은 개인을 부패시킬 뿐만 아니라 열정과 능력까지 빼앗는다. 유능한 사람도 배척하게 한다. 그래서 뇌물이 공공의 적이면서 집단과 국가를 파멸시키는 첫 번째 원인이 되는 것이다.

## 소크라테스가 말한 좋은 정체와 나쁜 정체

기원전 380년경 플라톤은 그의 대표작 《국가》를 저술했다. 이 책에서 플라톤은 소크라테스의 입을 빌려 바람직한 국가 형태를, 솔직히 말하면 꽤 지

---

73 도리스 컨스 굿윈, 앞의 책, 439쪽.

루하게 설명했다. 스승 소크라테스의 육성을 세계인에게 남기고 싶었던 것인지, 간단한 이야기를 심오하게 보이게 하기 위한 속셈이었는지는 알 수 없지만 소크라테스의 대화를 하도 장황하게 늘어놓은 덕에 플라톤은 두 가지 목적을 다 이루었다.

《국가》에서 소크라테스는 바람직한 정체(政體)가 나쁜 정체로 타락하는 이유를 정성들여 설명한다. 소크라테스에 의하면 정체에는 좋은 정체와 나쁜 정체가 있고, 세상은 과거의 좋은 정체에서 나쁜 정체로 끊임없이 타락하는 중이다. 지속적인 타락을 유발하는 원인이자 좋은 정체와 나쁜 정체를 판별하는 기준은 재물과 탐욕이다. 현대식으로 표현하면 소크라테스는 부정부패와 뇌물이 만연하는 수준과 방법에 따라 정체를 나누고 등급을 매긴다.

플라톤, 아니 소크라테스의 기준에 의하면 정체에는 5가지가 있다. 철인정치, 금권정치, 과두정치, 민주정치, 참주정치이다. 이외에도 몇 가지 정체를 언급하는데 전체 논의에서 중요한 것은 이 5가지이다.

가장 이상적인 정치는 철인정치라고 한다. 하지만 이 말이 철학자에게 정치를 맡겨야 한다는 의미는 아니다. 여기서 말하는 철인은 철학자가 아니다. 아니 철학자는 맞는데 우리가 생각하는 현대의 철학자와는 의미가 다르다. 여기서 말하는 철학자는 지혜와 덕과 능력을 겸비한 사람이다. 어찌 보면 철인정치는 선한 독재 혹은 선한 과두정이라고도 할 수 있다.

꽤 낭만적인 발상이지만 일단은 접어두자. 이 낭만적 발상을 굳이 비판하고 싶다면 아리스토텔레스의 《정치학》을 일독하기를 권한다. 《정치학》에서 아리스토텔레스는 이 순진한 생각에 대한 비판을 이미 충분히 해놓았

**소크라테스(기원전 470~399)**
제자 플라톤은 소크라테스를 죽음으로 몰고 간 민주정에 대해 더욱 비판적인 모습을 보이게 되었고 이로써 '철인정치'를 주장했다.

다. 우리의 주제와 관련해서 중요한 사실은 의아하게도 인류의 스승이라는 소크라테스가 민주정치를 저 밑에, 최악의 정체인 참주정치의 바로 위에 두었다는 사실이다. 다만 소크라테스가 말하는 민주정은 우리가 생각하는 민주정이 아니다. 금권으로 인해 집단 타락한 정체를 말한다.[74]

소크라테스는 말한다. 명예가 지배하던 우아한 정체가 어떻게 과두정치로 넘어가는지는 장님이라도 명백히 알 수 있다. 황금으로 가득한 각자의 금고는 명예가 지배하는 정체를 무너뜨린다. 먼저 그들은 자신을 위해 황금을 소비할 길을 찾으며 법률을 왜곡한다. 자신도 아내도 법률을 따르지 않게 된다. 다음으로 저마다 다른 사람이 그러는 것을 목격하고 서로 경쟁하게 된다. 경쟁이 시작되면 승리를 위해 무리를 짓는다. 이들이 무리를 지으면 부와 부자가 존경을 받고 덕과 덕을 지닌 사람들이 멸시를 받게 된다.

이렇게 금권이 덕을 물리치고 사회를 지배하게 되면 부자는 점점 더 부자가 되는 동시에 부자의 수는 줄어들고 가난한 사람은 증가하게 된다. 결국 가난한 사람이 부자를 타도하고 평등하게 시민권과 관직을 배정하는 사회를 만들어낸다. 이것이 민주정이다. 정의가 승리한 것 같지만 과두정을 겪으면서 혁명가로 변신한 가난한 사람들은 과두정의 금권욕에 오염되어

---

**74** 이 내용은 플라톤의 《국가》 제8권에 소개되어 있다.

버린다. 민주정의 이상은 아름답지만, 교육받지 못하고 탐욕에 오염된 사람들이 권력과 이권을 나누는 사회는 저급한 욕망이 지배하는 사회에 불과하다. 청년들은 저급한 이론에 세뇌되어 오만무례함, 무질서, 낭비, 부끄러움을 모르는 상태가 될 것이다. 결국 민주정은 과두정의 소수의 탐욕과 금권정치를 집단 이익과 탐욕이 지배하는 사회로 세대교체 내지는 계급교체를 한 상태이다. 뇌물과 부정부패는 더욱 심해지고 국가는 소수의 타락에서 다수의 타락 상태로 전락한다.

결국 소크라테스는 한심한 민주정 상태를 비웃다가 청소년들을 타락시켰다는 죄목으로 처형당했다. 소크라테스의 정체론이 맞느냐 틀리느냐 하는 것은 여기서 논할 내용이 아니다. 기원전 4세기경 아테네가 도시국가에서 좀 더 발전한 국가 정체를 고민하기 시작할 무렵, 인류의 스승이라는 현자가 권력과 금권을 관리하는 능력과 메커니즘을 기준으로 국가권력의 이상적 구조와 타락 과정을 파악했다는 사실이 중요하다.

소크라테스 시대의 민주정은 우리 시대의 민주주의와는 다르고, 각 시대의 과학과 사회의 수준도 다르다. 근본적인 속성 몇 가지는 공유한다. 현대의 기준에서 보면 소크라테스의 말처럼 철인정치가 금권과 부패로 타락한 상태를 민주정이라고 할 수는 없다. 그러나 우리의 일반적인 생각과 다르게 민주정은 민주정 나름대로 부패와 뇌물에 취약한 측면이 있고, 모든 집단의 이권이 충돌하는 것이 민주정이라는 소크라테스의 지적은 민주주의를 사수하기 위해서라도 귀담아들을 필요가 있다.

# 돈으로 된 뇌물,
# 현물로 된 뇌물

## 현물 경제 시대에 뇌물 주기

뇌물로 제일 좋은 것은 돈이다. 현물로 바칠 때에는 상대방이 필요로 하는 것, 기호를 맞추어야 한다는 어려움이 있다. 기껏 지방에서 최고의 특산물을 구해 바쳤는데, 받은 사람이 거부반응을 보인다면 그런 낭패가 없다. 초고가의 예술 작품이나 귀중한 수입품도 상대의 기호에 따라 가치가 크게 달라진다. 게다가 물건은 후환을 남긴다. 이동 경로의 추적이 가능하기 때문이다. 이처럼 이런저런 사정을 고려하면 돈이 최고이다. 받은 사람이 원하는 것을 사면 되고 가격도 객관적으로 명확하고 추적하기도 어렵다.

그러나 돈이 돌지 않는 시대라면 현물로 바쳐야 한다. 조선시대에 화폐가 통용되기 시작한 것은 17세기 후반부터이지만 여전히 물물교환의 비중이 높았다. 19세기 말이 되면 지방에서 음식을 사 먹거나 장작을 살 때 사용할 정도로 화폐가 보편화되는데 이때에도 쌀이나 면포가 여전히 화폐 대용으로 사용되었다. 이런 시대에는 뇌물도 현물로 바칠 수밖에 없었다.

현물로 바치는 뇌물은 어떤 것이 좋을까? 특이한 보석이나 귀중품, 수입품, 예술품은 예외로 한다. 조선시대에는 구하기가 매우 어려워서 아주 특별한 사람들만이 구할 수 있었기 때문이다. 왕실이나 고관들 사이에서는 쉽게 오고 갔겠지만 관련 사례나 기록은 거의 남아 있지 않다. 이동 과정이 추적 가능해서 뇌물로 별로 애용되지 않았을 것 같다.

현물로 된 뇌물은 상대방이 필요로 하는 것을 바쳐야 가치를 극대화할 수 있다. 개개인의 필요를 잘 알 수 없으니 보편적인 용도에 화폐처럼 구매력을 가진 것이 제일이다. 이 기준에서 보면 최고의 뇌물은 쌀과 면포이다. 쌀은 주식이기도 했지만 돈이 없던 시절에는 최고의 교환 상품이었다. 전국 어디에서나 쌀은 통용되었고 무엇으로든 교환이 가능했다. 계절에 따라 가격 변동이 극심한 것도 부자들에게는 참 마음에 드는 점이었다.

가난한 사람이라면 쌀을 뇌물로 주지 않고 그냥 먹겠지만 부자라면 가지고 있다가 제일 비쌀 때 팔 수 있다. 따라서 누군가가 바친 쌀은 최고가로 기록될 것이다. 현물로 바치는 뇌물은 부피가 크면 들키기 쉽다는 단점이 있지만 고관이나 부호의 경우 전국에 농장이 있고 그곳에서 생산한 쌀을 한양의 집으로 운반해 온다. 이웃 주민들이 와도 들고 오는 쌀가마가 뇌물인지, 농장에서 보낸 물건인지 분간하지 못한다.

나주의 감목관 김빙이 장죄(贓罪, 횡령죄, 뇌물죄)를 범하여 하옥되었다. 김빙은 신완의 서족(庶族)이다. 신완이 그때 태복시 제조(太僕寺 提調)가 되어 김빙을 감목관에 제수하였는데, 김빙이 임지에서 쌀 수십 석을 신완의 집으로 실어 보내고, 또 태복시의 낭속(郞屬)과 이서(吏胥)들에게도 얼마씩을 보내니 소문이 낭자하였다. 신완은 그 일을 스스로 고발하여 전량을 관가에 바쳤으나 여론은 더 떠들썩하여 막을 길이 없었다. 그러자 신완은 경연석에서 이 사실을 왕에게 보고하고 김빙을 잡아오기를 청했다. 김빙이 체포된 후에 진술서를 바쳤는데, "그 곡물은 저의 농장에서 생산된 것으로 일가들에게 나누어준 것인데, 대신의 집에 보낸 것으로 뒤섞여 기록되었습니다"라고 했다. 그는 끝까지 이 주장을 반복하며 신완의 집에 간 것은 다른 사람의 착오였다고 떠넘겼다.

의금부에서 아뢰기를 "김빙이 당초 쌀을 싣고 와서 대신의 집에 뇌물로 바쳤는데, 대개 법을 깔보고 업신여기는 뜻에서 나왔으므로 그 죄는 용서하기 어려운 것입니다. 그런데 중히 신문하는 자리에서 사실대로 대답하지 않고 은연중에 덮어서 숨기려는 계책을 삼으니 더욱 통탄스럽고 놀라운 일입니다. 청컨대 고문을 가하여 실정을 알아내게 해주소서" 하자, 윤허하였다. 여러 차례 형을 가했으나 김빙은 끝내 승복하지 않았다.[75]

김빙의 쌀이 들통 난 것은 누군가가 배신을 했거나 김빙이 방심하고 쌀을 한번에 너무 여러 곳으로 보냈기 때문에 눈에 띈 것이다. 그러나 그가 끝까지 자기 집에 보낸 것이라고 우겼다는 사실에서 알 수 있듯이 쌀 배송은 흔해서 뇌물과 구분하기 힘들었다.

다음으로 보편적이고 안전성이 높은 물품이 각종 반찬거리, 약재, 과일, 종이 등이었다. 반찬거리, 약재, 과일 등은 말 그대로 생필품이어서 지속적인 수요와 잔잔한 감동이 함께했다. 조선시대에 고관이 되면 최소한 매일 여기저기 수령에게서 상납품이 들어왔다.

이런 물품은 혼자 먹는 것도 아니었다. 조선시대에는 관원이 되면 일

75 《숙종실록》 38권, 숙종 29년 7월 21일, 을축.

가친척 모두의 생활을 보살필 필요가 있었다. 일가친척 중에 한 사람 이상은 관료나 수령이어야 급할 때 무언가를 조달하거나 가끔 맛있는 반찬을 먹을 수 있었다. 이런 사회적이고 공동체적인(?) 기능이 상납과 증여 경제를 사회적으로 용인하게 했으며 무엇보다도 뇌물과 선물의 구분이 아주 모호해지는 근거가 되었다.

반찬 중에 인기 있는 것은 해산물이었다. 주로 말린 명태, 오징어 등이 인기였다. 조선에서는 법령상 소를 도살할 수 없었다. 그래도 한양에서는 쇠고기 수요가 그치지 않았다고 하지만 지방에서는 쇠고기를 상납하기 어려웠을 것이다. 돼지나 닭도 공급이 달리고 보관하기 어려웠다. 생선은 말리면 보관과 운반이 쉬웠다.

그러나 뇌물의 원리에 따르면 뇌물로 적합한 반찬은 손이 많이 가서 구하는 것도, 가공하는 것도 힘들고 오래 맛있게 먹을 수 있는 것이어야 했다. 그래야 만족도도 높고 보낸 사람의 정성을 오래도록 기억할 수 있다. 이 요구 조건에 제일 적합한 것이 젓갈이었다. 젓갈은 바닷가 고을에서만 제조할 수 있었다. 냉장보관이 어려운 시대였기에 조개나 게 같은 것은 젓갈로 담그지 않으면 한양에서 맛보기가 힘들었으며 조금씩 오랫동안 먹을 수 있었다. 젓갈은 최고의 밑반찬이자 오랫동안 저장이 가능해서 뇌물을 바친 사람의 마음을 매일같이 상기시킬 수 있었다. 사람들은 뇌물로서 젓갈의 뛰어난 가치를 일찌감치 발견했다.

2011년 고려시대의 난파선이 서해 마도 근해에서 발견되었다. 이 배의 침몰 연도는 1208년이었다. 여기에 실린 화물 중 하나가 바다 마을에서 수도의 모 장군 댁으로 보내는 젓갈이었다. 물고기, 게, 전복 등을 젓갈로 담갔다. 그것이 뇌물인지, 합법적인 주문 상품인지, 직접 생산한 제품인지는 알수 없다. 그중에는 뇌물성 선물도 분명히 있었을 것이다.

종이 역시 꽤 괜찮은 상납품이었다. 요즘과 달리 일단 귀했고, 가격도 한 권에 쌀 한 말에서 여러 말 정도로 꽤 비쌌다. 가벼워서 운반하기 편하고 용도가 다양했다. 현대인은 종이라고 하면 메모용이나 학습용 정도로 생각하겠지만 조선시대의 종이는 필기용 외에 기름을 먹여 우비, 휴대용 방석, 벽지와 장판 등으로 일상생활에서 다양하게 사용되었다. 조선시대에 장판을 깐 집은 부잣집이었다. 시골에서는 돈이 있어도 종이를 구하기 어려워 벽지나 장판을 바르기가 쉽지 않았다.

쌀, 면포, 반찬거리, 종이 등은 일상용품이면서 합법적인 배송과 구분하기 어려운 것이 최고의 장점이었다. 그러나 김빙 사건처럼 꼬리가 길면 잡히고 부피가 크면 들키기 쉽다. 아무리 안전하다고 해도 범죄는 은밀하게 하는 것이 최고이다. 부피가 작고, 가격은 높고, 보편적이고 교환하기 쉬운 상품이 뭐 없을까 하고 뇌물을 바치는 사람들은 꽤 고민했을 것이다. 그런데 조선 후기에 고민을 덜어주는 아주 좋은 상품이 등장했다.

1779년 사간원 정언 이은모가 우의정 정홍순이 뇌물을 받았다고 고발했다. 정홍순이 받았다는 뇌물은 바로 담배였다. 정홍순도 상소를 올려 뇌물이 아니었다고 변명했지만 이은모는 받은 양이 200근이나 되니 뇌물이 틀림없다고 주장했다. 이 싸움은 이은모의 패배로 끝나서 이은모가 정언의 자리에서 물러나기에 이르렀다. 이때 이은모는 이렇게 말했다.

담배가 비록 하찮은 물건이기는 하지만 받은 양이 200근이나 됩니다. 이렇

게 많은 양을 선물한 것은 들어본 적이 없습니다.[76]

이은모의 말은 담배가 선물로 많이 사용되고 있었음을 암시한다. 담배는 임진왜란 때 들어왔다는 것이 정설이었는데 최근에는 그 이전에 이미 들어왔다는 설도 있다. 그러나 임진왜란 이후에 전국적으로 확산된 것은 틀림없다. 조선은 사실 좀 심심한 사회였다. 생활이 단조롭고 오락거리도 적었다. 담배가 들어오자 모든 백성의 애호품이 되었다. 청소년 흡연 금지나 임산부 흡연 금지 같은 규정도 없어서 어린아이부터 할머니까지 전국의 남녀노소가 담배를 피웠다. 전국적으로 인기였던 이 상품은 부피가 적고 가벼웠다.

담배 못지않은 인기 상품에 고가품이 하나 더 있었다. 인삼이었다. 인삼은 고려시대부터 있었지만 소위 고려인삼은 산삼이었다. 조선 후기에 인삼 재배법을 발견하면서 개성과 강계에서 인삼 재배가 활발해졌다. 여기에 새로운 장점이 또 하나 생겼다. 조선 후기에는 무역과 상업이 발달하면서 인삼을 취급하는 전문 상인과 유통업자가 생겨났다. 강계 인삼의 경우에는 경상과 개성의 상인이 사서 남쪽인 동래로 내려와 일본 상인에게 팔고 일본에서 건너온 수입품이나 은과 교환했다. 즉 압록강 중류에서 한양을 지나 부산까지 종단했다. 한반도의 중심을 지나 전국을 종주하는 이 유통 경로가 뇌물 수송 라인으로 활용된 것은 당연했다.

인삼과 담배는 시대 변화가 창조해낸 혁신이었다. 운반이 쉽고 상거래로 위장이 가능했다. 더욱 짜릿한 것은 현금화였다. 과거에는 인삼을 뇌물

---

76 《정조실록》 7권, 정조 3년 1월 1일, 병술.

로 받으면 자신의 보신용으로 쓰거나 더 높은 사람에게 상납하는 용도로 쓰는 데 그쳤다. 잘해야 물물교환용이었다. 그러나 상업이 발달하면서 인삼과 담배는 높은 환금성을 지니게 되었다. 현찰이나 다름없었다.

## 그래도 돈이 최고

돈은 뇌물 받는 사람에게는 정말 좋은 발명품이었다. 이유는 이미 앞에서 다 설명했다. 하지만 진짜 장점은 따로 있었다. 뇌물을 받는 자에게 강제적 뇌물, 즉 새로운 강탈 수법까지 제공했다는 것이다. 한양의 종로에는 육의전이 있었다. '여섯 종류의 시전'이라는 의미이지만 실제로는 더 많았다. 육의전은 관허 상점으로 나라로부터 상품의 독점 판매권을 얻었다. 대신에 국가에서 필요로 하는 물품을 무상으로 조달했다. 말이 그렇지, 국가는 필요할 때마다 자기 금고에서 꺼내듯이 가져갔다. 물론 필요한 액수가 정확하게 계산한 비용인지, 중간에 여기저기 정으로 빠져나가는 비용까지 포함한 액수인지는 드러나지 않았다. 분명 후자일 것이다. 그러다가 간혹 지나친 수탈이 문제가 되면 육의전은 철시를 하거나 상소했다.

그렇게 티격태격하며 유지되던 시전 체제였는데, 조선 후기가 되니 새로운 위기가 터졌다. 조선 전기만 해도 현물 장사가 이루어졌다. 시전이 크지도 않았고 물건의 유통도 많지 않았다. 정부나 궁에서 물품을 달라고 해도 없으면 못 주었다. 창고를 뒤져도 없는 물건을 가져갈 수 없었다. 분명히 시전 상인들은 다량의 물건을 확보할 수 있어도 꼭 필요한 만큼만 적당히 조달했을 것이다. 풍성하게 비축해두면 털리기 십상이니 말이다. 그런데 조선 후기가 되면 이 방법이 통하지 않게 되었다. 시전으로 쳐들어온 관리는

급하다고 소리치면서 물건이 없으면 돈으로 내놓으라고 했다. 은행도 없던 시대였다. 그들은 돈 궤짝을 열고 마음껏 가져갔다.

그래도 돈은 어떻게 해서든 다른 곳에 빼돌릴 수 있었다. 그런 일을 한두 번 당하면 상인도 돈을 숨기는 방법을 찾았을 것이다. 돈이 없던 시절보다는 손실이 크겠지만 모두 빼앗기는 것은 모면할 수 있었다. 그런데 도무지 피할 수 없는 최악의 상황이 발생했다. 화폐 경제가 성장하자 마침내 돈보다 편리한 뇌물이 탄생했다. 신용 화폐, 즉 어음이었다. 교과서에서는 어음의 등장을 조선시대 유통 경제의 발달 수준을 보여주는 고무적인 지표로 찬양하지만 신기술은 뭐든지 양날의 검이다. 사람을 살리는 기술이 늘어나면 죽이는 기술도 함께 발전한다.

상인에게 어음은 공포의 대상이었다. 관리들은 육의전에 무슨 물품이 필요하니 물건을 내놓든지 돈을 내라고 했다. 상인들은 울부짖었다. 창고에 그만한 물량도 없고 돈도 없다고 하면 예전에는 포기하고 돌아갔는데 이젠 시대가 변했다. 관리들은 차가운 미소를 지으며 종이 한 장을 내밀었다.

"어음을 쓰게."

관리는 궤짝의 돈보다 몇 배나 되는 금액을 단숨에 털어갔다. 시전 상인뿐만이 아니다. 지방 상점은 물론 나중에는 보부상까지도 어음의 먹이가 되었다.


동료 이희정과 변주은이 사점기(私店器)를 엄단하기 위하여 각 고을로 나갔다가 등짐장수에게서 돈 100냥을 뇌물로 받고 400냥은 어음으로 받아 가지고 돌아왔다. 그릇 장수 김한보가 마침 그곳에 이르렀는데, 등짐장수들이 김한

보를 잡아다 곧장 수십 대를 사납게 때리고 (뇌물로) 준 돈 100냥과 비용 70냥

을 물어내게 했다고 하였다. 변, 이의 소행이 몹시 통탄스럽다. 도중에서 벌을

주고 거방(擧房)하였다.[77]


　그러면 돈은 사악한 마물일까? 이런 이유로 돈은 사악한 것이니 돈을

없애고 이전의 물물교환 시대로 돌아가자고 주장하는 사람도 있다. 그러나

그런 논리라면 인류의 진보는 다 죄악이다. 새로운 기술과 변화는 새로운 위

험 부담과 노력을 요구한다. 그리고 실제로는 경제 수준이 높은 나라가 청

렴지수가 높다. 첨단 기계를 사용하기 위해서는 더 많은 교육과 주의가 필

요하듯이 높은 수준의 경제를 유지하려면 더 높은 수준의 부패 방지 시스템

과 문화 수준, 부패에 대한 의식 변화가 필요하다.

## 뇌물 방지를 위한 화폐 폐지론

뇌물을 발본색원하는 방법, 뇌물의 근원을 뿌리째 뽑아버리는 방법은 없을

까? 조선 후기에 살았던 사람들을 가장 당혹하게 한 사건은 돈이라는 요물

이 등장한 것이다. 고려시대에도 화폐 사용을 몇 번 시도했다. 조선왕조에

서는 태종, 세종 때 화폐 발행을 시도했지만 제대로 통용되지 않았다. 그러

다가 17세기 무렵 상평통보를 시작으로 돈이 돌기 시작했다. 현물 거래가

완전히 없어지지는 않았지만 18세기에는 한양에서 돈이 아니면 안 되는 거

래도 생겼다. 이유는 알 수 없지만 특히 술을 사려면 현찰이 필요했다고 한

다. 19세기 말이 되면 시골에서도 생필품의 거래에 돈이 사용될 정도로 화

---

**77** 지규식,《하재일기》 1권, 1891년 8월 7일.

폐 경제가 넓게 보급되었다.

돈이 돌자 풍속이 바뀌었다. 당시 사람들 기준으로는 돈맛을 알자 세상
이 약삭빠르고 각박해졌다. 아이들도 세뱃돈을 주지 않으면 세배하지 않겠
다고 버티기 시작했다. 오늘날 세뱃돈을 올려주지 않으면 세배를 하지 않겠
다고 앙탈을 부리고 흥정하는 아이들을 부모들은 웃으면서 바라보지만, 17
세기 무렵 조선의 어른들에게 돈, 돈 하는 아이들의 시위는 충격이었다. 돈
이라는 마물에 중독되면 순진한 아이들도 이렇게 변하는데 다 큰 성인, 이
권과 권력을 주무르는 사람들이 어떻게 바뀔지는 자명했다.

어음은 돈보다 간편했다. 뇌물로는 어떤 현물보다도 적격이었다. 이제
무거운 젓갈 단지를 들고 남의 눈을 피해 밤에 몰래 반입하거나, 말을 끌고
들어가 발에 박은 쇠 징과 못을 뽑아서 바치고 나오는 귀찮은 짓은 하지 않
아도 되었다. 돈이 없어서 현물로 바치던 시절, 운송비가 더 많이 들 때도 있
었다. 뇌물을 받는 사람들은 화폐로 절약되는 운송비를 뇌물의 단가를 올리
는 데 사용할 수 있었다.

돈이 돌기 시작하면서 뇌물이 급증하고 뇌물의 액수가 올라갔다. 1695
년 영의정 남구만은 동전을 사용한 뒤로 도둑이 횡행하고 뇌물이 공개적으
로 행해졌다고 통탄했다.[78] 여기서부터 진정으로 과감한 해결책이 등장했
다. 뇌물을 없애려면 돈을 없애버려야 한다는 것이다.

사헌부 장령 조석주가 상소했다. "뇌물이 공공연히 행해지고 인심이 교활
해지고 속임수가 늘어나는 것은 모두가 돈에서 비롯되는 것입니다. 이 일을 생

---

**78** 《비변사등록》, 숙종 21년 11월 21일.

각하면 무궁한 근심을 이루 말할 수가 없습니다. 그런 까닭으로 신은 돈이 도적과 마찬가지라고 생각합니다. 돈이 점점 많아지면 앞으로 큰 변고가 생길 것입니다. 위험한 사태가 하루아침에 닥치기 직전인데, 어찌 돈을 녹여서 그릇으로 만들어버리는 것을 어렵게 여기겠습니까. 그것이야말로 적은 비용을 아끼다가 큰 사고를 당하는 격입니다."[79]

우의정 이이명이 보고했다. "지금 돈을 주조해서는 안 된다고 주장하는 사람들은 구리가 우리나라에서 생산되지 않고, 우리나라 사람의 풍속이 돈을 사용하는 데 익숙하지 않으며, 지난 수십 년간 돈을 사용해보니 민심이 날로 교활해져서 간사한 도적이 늘어나고, 돈을 이용해서 뇌물을 더욱 쉽게 주고받고 있다고 합니다. 돈으로 인해 부자는 더 부유해지고 가난한 자는 더 가난해지는데, 이제 마침 유통되는 돈이 부족해졌으니 이 기회에 돈을 폐지하는 것이 옳다고 주장하고 있습니다."[80]

이런 주장은 놀랄 정도로 많았다. 하지만 뇌물을 없애기 위해 돈을 폐지하자는 의견이 너무 극단적이라고 생각하는 사람도 있었다. 돈에 대한 애착을 완전히 버릴 수 없었던 사람들은 약간 완화된 의견을 제시했다. 돈을 추가로 제조하지 말자고 하거나 돈을 통제할 수 없으면 사치와 욕망을 통제하자는 것이다. 돈과 마찬가지로 사치하는 풍속이 헛된 욕망을 만들고 그 욕망이 뇌물을 낳는다는 것이다.

79 《숙종실록》46권, 숙종 34년 12월 26일, 무진.
80 《숙종실록》58권, 숙종 42년 12월 17일, 계묘.

헌납 성덕조가 상소했다. "돌아보건대, 지금 나라의 용도는 날로 고갈되고 백성의 생활은 날로 곤궁하니, 이는 전적으로 사치의 풍습이 조성된 것에 말미암은 것입니다. 벼슬아치들과 대가들은 수레와 말을 장식하고 의복과 기호품을 사치하며, 서리와 시정의 무리들은 비단옷을 겹쳐 입고 고기반찬을 두 가지나 먹습니다. 갈수록 서로 모방하고 본떠서 으레 보통 하는 것으로 여깁니다. 뇌물의 길이 이로 말미암아 크게 열리고 저축이 이로 말미암아 소모되고 도덕이 이로 말미암아 날로 불어나니, 어찌 통분한 일이 아니겠습니까. 국가의 재용으로 말한다면 한 해의 경비도 넉넉하지 못하고, 백성의 재산으로 말한다면 한 때를 넘길 계책도 없습니다. 그러므로 '절약'이라는 두 글자는 바로 오늘날의 급선무인데, 위아래가 서로 따르면서 오직 지나치게 소비하는 것을 일삼고 있습니다. 의관을 빨아서 착용하였다는 말을 벼슬아치들에게서 들어보지 못하였고, 옷깃과 소매를 하얗게 지어 입은 차림은 액례(掖隸)들 중에서 많이 보았습니다. 이는 어쩌면 전하께서 몸소 실행하신 바가 검소를 숭상하는 실상에 미진함이 있어서, 궁중에서 소매가 넓은 옷을 입으면 사방에서는 한 필의 비단을 사용한다는 속담과 불행히도 비슷한 것이 아닙니까? 삼가 바라건대, 성명께서는 절약의 방도를 진념하고 몸소 검소한 생활로 아랫사람들을 인도하여 퇴폐한 풍속으로 하여금 크게 변화하는 희망이 있게 하소서. 그러면 온 나라에 매우 다행스러운 일이겠습니다."[81]

실학자로 유명한 성호 이익도 비슷한 논지로 화폐 폐지론을 주장했다. 오늘날에도 이런 주장에 적극 동조하는 사람들이 있다. 그들은 화폐 폐지론

---

81 《정조실록》 10권, 정조 4년 11월 10일, 갑신.

자의 주장이 구구절절 틀린 말이 하나도 없다고 말할 것이다. 일리는 있다. 돈으로 사회가 더 야박해지고 욕망이 증폭되며 뇌물과 '부익부 빈익빈' 현상이 심해지는 것은 그 자체로 사실이니까 말이다. 그러나 화폐를 없앤다고 세상이 물질의 욕망과 경쟁과 부패에서 벗어날 수 있을까? 앞서 인용한 글에서 화폐 폐지론자의 주장을 소개한 우의정 이이명은 간단하게 반론을 폈다.

"중국에서는 춘추전국시대부터 돈을 사용해왔다. 요순과 같은 성인도 화폐를 통용시켰다."

현대식 증거를 들자면, 사회주의 이론을 편 마르크스도 화폐를 없애자는 말은 하지 않았다.

## 돈을 없애면 탐욕이 사라질까

돈을 없애면 세상에 탐욕과 불평등이 없어진다는 생각은 공상적 사회주의 사회에서나 가능하다. 조선의 사상가나 유학자들이 사회주의 사상을 지지해서 화폐 폐지론을 주장한 것은 아니다. 그들이 사회주의에 대해 들었다면 대부분 펄쩍 뛰었을 것이다. 그들에게 평등한 토지 분배란 있을 수 없는 일이다. 조선 후기에 한전론(限田論), 균전제(均田制) 등 토지 개혁을 주장한 사람들도 백성에게 토지를 균등 분배하자는 것이지, 사대부도 농민으로 만들어 모든 사람이 평등한 세상을 만들자고 한 것은 절대 아니었다.

'부익부 빈익빈' 설에도 함정이 있다. 화폐와 상업이 성행하면서 가난한 농민들은 더 가난해졌다. 부자가 늘면 빈농이 늘어난다는 이유로만 화폐에 반감을 가진 것은 아니었다. 왕족, 귀족, 부자가 더 부자가 되기도 하지만 농부, 향리, 몰락한 양반이 상업과 화폐 경제를 이용해 부를 축적하고 부자가 될 수 있는 기회 또한 많아졌다. 그들이 양반이 되면 기존 양반의 권력과 이권에 도전하기도 했다.

빈농이 돈을 벌어 부르주아가 되고, 부르주아가 관직을 사거나 공부를 해서 귀족으로 성장하기도 했다. 화폐 폐지론을 주장한 사대부나 유학자가 정말 두려워한 것은 후자 쪽이었다. 당장 조선 후기 사회를 보면 돈을 벌어 양반이 된 신향들이 우글우글했다. 그들은 "요즘 세상에 돈이 있어야 양반 이지"라고 항변하며 몰락한 양반을 멸시했고, 이미 세력화해서 기존 양반층과 향촌의 운영권이나 각종 이권을 두고 싸움을 벌이고 있었다.

사치가 늘어난다는 등 우리가 인정할 수밖에 없는 이유도 발상의 전환이 필요하다. 이전에는 비단옷을 입을 사람이 한 명뿐이었는데 지금은 10명으로 늘었다. 반면 농사짓는 사람은 9명이 줄었다. 생산자는 줄고 소비자는 많아졌다. 그렇다면 박제가의 주장처럼 생산 기술을 높이고 생산력을 늘려서 해결해야 할 일이다.

하지만 정통 양반들의 사고방식은 이랬다. 사치품을 사는 사람이 많아지니 농민은 사치품 생산으로 직업을 전환한다. 그러자 삶에 꼭 필요한 식량을 생산하는 사람은 감소한다. 전국에 식량 부족 현상이 생기고 빈민이 고통을 받는다. 가난한 백성에게 돈이 생기면 처음에는 사치를 하지만 조금 있으면 권력을 탐한다. 향리나 몰락한 양반은 더하다. 그러니 뇌물이 증가한다. 돈을 없애면 뇌물이 없어진다는 생각은 돈과 사치를 없애서 주제 넘게 부자가 되어 세상을 어지럽히는 사람들을 원래의 신분과 직업으로 되돌리자는 것이다.

이렇게 말하면 돈뿐만 아니라 아예 상업이나 빈부 격차가 없는 사회로 돌아가면 뇌물이 없어질 거라고 주장하는 사람이 있다. 그 생각 역시 수천 년 전에도 있었고 지금도 존재한다. 조선시대 사람들이 이상으로 생각한 토지 제도는 주나라의 정전법(井田法)이다. 토지를 바둑판 모양으로 구분하고 모든 사람이 토지를 똑같이 소유하는 방식이다. 그러면 사람은 평등해지고 뇌물이 줄어들까? 아니다. 면적이 같아도 토지마다 토질이 다르다. 그래서 토지의 비옥도를 계산해서 면적을 다르게 하면 된다, 3년마다 돌아가면서 지으면 된다, 이런 식으로 별별 해법을 내놓았지만 어떤 것도 성공하지 못했고, 성공할 수도 없다.

결국 토지를 공평하게 분배하는 것 자체가 절대 불가능해지고, 서로 좋은 토지를 차지하기 위해 경쟁과 뇌물이 등장한다. 단지 추론이 아니라 현재 비슷한 방식을 쓰는 중국 농촌에서도 일어나고 있는 현상이다. 평등사회가 되면 권력자가 없어질 것이라는 생각도, 최소한 부당한 권력은 없어질 것이라는 생각도 환상이다. 순진한 아나키스트들이 주로 그런 생각을 하는데 잘 모르고 하는 소리다. 토지 매매를 금지하고 공평한 분배가 이루어지려면 강력한 감독이 필요하다. 인간의 원초적 욕망을 권력과 감독으로 억제해야 한다.

부자가 되고 좀 더 편한 생활을 하려는 것은 인간의 가장 기본적인 욕구이다. 그 욕구를 억제하고 통제하려면 그보다 더 강력한 권력이 필요하다. 집단농장제를 시행한 사회주의 국가들이 왜 뇌물과 권력의 부패로 고생했는지 생각해볼 필요가 있다.

## 화폐가 없어도 뇌물은 돈다

상업과 화폐를 없애서 물물교환을 하면 뇌물이 줄어들 것이라는 생각도 핵심을 비껴갔다. 뇌물과 부정은 어떤 경우에도 나온다. 경제가 발달하고 사회가 복잡해지면 뇌물 수수 방법은 복잡하고 교묘하게 변한다. 그렇다고 과거로 돌아가면 세상이 깨끗해질 것이라고 생각하는 것은 마치 늘어난 노동시간으로 팔이 아플 때 팔을 잘라버리면 고통과 일할 필요가 없어진다고 말하는 것과 똑같다.

화폐가 없어도 뇌물은 얼마든지 돌 수 있다. 그 증거는 조선시대 역사에서 충분히 볼 수 있다. 1470년(성종 1) 제용감 첨정 김정광의 뇌물 사건이 조정을 뒤흔들었다. 김정광은 세조의 총애를 받은 신하이자 성종 때 원상(院相, 어린 임금을 보좌하여 정무를 보는 임시 벼슬)이 된 광산부원군 김국광의 동생이다. 김국광은 당대의 세도가로서 성종 때의 큼직한 뇌물 사건은 그와 관련된 것이 많다. 동생 김정광과 사위 이한이 모두 뇌물죄로 걸렸으나 김국광 자신은 무사히 버텼다. 김정광 사건도 배후에 김국광이 있어서 가능했다는 것이 당시의 정설이다.

제용감은 궁중에서 사용하는 면포를 관장하는 관서이다. 면포는 궁에서 사용하는 옷, 이불, 커튼, 조명용 재료였지만 화폐로도 사용되었다. 제용감은 면포를 매입하고, 반대로 비축한 면포를 사용하거나 타 관서에 대출해서 물자를 매입하기도 했다. 이때만 해도 화폐가 없었으니 돈으로 사서 물건을 매입하는 것이 아니라 육의전에서 공출하거나 쌀이나 면포를 주고 매입했다. 물물교환을 하면 공정할 것 같지만 천만의 말씀이다. 쌀값과 면포값은 계절 차가 심했다. 어떤 가격을 적용하느냐에 따라 엄청난 폭리가 발생했다. 권력기관은 당연히 매입할 때에는 가장 싼 값을 적용하고 팔 때에는 제일 비싼 가격을 적용했다.

물론 반대의 경우도 없지는 않았다. 관리가 상인이나 누군가와 결탁을 했을 때이다. 김정광은 제용감에서 사용할 가는 실로 짠 베를 매입할 때, 상인과 온갖 사람들에게서 뇌물을 받고 받아들일 수 없는 조악한 저질 면포 2,500필을 제용감의 비용으로 매입했다. 근래에도 자주 발생하는 납품 비리이다. 그는 나중에 이 사실이 탄로가 나자 증거인멸까지 시도했다. 저질 면포를 공장에 보내면 납품 비리가 들통이 나므로 면포에 표를 달았던 모양이다. 어쩌면 납품자를 표시하는 표였을 수도 있다. 사건이 누설되자 김정광은 납품한 사람 20명과 함께 창고에 들어가 면포 끝에 붙인 표식을 모두 잘라버렸다.[82]

면포는 포를 짠 실의 굵기에 따라 가격이 달랐다. 포를 짤 때 사용하는 실의 양이 다르기 때문이다. 이 실의 양을 '승'이라고 하는데 5승 포 한 필을 짤 실이면 10승 포 반 필을 짰다. 인건비를 빼고 재료 값만 쳤을 때 그렇다.

보통 조선에서 화폐로 사용한 면포는 5승 포였다. 의복 재료로 쓰기에는 저급품이었다. 마침 조정에서 중국에 보내는 면포가 필요했는데 중국에 보내는 포는 10승 포 이상의 최상품이어야 했다. 그래서 고급 면포를 매입해야 했으나, 김정광은 2승 포, 3승 포 같은 저급 면포를 10승 포인 척 받고 5승 포를 2배로 지불했다. 간단히 말하면 단가 만 원짜리 물건 한 개를 단가 4만 원짜리로 장부 처리하고, 단가 2만 원짜리 두 개를 판매자에게 준 것이다. 납품자 입장에서 보면 한 개 당 3만 원의 이익이었다. 그러나 최소한 절

---

82 《성종실록》 6권, 성종 1년 6월 7일, 갑인.

반 정도는 담당 관리와 나눠 먹어야 했다. 이때 화폐가 없었으니 각종 물품을 김정광에게 바쳤다.

실록에는 이때 뇌물을 바친 사람과 뇌물로 바친 물건의 상세한 목록이 기록되어 있다. 화폐가 없던 시절이라 정말 온갖 사람들이 다양한 물품을 준 사실을 알 수 있다. 청화 말다래, 녹색 생사, 비단과 같이 특이한 사치품도 있었고 쇠못, 쇠삽, 숯, 장작도 있었다.

다음에 나오는 김정광의 뇌물 목록을 보면 뇌물을 바치고 수익이 남았을까 싶은 경우가 한둘이 아니다. 예를 들어 양인 김어부개는 기와 2,000장과 면포 20필, 땔감 3수레, 꿩, 조개, 배, 생선을 바치고, 저질 포 39필을 바쳤다. 계산의 편의를 위해 2승 포 40필을 바치고 5승 포 80필을 받았다고 가정하자. 김정광에게 5승 포 20필도 주었으니 김어부개의 수익은 5승 포 40필이다. 장작, 꿩, 조개 등은 매입한 것이 아니라 자기가 직접 잡거나 얻은 것일 테니 그것들을 빼면 기와 2,000장이 5승 포 40필의 가격보다 적어야 남는 장사가 된다.

5승 포 한 필은 쌀 1.25말 정도 된다. 기와 가격은 알 수 없는데 성종 때 기와는 와서(瓦署)라는 관서에서 독점 제작하고 있어서 매우 귀하고 비쌌다. 계량적 증거는 제시하기 힘들지만 기와 2,000장을 주면 절대 남는 장사가 아니다. 따라서 기와는 절대로 김어부개가 매입한 것이 아니라, 철거하는 집에서 얻었거나 아는 사람이 있어서 기와 굽는 곳이나 공사장에서 빼돌렸거나 하는 비정상적 수단으로 얻은 것이 분명하다. 이런 사실을 보면 현물로 이루어진 뇌물 거래는 뇌물, 횡령, 부당 이익이 연쇄적이고 종합적으로 얽혀 있다.

**1470년 김정광의 뇌물 목록**[83]

| 납품자 | 뇌물의 종류와 수량 | 납품액 |
|---|---|---|
| 악생 김산 | 면포 17필, 정포 5필, 기와 1,000장, 숯 10석, 목재 10조 | 88필 |
| 양인 김검동 | 생사 2필, 명주 1필, 지초 5두, 쇠못 200매, 술 1동이 | 55필 |
| 양인 이검불, 춘산 | 면포 10필, 쇠삽 1개, 술 2동이, 계란, 석류, 사슴꼬리, 문어, 연어, 곶감 | 10필 |
| 정병 김독대 | 모라양립(毛羅涼笠) 1정, 어물 | 3필 |
| 양인 김어부개 | 기와 2,000장, 면포 20필, 땔감 3수레, 꿩, 조개, 배, 생선 | 39필 |
| 사노 개질지 | 목재 3조, 침상 1개 | 14필 |
| 사노 우질지 | 마노 장식, 관 끈 1꿰미 | 10필 |
| 양인 서치손 | 청화 장식, 말다래 1개, 녹색 생사, 꿩, 생선 | 29필 |
| 양인 서막동, 문미동 | 유접자 20개, 유기 그릇 10개, 녹세도(綠細絛) 1요, 어물 | 22필 |
| 양인 강유련 등 | 중국 등잔 1벌, 괴석 1개, 대형 놋화로 1개, 유기 접시 20개, 유기 대접 10개, 놋화로 3벌 | 38필 |
| 양인 김석강 | 생사 1필, 꿩, 물고기 | 4필 |
| 사노 송아지 | 목재 10조, 어물 | 21필 |
| 양인 홍검동 | 유기 접시 10개, 은종 1개, 은박 비단 1필, 어물 | 23필 |
| 양인 서논경 | 숯 3석, 저울추와 자물쇠 세트, 못 27개, 말다래 1개, 등자 1개, 어물 | 24필 |
| 양인 이명심 | 광침석 1개, 어물 | 12필 |
| 종 논동 | 목재 20조, 주홍반 20개, 어물 | 16필 |
| 양인 김장손 | 생사 1필, 유기 화분 1개, 주홍 접시 10개, 어물 | 5필 |
| 양인 김석산, 박반야 | 은괴 1개, 은박 비단 15필, 산유목 무늬 관복 허리띠 1개, 포 3필 | 26필 |

    돈은 없고, 노동력의 가치는 계산하기 힘들고, 힘없고 가난한 빈민과
노비는 널려 있다. 따라서 물품 거래는 등가교환이 안 된다. 꿩 한 마리가 시
장에서 만 원에 팔린다고 해도 소작인이나 노비를 시켜서 잡은 것이면 주인

---

83 일부, 《성종실록》6권, 성종 1년 7월 6일, 임오.

입장에서는 공짜인 셈이다. 그것을 바치고 면포를 얻는다면 100퍼센트 순수익을 얻게 된다. 김어부개가 누구인지 모르지만 조금 힘 있는 사람이라면 자기 밑의 수많은 사람들을 공짜로 부리거나 강압을 하거나 해서 물건을 얻고, 그것으로 뇌물을 바쳐 부당한 현물 거래를 했을 것이다. 화폐 거래보다 더 불공정한 거래는 얼마든지 일어난다.

# 정의의 여신은 왜
# 두 눈을 가렸을까

정의의 여신 디케의 상은 눈을 가린 채 접시저울을 들고 있다. 디케가 눈을 가린 이유는 정말로 이중적이다. 하나는 눈을 가린 채 정말로 공정하게 저울의 무게를 잰다는 의미이다. 반대로 눈을 감고 저울을 보는 어리석음을 풍자한다는 의미도 있다. 이 이중적 의미는 처음 등장할 때부터 그랬다. 원래 디케의 상은 눈을 가리지 않았고 저울이 아니라 칼을 들고 있었다. 그런데 유럽의 중세시대부터 저울로 바뀌었고 15세기 독일의 풍자극에서 눈을 가리는 것이 시작되었다고 한다.

그런데 최악의 해석이 하나 더 있다. 여신이 눈을 가린 채, 원고와 피고가 누구이든 오직 뇌물의 무게를 달아보는 장면으로 해석하는 것이다. 어느 해석이 맞느냐는 의미가 없다. 재판의 신뢰와 결과로서 판단할 일이다. 어느 나라, 어느 시대에나 디케의 모습은 3가지 의미를 함께 지니고 있었다. 성문법과 사법 기구에 의한 재판이 처음 시작된 시절부터 그랬다.

**정의의 여신, 디케(Dike)**
오른손에 칼은 실행되어야 하는 정의를, 왼손에 청칭저울은 약자에 강하지 않고 강자에 약하지 않은 형평성을, 두눈을 가린천은 어떠한 편견에도 영향받지 않을 것을 의미한다.

## 고대의 재판과 뇌물

세계에서 가장 오래된 법전인 함무라비 법전(기원전 1750년경)에는 위증과 뇌물죄에 대한 처벌 규정이 있다. 함무라비 법전의 영향을 받은 모세의 율법에는 "가난한 자의 송사라고 정의를 굽게 하지 마라"(출애굽기 23장 6절)라는 구절이 있다. 사회의 갈등을 조정하고 질서와 정의를 유지하기 위해 재판은 꼭 필요한 기능이다. 혹자는 사법은 사회정의의 마지막 보루라고 말한다. 그러나 역사적으로 보면 사법적 권력과 재판은 정의의 마지막 보루이면서 권력의 시발점이기도 하다. 이 이상한 양면성 덕분에 재판은 권력의 정의와 필요성을 가장 잘 설득하는 도구인 동시에 가장 타락하기 쉬운 권력이 되었다.

원시 사회나 고대 사회를 보면 최초의 권력은 보통 현자와 존경받는 재판관에게서 출발한다. 권력의 필요와 국민의 필요가 정확히 만나는 곳이 재판이다. 처음 재판을 담당했던 사람은 마을에서 존경을 받고 인격이 검증된,

구부러진 지팡이를 짚고 하얀 수염을 기른 현자였을지도 모른다.

현자의 재판은 수많은 우화와 동화의 모델이지만, 떡갈나무 아래에 앉아 있는 현자는 엉터리 재판을 하거나 주민들의 원망을 사면 자신을 보호해 줄 사람이 없다는 사실도 감안해야 한다. 현자의 머리에 관이 얹어지고 주위에 무장 경호원이 자리 잡게 되면서 현자의 양심과 판결은 한계에 부딪힌다. 현자가 타락하지 않아도 사람과 사람 간의 관계가 복잡해지고 집단 간에 모순이 증가하면 개인의 양심과 지혜도 한계에 달한다.

모두를 만족시킬 수 있는 재판을 누가 할 수 있을까? 유명한 솔로몬의 판결은 범인이 독하면서도 어리숙해야 한다는 전제조건이 따른다. 아이를 훔친 여인이 프로 범죄자였거나 마음이 여려서 아이를 죽이면 안 된다고 친모와 똑같이 울부짖었다면 솔로몬도 손을 쓸 수가 없었을 것이다. 어떤 판결도 모두를 만족시킬 수 없다면 자기 마을 사람을 즐겁게 하는 판결, 힘 있는 사람과 자신에게 이익이 되는 사람에게 유리한 판결이 좋은 판결이 된다. 여기서 재판과 뇌물의 동거가 시작된다. 그 동거는 우리의 예상보다도 훨씬 오래전에 시작되었다.

고대의 재판에 대해 특별한 기록이 하나 있다. 기원전 9세기의 중국을 보면 권력층은 청동기와 옥으로 장식품을 만들어 치장하고 지상 가옥에서 살았지만 보통 사람들은 아직 석기를 사용해 농사를 지으며 반지하 움집에 살던 시절이었다. 교과서에서 서주(西周)시대라고 불리는 이 시기에 제작된 청동기 한 세트가 고고학자들에 의해 발굴되었다. 소백호 청동기라고 이름 붙여진 이 두 청동기는 조생이라는 귀족이 재판의 승리를 기념해서 제작한 것으로 재판 과정을 청동기에 새겨놓은 것이었다.

주나라는 귀족의 작위에 따라 토지 소유 금액이 제한되어 있었다. 그러나 조생 혹은 그의 가족으로 보이는 지공이라는 사람이 한도 이상으로 토지를 소유한 것으로 고발당했다. 조생은 소목공이란 사람의 모친에게 청동 항아리를 선물하고 선처해줄 것을 호소했다. 초과 소유라고 판별 나더라도 3분의 2나 2분의 1은 계속 소유하게 해달라는 것이었다. 소목공의 부친이 반응이 좋자 조생은 또 비단과 벽옥을 바쳤다. 소목공은 다른 생각이 있었던 것 같지만 부모의 명을 거역할 수 없었다. 결국 조생의 뇌물과 로비가 성공해서 원하던 판결을 얻었다. 소목공은 축하한다고 말했고 조생은 다시 옥을 바쳐 사례했다.[84]

이 이야기에 등장하는 소목공은 주나라 여왕(厲王) 때의 대신이다. 여왕은 주나라의 12대 왕으로 폭군으로 알려져 있다. 그의 결정적인 실책은 재정이 궁핍해지자 그때까지 공동으로 이용하던 산림천택(山林川澤)을 국유화하고 산물을 전매한 일이다. 소목공은 여왕에게 정치의 개선을 요구했지만 들어주지 않았다. 결국 기원전 841년 백성이 폭동을 일으켜 여왕은 달아났다. 소목공은 태자를 숨겨두고 주정공과 함께 천자를 대신해서 나라를 통치하다가 태자가 성장하자 천자로 즉위시켰다. 이 시기의 연호를 '공화'라고 했는데, 이것이 공화정이라는 단어의 기원이다.

소목공은 국민에게 명망을 얻은 대신이었지만 조생의 청동기를 보면 뇌물과 독직 사건에 깊이 간여했다. 그래도 소목공은 부모의 의지에 의한 것이어서 변명의 여지는 있다. 문제는 조생이다. 이 시대에 이런 청동기를 제작한 이유는 판결에 대해 하늘에 감사의 제사를 올린다는 제례적 의미와 재

---

84 박건주, 《중국고대의 법률과 판례문》, 백산자료원, 1999, 283~286쪽.

판 결과를 영원히 보존한다는 현실적 의미가 함께 있다. 신과 인간에게 동시에 확정 판결을 공시하는 셈인데 그는 자신이 뇌물로 부당한 판결을 얻은 과정까지 당당하게 기록했다.

그래서 주나라 여왕의 시대가 말세였다고 말할 수도 있겠지만, 고대인의 재판과 권력에 대한 생각이 후대인과 상당히 달랐음을 보여준다. 국가와 재판정이 없었다면 조생의 집안은 자신의 땅을 지키기 위해 소송 당사자와 피를 흘리며 대결했을 것이다. 국가와 법이 생기면서 싸움은 법정으로 이전되어 칼과 방패 대신 혀와 법령집을 휘두르게 되었다. 그래도 전쟁이라는 자세는 바뀌지 않았던 것 같다. 조생에게 이 승리는 자신이 이룬 모든 인맥과 재산과 권력을 동원해서 얻어낸 승리였다. 게다가 이 청동기가 3,000년을 살아남아 특권과 부정에 대해 본능적 혐오감을 지닌 불손한 후손들에게 읽히는 사태가 오리라고는 전혀 생각지 못했기에 당당히 승리의 전말을 기록할 수 있었을 것이다.

## 재판이 뇌물의 원천이 되다

재판에는 이중적인 속성이 있다. 우리가 국가적, 사회적 제도로 사법 제도를 논할 때 사법 제도는 신성한 정의와 질서의 수호자이지만, 소송 당사자가 되면 승자와 패자뿐인 전투장이 된다. 소송자나 재판관까지도 수수료, 사례, 뇌물을 구분하지 않았고 구분하려고 하지도 않았다.

근대까지도 재판에 대해서는 법정 수수료나 사례가 정해져 있지 않았다. 외형상으로 재판은 왕이나 관리의 일반적 의무이자 서비스였다. 근대에 들어서 비로소 약간의 보수 제도가 발생했지만 비용은 상당히 낮았다. 이념적으로 재판은 통치자에게 신이 부여한 도덕적 의무였고 최고 재판관은 국왕이었다. 그러니 여기에 비용을 다는 것은 신성한 의무를 천박하고 직업적인 것으로 만든다고 여겼을 수 있다. 더욱이 가난하고 억울한 백성을 위해서 재판정은 항상 무료로 열려 있어야 했다.

그러나 자의든 타의든 덕분에 재판은 거대한 뇌물과 수익의 원천이 되었다. 소송 당사자들도 재판이 힘든 노동이라는 사실을 잘 알고 있었다. 특히 재산이 걸린 소송일수록 결코 공짜 재판을 원하지 않았다. 1765년에 간행된 《영국법개론》에서는 재판에서의 뇌물죄를 '뇌물을 받고 재판의 결과를 왜곡한 경우'로 규정했다. 무언가를 받았어도 재판이 양심적으로 진행되었다면 뇌물이 아니라는 것이다.[85] 이 정의는 현대에도 상당히 많은 사람들의 심금을 울리고 있다.

명분과 실리가 이처럼 경제적으로 들어맞으며 함께 따라오는 제도는 정말로 흔치 않다. 그래서 모든 통치자가 재판권에 탐을 냈다. 중세 유럽에서는 영주가 장원에 재판정을 차리고 촌락의 재판권을 회수했다. 여기에 교회 재판소가 별도로 설립되어 영주 재판소와 대립했고, 나중에는 국왕의 순회 재판소와 고등재판소가 파고들었다.

정의로운 권력자의 의무를 수행하려는 의지, 승리와 이익에 대한 전투적 욕망이 존재하는 한 재판은 공정한 것보다 청렴하게 진행되기가 더 어려웠다. 여기에 국왕이 임명한 재판관들은 투자 비용까지 뽑아야 했다. 애덤 스미스는 재판에 대한 인간의 경제적 심리를 이렇게 표현했다.

국왕의 사법권은 그에게 지출의 원인이 되기는커녕 오랜 기간 수입의 원천

---

85 존 T. 누난, 앞의 책, 134쪽.

이었다. 그에게 판결을 요청하는 사람은 언제나 그 재판에 대해 지불하려고 했고, 선물이 따르지 않는 청원은 결코 없었다. 국왕의 권위가 상당히 확립된 뒤 유죄판결을 받은 사람은 상대방에게 지불해야 하는 배상금과는 별도로 국왕에게도 벌금을 물어야 했다. 국왕을 골치 아프게 했고 괴롭혔으며 그 심기를 불편하게 했으므로 이에 대해 벌금을 내는 것은 당연하다고 생각되었다. 아시아의 여러 타타르 통치 제도나 로마제국을 몰락시킨 게르만 스키타이 민족에 의해 세워진 유럽의 여러 통치 제도에서는 사법은 왕과 그 아래의 모든 족장 영주들에게 상당한 수입의 원천이었다. 원래는 국왕과 그 아래의 족장들 모두가 직접 재판을 했던 것이다. 그 뒤 관리나 재판관 등과 같은 특정 대리인에게 재판을 위임하는 것이 더욱 편리하다고 생각했다. 그러나 이 대리인들은 여전히 자기의 임명권자에게 재판으로부터 얻는 이윤을 보고하도록 되어 있었다. 헨리 2세 시대에 순회 재판관들에게 내린 훈령을 살펴보면 이들 재판관이란 국왕의 수입 중 일정 부분을 징수하기 위해 각 지역에 파견된 일종의 순회 대리인에 지나지 않음을 분명히 알 수 있다.[86]

애덤 스미스의 서술은 유럽을 기준으로 한 것이다. 동양도 언급하고 있지만 애덤 스미스와 100년 뒤의 마르크스까지도 그들이 말하는 아시아는 잘해야 터키, 인도까지였다. 중국에 대한 지식의 깊이는 마르코 폴로 때와 별로 달라진 것이 없다. 그럼 여기서 조선의 상황을 한번 보자.

86 애덤 스미스, 김수행 옮김, 《국부론》, 비봉출판사, 2007, 882쪽.

## 조선의 사법 이야기

조선은 한말까지도 삼권이 분리되지 않았다. 하지만 대신 관료제는 유럽과 비교할 수 없는 수준으로 공적인 운영 구조를 갖추고 있었다. 재판과 형벌 과정은 엄격한 이중 삼중의 감시 관리 체제를 갖추었다. 우리가 비판적인 눈으로 조선의 사법 제도를 보면 불합리하고 감옥에 억울한 죄수들이 가득할 것 같지만 중세적 기준으로 보면 조선은 상당히 열심히 사법 제도를 감시했고 형벌 집행에도 주의를 기울였다.

사법관서는 명망 있는 관원이 맡았다. 조선시대에는 대사헌, 형조판서, 수령을 거치지 않고는 정승이 될 수 없었다. 재판에서 심각한 실수를 하거나 오명을 남기면 출세에 치명적인 결함이 되었다. 그러니 유럽처럼 공개적으로 판사 직을 팔거나 현지인을 법정 관리로 임명하는 일은 결코 발생하지 않았다. 지방의 재판권은 수령이 보유했는데, 자기 고향이나 연고지에 임명되는 일은 엄격하게 금지되었다.

그래도 부정을 근본적으로 차단할 수는 없었다. 수령 중에서 미래의 출세를 위해 조심하는 사람은 전체 수령의 3분의 1 정도였다. 나머지는 출세를 보장받지 못했다. 하지만 수령 자리라도 유지하려면 좋은 고과를 받아야 했다. 수령은 수입이 상당히 좋은 자리였기 때문에 수령이라도 계속하는 일은 대단히 의미가 있었다. 그러나 나머지 3분의 1은 그 정도의 바람도 갖지 못했다. 그들은 대체로 이번 한 번으로 자신의 관력이나 지방관 생활이 끝난다는 것을 알고 있었다. 19세기로 갈수록 이런 수령들이 늘어났고 뇌물로 수령 직을 얻는 사람이 많아졌다. 그들은 어떻게든 단기간에 투자액을 회수하고 평생 먹고살 기반을 만들어야 했다.

재판이 수령의 수익 증대에 얼마나 기여했는지는 판단하기 힘들다. 수령은 행정권, 조세권, 사법권을 다 가지고 있어서 수익원이 다양했다. 뇌물을 받고 재판을 하면 오히려 위험했다. 사족이나 향리는 이래저래 얽힌 인맥이 많아서 공정하게 재판을 해도 나쁜 소문이 나고 어딘가에서 불이익을 당하기 십상이었다. 17세기 이래 지방에서 벌어진 대표적인 소송은 묘지가 있는 산의 소유권을 다투는 산송이었다. 산송은 유력 가문들 간에 벌어지는 경우가 많아서 얼핏 보면 뇌물을 받아 수익을 올리기 좋아 보이지만 정반대였다. 한양 주변에 있는 명문 사족의 묘지가 많은 고을은 최우선 기피 지역이었다. 산송에 휘말렸다가는 파면당하기 일쑤였다.

아무튼 산송이 걸려 있지 않은 지역은 없어서 수령으로 임명되면 바로 찾아오는 청탁이 산송이었다. 1786년(정조 10) 황윤석은 충청도 전의현감으로 임명되었다. 부임하자마자 산송 사건의 청탁이 들어왔다.[87] 한양의 유동에 사는 판서 김화진이 전의현에 사는 임창원이란 사람의 산송 사건을 잘 처리해달라는 것이었다. 임창원과 소송을 다투고 있는 사람은 이헌이었다. 황윤석은 청탁을 들어줄 마음이 별로 없었다.

황윤석은 부정부패가 만연한 시대에 양심적이고 올바른 수령이었다. 적어도 그의 일기를 보면 그랬다. 그는 소송이 걸린 지역을 직접 답사하고 양측의 말을 들어보며 성심껏 임했다. 그러나 처음부터 마음먹은 원칙이 있었다. 이헌은 송시열과 송준길의 학맥을 잇는 노론 계열 사람이었고, 임창원은 소론이었다. 당파만 가지고 심정이 기울기는 미안했는지, 만인이 의지하는 정의감을 하나 더했다. 임창원은 명문대가 출신이고 이헌은 시골 사족

---

87  노혜경, 《조선 후기 수령 행정의 실제》, 혜안, 2006, 216~219쪽.

이었다. 황윤석은 약한 쪽의 편을 들어야겠다고 이미 마음을 먹고 있었다. 이 이야기를 일기에 쓴 것을 보니 황윤석은 이런 논리는 비리가 아니라 정의라고 확고하게 생각하고 있었던 것 같다. 그런데 며칠 후에 다시 임홍원이란 사람이 청탁 편지를 보냈다. 그는 임창원의 사촌이자 황윤석의 큰며느리의 오빠였다.

청탁 과정에서 어떤 선물이 오고 갔는지는 분명하지 않다. 그러나 잘해야 편지를 보낼 때 의례적인 선물 정도나 보냈을 것이다. 학맥이나 인맥을 통한 청탁은 뇌물이나 보수에 대한 약속을 수반할 수도 있겠지만 직접적인 수수 관계보다는 스폰형 뇌물이 더 많았을 것이다.

황윤석에게 졸지에 만만치 않은 재판이 되어버렸다. 당론과 정의감을 따라야 할지, 친척과 인맥을 따라야 할지 고민이었다. 임홍원은 자신도 이전부터 잘 알고 지내던 사이였다. 이런 부담에도 불구하고 황윤석은 이헌의 승소로 판결했다. 진실이 이긴 것인지, 노론의 의리인지, 유치한 정의감의 승리인지는 신만이 아실 일이다. 임씨 가는 판결에 불복하고 감영에도 청원을 했지만 감영에서도 황윤석의 판결을 지지함으로써 사건은 이헌의 승소로 끝났다.

이런 재판은 청탁을 들어줘도 보답을 받지 못할 가능성이 높지만 청탁을 들어주지 않으면 원한을 사기는 쉬웠다. 실제로 재판이 끝나자 임창원 측은 관청에 찾아가 자신이 소론이어서 억울한 판정을 당했다고 불평을 늘어놓았다. 그러나 그렇다고 해도 재판으로 황윤석이 얻은 것은 노론의 편을 들었다는 막연한 명성, 소론과 친인척의 원한밖에 없었다. 그가 직접적인 뇌물을 받았더라면 당장 소문이 나서 무슨 일이든 벌어졌을 것이다.

이중 삼중의 적발 장치가 있고 정권이 수시로 바뀌고 있었기 때문에 뇌물을 받고 소송에서 무리한 판결을 내리는 일은 위험했다. 그렇다고 뇌물이 없었다고 할 수는 없다. 안전하게 뇌물을 받고 소송을 처리하는 제일 좋은 방법은 시간을 끄는 일이었다. 소송의 처리 기한에 대한 법정 규정이 있었지만 소송을 피하는 방법은 여러 가지가 있었다. 소송을 질질 끌면 고소한 사람은 이미 자기가 인맥과 재력 탓에 재판에서 밀렸다는 사실을 체감했다. 상고심이라고 할 수 있는 감영이나 한양에서 하는 재판은 이 수법이 더 효과적이었다. 힘과 재력이 약한 사람일수록 감영 소재지나 한양에서 오래 거주하기가 힘들었기 때문이다. 시간을 끌다가 고소한 사람이 고향으로 가면 바로 재판을 열어 법정에 출석하지 않았으니 소송을 포기하거나 패소한 것으로 간주하면 되었다.

# 4부

# 역사를
# 바꾼
# 뇌물

나비효과라는 것이 있다. 작은 나비의 날갯짓이 연쇄반응을 일으키면 폭풍과 같은 파동이 되어 개인의 운명을 바꾸고 사회와 세계의 역사를 바꾼다는 이론이다. 솔직히 역사가들은 나비효과라는 단어를 좋아하지 않는다. 나비효과를 역사에 도입하면 수천만 마리의 나비가 동시에 펄럭이게 되고, 역사는 우연과 우연의 범벅이 되어버려서 역사가는 어떤 역사도 서술할 수 없게 된다. 그래서 역사가는 나비효과를 싫어하고 바로 같은 이유로 작가와 저널리스트는 나비효과를 사랑한다.

　개인 간에 주고받는 작은 뇌물과 작은 인정이 개인과 국가의 운명 혹은 역사까지 바꾸어버릴 수도 있다고 말한다면 역사에 나비효과를 대입한 나쁜 역사가 될것이다. 역사적 사건에는 동시다발적으로 작용하는 요소가 너무나 많아서 뇌물 하나가 결과의 전적인 원인이었다고 할 수는 없다. 그러나 굳이 나비효과를 들먹이지 않아도 뇌물 하나가 역사를 바꾸었다고 느낄 정도로 커다란 결과를 초래한 사건은 존재한다.

　어떤 면에서 역사는 드라마이다. 드라마틱한 사건에는 거인과 영웅이 있고 웅대한 결단과 예지, 큐피드와 운명의 장난이 펼쳐진다. 그러나 한 겹을 벗겨내면 나약한 인간, 고통, 이기주의, 그리고 추악한 거래와 어리석은 선택이 있다. 그 어리석음 중에서도 가장 어리석은 선택이 개인의 욕망과 탐욕에서 탄생한다. 그래서 뇌물은 지혜로운 사람의 눈을 멀게 하고 정의의 판단을 굽히고 역사를 바꾼다.

# 뇌물로 망한 명나라

## 역대 최저였던 관리의 봉급

명나라는 중국 역사에서 독특한 왕조였다. 첫째, 황제들이 하나같이 무능하고 관리들은 부패했다. 16명의 황제 중에서 능력의 유무를 떠나 정사를 보기라도 했던 황제는 3명에 불과하다. 나머지 황제들은 궁에 처박혀 향락에 빠져 살았다. 오죽하면 청나라 황제의 원칙이 명나라를 닮아서는 안 된다는 것이었을까. 황제가 그 모양이었으니 관리들의 부패와 무능력은 상상을 초월했다.

둘째, 아무리 그래도 멀쩡하던 나라가 정말 어이없게 망했다. 만주에서 일어난 후금(청)에게 운명을 위협받고 있었지만 그럭저럭 산해관에서 청의 서진을 막아내고 있었다. 명을 멸망시킨 사람은 청나라가 아니라 이자성이 이끄는 반란군이었다. 어이없는 멸망의 근원에는 뇌물이 있었다. 뇌물과 부정부패로 명나라 사회 전체가 무능력해졌고, 마지막 순간 이자성에 의해 연경(현재의 베이징)이 함락당할 때에도 뇌물로 결정타를 맞았다.

중국 역대 왕조가 모두 뇌물로부터 자유롭지 않지만 명나라는 악명이 높았다. 명나라 관리의 봉급은 역대 최저였다. 일반적으로 시대가 지날수록 생산력이 높아진 것을 감안하면 특이한 일이다. 관리의 월급은 낮은 정도가 아니라 아예 생활하기가 불가능한 수준이었다. 조선도 관료의 월급이 낮기는 했지만 고위 관료나 지방 장관이 되면 충분히 살 수 있을 만큼은 받았다. 그러나 명나라의 월급은 고위 관료로 갈수록 더 살기 힘든 수준이었다. 명목상의 액수는 올라갔지만 고관일수록 나이가 많고 거느리는 식구도 많아 돈 들어가는 일이 잦아진다는 것을 감안하면 처참했다. 관리의 부정부패를 권장하는 환경이나 다름없었다.

관료의 부패는 무능과 무책임으로 이어졌다. "부패하더라도 유능한 인재를 버려서는 안 된다"라는 말이 있는데 이것은 아주 잘못된 말이다. 다음 3가지 경우에는 맞다. 아주 단기적이거나 단발적인 성과만을 추구할 때, 부패의 기준을 후진국에 적용할 때(예를 들면 선진국 기업이 뇌물이 만연한 후진국에서 사업을 할 때), 뇌물 요구를 거절하지 못했을 때이다. 본국에서는 범죄이지만 후진국의 기준에서는 뇌물을 주고받지 않을 수 없다. 직원의 행위를 본국의 기준으로 판정해서 부패한 인재이니 해고하거나 처벌해야 한다고 할 때, 아니면 우리나라처럼 변화가 빠른 사회에서 20년 전에 한 일을 현재의 기준으로 재단해서 비판할 때 쓰일 수 있는 말이다. 두 번째와 세 번째의 경우는 오늘날 우리 사회뿐만 아니라 전 세계가 겪고 있는 딜레마이기도 하다.

이 예외적인 경우의 또 다른 공통점은 개인의 문제에 해당한다는 점이다. 조직이나 사회 전체가 총체적으로 부패하면 곧 총체적인 무능으로 이어진다. 명나라의 경우 총체적인 무능이 제일 적나라하게 드러난 부분은 군대와 군사력이었다. 명나라도 건국 초에는 영락제가 몽골 정복을 추진할 정도로 강력한 군대를 자랑했다. 하지만 건국 후 100년도 지나지 않아 수장은 무능해지고 군대는 썩을 대로 썩었다. 얼마나 썩었느냐 하면 하도 뇌물을 받고 병사들의 군역을 빼주어서 실제 병력이 군인 명부에 있는 병력의 10분의 1도 안 되었다. 그나마 남아 있는 군인도 이름만 올린 상태였다. 명나라의 남경은 제2의 수도이자 경제 중심지였다. 남경성 바로 앞에 있는 마을에 100명도 안 되는 왜구가 나타나 약탈하기 시작했다. 그곳에는 최소 10만의 군대가 있었다. 장부상의 10분의 1만 있다고 가정해도 1만은 있어야 했다. 그런데 마을이 유린되는 동안 명나라 병사는 코빼기도 보이지 않았다. 그 정도로 군대는 썩고 무능했다.

## 이자성, 뇌물로 살아나 황제를 내쫓기까지

200년이 지난 후 이렇게 형편없어진 명나라 군대에 이자성이라는 남자가 입대했다. 이자성은 역졸 출신으로 섬서성에서 태어났으며 무술 실력이 뛰어났다. 그는 서역과 마주하는 최전선인 감숙성에 있는 부대에 배치되었다. 숭정제가 즉위한 1629년에 이자성의 부대는 북경으로 이동하라는 명령을 받았다. 그들이 섬서성 금현(현재의 유림시)에 도착했을 때 기근과 가혹한 세금으로 농민반란이 곳곳에서 일어나 어수선한 상태였다.

　이자성의 부대에도 군량이 제대로 지급되지 않아 병사들이 봉기하기 직전이었다. 이때 이자성은 병사 수십 명과 함께 부대의 장수와 현청의 현령을 죽이고 탈영했다. 이자성은 왕좌기라는 반란군에게 투항했다가 다시 틈왕이라고 자칭하던 고영상의 휘하가 되었다. 고영상 무리는 섬서성 일대와 감숙성을 오가며 활동했다.

숭정제는 고영상과 이자성이 위험한 인물이라는 것을 직감한 것 같다. 1634년 숭정제는 이 반군을 토벌하기 위해 산서, 섬서, 하남, 호광, 사천에 총독부를 특설하고 진기유를 총독으로 임명해서 대대적인 토벌에 나섰다. 반군은 여기저기서 패배했다. 고영상은 서안을 공격하다가 거상협이라는 곳에서 순무 손전정이 지휘하는 관군의 매복에 걸렸다. 고영상은 살해당하고 이자성도 위기에 몰렸다.

이자성은 총독 진기유에게 거액의 뇌물을 바치고 항복을 요청했다. 진기유는 뇌물을 받고 이자성의 항복을 받아주었다. 덕분에 이자성은 포위망을 벗어나 탈출할 수 있었다. 진기유는 나중에 이 사실이 드러나 처벌을 받았으나 이미 이자성은 살아 나간 뒤였다. 이자성은 고영상의 틈왕이라는 명칭을 계승해서 계속 활동했다. 그 뒤에도 두 번이나 관군의 매복에 걸려 한 번은 겨우 14명, 한 번은 7명만을 데리고 포위망을 빠져나갔을 정도로 위기를 겪었지만 끝끝내 살아남았다.

방랑하던 모험가에 불과했던 이자성은 이엄이라는 사족 출신의 참모를 얻으면서 세력이 급성장했다. 이엄은 토지의 무상분배를 정책으로 내걸라고 조언했다. 이자성은 절대 현대적인 혁명가는 아니어서 무상분배 공약을 망설였는데, 이엄이 공약은 공약일 뿐이라고 눈치를 주었거나 뭔가 깨달음을 얻었던 것 같다. 좌우간 그 공약을 내세우면서 이자성의 세력은 커졌다. 마침내 섬서 일대를 완전히 장악하고 그 지역의 왕이 되었다.

1644년 이자성은 섬서를 떠나 동쪽으로 향했다. 그는 낙양을 점령하고 계속 동진해서 북경으로 향했다. 당시 북경은 청나라의 침입을 막기 위해 대부분의 군사력을 산해관으로 보내 섬서와 북경 사이에는 제대로 된 군대가 없었다. 이자성은 그 중간 지역을 제집처럼 돌아다녔다. 그 결과 북경으로 들어오는 조세가 줄어들어 북경의 수비대가 굶주릴 정도였다.

그래도 이자성이 북경까지 들어오리라고는 생각하지 못한 모양이다. 식량이 부족해지자 북경의 수비대 대부분이 식량을 구하러 출동했다. 이때 과감하게 진격한 이자성이 북경에 도착했다. 북경에는 수비대가 너무 적어 성벽을 방어할 수조차 없었다. 결국 조화순이라는 환관이 성문을 열었고, 이자성은 너무나 쉽게 성을 점령했다. 숭정제는 성 밖 북쪽에서 자금성을 굽어보는 매산이라는 언덕에 올라 자결했다고 한다. 사실 정상까지 오르지는 않았고 매산으로 올라가는 산길 입구에서 자결했다. 죽는 것만도 힘든 일인데 황제가 경사를 오르는 중노동까지 할 수는 없었을 것이다.

이자성의 공격이 없었더라도 명나라가 청의 공세에 얼마나 버틸 수 있었을까? 그러나 어쨌든 이자성의 군대는 정상적인 상황에서 북경을 함락할 만한 세력은 아니었다. 현재 북경 외곽의 명나라 황제릉에 들어가는 길에는 망토를 휘날리고 있는 이자성의 멋진 기마상이 있다. 하필 그곳에 이자성의 동상을 세운 이유는 그가 그곳에 집결된 명나라 황제릉을 모조리 불태우고 명나라 황궁까지도 불태운 업적(?) 때문이 아닌가 싶다. 한때 그 방화 사건이 봉건적 지배층과 착취에 대한 통쾌한 복수로 여겨진 모양이다. 현대 역사가들은 민중의 저항을 좋아하고 중국에 사회주의 정권이 수립된 이후로 이자성을 민중 봉기군의 지도자로 미화하는 경향이 있다.

하지만 이자성은 영웅이 아니었다. 북경을 점령한 후의 행동을 보면 옹졸하고 근시안적인 사람이었다. 군사 지도자로서는 모험심 있고 강인하고

**명나라 마지막 황제 숭정제가 자결한 곳**

용감했지만 황제가 될 만한 역량과 포용력은 없었다. 산해관에 있던 명군과 청군의 반격으로 북경에서 쫓겨나자 그는 금세 초조해져서 판단력을 잃었다. 참모 이엄이 군대를 분리해 아직 청군의 침공을 받지 않은 중국 중남부를 빨리 장악해서 한족과 만주족의 민족 대결로 가자고 충고했으나 이자성은 그 말을 의심하여 그를 살해했다. 이자성이 이엄을 죽이자 많은 부하들이 이탈했다. 이자성은 무너지는 부하들을 전혀 통제하지 못하고 전략적 계획이 전혀 없이 우왕좌왕하다가 허무하게 몰락했다. 그는 행군 중에 벌어진 작은 전투에서 전사했는데, 일설에는 산에서 기도하다가 습격을 받아 살해당했다고도 한다.

이자성이 민중 출신이고 농민 봉기군을 지휘했다고 해서 그의 정권이 현대적인 민중의 정권이었던 것은 아니다. 명나라를 세운 주원장도 빈민 출신의 도적 두목이었지만, 황제가 되고 나서는 민중의 황제가 아니라 그냥

**이자성 동상** 북경의 13릉 가는 길 로터리 한가운데에 있다. 13릉은 명나라 제3대 황제 영락제부터 마지막 황제 숭정제까지 13명 황제의 황릉이다.

황제였을 뿐이다. 이자성도 별 차이가 없었다. 주원장보다는 덜 잔혹했을 수 있지만 주원장만 한 포부도, 황제가 될 만한 자질도 없었다.

그는 잘해야 성 하나 지배할 인물이었다. 진기유에게 뇌물을 보낼 때에는 포위 섬멸당해 세력은 이미 작은 마적단 수준에 불과했다. 어쨌든 부패한 관리와 한 번의 뇌물이 이자성을 구하고 전 중국을 호령한 거대 제국의 명줄을 끊었으며 한족이 아닌 만주족이 중국을 지배하게 했다.

# 한 번의 뇌물이
# 200년간의 전쟁을 일으키다

십자군 원정은 1096년에 시작해서 1270년 8차 십자군까지 거의 200년 간 지속되었다. 그러나 십자군의 차수를 정확히 규정하기는 어렵다. 중간에 이루어진 비공식적인 원정도 있었다. 8차 원정은 실제로 행해진 원정을 말한다. 이후에도 십자군 모금, 출발 직전까지 진행되거나 기획에서 끝난 원정도 제법 있는데, 십자군을 모으려는 노력은 14세기까지 지속되었다.

십자군 원정은 중세에서 근대로 넘어가는 동안 유럽과 중동 세계를 뒤흔들었다. 역사에 긍정적인 효과와 부정적인 효과를 동시에 남겼다. 그러나 긍정적 효과가 있었다고 해도 참상은 말로 할 수 없었다. 종교전쟁이라는 특성상 학살과 비인도적인 행위가 많았다. 이 전쟁으로 사망한 사람이 100만 명이라는 계산도 있다.

좌우간 세계사적으로 서구와 아시아의 교류에 십자군 원정만큼 큰 영향을 미치고 두 세계의 융합과 갈등을 동시에 초래한 사건도 없다. 그런데 만약 1차 십자군 원정의 성공이 없었더라면 그렇게 오래 진행되지 않았을지도 모른다. 1차 십자군은 예루살렘을 함락하고 그 일대에 교두보와 같은

십자군 왕국을 세웠다. 십자군 전쟁사에서 유일한 성공이었다. 그 뒤에 훨씬 강력하고 잘 조직된 군대도 성공을 거두지 못한 것을 감안하면 1차 십자군의 성공은 기적이었다.

## 십자군의 출발

십자군 원정은 뜻하지 않은 계기로 시작되었다. 11세기 비잔틴제국은 소아시아를 투르크인에게 빼앗기면서 국력의 절반, 어쩌면 3분의 2를 상실했다. 제국의 존망 자체가 위태로워지자 비잔틴제국의 황제는 서유럽의 기사들에게 그리스도교의 영토를 이슬람 세력에게서 탈환하기 위한 의용병을 요청했다. 정말로 어리석고 낭만적인 발상이었는데, 교황과 서유럽 제국의 이해관계가 얽히면서 십자군이 창설되었다. 물론 십자군은 처음부터 끝까지 비잔틴제국과는 완전히 따로 놀았다. 비잔틴제국의 순진한 발상이 엉뚱하고 통제 불가능한 사태를 초래한 것이다.

1차 십자군은 3명의 유력한 지도자가 인솔했다. 프랑스 툴루즈의 백작인 레이몽, 부이용의 기사로 주로 플랑드르 기사단을 이끌고 있던 고드프리드, 노르만 용병 출신으로 이탈리아에 영토를 확보하고 있던 보에몽이었다.

서유럽 기사단은 꽤 강력한 군대였다. 유럽과 이웃 세계에서 그들과 맞설 수 있는 군대는 없었다. 다만 상대편이 유럽 기사단과 동일한 방법으로 야전에서 난투극으로 맞아 싸워주는 경우에 한해서였다. 3명의 지도자는 실전 경험이 있고 명성이 자자한 지휘관들이었다. 그러나 그들이 유럽에서 상대했던 군대가 얼마나 조직적인 군대였는지는 의문이다. 아무리 좋게 봐주어도 잘해야 그들 수준이었을 것이다.

서유럽 기사단은 수준 높은 전술과 체계적인 전쟁을 경험해본 적 없는 잡동사니 부대였다. 그나마 제일 나은 부대가 규모 면에서 제일 크고 스페인의 회교도와 싸워본 경험이 있는 레이몽의 부대였다. 레이몽은 이탈리아를 따라 남하해서 아드리아 해를 건너 험준한 산맥을 따라 내려가는 이해 불가능한 경로로 이동했다. 그 과정에서 군대의 절반을 잃었다. 그런 결정을 한 것 자체가 레이몽이 큰 전쟁을 해본 경험도, 전략적 능력도 없다는 반증이었다. 그나마 총사령관으로서 제일 나은 인물이었는데도 이 정도였다.

1097년 5월 세 독불장군은 소아시아로 건너갔다. 첫 번째 목표는 니케아였다. 전투력보다는 운이 좋아서 니케아를 가볍게 함락한 그들은 진짜 중요한 거점인 안티오크로 향했다. 당시 소아시아는 군소 족장들이 할거해서 반 내전 상태였다. 1차 십자군은 정말 운이 좋았다.

십자군이 안티오크로 진격하자 소아시아의 이슬람 세력도 정신이 번쩍 들었다. 이슬람 세력은 결집하기 시작했는데 유감스럽게도 그리 빠르지는 않았다. 하지만 십자군은 더 엉성했다. 오늘날로 치면 사단 전투를 할 줄 모르는 연대장 정도에 불과했던 3명의 장군은 2개의 부대로 나뉘어 안티오크로 진격했다. 하지만 서로 엄호할 줄도 몰랐고 연락을 유지하지도 않았다. 그냥 제멋대로 행군한 것인데 이것이 복이 되어서 도릴레움 전투에서 기막힌 승리를 거두었다. 전략이나 전술적으로 훨씬 유능했던 투르크 군은 분리된 십자군의 수준을 파악하고 매복 지점까지 선정한 뒤에 각개격파를 시도했다.

1097년 7월 1일 먼저 가던 보에몽의 부대가 도릴레움이라는 계곡에서 투르크 군의 공격을 받았다. 투르크 군은 서유럽 기사단과의 백병전을 피하고 작고 빠른 말과 경무장, 뛰어난 기마 궁술 실력을 이용해 보에몽 부대의 주변을 빙빙 돌면서 화살을 날렸다. 그러다가 빈틈이 보이면 바로 달려들어 치고 빠졌다. 보에몽 부대는 그저 화살을 맞으며 버티는 수밖에 없었다. 지치고 분열된 모습은 누가 보아도 끝장이었다. 마침내 투르크 군은 최후의 공격을 시작했다. 하지만 약탈품부터 노리는 실수를 저질렀다. 이때 정말 우연인지 기적인지 고드프리드와 레이몽의 부대가 도착했다. 약탈로 대형이 흐트러진 투르크 군은 뒤에서 창을 앞세우고 달려드는 기사단을 상대할 수 없었다. 게다가 정면에는 보에몽의 부대가 있었다. 스스로 덫에 갇히고 만 것이다.

전쟁에는 우연과 기적이 있다. 도릴레움 전투는 십자군 원정 사상 십자군이 거둔 가장 멋진 승리였다. 십자군이 조금만 더 똑똑했거나 투르크 군이 조금만 더 단합했다면 절대로 불가능했던 승리였다. 그러나 기적은 자주 일어나지 않는 법이다. 누가 보아도 십자군은 운이 너무 좋았다. 아무리 신

양심이 좋은 기사라고 할지라도 아무래도 운이 다 된 것 같다는 불길한 생각이 들었을 것이다.

## 한 번 오고 간 뇌물이 성을 무너뜨리다

그해 10월 안티오크로 진격한 십자군은 성을 포위했지만 과연 그런 기적은 다시 일어나지 않았다. 성벽은 난공불락이었다. 십자군은 공성구(攻城具, 요새를 공격할 때 쓰는 기구)조차 없었다. 그저 포위하고 버틸 뿐이었다. 해를 넘기고 다음해 6월까지 포위는 8개월간 무료하게 계속되었다. 포위당한 안티오크보다 포위하고 있는 십자군의 식량이 먼저 떨어졌다. 십자군은 살아 있는 말에 상처를 내서 피를 뽑아 마셔야 할 정도로 상황이 나빠졌다. 여기에 전염병까지 돌아 많은 병사들이 죽었다.

3일만 더 버티면 안티오크는 해방될 수 있었다. 투르크의 구원 부대가 거의 도달해 있었고, 십자군은 그간의 전투와 이동으로 말들이 거의 다 죽어서 말을 타고 싸울 수 있는 기사가 200명 정도밖에 되지 않았다. 그때 보에몽이 성의 한 구역을 지키던 수비대장을 매수했다. 보에몽이 먼저 그를 매수했는지, 수비대장이 먼저 배신을 했는지 알 수 없지만 1098년 6월 3일 안티오크는 함락당했다.

십자군은 안티오크에서 힘을 회복했다. 1099년 다시 진격한 십자군은 예루살렘을 함락하고 1101년 예루살렘 공국을 세웠다. 그들이 점령한 도시는 공을 세운 장수들에게 분봉되었다. 유럽의 영주와 기사들은 흥분했다. 수많은 유럽의 기사들과 전사들이 십자군 복무에 서약했다. 지금으로서는 도저히 이해하기 힘들지만 수많은 사람들이 자원해서 중동으로 건너가 공국

**난공불락의 안티오크**
고대 시리아의 수도이다. 예루살렘이 유대인 포
교의 도시였다면 안티오크는 비유대인을 향한 전
도의 도시였다.

의 수비대로 복무하는 것이 유행처럼 번졌다. 그들은 대개 1~3년 정도 복
무를 하고 고국으로 돌아갔다.

　예루살렘 공국은 살라딘이 지도하는 사라센 왕국의 공격을 받아 1145
년에 멸망했지만, 45년 동안 존속된 십자군 왕국의 기묘한 시스템은 200년
간의 성지 탈환을 위한 십자군 운동을 지속시키는 동력이 되었다. 모든 것
이 안티오크의 성벽 한 귀퉁이를 지키던 수비대장이 뇌물을 받아 빚어진
역사였다.

# 뇌물이 없었다면
# 로마도 없었다

　　기원전 58년 현재의 프랑스 남부 지역에 살던 하이두이족이 스위스 산악지대에 살던 강력한 야만족인 헬베티족의 침공을 받았다. 하이두이족은 로마에 지원을 요청했다. 키가 작고, 이탈리아 남자임에도 별로 잘생기지도 않았으며, 40대 초반에 벌써 대머리였던 한 사나이가 겨우 6개 군단(1개 군단은 6,000명) 병력을 이끌고 갈리아로 출정했다. 이 출정은 전 갈리아인에게 악몽이 되었다. 10년도 안 되는 사이에 이 사나이, 율리우스 카이사르는 현재의 스페인에서 독일의 다뉴브 강에 이르는 갈리아 전 지역을 점령해 로마의 식민지로 만들었다. 이 성공으로 로마는 공화정을 버리고 제정시대로 접어들었고 진정한 로마제국이 탄생했다.

　　로마 군단 역시 불멸의 명성을 얻었다. 카이사르의 전성기에도 그의 병력은 15개 군단이었다. 갈리아 병력의 100분의 1도 안 되는 군대로 갈리아를 정복한 것은 전쟁사에 길이 남을 기적이었다. 갈리아인에게 로마 군단은 징그럽고 공포스러운 존재였다. 이탈리아인은 갈리아인에 비해 체구가 머리 하나는 작았다. 그러나 10배가 넘는 병력으로 아무리 험악하게 달려들어

**백마를 타고 카이사르 앞에 나타난 베르킨게토릭스**

도 로마 군의 방패진은 끄떡도 하지 않았다. 마치 바위에 파도가 부딪히듯 갈리아의 공세는 튕겨 나가고 갈라져 실패했다.

갈리아인의 도전은 언제나 무참하게 깨졌다. 단 한 번 카이사르를 위험에 몰아넣고 승리할 뻔한 도전이 베르킨게토릭스의 반란이었다. 그러나 영웅 베르킨게토릭스도 카이사르의 로마 군과 정면으로 싸워서는 이길 수 없다는 사실을 자각하고 있었다. 사실 이 자각이 카이사르를 괴롭히고 이길 뻔한 이유였다. 철저하게 정면 대결을 피하고 로마 군의 약점을 찾아 공격하는 우회 전술로 일관했기 때문이다.

끈질긴 도전에서 모두 패하고 자신들의 무력감에 땅을 쳤을 갈리아인들은 아마도 300여 년 전 그들의 조상이 로마 군단을 가볍게 격파하고 로마시까지도 없애버릴 수 있었다는 역사를 알지 못했을 것이다. 알았더라면 더 통탄스러울 뿐이었겠지만.

기원전 390년경 갈리아족의 일파인 세노네스족이 로마를 침공했다. 기원전 5~4세기 무렵부터 갈리아족의 일부가 알프스를 넘어 이주해오기 시작했다. 그들은 이탈리아 북부에 살던 에트루리아인을 밀어내고 이탈리아 남부로 계속 밀고 들어왔다. 그중에서 제일 남쪽까지 진출해 현재의 이탈리아 동북 지역에 자리 잡은 종족이 세노네스족이었다.

로마 군은 로마시 북부의 티베르 강과 티베르 강의 지류인 알리아 강의 합류 지점에서 그들을 막았다. 로마 군은 강의 합류 지점 북쪽 들판에 진을 쳤다. 배수진이었지만 로마 군은 자신이 있었다. 자신들은 갑옷과 투구와 방패로 무장한 진정한 군대였다. 세노네스족은 무기로 나무 방패에 조잡한 칼이나 도끼가 고작이었고 투구와 갑옷도 없었다. 옷조차 부족해서 웃통을 드러낸 전사가 절반을 넘었다.

전술적으로도 로마 군은 자신이 있었다. 갈리아인의 유일한 장점은 옷조차 입지 않아 몸이 가볍고 빠르다는 것이었다. 우월한 기동성을 살리고 로마 군의 강력한 방패진에 정면으로 충돌하는 어리석은 짓을 피하기 위해 갈리아인은 야생마처럼 달리며 로마 군의 측면이나 뒤를 공격하는 전술을 사용했다. 로마 군은 그것을 방지하기 위해 배수진을 친 것이다. 두 강이 Y자 모양으로 합류하고 있었고 로마 군은 Y자의 삼각형 부분에 있어서 측면과 배후를 강이 막아주고 있었다. 세노네스족이 공격을 감행한다면 로마 군의 정면으로 치고 들어오는 수밖에 없었다. 로마 군이 원하는 바였다.

전투가 벌어지자 로마 군의 예상은 완전히 빗나갔다. 칼과 도끼를 휘두르며 부딪쳐오는 갈리아 전사들에게 로마 군의 방패는 그대로 튕겨 나가거나 부서졌다. 순식간에 로마 군의 방패진이 와해되고 들판에는 들짐승 때려잡듯이 로마 군을 사냥하는 세노네스족과 사냥을 당하는 로마 군으로 가득 찼다. 살아남은 로마 군은 공포에 질려 로마시로 도주했다. 세노네스족은 그들을 따라 로마시로 달려왔다. 로마는 더 이상 저항을 할 수 없었고 여지없이 함락되었다.

당시 로마는 이탈리아의 맹주가 아니었다. 이탈리아 반도에서 유력하고 강력한 하나의 도시일 뿐이었다. 이 시기에 도시를 점령당하는 것은 끔찍한 살육과 폭력, 약탈, 그리고 도시의 멸망을 의미하는 것이었다. 노예는 최고의 상품이었기 때문에 쓸 만한 사람은 모두 포로로 잡아간다. 도시는 순식간에 텅 빈다. 약간의 자비심이 있다면 건물은 남겨놓겠지만, 그러면 주변 도시의 사람들이 쳐들어와서 점거해버릴 것이다. 도시마저 산산이 파괴되면 폐허가 된다. 재건에는 오랜 시간이 걸릴 것이고 재건된 도시가 로마가 된다는 보장도 없다.

세노네스족은 로마시를 점령하고 주민을 학살한 뒤 로마에 눌러앉았다. 그러나 약간은 얼떨떨한 사정으로 시작된 전쟁이었고 자신들도 대승리는 의외여서 세노네스족은 로마에 대한 장기적인 계획이 없었다. 이 틈에 생존한 로마 시민이 협상을 걸었다. 금 1,000파운드와 미녀를 바치고 로마를 돌려받기로 한 것이다. 세노네스족의 지휘관이었던 브레누스는 그 제안을 받아들이고 로마를 떠났다.

이것을 정상적인 협상이라고 볼 수도 있지만 협상과 뇌물의 경계는 원래 모호하다. 브레누스가 개인적인 탐욕과 순간의 황금에 눈이 멀어서 로마를 양도했다면 뇌물로 볼 수 있는 근거는 충분하다. 무엇보다도 로마는 지정학적 조건이 우리의 서울과 같이 이탈리아에서 제일 좋고 반도 전체를 지배할 수 있는 요충지였다. 황금 1,000파운드로 환산할 수 있는 곳이 아니었다.

아무튼 황금과 미녀로 로마는 멸망의 위기를 넘겼다. 치욕을 겪은 로마는 다시는 이런 비참한 패배를 당하지 않기 위해 곧바로 로마 군의 전술과 장비 개혁에 착수했다. 로마 군은 이전과는 비교할 수 없을 정도로 강력한 군대로 거듭났다. 300년 후 갈리아를 정복한 로마 군단도 바로 이 개혁의 산물이었다.

로마인이 브레누스에게 주려고 황금 1,000파운드를 가져와 저울에 달아보니 양이 모자랐다. 세노네스족이 조금이라도 황금을 더 많이 얻어내기 위해 저울눈을 조작했던 것이다. 로마인이 속임수를 알아차리고 항의하자 브레누스는 관용을 베풀어 자신의 칼을 금 위에 얹어 눈금을 채웠다. 하지만 로마인을 향한 따끔한 한마디는 잊지 않았다.

"패자는 비참하도다."

그러나 300년 후 카이사르의 군대 앞에 무릎을 꿇은 갈리아인이 브레누스의 이야기를 알았더라면 이렇게 중얼거렸을 것이다.

"뇌물은 끔찍하도다."

# 750만 달러로
# 주인이 바뀐 알래스카

1867년 3월 29일 미국은 러시아로부터 153만 700제곱킬로미터(대한민국 땅의 15배)의 면적을 지닌 알래스카를 매입했다. 매각 대금은 750만 달러, 1에이커 당 2센트였다. 750만 달러는 원화로 환산하면 대략 90억 원 정도이다. 강남의 작은 빌딩 한 채 값도 안 되는 금액이다.

당시의 750만 달러를 현재 시세로 환산하면 17억 달러 정도로 2조 원쯤 된다. 그래도 엄청 싼 것이다. 캐나다의 면적이 알래스카의 6배쯤 되는데, 2007년 당시 캐나다 전체의 땅값이 1조 5,580억 불이었다. 6분의 1이면 2,596억 달러이니 캐나다 땅 가격의 153분의 1 가격으로 산 것이다. 서울 땅값과 비교하면 더 황당하다.

서울의 면적은 605.21제곱킬로미터로 알래스카의 250분의 1밖에 되지 않지만, 서울 전체의 땅값이 2007년 기준으로 1조 1,593억 달러였다. 이때가 정점의 가격이어서 현재 시세도 크게 변하지 않았을 것이다. 서울의 1제곱킬로미터 당 가격이 19억 달러이니 서울의 1제곱킬로미터 가격도 안 되는 돈으로 알래스카를 산 셈이다.

**앤드류 존슨(1808~1875, 재임 1865~1869)**
링컨의 뒤를 이은 미국 제17대 대통령이다. 민주당 소속으로 보수적인 남부인이었으며 북부 공화당의 탄핵을 받기도 했다.

횡재도 이런 횡재가 없을 것 같지만, 그것이 '153만 700제곱킬로미터의 얼음'이라고 생각하면 싼 것도 아니다. 게다가 알래스카는 미국 본토와 격리되어 있었다. 알래스카 매입 소식이 전해지자 미국 전역에서 반대 여론이 들끓었다. 러시아로부터 알래스카 매입을 주도한 사람은 링컨의 경쟁자였다가 링컨에 의해 국무장관으로 발탁된 윌리엄 슈어드였다.

슈어드는 링컨이 사망한 후에 앤드류 존슨 행정부에서도 국무장관으로 재직했다. 그때 그는 러시아가 알래스카를 매각할 의도가 있다는 것을 알고 바로 접근해서 매매계약을 성사시켰다. 여론의 반대를 의식해서 회담은 비밀로 진행했고 거래가 확정되자 전격적으로 발표했다. 하지만 여론의 반대는 예상보다 강했다. 국민들은 알래스카를 '슈어드의 냉장고', '슈어드의 어리석은 짓'이라고 비난했다.

그 땅에 있는 유일한 자원은 모피였다. 러시아는 조직적으로 모피 사냥꾼을 보내 알래스카의 동물들을 학살했다. 러시아가 판매를 결정했을 때에는 값나가는 털을 지닌 동물은 거의 멸종한 상태였다. 미국의 한 언론은 이 사실을 빗대어 '알래스카는 다 빨아먹은 오렌지'라고 했다.

러시아가 알래스카를 판매하려고 한 이유는 모피 사냥이 끝난 이유도 있지만 대체로 두 가지였다. 당시 러시아는 영국과 관계가 좋지 않았기 때문에 영국이 알래스카를 점령하고 군사기지를 설치해 러시아를 압박할지 모른다는 불안감에 싸여 있었다. 그것은 근거 없는 추론이 아니었다. 영국은 알래스카의 군사적 가치를 간파하고 그곳을 확보하려는 계획을 세웠다. 그러나 영국 정부는 우유부단하게 결단을 미루는 통에 호기를 놓쳤다. 또하나의 이유는 러시아 정부의 막대한 빚이었다. 러시아는 영국에 있는 유대계의 세계적 금융 가문인 로스차일드 가에 1,500만 파운드를 빚지고 있었다. 금리도 연 5퍼센트의 고금리였다. 러시아는 알래스카를 팔아 하루 빨리 빚을 청산하고 싶었다.

미국이 알래스카를 원한 이유는 그곳의 풍부한 자원 때문이었다. 당시 다른 나라들은 알래스카의 자원에 별다른 흥미를 가지지 못했다. 그러나 어떤 경로로 정보를 얻었는지 미국 행정부는 알래스카의 거대한 얼음 밑 세상이 자원의 보고라는 사실을 알았다. 더 중요한 문제는 러시아와 마찬가지로 영국을 향한 견제였다. 미국은 영국이 알래스카를 차지하면 캐나다와 영국이 아메리카 대륙에서 만나게 되고, 둘이 합세하여 미국을 압박할 수 있다고 생각했다. 그런데 반대로 미국이 알래스카를 점거하면 비록 국토가 떨어져 있다고 해도 캐나다의 머리 위에서 성조기를 펄럭일 수 있게 된다.

그러나 반대 의견이 완강했다. 매매계약을 체결했어도 대금을 지불하려면 의회의 동의가 필요했다. 1867년 4월 9일 상원은 찬성 37표, 반대 2표로 매매 협정을 비준했다. 하지만 매입 비용을 승인해주어야 하는 하원이 미적거렸다. 하원은 1년이나 시간을 끌었다. 언론은 슈어드가 러시아로부터 뇌물을 받고 이 부당한 거래를 추진한다고 비난했다. 슈어드의 뇌물 수수는 밝혀지지 않았지만 시대의 관행상 리베이트나 여러 가지 보수를 분명 받았을 것이다. 그러나 진짜 뇌물이 뿌려진 곳은 연방 의회였다.

현금이 필요한 러시아는 대금 지불이 지연되자 애가 탔다. 러시아 측 대표인 주미 러시아 공사 에두아르트 스테클은 본국에서 조약을 반드시 성사시키라는 압박을 받았다. 스테클은 의회에 열심히 뇌물을 뿌렸다. 금액과 받은 사람의 명단은 확인되지 않았지만 의원들의 마음을 돌리고 찬성표를 얻을 만큼 충분한 뇌물이 돈 것은 사실이다. 마침내 하원은 1868년 7월에 이 안건을 표결에 붙여 찬성 113표, 반대 48표로 예산 지출을 승인했다.

반세기가 지나지 않아 미국인들은 엄청난 횡재를 했다는 사실을 알게 되었다. 알래스카에는 석탄이 전 세계의 10분의 1이 매장되어 있었고, 석유는 세계 최대는 아니지만 매장량이 상위권이었다. 이외에 금, 목재, 구리, 천연가스 등 알래스카가 품은 자원의 가치는 수조 달러 이상이었다.

러시아가 정말 속이 쓰린 것은 자원 때문만이 아니다. 반세기가 지나기 전에 영국이 세계의 제왕 자리에서 물러나 미국과 소련이 세계의 슈퍼 파워가 되었다. 냉전시대에 알래스카는 말 그대로 소련의 목에 들이댄 미국의 비수였다. 미국은 알래스카에 비행장과 미사일 기지를 건설했고 그 기지들이 지금도 그대로 있다.

냉전시대에 미국과 소련이 전쟁을 벌이는 영화가 적지 않게 제작될 만큼 미국과 소련의 가상 대결은 쉴 새 없는 가십거리였다. 그때마다 미국의 우위에 표를 던지게 한 요인이 알래스카였다. 참다못해 소련의 특수부대가

**알래스카와 캄차카 반도**
환태평양 조산대에 있는 캄차카 반도는 알래스카와 캄차카를 잇는 알류산 열도와 쿠릴 열도의 중간에 위치해 있다.

알래스카를 기습 점령하고 그것을 계기로 세계대전이 벌어진다는 전쟁 드라마까지 등장하기도 했다. 그 드라마는 소련이 알래스카 점령에 성공하는 것으로 설정했기 때문에 전쟁의 승부는 참혹한 미궁에 빠지는 것으로 끝났다. 그만큼 알래스카의 군사적 가치는 미국에게는 결정적이고 소련에게는 치명타였다. 현시대가 냉전시대처럼 험악하지는 않지만 겉으로 미소 짓고 있는 와중에도 군사력의 대결은 계속 진행 중이다.

알래스카에 대한 러시아의 속 쓰림 역시 계속되고 있다. 이 치명적인 환경을 러시아가 뇌물까지 주어가며 조성했다고 생각하면 더욱 속이 쓰릴 것이다. 러시아로서는 그나마 캄차카 반도를 지켰다는 것으로 안도하는 수밖에 없을 것 같다. 당시 러시아는 알래스카를 팔기 위해 캄차카 반도까지 선물로 줄 구상을 했다. 알래스카 매각이 끝나고 사회주의 혁명이 터진 후에 레닌이 다시 한 번 캄차카 반도 판매를 시도했지만 성사되지 않았다. 캄차카 반도에 미군 기지가 건설되었다면 그 위험성은 알래스카에 비길 것이 못 된다.

# 클레오파트라의 무기는 미모가 아니라 재산

파스칼은 "클레오파트라의 코가 조금만 낮았더라도 세계의 역사가 바뀌었을 것이다"라고 말했다. 그녀가 조금만 덜 미인이었어도 세계 역사가 바뀌었을 것이라는 의미이다. 파스칼뿐만 아니라 세계의 모든 사람들이 클레오파트라의 얼굴을 보지도 않고 그녀가 세기의 미인일 것이라고 확신했다. 그럴 만도 한 것이 이 여인이 로마의 최고 권력가이자 희대의 바람둥이였던 율리우스 카이사르와 안토니우스를 연달아 사로잡았고, 그로 인해 역사의 방향이 바뀌었으니 말이다. 그러나 고고학자들이 기어코 찾아낸 클레오파트라의 조각상을 보면 그녀는 심한 매부리코에 박하고 안정감이 없는 용모였다. 파스칼의 예상은 어떤 의미에서는 맞을지 모른다. 그녀의 코가 조금만 낮았더라면 훨씬 미인이었을 것이고 그녀의 마지막 타깃이었던 옥타비아누스까지 유혹하여 파스칼의 예상과는 반대 방향으로 역사가 크게 바뀌었을 수도 있다.

클레오파트라는 엄밀히 말하면 클레오파트라 7세이다. 그녀는 이집트의 프톨레마이오스 왕조의 마지막 왕이다. 프톨레마이오스는 청년 시절

클레오파트라의 옆얼굴이 새겨진 동전

부터 알렉산드로스 대왕의 기병 장교로 명성을 얻었다. 인도 원정까지 동행했다. 알렉산드로스가 죽자 마케도니아의 유력한 장군 4명이 알렉산드로스의 영토를 나누어 가졌다. 프톨레마이오스는 이집트를 차지했다. 다른 3국은 바로 멸망했지만 그의 왕가는 200년간 이집트를 지배했다.

클레오파트라의 아버지는 프톨레마이오스 12세였다. 기원전 51년 아버지가 죽자 클레오파트라는 왕위 계승을 두고 남동생과 권력 투쟁을 벌였다. 결국 아버지의 유언에 따라 남동생과 결혼해서 이집트의 공동 통치자가 되는 것으로 타협했다. 이때 그녀의 나이 18세였다. 하지만 남동생은 곧 그녀를 권좌에서 쫓아냈다.

기원전 47년 카이사르가 숙적 폼페이우스를 쫓아 이집트의 수도 알렉산드로스에 입성했다. 아직 생명을 부지하고 있던 클레오파트라는 50대인 카이사르를 유혹해 자신의 연인으로 삼았다. 그리고 카이사르의 힘을 빌려 권좌에 복귀하고 남동생을 죽였다. 그녀는 다시 막내 남동생과 결혼해서 형식적으로는 공동 통치자가 되었지만 실권을 완전히 장악했다. 게다가 카이사르의 아들까지 낳았다. 클레오파트라는 당당하게 카이사르의 여인이 되어 로마로 들어갔는데 기원전 44년 카이사르가 원로원에서 암살되는 바람에 이집트로 돌아와야 했다.

이후 법적으로 남편이던 막내 남동생 프톨레마이오스 14세가 요절했다. 클레오파트라는 카이사르의 아들을 프톨레마이오스 15세로 옹립했다. 그러나 그녀의 권력은 늘 불안했다. 결국 기원전 41년 그녀는 다시 카이사르의 부하인 마르쿠스 안토니우스를 유혹했다. 안토니우스는 용맹함과 육체적 능력에서는 카이사르보다 한 수 위였지만 지능은 형편없이 떨어졌다. 대신 바람기는 막상막하였다.

안토니우스는 클레오파트라의 유혹에 넘어갔다. 그의 아내는 클레오파트라와 동갑인 옥타비아였다. 옥타비아는 로마에서도 미인으로 유명했고, 지금 남아 있는 그녀의 조각상을 보아도 비길 데 없는 미인임은 분명하다. 하지만 안토니우스는 옥타비아와 이혼하고 클레오파트라와 정식으로 결혼했다. 둘 사이에서 아들과 딸이 태어났다.

안토니우스는 로마의 패권을 놓고 옥타비아의 남동생인 옥타비아누스와 대결을 벌였다. 두 남자가 치른 유명한 악티움 해전은 안토니우스와 클레오파트라 연합 함대의 패전으로 끝났다. 클레오파트라는 권력욕과 남성욕은 대단했지만 통치나 전쟁에는 전혀 도움이 되지 못했다. 패배한 안토니우스는 자살했다. 클레오파트라는 마지막으로 옥타비아누스를 유혹해보려다 실패하고 결국 자신도 자살로 생을 마쳤다.

이 이야기는 클레오파트라를 세기의 미녀, 요부의 이미지로 남게 했다. 하지만 그녀가 두 바람둥이를 사로잡은 비결은 세상 사람들의 생각처럼 미모가 아니라 뇌물이었다. 카이사르를 유혹할 때 그녀는 밤에 몰래 자신을 양탄자에 싸게 해 카이사르의 방에 들어갔다. 음식이거나 무슨 뇌물이겠지 하고 양탄자를 푼 카이사르는 그 안에서 튀어나온 여인에게 깜짝 놀랐고 곧 그녀에게 매료되었다고 한다. 이 장면이 클레오파트라를 세기의 요부로 만들었을 테지만 카이사르는 정말 클레오파트라의 용모에 반했을까?

원래 카이사르 같은 초특급 바람둥이는 미모를 별로 따지지 않는다. 대신 계산이 굉장히 빠르다. 고대 지중해 세계에서 이집트는 최대의 부국이었다. 키로스, 알렉산드로스, 카이사르, 피루스 등 세계 제국을 꿈꾸던 영웅들은 대장정에 오르기 전에 먼저 이집트를 침공하곤 했다. 군대를 움직이려면 돈과 군량이 필요하다. 이집트는 황금의 땅이었다. 카이사르는 양탄자에서 튀어나온 여인이 눈앞에서는 맨몸뚱이뿐이었어도 얼마나 대단한 부를 가졌는지를 당장에 알아차렸을 것이다. 그것은 안토니우스도 마찬가지였다. 안토니우스가 옥타비아누스에게 패전하고 죽자 클레오파트라는 옥타비아누스도 홀려보려고 시도했다. 미모에 자신이 있었기 때문이 아니라 그녀에게 누구도 거부할 수 없는 거대한 재산(뇌물)이 있었기 때문이다.

# 5부

## 뇌물 없는
## 세상에서
## 살아보자

탕왕이 반성문을 쓴 이래로 뇌물이 망국병이라는 사실은 집정자들이 제일 잘 알았다. 그러나 아는 것과 행하는 것은 별개이다. 어떤 사람들은 뇌물이 척결되지 않는 이유는 뇌물을 척결하려는 강력한 의지가 부족해서 좋은 법과 제도를 도입하지 않기 때문이라고 말한다. 의지와 법이 만능은 아니다. 오늘날 거론되고 있는 법들은 과거에도 시행된 사례가 많다. 과거에 성공한 법이 현재에는 효과가 미미한 경우도 있고, 과거에 실패했지만 현대에 각광받는 정책도 있다. 똑같은 법에 대해 지역과 나라에 따라 의지와 효과가 달라지기도 한다. 이 차이를 만드는 것은 시대적 차이와 환경적 차이, 그것에 따른 지배층과 국민의 의식구조와 가치관, 뇌물에 대한 관념과 위기의식의 차이이다.

뇌물 외에도 모든 제도가 마찬가지이겠지만 사회와 국민의 처지와 현실을 보고 적절한 목표를 세워야 한다. 이 평계로 현실과 타협해서도 안 되지만 무작정 이상적인 목표를 추구해서도 안 된다. 법과 제도의 성패도 사회 변화에 눈을 떼지 않고 사회의 발전과 변화, 미래에 눈높이를 맞추고 단계적이고 적절하게 접근해야 한다.

최근 우리 사회에서 논란이 된 김영란법의 주요 목표 중 하나는 소위 스폰형 뇌물을 뿌리 뽑자는 것이다. 스폰형 뇌물은 조선시대에도 여러 번 논란이 되었다. 김영란법과 비슷한 시도도 있었다. 그러나 조선의 뇌물 방지법은 스폰형 뇌물을 자제하거나 그것 없이도 살 수 있는 최고위층은 자제하자는 것이었지, 스폰형 뇌물의 근간을 부정하지 못했다. 도덕관념이 약해서가 아니라 조선 사회의 경제구조와 삶의 방식 자체가 증여와 후원에 크게 의존하고 있었기 때문이다. 그리고 결코 관리들이 뇌물성 삶을 정당화하기 위해 만든 것도 아니다. 본래는 더 궁극적이고 근본적인 국가관과 경제관에서 탄생한 것이다.

우리가 역사를 돌이켜보는 이유는 만능의 제도를 찾기 위해서가 아니다. 제도와 시대적 한계의 상관관계를 파악하고 현실과 미래에 적절한 대책을 찾기 위해서이다.

# 양자 처벌, 스폰 근절, 김영란법

　김영란 전 국민권익위원장이 발의한 김영란법은 공직자가 직무 관련성이 없는 사람에게 100만 원 이상의 금품이나 향응을 받았을 때 대가성이 없어도 처벌할 수 있다는 내용을 골자로 하고 있다. 핵심은 두 가지이다. 주는 자와 받는 자를 다 처벌한다는 것과 지금까지 형법상의 뇌물죄에 해당하지 않았던 소위 대가성이 증명되지 않는 스폰형 뇌물도 처벌하겠다는 것이다.

　예를 들어 변호사가 사적인 관계에 있는 검사에게 고급 승용차를 제공한 행위는 대가성에 대한 입증 없이도 변호사와 검사의 직무 관련성만 입증되면 처벌이 가능해진다. 이른바 '스폰서'가 되어 평소에 수시로 공직자에게 금품이나 접대 또는 편의를 제공하는 것은 일정한 시점에서 공직자의 직무 수행과 관련해 유리한 결정을 받아내기 위한 보험의 의도가 숨어 있다고 직무 관련성을 폭넓게 해석하자는 얘기다. 대가성과 직무 관련성을 피하기 위해 가족에게 대신 뇌물을 전달하거나 혜택을 주는 것도 고전적인 스폰형 뇌물 방식이었는데, 이 부분에 대해서도 처벌이 가능하게 했다.

김영란법을 두고 혁신적인 대책이라고 지지하기도 하고, 과도한 부작용을 낳을 수 있다고 걱정하기도 한다. 직무 관련성을 폭넓게 해석하면 과도한 처벌을 낳을 수 있다. 가족과 친인척의 스폰형 뇌물은 적발된 사례를 보면 다 옳은 것 같지만, 자칫하면 연좌제나 공직자 가족에 대한 역차별로 작용할 수 있다는 우려가 있다. 김영란법을 지지하는 사람들 중에는 이런 걱정을 기득권층의 이해를 변호하기 위한 논리로 치부하는 경향이 있다. 그러나 사실은 진지한 고민이고 김영란법이 성공하기 위해서도 꼭 고민해야 할 문제이다. 왜냐하면 김영란법 역시 역사적으로 끝없이 시행되고 반복되어 온 시도이자 논쟁 중 하나이기 때문이다.

## 세종 판 김영란법

먼저 스폰형 뇌물부터 살펴보자. 뇌물의 고도 수법이 스폰형 뇌물이다. 청탁과 관련해서 직접적인 대가를 지불하는 것이 아니라 평소에 소위 돈독한 인간관계를 쌓고 선물도 하다가 인사 때나 결정적 사업에서 이득을 얻는다. 스폰형 뇌물은 대가성 논란을 피해 갈 수 있다는 것이 장점이다. 뇌물죄를 판별하는 중요한 기준이 대가성인데, 후원 형식의 뇌물은 대가성을 증명하기가 쉽지 않다. 그래서 수십억을 받아도 대가성이 없다고 하면 넘어갈 수밖에 없었다.

비단 우리 사회뿐만이 아니다. 어느 사회에나 스폰형 뇌물은 있다. 인정과 공동체 생활의 유대가 강한 나라, 특히 농업사회나 유목사회의 전통이 강한 나라, 지역 유대가 중요한 나라에서 인정과 스폰형 뇌물을 구분하기는 정말 어렵다. 공동체 사회에서는 서로 도우며 아는 사람끼리 단체를 만들고 아들과 손자에게 가업을 물려주는 것이 뇌물이 아니라 전통이자 미덕이다. 성공한 사람이 친인척을 돌보는 것도 뇌물이 아니라 사회적 의무이다. 우리나라에서도 처음 산업화가 진행될 때에는 돈 계산을 철저히 하고 공과 사를 구분하며 지연과 인맥을 배제하는 사람은 칭찬이 아닌 비난을 받았다. 산업화가 인정을 메마르게 한다고 목소리 높여 비판했다. 조선에서는 뇌물 자체를 인정이라고 부르지 않았던가.

조선 사회에서도 인정과 뇌물의 한계를 정하고 뇌물과 스폰형 뇌물을 구분하는 일이 고민이었다. 조선 건국 후에 20~30년간은 뇌물 문제가 그리 크게 부각되지 않았다. 건국 공신들이 청렴했기 때문은 아니고 건국 초이다 보니 다른 문제들이 더 급했다. 또한 막강한 권력자들이 소수였고 왕과 공신 간의 혁명 동지적 유대관계 때문에 적당히 눈감아준 탓도 있었다.

동지적 관계를 청산하고 관료계를 보다 건전한 공무원 집단으로 만들자고 노력한 사람이 세종이다. 세종은 공신 제도를 철폐하지는 않았지만 관료로 충원하는 집단과 범위를 넓히고 자의적인 인사 규정을 없애 모든 것을 법과 규정으로 하도록 관료제를 정비했다. 그런데 이것은 양면성을 지닌다. 법과 규정을 아무리 잘 만들어도 운영하는 사람에 따라 좌우되기 마련이다. 관료제를 정비하고 구성원도 확장되고 보니 이제 진짜 커넥션이 생기기 시작했다. 여기에 불을 지른 것이 조세 제도의 정비였다.

세종은 평생을 국가체제의 정비에 힘을 쏟았다. 덕분에 많은 제도가 안정되었다. 특히 재정 제도는 괄목할 만한 성과를 거두었다. 조선 500년 역사에서 국가재정이 제일 풍족했던 시기가 세종 때부터 세조 때까지이다. 재정 수입이 세종 때에는 50만 석, 세조 때에는 90만 석까지 올라갔다. 수치상으로는 세조 때가 최고점을 찍었지만 실제로 세조의 성과는 세종이 만든 제도의 덕을 본 것이다. 궁중생활을 한 사람의 말로는 수치상으로는 세조 때가 높지만 새어 나가는 것도 늘어서 실제로 사용한 물자는 세종 때가 더 풍족했다고 한다. 하지만 세종은 이 풍족함이 뇌물과 상납의 관행이라는 독버섯을 키우고 있다는 사실도 깨달았다.

폭력적이고 막무가내 식으로 수탈하든지, 제도적으로 잘 정비해서 정직하고 효율적으로 거두든지 간에 국고에 재정이 쌓이고 가득해지면 인간은 그것을 이용할 방법을 빠르게 발견한다. 그것이 국가권력의 양면성이다.

오해를 방지하기 위해 약간의 설명을 부가하면 국가권력의 양면성을 세종이 처음 깨달은 것은 아니다. 국가체제의 강화는 조선 건국 때 이미 조선의 어젠다였다. 조준과 정도전이 만든 조선 최초의 법전인《경제육전》에도 강경한 뇌물금지법이 삽입되었다. 사대부가 관원, 특히 외관(外官)에게 사적인 청탁을 하고 조금이라도 무언가를 받으면 청렴하지 못한 죄로 다스리겠다는 법이었다. 꽤 센 법이었다. 아무리 뇌물이 성행하는 시대였다고 해도 관리가 청렴하지 못하다는 죄로 처벌을 받으면 정치 인생에 치명적이었다. 그러나 왕자의 난으로 정도전이 죽으면서 뇌물금지법은 고개를 숙였다. 법전에서 삭제하지는 않았지만 실행되지도 않았다.

1424년 7월 한창 더운 어느 여름날, 세종이 갑자기 폭탄선언을 했다. 《경제육전》에는 청탁을 받고 관이나 창고의 물건을 사적으로 전해준 사람만 처벌하게 되어 있었다. 그러나 이제부터는 받은 사람과 준 사람 양자를 모두 처벌하겠다는 것이다.[88] 김영란법의 원조라 할 수 있다. 세종은 대신들

---

88 《세종실록》25권, 세종 6년 7월 14일, 정해.

을 불러 새로운 뇌물금지법의 방향을 제시하고 이렇게 물었다.

"법조문을 내가 직접 만들어야 하겠느냐, 아니면 관에 맡겨야 하겠느냐?"

법안을 제대로 만들지 못하거나 수작을 부리면 자신이 직접 나서겠다는 반 협박이었다. 영의정 유정현이 즉시 대답했다.

"이런 법을 만드는 것이 바로 사법관서가 존재하는 이유입니다."

유정현이 이렇게 믿음직스럽게 나오자 세종은 한발 물러섰다. 실록을 볼 때마다 느끼는데 정치인과 관료는 이런 순간에 눈치가 빠르고 말을 정말 잘한다. 이럴 때 뇌물인지 선물인지 판단하기 어렵다거나 애꿎은 피해자가 발생할 수 있다는 식의 구실을 대면 세종은 더 강경하게 나왔을 것이다. 유정현은 세종의 의견에 즉시 적극 동조하면서 법안의 작성권을 자신이 손에 넣었다. 나중에 세종은 자신이 직접 법을 초안해서 밀어붙였어야 했다고 후회했을지도 모르겠다. 칼을 뽑았으면 가끔은 세게 내리쳐야 한다. 그러나 세종은 언제나 크고 멀리 보는 것을 좋아해서 자주 원칙에 구애받았다. 그 점이 세종을 세종으로 만든 커다란 장점이기는 하지만 전쟁에는 별로 유용하지 않았다.

젊은 관원들은 고양이에게 생선을 맡긴 격이라고 속으로 투덜거렸을 것이다. 재상들이야말로 뇌물 사슬의 정점에 있는 사람들이었다. 게다가 유정현은 뚝심 있고 행정 장악력과 추진력이 뛰어났지만 악착같이 재물을 밝히는 것으로 유명했다.

유정현은 세종의 중신 중에서 돈과 관련된 에피소드가 유별나게 많은 인물이다. 괜찮은 대신이었지만 유독 돈과 관련된 문제가 발생하면 딴사람으로 변했다. 구약성서에도 가난한 사람에게 빚 독촉을 하더라도 하나 남은 옷과 솥은 빼앗아서는 안 된다는 내용이 있다. 유대인의 습속이 아니라 동서양의 고대 사회를 관통하는 공통의 윤리였다. 그러나 유정현의 종들은 솥까지도 남김없이 빼앗아가는 것으로 유명했다. 장안에 '영의정집 대출'이라는 말이 유행했는데, 요즘 말로 하면 얼마나 급하면 최악질 대출 기관에서 돈을 빌리느냐는 의미였다.

아니나 다를까. 자신 있게 법 초안을 맡겨달라고 한 유정현은 세종이 나가자마자 뇌물죄 적용의 예외 조항부터 언급했다.

"나 같은 늙은이가 향포(香脯)나 음식을 받는 것이 무슨 해가 되겠소?"

그러자 당대의 최고 학자와 예학자로 명성이 높은 변계량과 허조가 즉시 동의했다.

"먹는 물건을 주고받는 것은 해로울 것이 없을 것 같은데 하필 모두 금할 필요가 있겠소?"

그러고는 지신사(知申事, 도승지의 별칭으로 지금의 비서실장) 곽존중을 시켜 세종에게 의견을 전했다. 세종은 속으로 후회했는지 모르겠지만 일단은 물러설 수밖에 없었다. 곽존중을 통해 돌아온 대답은 "알았다"였다.

## 필살의 대책, 양자 처벌

그래도 뇌물금지법은 표면적으로는 세종의 의견대로 기안되어 반포되었다. 구체적인 법조문은 전해지지 않지만 음식물이든 무엇이든 일체의 청탁과 상납을 금지하는 법이 성립한 것 같다. 여기서도 대신들의 노련함이 돋보인다. 그들은 법조문을 수정하거나 "50세 이상의 대신은 이런저런 물건을 받아도 괜찮다"라는 식의 예외 조항을 넣지 않았다. 단지 세종으로부터 법을 운영하고 적용하는 방식에 대한 확답을 얻은 것이다. 암묵적으로 "늙은 대신들이 건강과 몸보신을 위해 받는 작은 물건은 거론하지 않는다"라는 식이었다.

세종의 목표는 스폰형 뇌물을 근절하는 것이었다. 그러기 위해서는 윗사람이 먼저 모범을 보여야 했다. 그러나 대신들이 예외를 인정하면서 스폰형 뇌물을 오히려 용인하는 결과가 되어버렸다. 세종도 알고 있었다. 그러나 세종은 포기하지 않았다. 어차피 긴 싸움이었다. 2년 후인 1426년 세종은 대신들에게 다시 진지하게 문제를 제기했다.

고려가 뇌물로 인해 나라가 망한 것은 경들도 본 바이다. 지금 우리도 이 문제가 심각하다. 남(고려)의 일은 시비를 잘 판단하면서 자신의 잘못은 알지 못해서야 되겠는가? 정실과 뇌물이 이렇게 횡행하고 그치지 않는다면 나라의 쇠망이 멀지 않을 것이다.[89]

나라가 망할 수도 있다는 세종의 협박은 2년 전에 제정한 뇌물법의 시행과 대신들을 예외로 하는 태도를 버려달라는 요청이었다. 신중한 세종은 과장된 표현을 좋아하는 왕이 아니다. 그런데 이 무렵에 특별한 독직 사건이나 뇌물 사건이 있었던 것도 아니다. 아주 없었던 것은 아니지만 세종이 모든 대신들에게 자제를 요구할 정도로 큰 사건은 없었다.

세종은 주고받기 문화와 스폰형 교유관계가 확대되는 것을 염려했다. 주고받기 문화에서는 사대부 가문에 필요한 모든 물품과 조선에서 생산되

---

[89] 《세종실록》 31권, 세종 8년 3월 14일, 무신.

고 유통되는 모든 생산물이 별도의 사적 루트를 통해 이루어지고 있었다. 뿐만 아니라 여행, 출장, 집수리, 이사, 장례, 결혼, 성묘, 유흥 등 삶의 모든 분야에서 관원의 도움을 받는 문화가 성립되어 있었다. 특히 수령의 역할이 중요했다. 수령은 관할 지역에서 생산되는 모든 물품의 유통을 관할하기 때문이다. 고을의 산물이 모두 관청에 모이고 그곳에서 수십, 수백 군데로 배달되었다. 왜 이런 문화가 형성되었는지는 다음에 살펴보도록 하겠다. 좌우간 이런 상황은 소위 스폰형 뇌물 문화를 형성하기에 아주 적격이었고, 실제로 그렇게 되어가고 있었다. 세종은 그 위험성을 감지한 것이다.

그러나 이 법은 다시 흐지부지되었다. 세월이 한참 지난 1447년 제주 목사 이흥문의 뇌물 사건으로 다시 한 번 주는 자와 받는 자를 모두 처벌하는 법이 화제가 되었다. 이흥문 사건은 세종으로서는 회심의 한 수였다. 이 사건은 절대 드러나지 않을 일이었다. 뇌물도 적게 쓰면 누군가에게 미움을 사서 고발을 당할 수 있지만 대신과 주요 관원에게 모두 뿌리면 감히 고발할 사람이 없다. 실제로 이흥문이 과도하게 상납을 한다는 사실은 누구나 알았지만 문제 삼지 않았다. 그런데 궁의 내시 한 명이 한양에 있는 제주도 연락사무소 근처에 사는 여자와 결혼을 했다. 한양으로 진상하는 물건은 일단 그곳에 집하했다가 배달하고 있었다. 그런데 그 여인이 눈썰미가 뛰어났는지, 제주도와 무슨 감정이 있었는지 남편에게 제주 사무소로 들어오는 진상품이 과도하게 많다는 사실을 알려주었다. 내시는 즉시 세종에게 보고했다.

세종은 신중하고 치밀한 성격이라 충분히 뒷조사를 한 것 같다. 이흥문은 고급 관료들에게 대거 선물을 뿌렸는데 과다한 선물을 하지는 않았다. 거의 제주의 특산물인 과일과 육포 또는 생선포, 말 장식 같은 것이었다. 특정인에게 비싼 뇌물을 보냈을 수도 있지만 세종은 누구를 숙청하려는 마음은 없었기 때문에 눈감아주었을 수도 있다. 지금 특정인의 뇌물 수수를 공개하면 그가 죄를 뒤집어쓰고 희생양이 되면서 사건은 무마될 것이다. 이홍문은 제주목사였고 뇌물이 사소한 물품이라는 것이 오히려 세종이 원하던 방향이었다.

1447년 윤4월 14일 세종은 의정부 우참찬 정갑손을 불러 이홍문의 뇌물 사건을 국문하겠으니 의정부에서 행정 처리를 하라고 명령했다. 세종이 주목한 문제는 뇌물의 양이 아니라 제주민의 고통이었다. 제주도는 바다 건너에 있는

**내시**
궁궐 잡무를 맡았으며 정치에는 관여할 수 없었다.
결혼을 하고 자식을 두기도 했다.

섬이어서 운송이 다른 지역보다 몇 배로 힘들었다. 그런 곳에서 백성을 동원해 한양의 고관들에게 상납을 했으니 용서할 수 없다는 이유였다.

내시가 관원의 비리를 염탐해서 왕에게 보고하는 것은 불법이었다. 설사 내시가 최초 제보자라고 해도 문제를 삼으려면 징식 관원에게 조사를 시켜 이홍문을 탄핵해야 했다. 위대한 세종이 법을 어기고 있었지만 그만큼 세종의 분노가 심각했다는 뜻이다. 더욱이 이 사건은 세종의 평소 성품으로 봐서도 화낼 만한 일이었다. 대신들이라면 다른 지역의 상납은 받아도 제주의 상납은 자제시켰어야 했다. 그런데 이홍문의 행동을 전혀 제지하지 않았

다. 세종은 불공정한 게임을 참지 못하는 성격이었다. 사소한 뇌물을 받은 것은 용납했지만 영세 기업의 사정을 고려하지 않고 대기업 수준으로 받은 일은 용서할 수 없었다.

세종의 성격을 잘 아는 의정부는 발칵 뒤집혔다. 영의정 황희, 우의정 하연, 좌찬성 황보인, 우찬성 김종서, 좌참찬 정분과 정갑손, 도승지 황수신, 좌승지 이사철까지도 이흥문의 상납품을 받았다고 실토하고 처벌을 달게 받겠다고 사죄했다.[90] 이외에도 수많은 관원들이 자수했다. 세종은 이 기회를 완벽히 붙잡았다.

"음식물이나 사소한 물건을 받는 것은 예전부터 처벌하지 않기로 했으니 이번에도 처벌은 하지 않겠다. 대신들이 상납을 조금 받는 것은 옛날 중국에서도 그랬다. 나는 그 자체를 문제 삼지는 않는다. 그러나 이번 건은 지나쳤다. 봐라. 뇌물에 대한 경계심이 해이해지니까 당장 이렇게 선을 넘지 않느냐. 내가 이제 엄하게 방지책을 세우겠으니 경들은 그리 알라."

대신들은 아무도 대꾸하지 못했다. 세종은 직접 법안을 만들었지만 이런 상황에서도 원칙주의자답게 직접 반포하지 않고 사헌부에서 상소 형식으로 올리도록 했다. 그야말로 허점을 주지 않고 완벽하게 실행에 옮겼다.

그렇게 해서 사헌부에서 울며 겨자 먹기로 올린 상소는 1424년 판 김영란법이었다. 스폰형 뇌물도 처벌해야 하며, 그러기 위해서는 받는 자와 주는 자를 모두 처벌할 수밖에 없다는 내용이었다. 세종은 재상들을 모아 상소를 보여주고 동의를 구했다. 당시 1424년의 재상들은 거의 사망하고 새로운 재상들인 하연, 김종서, 황보인 등이 그 자리를 차지하고 있었다. 그래도 신세

---

90 《세종실록》116권, 세종 29년 윤4월 14일, 을해.

대가 나왔는지 새 재상들은 이전과 다른 반응을 보였다.

"조정에 뇌물이 성행한다는 상소를 보니 신들이 부끄럽습니다."

자신들의 약점이 잡혔으니 차마 법안 자체를 반대할 수는 없었다. 그러나 반성은 여기까지였다. 이 정도로 그냥 물러서면 정치가가 아니다. 그들은 현재까지 계승되는 정치가의 필살기를 연달아 펼쳤다. 문구에서 꼬투리 잡기, 논점 돌리기, 물귀신 작전이었다.

요즘 사대부들이 이상적으로 청렴한 것은 아니어도 선비의 풍습이 상소처럼 심하게 타락한 것은 아닙니다. 그리고 상소에 권신들의 집에 뇌물이 성행한다고 되어 있는데, 권신이란 권력이 신하들에게 넘어가 신하들이 왕까지 무시하는 경우를 말합니다. 그러나 전하의 치세에 이런 신하가 어디 있습니까? 이런 말을 기록해서 후세에 전하면 천 년 후에 누가 전하의 시대가 성군의 시대였다고 하겠습니까? 신들은 그것이 두렵습니다.[91]

재상들은 교묘하게 '권신'이라는 용어로 트집을 잡았다. 상소의 본의는 권력자들의 집에 뇌물이 넘쳐난다는 것인데, 이들은 권력자를 권신이라고 부르는 것이 잘못된 표현이고, 그 표현대로 상소를 인정하고 법을 세우면 세종도 큰 피해를 볼 것이라는 협박(?)이었다. 감히 하연이나 김종서가 세종에게 협박을 할 상황도, 그런 인물도 아니었지만 따지고 보면 협박과 다름이 없었다. 하지만 세종도 강경하게 변해 있었다.

"모든 신하가 청렴하다면 이 말은 잘못된 것이지만 그렇지 않다면 굳이

---

**91** 《세종실록》116권, 세종 29년 5월 22일, 임자.

(상소를 역사에 기록하지 않으면서까지) 잘못을 가려줄 필요는 없지 않은가?"

세종은 이번에도 양보해서 '권신이 뇌물을 밝힌다'는 구절을 삭제하게 했지만, 일체의 선물이나 증여를 금지하고 주고받은 자를 모두 처벌한다는 내용은 양보하지 않았다.

## 스폰을 금지하면 살 수가 없었던 시대

그런데 이날 사건을 실록에 기록한 사관은 뜻밖의 평가를 내놓았다. 사관은 대신들의 태도를 염치없다고 비난하면서도 과거 유정현, 변계량, 허조 등의 견해대로 세종이 음식물을 주고받는 것까지 금지한 것은 과도한 조치였다고 실록에 기록했다. 왜 공평무사하고 양심적이라고 평가받는 사관들까지도 뇌물에 관해서는 재상들의 주장을 옹호한 것일까? 유정현도 돈 문제만 아니면 그리 나쁜 재상은 아니었다. 변계량, 허조는 세종 시대를 대표하는 명성 높은 문신이다. 하연과 김종서는 평가가 엇갈리지만 세종이 황희 다음으로 신임한 뛰어난 인물들이었다. 그런 그들이 왜 뇌물에 대해서는 관대해지려고 한 것일까?

"나 같은 늙은이가 향포나 음식을 받는 것이 무슨 해가 되겠소?"라는 유정현의 말을 다시 분석해보자. 우리는 이렇게 반박할 수 있다.

"당신은 보통 늙은이가 아니라 영의정이다. 수십 명의 식구를 거느리고 살 수 있을 만큼 녹봉을 받는다. 공신전을 받아 땅도 많고 고리대도 운영해서 장안 최고의 부자이다. 그 정도면 먹고 싶은 것을 사서 먹으면 되지 왜 상납을 받느냐?"

결론부터 말하면 음식 따위까지 받아먹고 살아야 하는 이유는 돈이 없어서가 아니라 물건을 매입할 가게가 없기 때문이다. 세종 때 잠깐 시도한 화폐 유통책이 실패로 끝나서 시중에 돈도 없었고, 돈을 별로 신뢰하는 분위기도 아니라서 돈으로 물건을 살 수도 없었다. 상납 관행은 양심의 문제가 아니라 조선 사회가 안고 있는 필연적인 문제였다. 따라서 그들이 받은 소위 '음식 따위'는 사소한 물품이 아니다. 그래도 자신들이 국가의 대신이고 최고위 권력층인데, 최소한 인간의 생존 욕구이자 원초적 욕망인 식욕과 미각을 만족하며 살아야 하지 않겠느냐는 하소연이다.

16세기의 성리학자 이언적은 1547년 을사사화에 연루되어 평안북도 최북단 도시인 강계로 귀양을 갔다. 이언적은 경주 출신이다. 따뜻한 남쪽 지방에 살던 사람이 겨울이면 영하 40도까지 떨어지는 강계에서 생활하기란 쉬운 일이 아니었다. 게다가 그가 유배된 해는 유달리 추웠다. 이때 중국에 파견되었다가 귀국하는 사신단에 장세호라는 무관이 있었다. 우연히 그가 이언적을 만났는데, 혹한에 이언적은 겨울옷이 없어 홑옷을 입은 채 추위에 벌벌 떨고 있었다.

을사사화는 당시로선 유례없는 억지 사화였다. 사화 자체는 인종의 외척인 윤임 일파를 제거하기 위해 시작되었는데, 이 사화가 이상하게 번지더니 거의 30년이 지난 기묘사화와 조광조의 일까지 거론하며 희생자를 만들어냈다. 권력의 상식을 잃은 폭기에 어디서 불똥이 튈지 모르니 사람들은 모두 몸을 사렸다. 이언적이 귀양을 가자 친척과 친구들도 일체 연락을 끊었다. 이언적이 한겨울에 홑옷을 입을 수밖에 없는 것도 친구들의 원조가 끊기고 강계 지역의 유지들 역시 그를 회피했기 때문이다. 장세호는 이언적과 일면식도 없는 사이였지만 그의 곤경을 보고 분개했다.

"이 양반이 죄를 지었다고 해도 얼어 죽을 죄를 지은 것은 아니지 않은가?"

장세호는 즉시 자기가 입고 있던 여우 가죽 옷을 벗어 이언적에게 주었다. 그러나 꼿꼿한 유학자였던 이언적은 끝내 사양하고 옷을 받지 않았다.

이 아름다운 미담은 《병진정사록》과 《연려실기술》에 전해지고 있다. 하지만 자세히 음미해보면 이상한 점이 있다. 명색이 사대부인 이언적이 겨울옷 한 벌도 장만하지 못할 정도로 가난했을까? 장세호는 왜 자신이 입고 있던 옷을 벗어주었으며 이언적은 왜 그의 호의를 받지 않았을까? 정 미안했다면 장세호의 옷을 돈을 주고 살 수도 있지 않았을까?

조선시대의 일화를 보면 친구에게 옷을 벗어준 이야기가 상당히 많다. 특히 사신으로 임명되어 외국으로 가거나 추운 지방으로 떠나는 친구를 만나면 노자에 보태라고, 혹은 추위를 이기라고 입던 옷을 벗어서 주었다. 이언적이 겨울에 옷을 구하지 못하는 것이나 친구에게 옷을 벗어서 주는 이유는 가게나 시장이 없었기 때문이다. 한양에 육의전이 있었지만 물건을 잔뜩 상비하고 파는 곳이 아니다. 가죽옷은 고사하고 요즘은 사용하지도 않는 털 귀마개 같은 방한 장비도 돈이 있다고 살 수 있는 것이 아니었다. 보통 이런 물건은 장인에게 직접 주문해서 구비해야 했는데 주문에서 납품까지 시간이 꽤 걸렸다.

이언적은 국경 도시 강계에 있어서 그렇다 치고 한양은 달랐을까? 선조 때의 정치가인 유희춘은 학식이 있고 평판이 좋은 관료였다. 그 역시 을사사화에 연루되어 유배되었다가 선조의 즉위와 함께 복권되었다. 이때부터 사망할 때까지 10년간(선조 즉위년 10월~선조 10년 5월) 아주 꼼꼼하게 일기를 썼다. 임진왜란으로 사초가 불타버리자 그의 일기가 실록 편찬의 사료로 이용될 정도였다. 유희춘은 자신의 호를 딴 《미암일기》에 매일 수령, 지인, 친인척, 노비들로부터 받은 물품들을 마치 가계부 정리하듯이 적어 두었다.

충용 윤모가 유자 9개, 전복, 오징어 2첩, 문어 2미, 민어 1미를 보냈다.

장단에 사는 노복 한봉 등이 왔다. 백미 10말, 태 10말, 석수 6동이, 산꿩 2마리를 가지고 왔다.

합천군수 신일이 생은구어 50마리, 부채 8개, 삿갓 1개, 종이 15권을 보냈다.

창평현령 송응수가 백미 1석, 중미 1석, 콩 1석, 소금 1석, 장 1독, 솥 1개, 화로 1개, 밥상 9개, 금 1돈, 화집 1개, 청주 1병, 청어 4꿰미, 건어 10상자, 홍시 1상자를 보냈다.

유희춘이 받은 물품은 곡식에서부터 명태와 오징어 같은 반찬거리와 약재, 부채, 삿갓, 솥, 밥상, 숯과 같은 생활용품, 종이, 책, 문방구 등 일상에서 사용되는 물품 일체였다. 집안의 묘지를 보수하거나 친척의 집을 수리할 때에도 고을 수령의 도움을 받았다.

그에게 물품을 보내는 사람은 친척과 지인을 비롯해 어떤 관계가 있거나 친분이 있는 사람 등으로 다양했다. 이때에도 '손이 크다'는 표현이 사용되어서 가끔 많이 보내는 수령이 있으면 "역시 큰손이야" 하고 감탄하기도 했다. 그러나 이런 상납에 미안해하거나 죄책감을 느끼는 표현은 하나도 없다. 유희춘을 비난하려는 것이 아니다. 이것이 이 시대 관리들의 당연한 태도였다.

최고의 공급자는 물건을 보낸 사람의 절반을 차지하는 지방 수령이었다. 《미암일기》를 쓰는 동안 유희춘은 정4품 홍문관 응교에서 시작해서 사헌부 장령, 사간원 사간, 성균관 대사성, 예조참판을 거쳐 최종적으로 종2품의 사헌부 대사헌과 전라감사를 지냈다. 그 기간 동안 한 달에 평균 42회 정도 물품을 받았다. 매일 한 건이 넘는다.[92]

유희춘은 일기에 청탁을 받은 사실도 잘 기록해놓았다. 청탁의 대부분이 관직 천거였다. 10년간 인물을 천거하고 부탁을 받은 것이 141건이었다. 일기에 기록하지 않은 천거도 많았을 것이다. 유희춘의 친족 관계인 김종려란 인물은 어느 날 유희춘을 찾아와 홍덕현감 이국량이 간원의 탄핵을 받아 조만간 파직될 것 같다는 정보를 전하고 자신을 후임으로 추천해달라고 부탁했다. 유희춘은 즉시 이조참판 이후백에게 편지를 보냈다. 이 청탁이 성공해서 김종려는 홍덕현감으로 발령받았고, 이후로 유희춘에게 지속적으로 물품을 보내왔다.[93]

유희춘은 받기만 한 것이 아니라 보내기도 했다. 받았으면 나누어야 한다. 답례로 보낸 것도 있고 구제품이나 기증품으로 보낸 것도 있다. 단순히 교제나 친분을 위해서 나눈 것이 아니라 삶의 공동체이자 거대한 친족 네트워크 차원에서였다.

이 시대의 관료는 소가족의 가장이 아니다. 상당히 큰 가문을 책임져야 하는 집안의 어른이다. 보통 사람은 그 정도로 대가족을 이끌고 살지는

---

92 이성임, "16세기 조선 양반 관료의 사환과 그에 따른 수입 - 유희춘의 《미암일기》를 중심으로", 〈역사학보〉 145, 124쪽.
93 이성임, 위의 글, 139쪽.

않지만 고위 관료가 되면 상당한 규모의 친족 집단을 보살펴야 한다. 사회적 의무이자 관습이었다. 관료들에게 오는 상납품은 친족 집단에 분배되었다. 갑자기 병자가 생기거나 무슨 물품이 필요하면 친척 중에 관료인 사람에게 찾아왔다.

이 상황은 조선 후기까지도 크게 변하지 않았다. 18세기 이후 조선에서는 화폐가 유통되고 상업이 크게 발달했다. 그러나 크게 발달했다는 말은 상대적인 의미이다. 19세기 몰락 양반이었던 조병덕은 1,700여 통이 넘는 편지를 남겼다. 조병덕은 세도가인 풍양 조씨 일가였지만 권세가들은 촌수가 너무 멀었고 자신은 관직을 얻지 못해 몰락해서 충청도 남포현으로 낙향했다. 가진 땅이 적고 가난하기는 했지만 거의 모든 생활용품을 일가친척과 자제들에게서 얻어 썼다. 특히 도움이 된 사람이 현직 수령을 역임하던 친척들이었다.

응제가 지난 달 25일에 와서 남원부사(조병덕의 친척이다)의 편지와 녹지 8종, 돈 20냥, 초 50자루, 편지지 100폭, 두루마리 종이 10축, 삼베 2필, 미역 10단, 참기름과 꿀 각 2되를 주었다. 어느 하나 요긴하지 않은 것이 없다.[94]

조병덕의 편지를 보면 구구질질 처량하다. 그가 몰락 양반이기는 했지만 빈농 수준으로 몰락한 것은 아니다. 시골에서는 그래도 중산층에 속했다. 그러나 제사를 지내고 아들의 과거 비용을 대느라 돈이 늘 부족했다. 무엇보다 힘든 것이 물자 공급이었다. 그는 아들에게 보낸 편지에서 "너희는 잘 지

---

94 하영휘, 《양반의 사생활》, 푸른역사, 2008, 149쪽.

내고 있느냐? 나는 종이가 없어 방바닥에 도배를 하지 못해 흙바닥 위에서 그냥 사는 바람에 빈대와 벼룩이 극성해서 잘 수가 없다"라고 하소연했다.

그래서 조선시대에는 친족 내에 관료가 없으면 양반다운 삶을 살 수가 없었다. 가까운 일가친척 중에 벼슬을 한 사람이 없고 자신도 과거 급제를 하지 못해 끝내 낙향하고 만 조병덕을 보면 알 수 있다. 그는 상업이 무척 발달하고 돈이 유통되던 19세기 사람임에도 장판지를 구하지 못해 흙바닥에서 자고 생필품이 부족해 쩔쩔매면서 먼 친척인 수령과 지인들의 도움으로 간신히 생활을 영위해나갔다.

이것이 조선이 스폰형 뇌물에 손을 댈 수 없었던 근본적인 이유이다. 증여, 선물, 친척 관리에게 의존하는 생활방식과 관념을 버리면 되지 않느냐고 말할지도 모르겠다. 그것들을 버리려면 경제정책만 바꿔서는 안 된다. 정치, 경제, 교육, 신분제 등 모든 것을 바꿔야 한다. 마치 자본주의 체제에서 사회주의 체제로 바뀌거나 사회주의 국가가 자본주의 국가로 변신하듯이 혁명적인 변화가 필요하다.

# 성역 없는 법 집행,
# 수박 2통도 처벌한다

 

세종 판 김영란법은 다시 발효되었지만 세종이 강력하게 적용한 사례는 보이지 않는다. 세종의 목적은 어디까지나 뇌물의 자제였다. 법의 시행이후로 상납 관행이 근절되어 적용 사례가 발견되지 않는 것이라고 추정할수도 있는데 그랬을 것 같지는 않다. 상납 관행을 근절하려면 상업을 허용하고 사회구조 자체를 바꿔야 했다. 대신들이 자제하고 조심하게 한 데에는 확실히 성공한 것 같다. 하지만 인간 본연의 욕망을 거스르는 결심은 오래가지 못하는 법이다.

## 신개의 문어 2마리 사건

세종이 뇌물금지법의 시행을 조금 느슨하게 한 데에는 다른 사연이 있었다. 1432년 고성 수령 최치가 창고 물건을 횡령하고 죄를 창고지기에게 뒤집어씌웠다. 강원도 감사 고약해는 판관과 흡곡현감을 파견해 사건을 조사했다. 그 과정에서 고문으로 두 사람이나 죽었다. 사건이 수상해서 고약해가 직접가서 다시 신문을 했다. 중앙에 보고하니 형조에서도 뭔가 앞뒤 말이 맞지 않는다며 신임 감사인 황보인을 시켜 재조사를 했다. 그래도 진실을 밝혀내지 못했는데, 세종이 조사 방법까지 가르쳐주며 3차 조사를 한 끝에 최치의 범행을 밝혀냈다. 그런데 여기서 최치가 중앙 관료들에게 여러 가지 상납을 했다는 사실이 밝혀졌다. 엄청난 뇌물은 아니고 바닷가 수령으로서 관행대로 먹을거리를 보낸 것 같은데, 그중에는 대사헌 신개에게 문어 2마리를 보냈다는 내용이 있었다.

세종은 다른 사람이 받은 것은 불문에 붙이기로 했다. 그러나 신개가 대사헌으로 있으면서 받은 것은 문제가 되었다. 다만 받았다는 것이 겨우 문어 2마리였고, 신개는 절대 받은 적이 없다고 했다. 동료 대신들도 신개는 집안도 부유하고 개념 없는 사람도 아니니, 대사헌이면서 그런 물건을 받았을 리 없다고 변호했다.

나중에 신개가 자신을 변호한 사연에 의하면 사촌 형 신정도의 종 망달이 4~5년간 고성에 거주하면서 장사를 했다. 조선시대의 상인은 대갓집 종인 경우가 많았다. 국가가 상업을 허용하지 않았기 때문에 국가가 징수하는 공물 유통업에 간여해서 공물 대행업이나 청부 업무를 맡고 수입품 컨테이너에 밀수품을 숨겨 들여오듯이 그 틈에서 조금 장사를 했다. 이런 식의 장사라 반드시 수령의 허락과 배려가 필요했다. 대갓집 종들이 상인이 된 것도 이런 배경 때문이다. 망달이 한양으로 돌아오게 되자 최치가 생대구 2마리를 선물로 주었다. 여행의 안전을 위해 가는 도중에 길가의 사당에서 제물로 쓰라는 것이었다. 망달은 한 마리는 노제에 사용하고, 한 마리는 아는 사람에게 주었다. 이것이 전부인데 최치가 자신을 끌어들였다는 것이다. 마지막으로 신개는 합리적인 이유를 댔다.

"고성에서 한양까지 10일 거리인데 5월에 생대구를 어떻게 한양까지 배달하겠습니까?"

신개의 말이 진실인지 거짓인지는 당시에도 알 수 없었고 지금도 알기가 불가능하다. 신개는 망달을 신문해달라고 요청했다. 그러나 신문을 하나마나 망달이 위증하면 밝혀낼 방법이 없었다. 세종은 사퇴하겠다는 신개를 대사헌에 복직시켰다. 사건은 그렇게 끝났다. 이 사건을 처리하면서 세종은 자신의 뇌물금지법이 지닌 심각한 문제를 발견했다.

최치 사건은 정황이 의심스러워 4~5번의 조사를 했다. 고약해와 황보인은 세종이 신임하는 노련한 관리들이었다. 그러나 그들도 진상을 밝혀내지 못했다. 나중에 최치는 신개에게 대구인지 문어인지 2마리를 보냈다는 것까지 불었다. 다른 조정 관료들도 무수히 그에게서 선물을 받았다. 어쩌면 최치를 심문한 관원들은 그 이유로 불쌍한 창고지기의 누명을 알면서도 덮은 것은 아닐까? 차라리 최치가 누군가에게 엄청난 뇌물을 바쳤다면 독직 사건으로 비화할 수도 있었다. 밝혀낸 사람에게는 출세의 기회이기 때문이다. 그런데 최치의 상납은 사소한 것이었다. 신문하던 관리들도 이는 정말 사소한 물품들이고 적어도 당시의 기준에서는 모든 관료가 늘 받는 것이었다고 생각했을 것이다. 그러나 세종의 뇌물금지법은 그 정도도 뇌물로 규정하고 있었다. 작은 사건으로 조정의 주요 관료가 모두 곤경에 처할 수 있었던 것이다.

정의감은 때로는 아주 이기적이다. 생선 한 마리를 받은 것도 범죄는 범죄이다. 그러나 생선 한두 마리로 전 관료가 오명을 뒤집어쓰고 혼란에 빠지는 것은 국가와 공익을 위해서도 좋지 않다. 뇌물이 사소한 양이고 스스로 불합리하다고 생각할수록 편향된 정의감은 확고해진다.

'안됐지만 창고지기에게 죄를 덮어씌우자.'

그들은 이런 생각으로 최치의 범죄를 알고도 덮었을 수 있다. 정의감에서 보면 말이 안 되는 소리라고 비난할 수 있지만 지금도 이런 논리가 생생하게 살아 있다.

여기까지 의심이 뻗치면 점점 무서운 현실이 드러난다. 관리들은 충분히 그렇게 생각할 수 있다. 이 이기적 공리주의 덕분에 죄수 2명이 죽었다. 어쩌면 죽은 사람 중에 불쌍한 창고지기도 포함될 수 있었다. 관리들의 공익을 위해 한 인간이 생매장을 당하는 것이다. 분명한 범죄이며 살인 행위이다. 여기서 형벌의 궁극의 한계가 드러난다. 작은 죄를 엄벌에 처하면 관리들을 단합시키고 더 큰 집단 범죄를 유발한다. 사람들은 자신이 억울하게 당한다고 생각할 때 가장 잘 단합한다. 억울하다는 명분처럼 자신의 행위를 정당화할 수 있는 무기도 없기 때문이다.

누구보다 현명하고 법과 재판에 정통한 세종이 이런 생각을 하지 못했을 리가 없다. 그리고 아마도 이것이 뇌물죄의 적용을 완화한 이유였을 것이다. 세종이 일기를 썼다면 그날 이런 말을 남겼을지도 모르겠다.

"법은 현실이다. 눈은 이상을 향하되, 손과 발은 현실에서 벗어나서는 안 된다."

법조문은 이상을 지향하고, 법의 적용은 현실을 적당히 감안한다. 이상과 현실의 동거는 세종 때에는 그럭저럭 성공한 것 같다. 그러나 20년쯤 지나자 다시 싸움이 시작되었다.

## 김미 사건, 김주 사건

1468년 10월 19일 창덕궁 편전 앞마당에 여러 사람이 잡혀와 대기하고 있었다.[95] 즉위한 지 한 달하고 12일째를 맞은 예종은 미성년이 막 지난 19세 청년이었다. 그러나 역대 어느 왕보다 의욕이 넘치고 성급했다. 새 왕이 즉위하면 대대적인 인사가 벌어진다. 누구나 예상할 수 있는 일이다. 예종은 분명히 권력자의 집으로 인사 청탁이 줄을 이을 것이라고 예상하고 비밀 명령을 내려 대신들의 문 앞에 서리들을 잠복시켰다. 그리고 이유 없이 집 앞에서 얼쩡대거나 들어가는 사람들을 모조리 잡아왔다. 젊은 왕이 그들을 직접 신문하겠다고 편전 앞까지 대령시킨 것이다.

용의자가 하나하나 불려 나오자 예종은 거칠게 질문을 던졌다. 첫 번째로 불려 나온 사람은 함경도에서 온 김미였다. 그는 함경감사 박서창의 수행원으로 신숙주의 집을 방문했다가 잡혀왔다.

"너는 무슨 일로 한양에 왔느냐? 권문 누구에게 뇌물을 주었느냐? 또 함경도의 인심은 어떠하냐?"

왕보다 김미가 더 침착했다.

"저는 궁에 진상품을 바치러 한양에 왔고, 감사의 부탁을 받아 신숙주 대감에게 편지를 전달했을 뿐 뇌물을 준 것은 없습니다. 본도의 인심은 소인이 알지 못합니다."

예종은 김미의 대답은 들은 척도 하지 않고 마이동풍 식으로 자기주장을 폈다. 결론은 지방의 감사와 수령이 자기 본연의 사명과 지역의 사정을 고려하지 않고 권세가들에게 상납하고 아부하기 바쁘다는 얘기였다. 예종

---

95 《예종실록》 1권, 예종 즉위년 10월 19일, 무자.

이 이렇게 막무가내 식 신문을 한 이유는 이미 내막을 알고 있었기 때문이다. 김미가 배달한 것은 편지가 아닌 표범 가죽 한 장이었다. 편전 앞에서 한 신문은 이미 다 알면서 대신들에 대한 경고로 벌인 퍼포먼스였다. 단지 아직 젊어서 운영이 세련되지 못하고 엉성했을 뿐이다.

예종이 갑작스런 퍼포먼스를 벌인 이유는 뇌물에 대한 경각심이 해이해지고 대신과 수령의 상납 구조가 다시 강고한 커넥션으로 발전했기 때문이다. 이것은 선왕 세조의 정치 운영이 만든 폐해였다. 세조는 쿠데타로 집권한 탓에 소수의 공신들로 강력한 특권 집단을 만들었다. 소위 훈구파의 기원이 이것인데 특별한 권력은 뇌물을 배양하는 최고의 토양이다. 젊은 예종은 세조의 치하에서 성장하면서 그 사실을 보았고 즉위하자마자 칼을 빼든 것이다.

그러나 예종도 권력 구조를 바꾸거나 대숙청을 하려는 것은 아니었다. 세종이 그랬듯 그가 요구하는 것도 자제였다. 하필 신숙주를 걸고 들어간 것도 신숙주도 예외 없이 처벌할 수 있다는 메시지를 보여주고 싶었던 것이다. 노련한 대신들은 과연 이 정도의 메시지에 동요했을까? 그래도 자제해야겠다는 마음으로 받아들였을 가능성이 높다. 또한 그것이 예종이 바라는 최선이었는지도 모른다. 이미 조선은 강력한 공신 집단이 지배하는 사회가되었고 그들의 커넥션은 세종 때와는 비교할 수 없었다. 세종이 구상한 이상과 현실의 동거는 이미 불가능한 시대가 된 것이다.

1476년(성종 7) 거대한 뇌물 사건이 드디어 터졌다. 칠원현감 김주가 수백 명이 넘는(혹은 100명 정도라는 설도 있다) 관리와 일가친척에게 정기적인 상납과 인맥 관리를 하다가 적발되었다. 김주는 세조의 대신인 광산부원군 김국광의 조카이다. 상당부원군 한명회와 김주의 부친 김달전은 육촌인데 부친 때부터 이웃에 살아 친밀한 관계였다. 조선의 증여 경제의 풍속으로 볼 때 오래전부터 주고받은 것이 많았을 것이다. 김주가 수령이 된 것도 한명회나 김국광의 후원 때문이었을 것이다.

칠원현감이 된 김주는 한명회와 김국광을 위시해서 칠원의 특산물을 관리들에게 골고루 보냈다. 칠원의 명산 중 하나가 들깨였는데, 한명회에게 20말, 김질에게 2섬, 김국광에게는 1섬을 보냈다. 다른 사람들에게는 더 적게 보냈을 것이다. 김질에게는 들깨와 함께 꿀 2말을 보냈다는 기록도 있다. 다른 사람에게도 꿀이나 기타 물품을 더 보냈을 테지만 실록에는 대강 들깨만 기록한 것 같다.

개개인으로 보면 많은 양은 아니었다. 그런데 수백 명에게 보낸 것이 문제였다. 게다가 운반비가 상당했다. 김국광에게 들깨 1섬을 보내는 데 노자로 지출한 비용이 쌀 2.5말이었다. 200명에게 보냈다면 500말이다. 당시 15말이 1섬이었으므로 운송비만 33섬이 들어간다. 당시 자영농을 하는 가구가 1년 전세로 바치는 쌀이 평균 잡아 10~15말 정도였으니 40~50가구의 전세가 뇌물 운송비로 사용된 셈이다. 이런 상납은 한 번으로 끝날 리가 없다. 계절마다 혹은 달마다 시행되면 수백 석이 운송비로 들어간다.

김주 사건은 조정에서 커다란 논란거리가 되었다. 조선에서는 누구도 증여 경제 자체를 부정하지 못했다. 그러나 그렇기 때문에 더더욱 강한 자제와 절제가 요구되었다. 김주 사건은 김주가 너무 많은 사람에게 증여한 점과 한명회, 김국광 같은 최고의 거부 대신들이 이처럼 사소한 물품을 받은 점이 문제가 되었다.

사헌부 대사헌 윤계겸은 주고받기 문화에서 어쩔 수 없는 사정이 있겠지만 최소한 대신들은 자제해야 한다고 피력했다. 관직이 낮거나 벼슬이 없는 사람은 도덕성이 부족할 수도 있고 생활이 곤란할 수도 있다. 그러나 한명회, 김질 같은 재상들은 고액의 녹봉을 받고 이미 재산을 축적했다. 깨 따위를 받을 필요가 없다. 윤계겸은 대신들이 상납받은 물품을 모두 추징해야 한다고 주장했다. 또한 윤제겸은 적어도 재상들은 구체적인 대가성이 없다고 해도 선물도 받아서는 안 되며, 음식물 같은 것은 어쩔 수 없지만, 포나 물건으로 받았다면 뇌물로 간주하고 추징해야 한다고 말했다. [96]

이 사건으로 천하의 한명회와 대신들이 처벌을 받지는 않았다. 그들은 하나같이 자신들이 달라고 한 것이 아니라 김주가 자의로 보냈다면서 물품은 과장되었고 사실은 사소하고 작은 것이라고 했다. 그리고 조사해보니 자신들이 직접 받은 것이 아니라 김주가 자기들의 노비에게 준 것인데 속칭 배달 사고가 나서 자신들은 받은 적도 없고 김주가 보낸 줄도 몰랐다고 변명했다. 김주도 4년 후인 1480년에 석방되었다.

뇌물, 즉 독직 사건이 터졌을 때 관리들이 하는 말이란, 현대의 정치인이나 권력가들이 하는 변명이나 거짓말과 똑같다. 그러나 이를 거짓말이라고 할 수도 없고 아니라고 할 수도 없다. 배달 사고 같은 일도 실제로 일어나고 있었기 때문이다. 우리가 주목해야 할 부분은 적어도 최고위 권력자라면 작은 물건이라도 받지 않아야 한다는 점이다. 아니 최소한 사소한 물건은 아예 받지 말아야 한다. "생계가 어려워지는 것도 아닌데 이런 데에서 당신들이 좀 멋있게 모범을 보이면 안 되겠니?"라고 말하게 되는 부분이다.

---

96 《성종실록》 73권, 성종 7년 11월 22일, 임술.

## 상납을 금지하면 사대부의 삶이 힘들어진다

세조 때부터 성종 때까지 권력형 비리와 뇌물은 분명 늘었어도 대신들에게도 의식과 양심의 가책은(실천은 별개이지만) 있었다. 그래서 이 시대에는 정말 사소한 물건을 받았다고 탄핵을 받는 사례도 있었다.

1482년(성종 13) 어세겸은 군관으로 근무하는 일가친척으로부터 배와 수박을 선물로 받았다는 죄로 탄핵을 받았다. 어세겸은 평소에 공명정대하다는 평판이 있던 사람인 데다가 받은 뇌물이 수박 2통이어서 논란이 되었다. 한참 후에 문신 성희안이 중종에게 한 이야기를 보면 당시 어떤 관원은 이 사건에 대해 이렇게 말했다고 한다.

"신(성희안)이 들으니 (예전에) 어세겸이 수박을 받은 일로 대간이 탄핵을 했다고 합니다. 이때 경연에서 어떤 신하가 어세겸이 수박을 받은 일은 잘못이지만 어세겸 같은 사람은 국가에서 버릴 수 없다고 말하니 대간이 탄핵을 그만두었다고 합니다."[97]

여기서 어떤 관원이 탄핵에 반대는 했지만 수박을 받은 일을 잘못이라고 인정했다는 점에 주목할 필요가 있다. 물론 문어 2마리, 수박 2통을 거론하는 탄핵은 정말 큰일을 건드리지 못하기 때문에 사소한 것을 문제 삼는 것이라고 정반대의 관점에서 파악할 수 있다. 하지만 문어 사건으로 신개는 정말 대사헌에서 잘릴 뻔했고 자신의 관료 생활에 치명적인 오점을 남기게 되었다.

권력가에 대한 트집형 탄핵은 뇌물죄로 처벌하는 것이 목적이 아니라 스스로 자제하도록 하는 경고성 행동에 가깝다. 즉 어떤 정치가가 10억을

---

**97** 《중종실록》 4권, 중종 2년 9월 13일, 계축.

받았는데 10억을 받았다고 고발하면 일이 커진다. 고발한 사람이나 고발당한 사람이나 둘 중 한 명은 정치 생명이 끝난다. 그래서 며칠 전에 점심을 먹고 부하직원이 계산하도록 했다는 일로 고발한다. 범죄로 처벌할 수준은 아니지만 망신을 주어 자제하고 조심하라는 의미이다.

하지만 한 번 망가지고 뒤틀린 제도를 의식으로 지켜내기에는 한계가 있다. 최후의 양심이 그나마 기능을 한 것은 성종 때가 거의 마지막이었다. 다음 세대가 되면 거의 눈 녹듯이 사라진다. 50년쯤 지난 후 중종 때 어떤 관리는 지방의 노인으로부터 이런 이야기를 들었다.

"성종 때의 수령들은 그래도 염치가 있었고 탐욕을 부려도 자제할 줄 알았다. 그러나 지금은 극도로 탐오해서 일말의 양심도 없다."

중종 때가 되면 뇌물에 대한 논의는 새로운 전개를 맞는다. 뇌물은 망국병이다, 뇌물을 방치하면 나라가 망한다는 논리까지야 아무도 부정하지 않았다. 그러나 대책으로 들어가면 그들은 덤덤해졌다. 현대적으로 표현하면 이런 식이다.

"뇌물과 관가의 검은 커넥션은 근절해야 한다. 그런데 뇌물을 무슨 재주로 잡아낼 것인가? 일체의 상납을 금지하면 관리와 사대부의 삶이 힘들어진다. 상납의 관행은 없앨 수 없다. 그 관행 때문에 고관들에게는 과도한 상납이 들어온다. 맞다. 그러나 그것 역시 어쩌겠는가. 사람들이 필요 이상으로 가져다 바치니 우리들도 피해자이다. 그렇다고 상납을 일체 금지하면 우리는 괜찮지만 가난한 하급 관리와 사대부의 삶만 힘들어질 것이다. 어쩌겠는가. 중생을 위해 우리가 지옥에 가야지."

세상의 모든 체제에는 문제가 있다. 해법이 없어도 기성세대는 최소한 문제에 대해 진지한 태도를 견지해야 한다. 전혀 문제없다는 식으로 과도하게 방어하거나 어쩌란 말이냐 하는 식으로 나오면 젊은 세대는 분노한다. 결국 젊은 사대부들 사이에서 정치 혁신 운동이 벌어졌다. 조광조와 그의 동료들로 대표되는 도학정치론(道學政治論)이었다.

뇌물과 비리에 뻔뻔해진 기성세대에 분노한 젊은 세대는 순수하면서도 극단적으로 단순한 정치 이론을 펼쳤다. 조광조의 도학정치론은 전혀 현실적이지 못해서 조선의 정치와 사상계를 더 혼란스럽게 하긴 했지만[98] 중요한 것은 수많은 재야 정치인과 지식인이 조광조의 주장을 지지하고 붙들었다는 사실이다. 그들이 순진하고 어리석었다고 비판해야 할까? 아니면 사고가 단순해질 정도로 심각한 문제의식을 제공한 정치인들에게 더 큰 책임이 있을까?

---

98 임용한, 《조선 국왕 이야기 2》, 혜안, 1999; 《시대의 개혁가들》, 시공사, 2012.

# 극단의 처벌, 팽형과 사형

## 탐관오리는 삶아 죽인다

조선 한양의 우포도청 앞에 있는 혜정교에 커다란 가마솥이 놓였다. 어떤 사람이 포박을 당한 채 끌려와 가마솥에 들어갔다. 그는 탐관오리로 붙잡힌 사람이었다. 물이 펄펄 끓는 가마솥에 넣어서 삶아 죽이려는 것이다. 이 벌을 팽형(烹刑)이라고 한다. 그러나 실제로 삶아 죽이는 것은 아니었다. 가마솥은 끓이는 척만 할 뿐 안은 비었고 뜨겁지도 않았다. 가마솥에 들어갔다가 나온 사람은 죽은 시체처럼 들것에 실려 돌아가고 장례식이 치러졌다. 이후로 그는 살아 있어도 사회적으로는 죽은 사람으로 취급되었다. 공적인 활동은 아무것도 할 수 없었다. 친구를 만날 수도 없었고 이름이 불리지도 않았다. 삶아 죽이지는 않지만 사회적으로 매장을 해버리는 것이다.

약간은 유머러스하기도 한, 그러나 알고 보면 비인간적이고 반인권적인 이 형벌에 대해서 의외로 지지자들이 참 많았다. 지금도 커다란 뇌물 사건이나 독직 사건이 터질 때마다 이 팽형을 부활시켜야 한다는 소리가 곧잘 들려온다.

탐관오리는 삶아 죽여야 한다는 생각은 중국의 춘추전국시대 제나라 위왕 때 있었던 아대부의 고사에서 기원한 것이다. 아대부는 이름이 아니고 '아(亞)'라는 지역의 대부였던 어떤 인물이다. 아대부는 주변 사람들에게 뇌물을 주어서 자신이 청렴결백하고 정치를 잘한다는 평판을 얻었다. 그런데 위왕이 몰래 조사를 해보니 그는 악질 탐관오리였다. 진실을 알게 된 위왕은 아대부와 그를 칭찬했던 관리를 모두 체포해서 삶아 죽였다. 이때부터 제나라에는 탐관오리와 뇌물이 없어졌다고 한다.

아대부의 고사 덕분에 팽형은 탐관오리를 처벌하는 형벌로 인식되었다. 그러면 정말 탐관오리를 삶아 죽였을까? 중국에서는 가끔 팽형이 시행된 사례가 있기는 하다. 유방의 부모가 항우에게 잡혔을 때, 항우는 펄펄 끓는 솥을 놓고 유방에게 "성에서 나와 항복하지 않으면 네 부모를 삶아 죽이겠다"라고 위협했다. 그러자 유방은 "너와 내가 이전에 의형제를 맺었으니 내 부모면 너의 부모이기도 하다. 그러니 부모를 삶아 죽이면 내게 고깃국물이라도 한 그릇 가져다달라"고 말했다. 유방의 냉혹한 태도에 항우는 처형을 포기했다고 한다.

얼마 뒤 유방의 신하 역이기는 제나라에 항복을 설득하러 갔다. 제왕은 역이기의 설득에 넘어가 방어를 소홀히 했는데 마침 한신이 기습적으로 제나라를 침공했다. 화가 난 제왕은 역이기를 솥에 넣어 삶아 죽였다. 아대부도 제나라 사람이었는데 제나라가 팽형을 좋아한 모양이다. 그러나 야만적인 형벌을 자주 시행할 수는 없었다. 그저 고사로 자리 잡았다.

조선에서도 팽형이 가끔 언급되었지만, 탐관오리나 뇌물을 받은 관리에 대해 "팽형에 처할 놈"이라고 하는 수준이었다. 그러나 조선 후기가 되자 정

**초나라 항우(좌)와 한나라 유방(우)** 기원전 206년부터 4년간 서로 전쟁을 했다. 주로 항우가 우세했지만 참모를 저버린 대가로 결국 항우는 패해 자결하고 유방은 천하를 평정했다

치는 부패하고 상업이 발달하니 뇌물이 크게 늘어났다. 뇌물의 증가는 곧 탐관오리의 증가로 이어졌다. 뇌물을 만들 재원과 물자를 백성에게서 뽑아내야 했기 때문이다. 말도 점점 험해졌다. 임진왜란 이전만 해도 뇌물죄와 탐관오리에 대해 "차마 팽형을 시행할 수는 없지만 팽형에 처할 정도로 큰 죄라는 것을 명심해야 한다"라고 점잖게 말하는 수준이었다. 그러나 전쟁이 지난 후에는 당장이라도 팽형을 시행할 것처럼 말하기 시작했다.

"이놈, 정말 내가 아대부의 고사대로 시행해야 하겠느냐? 팽형에 처해 버리겠다."

거의 협박 수준의 말이 오고 가다가 마침내 정말로 팽형을 시행하자는 상소까지 등장했다. 1703년 10월 사헌부 장령 최계옹이 상소를 올렸다.

수령 중에 탐관오리는 영원히 수령에 다시 임명되지 못하게 하고, 그중에서 도 탐오함이 심한 자를 팽형에 처한다면 염치를 아는 풍속이 일어나 백성의 괴로

움이 사라질 것입니다.[99]

옛날이야기 속에 등장하던 팽형이 점점 현실화되기 시작했다. 부패 관리들이 떨었을까? 마침내 숙종의 아들인 영조가 가마솥을 만들어 대령하라는 명령을 내리고야 말았다. 1737년 8월 13일이었다. 영조가 노발대발해서 소리쳤다.

"당장 돈화문에서 팽형을 시행하겠다. 빨리 와서에 명령해서 큰 가마솥을 만들어 대기하도록 하라."

이날 역사적인 형벌이 시행되었을까? 영조는 과장이 심한 왕이었다. 명령은 그냥 해프닝으로 끝났다. 영조는 신하 중 누가 말려서 꾹 참았다고 했지만 신하들이 그 말을 믿었는지는 모르겠다. 더욱이 이 팽형은 뇌물을 받은 탐관오리를 처형하자는 것이 아니었다. 사간원 사간 조태언의 상소가 영조의 비위를 건드렸다. 간단히 말하면 당쟁의 습관을 못 버리고 당파성을 발휘해서 탕평을 추진하는 영조의 정책에 도전했다. 말로 하니 거창한데, 영조가 문제로 삼은 것은 조태언의 상소에 나오는 단어 하나 때문이었다.

영조는 당장 목을 치라고 호통을 쳤지만 주변에서 언관(言官, 임금에게 간언하는 일을 하는 관원)은 아무리 잘못된 말을 해도 극형에 처할 수 없다고 반대

---

99 《숙종실록》 38권, 숙종 29년 10월 21일, 계사.

했다. 솔직히 말하면 단어 하나를 트집잡아 언관을 처형할 수야 없지 않은가. 원래 사람이 입장이 몰리면 허세를 부리게 되는 법이다. 그래서 영조가 목을 칠 수 없다면 삶아 죽이겠다고 호통을 친 것이다.

아무튼 이 일이 말로나마 팽형이 실행에 가장 근접하게 이루어진 유일한 사례였다. 그러면 혜정교의 시체놀이는 언제 시행된 것일까? 아마 사실이 전혀 아닌 만들어진 이야기일 확률이 아주 높다. 정말 그런 사건이 있었다고 해도 어느 날 한 번 벌어진 이벤트성 행사에 불과했을 것이다. 이벤트로는 성공적이었을지도 모른다. 이 벌을 현대에도 부활시켰으면 좋겠다고 하거나 선조의 지혜가 돋보이는 형벌이었다고 칭찬하고 감동받는 사람이 많은 것을 보면 말이다.

## 형벌과 이벤트

지배층의 뇌물 행각은 서민에게 상대적 박탈감과 소외감을 준다. 그 감정이 커지면 정치적 불만과 지배층에 대한 불신과 저항으로 이어진다. 서민의 피해의식이 감정적인 것만은 아니다. 뇌물의 재원은 서민의 주머니에서 나오고, 뇌물로 야기된 잘못된 인사와 정책은 불특정 다수의 국민에게 피해를 준다. 개인의 만족과 주민 전체 혹은 국민 전체의 행복을 맞바꾸게 하는 것이 뇌물이다.

탐관오리가 가짜 팽형을 당해도 평생 산 사람 대접을 받지 못하고 살아야 한다는 환상은 뇌물의 피해 당사자인 일반 사람들에게는 시원한 카타르시스를 제공한다. 그런 처절한 형벌을 시행하면 뇌물죄가 줄어들 것이라고 기대한다. 오래되고 뿌리 깊은 범죄, 민중의 공분을 사는 범죄에 대해 충격적이고 강렬한 처방을 하면 탐관오리가 정말 줄어들지 않을까 하는 기대감이다.

요즘 한국 사회에 범죄의 형량이 너무 낮다는 불만이 많다. 범죄 중독자나 재범 가능성이 높은 범죄자가 짧은 형기를 살고 나와서 바로 같은 범죄를 저지른 사건이 종종 보도된다. 같은 범죄에 대한 처벌을 선진국의 처벌과 비교해도 양형 기준이 유난히 낮은 경우가 종종 있다. 분명 개선되어야 할 과제이다. 그러나 형량의 과다, 과소의 문제가 아니라 법의 근본 원칙을 벗어난 특수한 처벌이 특별한 효과를 발휘한 것이라는 생각은 착각이다. 팽형과 같은 이벤트성 처벌은 법의 정의를 희롱하고 국민감정을 오도하는 수단에 불과하다. 무엇보다도 반짝 효과가 있거나 있는 것처럼 보이지만, 실제로 효과도 없고 있어도 일시적이다. 오히려 더 큰 불합리만 낳는다.

그래서 우리 선조들은 관리의 부정부패와 뇌물 사건이 일어날 때마다 "아대부처럼 삶아 죽여야 하겠느냐?"라고 큰소리를 쳤지만 진짜 팽형도, 혜정교 이벤트도 시행하지 않았다. 결코 부패한 관리를 눈감아주고 뇌물 관행을 유지하기 위해서 이 형벌을 도입하지 않은 것은 아니다.

조금만 생각해보자. 진짜 혜정교 이벤트를 진행했다고 했을 때, 산 사람을 가족조차 이름을 부르지 않고 동료들도 죽은 사람으로 취급하는 것이 가능할까? 어떤 사람들은 조선의 선비들이 명예의식과 자부심이 강해서 그런 인물에게 평생 그런 대접을 했을 것이라고 말한다. 그러나 정말 그런 선비들이 사회에 가득했다면 뇌물을 방지하기 위해 팽형이 필요하지도 않았을 것이다.

조선시대 사람이라고, 선비라고 해서 현대의 우리와 본성이 다르지 않다. 가족인데 어떻게 고통받는 사람을 외면할 수 있을까? 재산과 권력을 가진 사람은 감옥에 몇 번 갔다 와도 지지자들이 줄지 않는다. 결국 이런 형벌은 스스로 국가의 무능을 드러내고 법과 형벌의 효과를 조롱거리로 만들 것이다.

충격적인 이벤트도 충격일 뿐이다. 오히려 진실을 호도하기만 한다. 중국의 국민당 정부가 중국 본토를 잃고 대만으로 도피했을 때, 장제스 총통은 모든 불행이 부정부패에서 기인했다고 통탄하고 부정부패한 관리들에 대한 강력한 처벌을 시행했다. 부패한 관리를 대만의 중심가 사거리에서 즉결 처형한 것이다. 오랫동안 한국은 이 조치를 찬양하며 강력한 처벌 덕분에 대만에 부정부패가 없어졌다고 했다. 그러나 이 쇼는 국민당 정부의 무능과 패전에 대한 책임을 전가하고 대만 국민을 안심시키는 것이 주요 목적이었다. 장제스는 종신 총통을 지냈고, 지금 대만은 정치적으로는 한국보다 특별히 청렴하지도 않고 민주화되어 있지도 않다.

우리 역사에도 그런 사례가 있다. 흥선대원군은 집권하자 전국의 부정부패를 뿌리 뽑겠다고 강력한 처벌을 행사했다. 부패가 심한 향리를 불에 태워 죽이는 극형도 시행했다. 팽형 대신 화형을 시행한 것이다. 확실히 일시적인 효과는 있었던 것 같다. 그러나 팽형과 마찬가지로 부패가 근절되었다기보다는 흥선대원군이 멋진 지도자라는 인식이 퍼졌다. 농민들은 오랫동안 흥선대원군을 지지했고, 그가 오래도록 집권하면 사회가 변할 거라고 믿는 사람도 많았다. 사실 흥선대원군이 노린 것이 이런 이벤트성 효과였다.

조선의 사회적 모순은 조금도 해결되지 않아서 결국 갑오농민전쟁으로 폭발했다. 뇌물과 부정부패는 구조적인 모순에서 발생한다. 속에서 곪고 있는데 피부에 아무리 강력한 극약처방을 한다고 해서 병이 치료되지 않는다. 팽형에 대한 기대는 자기최면에 불과하다.

## 뇌물 사범은 모두 처형한다

팽형까지는 아니어도 뇌물 사범은 뇌물의 양을 불문하고 무조건 최고 극형인 사형에 처하자는 주장도 등장했다.

> 이번 4월 29일 대신과 비국 당상을 인견하여 입시하였을 때 좌의정 최석정이 아뢰기를 "충청감사 최상익이 장계에 말하기를 '경외의 인정(뇌물)을 쓰는 폐단을 금지시킬 수가 없습니다. 지금 별도의 방식을 정해 금령을 범한 자가 있으면 사형으로 논죄하소서'라고 하였습니다. 말세에 인심이 좋지 못하여 이런 습속이 날로 번졌으니 폐단을 바로잡자는 말에 이견이 없지 않습니다. 그러나 사형이란 극도의 형벌입니다. 금령을 범한 일이 드러난 뒤에는 마땅히 받은 뇌물의 다소와 범한 정상이 어떠한지를 살펴서 재량하여 처리해야 합니다. 그런데 이제 경중을 막론하고 예사로 사형을 요청하는 것은 지나칩니다" 하였다. 우의정 이세백이 아뢰기를 "그의 장계는 실로 너무 지나치며, 또 감사로서 곧바로 사형을 요청한 것은 사체에 있어서도 온당치 못합니다" 하니 임금이 이르기를 "드러나는 것에 따라 경중을 살펴서 처리해야 마땅함을 얻을 수 있을 것이니 곧바로 사형으로 논죄하자는 것은 지나치다" 하였다.[100]

뇌물 사형론을 주장한 충청감사 최상익의 상소 원문은 전해지지 않고

---

100 《비변사등록》, 숙종 25년 1699년 5월 1일.

있어서 최상익이 어떤 논리와 주장을 폈는지는 알 수 없다. 뇌물을 극형으로 다스리자는 방안 자체는 새로운 것이 아니다. 이전부터 뇌물은 제일 심각하고 특별한 처벌을 가한 범죄였으니 말이다.

조선시대의 형법은 명나라의 형전인《대명률(大明律)》을 따랐다. 조선의 독자적 형벌과《대명률》과는 다른 규정도 있었지만 보편적인 경우에는《대명률》을 많이 준용했다.《대명률》에서 뇌물은 사면령을 내려도 용서하지 않는 특별 처벌 범죄에 속해 있었다. 참고로《대명률》에서 사면이 불가능한 범죄는 '10가지 악'이라고 해서 불충이나 불효와 같은 반인륜 범죄와 관청 물품 절도, 강도, 전로 방화, 도굴, 횡령, 속임수, 강간, 인신 납치와 매매, 유괴, 붕당, 참언, 간계를 통한 살인, 판결 조작, 범인 도주 방조 내지는 은닉, 도피, 청탁과 뇌물이다.

이 정도면 주요 범죄는 모두가 사면령 대상이 아니다. 그러나 안타깝게도 조선은 이런 것을 가리지 않고, 10악 정도만 아니면 거의 대부분을 사면해주었다. 조선에 대해서 정말 잘못 알려진 것이 많은데 사면령으로만 보면 정말 자비로운 왕조였다. 사면령은 별도로 하고, 뇌물은 뇌물의 양에 따라 형량을 달리했다. 형량 계산법은 창고 관리를 맡은 관리가 창고의 재물을 훔치는 경우와 같은 계산법을 적용했다. 이것을 '감수자도(監守自盜)법'이라고 하는데 형량은 아래와 같았다.

1관 이하는 장 80, 1관에서 2관 500문까지는 장 90, 5관은 장 100, 7관 500문은 장 60·도 1년, 10관은 장 70·도 1년 6개월, 12관 500문은 장 80·도 2년, 15관은 장 90·도 2년 6개월, 17관 500문은 장 100·도 3년, 20관은 장 100·

유 2,000리, 22관 500문은 장 100·유 2,500리, 25관은 장 100·유 3,000리, 40관은 목 베어 죽인다.[101]

뇌물이 동전 40관 이상이면 사형이었다. 동전 40관은 명나라 기준이라 환율이 다르기 때문에 조선에서는 환산법을 따로 정했다. 세종 때 정한 환율은 동전 1관을 5승 포 5필로 하는 것이었다. 40관이면 5승 포 200필이다. 쌀로 치면 266가마이다. 그러나 아무리 그렇게 환산해도 현대의 물가 기준으로는 감을 잡기가 어렵다. 간단히 말하면 조선시대 5인 가족의 자영농이 세금도 내고 1년을 충분히 먹고살 수 있는 농사 규모는 20석 정도로 잡을 수 있다. 자영농은 전 인구의 30퍼센트 미만쯤 되었는데, 자영농 13~15가구의 1년 생산량 정도를 뇌물로 받으면 사형이다. 혹은 재상급 대신의 1년 수입치 정도를 뇌물로 받으면 사형이라고 이해해도 된다.

그러나 뇌물죄로 처형당한 사례는 찾아보기 힘들 정도로 적다. 사면령도 남발되었다. 한참 뒤의 일이지만 1741년(영조 17) 2월에 뇌물죄로 적발된 포교 주세완을 사형하고 시체를 효시(梟示, 목을 잘라 전시하는 것)하라는 명령이 있었다.[102] 주세완이 정말 처형당했는지는 조금 애매한데 거의 사형이 결정되는 쪽으로 진행되었다. 이 처형 자체도 전시적 효과가 강했다. 당시 전국적으로 경찰 제도가 확산되면서 포교들이 못된 짓을 하기 시작했다. 정부 당국자들도 문제를 알고 고민하던 차에 주세완이 걸려들자 본보기로 처형하기로 한 것이다.

이처럼 뇌물로 인한 사형은 법 규정대로 하기보다는 본보기 처형이 정

---

101 《대명률직해》, 〈형률〉, "감독관리가 창고의 돈과 양식을 훔치는 경우(監守自盜倉庫錢粮)"
102 《비변사등록》 영조 17년 2월 7일.

말 어쩌다가 있었다. 이때 주세완의 처형을 강력히 주장한 사람이 영의정 김재로였다. 하지만 고관이나 중견 관리만 되어도, 혹은 명문가 출신이라면 더한 뇌물죄를 저질러도 처형당하는 경우가 없었다. 최상익의 주장은 원래의 법에서 '일정 금액 이상을 받은 관원'이라는 단서 조항을 없애고 무조건 모두 처형하자는 말이었다.

## 뇌물 극형론에 대한 논쟁

그런데 아무리 뇌물이 심각한 범죄라고 해도 무조건 극형으로 다스리는 것이 가능할까? 더욱이 뇌물죄를 가려낼 때의 최대 문제는 뇌물인지 아닌지를 판정하기가 어렵다는 것이다. 법이 애매하면 악용되기 쉽다. 뇌물 공여자를 사형에 처하는 법을 만들어 시행하면 명절이 지난 다음 정파 하나가 통째로 뇌물죄로 숙청될지도 모른다. 최상익을 인터뷰한다면 걱정하지 말라면서 이렇게 말했을지도 모른다.

"그 정도는 감안하고 법을 주장한 것이다. 정말로 다 죽이자는 것도 아니다. 극형에 처한다고 해야 사람들이 무서워서 자제하고 뇌물이 현저하게 줄어들 것이다."

오늘날 사형제 폐지론이 전 세계에서 논쟁이 되고 있지만 극형으로 범죄를 억제한다는 생각은 형법론에서 중요한 문제가 되고 있다. 사형 폐지론을 예로 들면 사형 폐지론자들은 특정 범죄를 억제하기 위해 극형으로 다스려야 한다는 주장에 대해 "사형이 범죄를 줄이는 효과는 전혀 없다"고 반발한다. 그러나 일반 국민의 법 정서에는 극형에 대한 믿음이 여전히 존재한다. 더욱이 최근 우리 사회에 있었던 원전 비리나 불량식품 사건처럼 공공의 이익, 국민 전체의 건강과 생명과 관련된 일에 대해서는 엄벌주의의 정서가 힘을 얻는다.

이런 논쟁은 18세기에도 뇌물을 둘러싸고 똑같이 벌어졌다. 뇌물죄에 대한 사형 옹호론자들은 극형이 범죄를 줄인 증거가 있다고 반박 근거를 내놓았다. 인조가 그런 법을 시행한 적이 있었다. 1636년(인조 14) 4월 20일 전 판서 김시양이 뇌물이 심각하게 성행하고 있다는 상소를 올렸다. 인조는 상소를 읽고 뇌물죄를 사형으로 다스리라는 엄청난 명령을 내렸다.[103]

이렇게 과감한 결정을 내린데에는 아무래도 전쟁이 임박했다는 위기의식이 작용한 것 같다. 1627년 정묘호란으로 조선은 한 번 위기를 겪었다. 7개월 후인 12월에는 병자호란이 터졌다. 조선은 몇 년째 전시 체제와 전쟁의 위기로 고민을 거듭하던 시기였다. 김시양은 뇌물이 성행하면서 뇌물을 받고 군역을 면제받아 군사가 날로 줄어든다는 사실을 지적했는데, 전쟁의 위협이 높아지면서 군역을 피하는 사람들이 더 늘었을 것이다.

그러나 이유가 무엇이든 법은 법이다. 이 법령이 얼마나 대단했느냐 하면 뇌물로 간주될 수 있는 일체의 행동을 사형으로 다스리겠다는 유권해석이 따랐다. 그 바람에 뇌물은 고사하고 사대부들이 편지조차 보내지 않는 상황이 벌어졌다. 이 시대를 살았던 장유는 자신의 문집 《계곡만필》에서 상황을 이렇게 전했다.

을해년(1635년, 인조 13) 가을에 비변사가 중외에서 뇌물을 주며 청탁하는 폐단을 금하도록 청한 데 이어, 이듬해인 병자년 여름에는 김시양이 차자(箚子)

---

103 《인조실록》 32권, 인조 14년 4월 20일, 갑오.

를 올린 데에 따라 뇌물 금지령을 다시 밝히면서, 이를 범한 자는 사형으로 논죄하라는 명이 내려지기까지 하였다. 이 일로 사대부들 사이에 청탁 편지를 감히 통하지 못하는 풍조가 이루어졌는데, 잘못된 폐단을 고치려는 노력이 너무 지나친 나머지, 보통으로 주고받는 문안 편지까지도 그만둬버리는 경우가 많이 생겼으므로, 법망이 너무도 조밀하다고 논하는 이들이 자못 탄식하였다.[104]

그러나 얼마 후 장유는 자신의 생각을 철회했다.

그러나 내가 일찍이 옛날 유서(類書, 일종의 백과사전)를 보니, 거기에 이르기를 "법서(法書, 명가의 서법을 모아놓은 책)에 수록된 서간들 대부분이 조문하거나 병문안하는 내용으로 되어 있다. 이는 대체로 위진시대에 편지로 청탁하는 일을 나라에서 금했기 때문에 조문이나 병문안하는 일이 아니면 서간을 보내지 못한 데에 기인한다. 그래서 왕희지의 편지를 보면 첫머리에 '사죄' 운운하였는데, 이것은 나라의 명령을 어겼기 때문이다" 하였다. 이것을 보면 서한을 보내 청탁하는 일을 금한 것은 그 유래가 오래되었다고 하겠다.[105]

알고 보니 중국에도 그런 법이 있더라는 것이다. 사대주의라고 볼 수도 있겠지만 조선시대 사람이라고 중국 것은 무조건 좋다고 하지 않았다. 장유가 평소에 그만큼 뇌물을 방지하기는 어려우며 극단의 대책이 필요할 수 있다는 생각을 했기에 중국의 사례를 보고 긍정하게 된 것이다.

---

104  장유, 《계곡만필》 2권, "서한을 보내 청탁하는 일을 금한 법"
105  장유, 위의 글

그런데 문제의 본질은 극단적인 조치가 과연 진정한 효과가 있었느냐는 것이다. 70년이 지난 후 바로 인조의 사형 조치를 두고 논쟁이 벌어졌다. 1714년(숙종 40) 8월 29일 숙종과 비변사 당상, 대신들이 모인 자리에서 좌의정 김창집이 뇌물죄는 모두 사형에 처하자는 주장을 했다. 이번에는 극형이 효과가 있다는 분명한 증거로 인조의 사례를 들었다. 인조 때 사형을 시행한 적이 있는데 뇌물이 현저하게 줄었다는 것이다. 이 논쟁의 발단이 된 사람은 1741년 영의정이 되어 포교 주세완의 처형을 주장하게 되는 김재로였다. 이때에는 젊고 패기 넘치는 30대 관료로 사헌부 지평(정5품)이었다. 보통 뇌물과 부정부패에 강경 이론을 펴는 사람은 진보적인 정치가이거나 약한 정파에 속한 인사들이라고 생각하기 쉬운데 김재로와 김창집은 반대였다.

김재로(1682~1759)는 숙종 때 과거에 급제해서 관직에 들어섰다. 숙종 때에는 대간을 주로 지냈고, 영조 때 판서를 거쳐 1740년에 영의정이 되었다. 50년 동안 관직에 있으면서 거의 절반을 정승으로 지냈다. 정치적으로는 노론의 정강에 충실했지만 오랫동안 권력의 중추에 있으면서도 청렴결백하고 세도를 부리지 않았다는 평을 얻었다. 그런 성품이었기에 뇌물에 대해 강경한 주장을 펼 수 있었던 것 같다.

김창집(1648~1722)은 안동 김씨로 조선 후기에 유명했던 안동 김씨의 세도정치를 연 사람이다. 그러나 안동 김씨의 60년 세도정치는 조금 과도하게 평가된 면이 있다. 김창집은 병자호란 때 척화파의 기수였던 김상헌의 증손이다. 김상헌의 순절 이후 이 집안은 조선 정치가의 표상처럼 되었다. 김창집 대에서는 4형제가 모두 고관에 올랐고 노론의 대표적인 정치 가문이 되었다. 집안 인물들은 가풍과 노론의 정치적 입장에 철저했으면서도 관리로서 사명감에 충실하고 명예와 책임을 소중히 했다.

견제할 세력이 없는 권력은 타락하기 마련이라는 진리에 따라 안동 김씨의 세도정치는 말년에 상당히 문제를 드러내기도 했다. 그러나 안동 김씨의 독자적인 타락이라기보다는 조선의 정치와 사회의 전반적인 변화 속에서 발생한 것이다. 오히려 김씨의 세도와 명성이 오래 지속된 것은 이 집단의 확고한 신념과 엄격한 자기 절제가 상당히 유지된 덕분이다. 더욱이 김창집 대에는 이 가문이 절대로 세도적인 권력을 갖고 있지도 않았다. 노론과 소론이 극렬히 대립하던 숙종과 경종의 교체 시기에 연잉군(영조)을 지지하며 노론을 이끌다가 경종의 반격으로 처형당했다.

뇌물 극형론은 김창집과 김재로의 개성을 잘 보여주는 사건이다. 김재로의 주장은 이런 것이었다. 인조가 뇌물죄를 극형에 처하라는 교지를 내렸다. 그러자 관직의 고하를 막론하고 뇌물을 주고받는 풍조가 현저하게 줄었다. 하지만 사람들의 의지가 금세 박약해져서 지난 70년간 법이 한 번도 시행되지 않았다. 아울러 법을 다시 강조하거나 재반포하지도 않았다. 자연히 뇌물이 부활했고 위아래가 다 타락했다. 재상과 명성 있는 유학자라는 평판 높은 사람들이 변방에 나가 근무하는 장수와 군관들에게까지 뇌물을 요구하기도 했다. 아랫사람들도 타락해서 청탁이 그치지 않았다. 이런 상황을 예로 들며 김재로는 다시 이 법을 시행해야 한다고 했다.

뇌물이 국가의 공적(公敵)이라고는 하지만, 아무리 그래도 뇌물죄를 무조건 사형으로 벌하는 것은 너무한 게 아닐까? 처벌을 강화한다고 해도 뇌물의 경량에 따라 등급을 나누고 형량을 다르게 하는 것이 합리적일 것 같다. 그러나 김창집은 치명적인 반론을 폈다. 바로 그런 주장이 뇌물을 근절할 수 없는 이유라는 것이다. 뇌물죄의 최대 난점은 뇌물을 판별하기 어렵다는 것이다. 그래서 그는 뇌물의 경중을 참작하라는 주장은 얼핏 듣기에는 합리적인 듯하지만 뇌물인지 아닌지도 판별하기 어려운 판에 도대체 어떻게 뇌물의 경중을 판별할 것이냐고 되물었다.

이것이 뇌물죄는 경중을 불문하고 모두 사형으로 처벌하자는 주장의 근거였다. 그러나 김창집의 예리한 반론은 자신에게도 치명적인 논리가 된다. 뇌물인지 아닌지를 구분하기가 어려운 것이 뇌물 처벌의 난제인데, 어떻게 모두 사형을 시킬 것인가?

예조판서 민진후가 바로 이 점을 지적하고 나왔다. 민진후는 인현왕후의 오빠이며, 150년 후 안동 김씨와 풍양 조씨의 뒤를 이어 조선 최대의 세도정치가가 되는 여흥 민씨가의 선조이다. 민진후도 노론이지만 이때에는 세도가와 거리가 멀었고 김창집과 김재로보다 훨씬 온건하고 타협적인 정치적 태도를 견지했다.

민진후의 주장은 이렇다. 법의 집행이 상식을 넘어 과도해지면 실행력 자체가 떨어진다. 뇌물죄를 저지른 사람을 모두 사형시킨다면 사람들은 오히려 뇌물죄를 적발하지 못할 것이다. 김재로는 인조가 사형법을 반포한 이후 70년 동안 한 번도 실행한 적이 없고, 그래서 뇌물이 다시 증가했다고 했다. 하지만 70년 동안 한 번도 사형 집행을 안 한 것은 사람들이 뇌물죄를 감싸려고 해서가 아니라 법이 과도해서 그렇다. 조금 전에 숙종이 김재로에게 변방의 군관들에게까지 뇌물을 받는 재상과 명유학자가 누구냐고 물었더니 김재로도 소문으로만 들었을 뿐 명확한 증거가 없다며 대답하지 못했다. 그 이유도 사실은 자신이 사형을 주장했기 때문이다. 뇌물의 정도에 따른 합리적인 처벌이었다면 김재로는 비록 소문으로 들은 혐의라고 해도 충분히 이름을 밝혔을 것이다.

김창집과 김재로는 반박할 논리를 준비했다. 두 사람이라고 사형론이 지닌 문제점을 모를 리가 없었다. 비장의 무기는 어차피 협박이라는 것이다. 합리적인 척하면서 단서 조항을 두고, 단서 조항을 두면 그것을 믿고 뇌물은 점점 성한다. 단서 조항 때문에 뇌물죄로 잡아도 다 빠져나간다. 무조건 뇌물죄는 사형이라고 법을 반포하고, 그럼에도 불구하고 정말로 제대로 걸리는 자는 처형을 한다. 그렇게 하면 뇌물을 완전히 근절할 수는 없겠지만 정도를 넘어서는 뇌물은 막을 수 있다. 도대체 합법적으로 들어오는 선물과 부조만으로도 보통 사람의 월급을 넘어서는 재상이나 되는 사람이 변방에서 고생하는 장수와 군관에게까지 뇌물을 받는 것이 말이 되는가?

미래의 첫 번째 세도가와 3세대 세도가의 논쟁은 누구의 승리로 끝났을까? 처음부터 승자가 없는 논쟁이었다. 우리는 법이란 만병통치약이 아니라는 사실을 명심해야 한다. 제대로 된 법을 만들고 공정하게 집행하면 정의 사회가 구현될 거라는 신념은 환상이다. 중세에는 더욱 불가능했다. 과학적 수사라는 것 자체가 불가능하던 시대였기 때문이다. 믿을 것은 증언뿐인데 매수하고 협박하면 무슨 짓이든지 하는 증인 후보군이 사회에 널려 있었다.

강경론은 잠깐의 효과는 있지만 결국에는 종이호랑이 공갈포가 된다. 인조의 뇌물 사형법이 보여준 결과는 민진후의 해석이 맞다. 합리적으로 처벌과 등급을 나누고 진실과 가짜, 청탁과 인정을 구분하자는 방안은 맞는 말 같지만 방법이 없다. 당장 이날의 논쟁에서도 김창집과 민진후의 논쟁이 서로 벽에 도달하자 합리를 가장한 물타기 이론이 끼어들었다.

좌부승지 이대성이 아뢰기를 "(뇌물이) 드러나는 정도에 따라 죄를 주면 될 것입니다. 그런데 변방의 장수에게 물품을 요구하는 것은 탐장(貪臟)죄에 관계되나, 친구를 위해 염려해준 일 등은 미세한 것이니 참작해서 처리하는 것이 마땅하겠습니다" 하였다.[106]

논리적으로 보면 이대성의 주장이 모범 답안이다. 그러나 조선의 관료들이 이 모범 답안을 몰라서 극단의 방법을 내놓았겠는가? 이대성이 진심으로 합리적 방안이라고 생각해서 의견을 제시한 것인지, 물타기 작전이었는지는 알 수 없다. 그러나 세종의 영혼이 이 논쟁을 들었더라면 한숨을 쉬며 웃고 말았을 것이다.

---

106 《비변사등록》, 숙종 40년 9월 4일.

# 뇌물을 없애기 위한 채찍과 당근

## 염치를 기르는 돈, 양렴은

1699년 12월 청나라에 사신으로 파견된 호조참판 강선 일행은 심양을 지나 산해관을 향해 가다가 반대쪽에서 오는 청나라 병사들과 마주쳤다. 그들은 긴 수레 행렬을 호송하고 있었다. 수레에 실린 화물은 은화가 가득 찬 나무 돈궤였다. 상자 하나에 1,000냥이 들어 있었다. 수레마다 20개씩 적재했고 수레가 모두 25대가 넘었으니 전체 금액이 50만 냥이었다. 은화의 목적지는 심양과 영고탑이었다.[107] 거액의 은화가 가는 것을 본 조선 사신들은 마음이 약간 설렜다. 심양과 영고탑은 청나라의 발흥지이다. 강선은 속으로 중얼거렸다.

'중원에 무슨 일이 있어서 이놈들이 만주로 도망치려고 돈을 빼돌리는 것은 아닐까?'

병자호란 이후 조선인들은 청나라가 겉으로는 강해 보이지만 곧 망할 것이라는 신념이 있었다. 그리고 늘 그 흔적을 찾았다. 뭔가를 간절히 바라

---

[107] 강선, 《연행록》, 1699년 12월 9일, 계유.

면 만사가 그쪽으로 보이기 마련이다. 강선뿐만 아니라 중국에 온 조선 사신들은 만주로 가는 금궤나 돈궤를 보면 꼭 비슷한 추측을 했다.

안타깝게도 그 은궤는 청나라의 중원 철수와는 거리가 멀었다. 오히려 청나라가 앞으로도 200년은 더 탄탄하게 버틸 수 있게 해줄 밑거름이었다. 강선 일행이 보았던 은화는 봉급과 양렴은(養廉銀, 특별수당)을 운반하는 호송 대열일 가능성이 높다.

명나라가 망한 이유는 뇌물과 부정부패 때문이었다. 아니 명나라의 관료 제도는 부정부패 없이는 살 수 없도록 만들어졌다. 관리들은 월급만으로는 도저히 생활이 불가능했다. 1644년 만주족은 북경에 입성해 부패와 무능으로 허약해진 명나라를 완전히 정복했다. 그런데 그들도 명나라 부패의 근원인 낮은 봉급 제도는 그대로 유지했다.

중국에서 제일 낮은 단위의 지방 행정구역은 현이었다. 조선에서도 현이 제일 작은 행정구역이었지만, 규모가 달랐다. 중국의 현은 조선의 도보다 컸고, 정식 관원만 500~1,000명은 되었다. 관원의 규모로 보면 조선 정부의 4분의 1 수준은 되었다. 현을 다스리는 지현의 봉급은 45냥, 성을 다스리는 총독의 월급은 180냥이었다. 간단히 말하면 하루 생활비도 안 되는 돈이었다.

형편이 이러니 관리들은 다른 방식으로 살아갈 방법을 찾아야 했다. 관리들의 생계 보조 수단으로 온갖 부가세와 수수료, 선물 강요와 억지 기증이 판을 쳤다. 부가세가 제일 큰 수입원이었는데 모든 세액의 10~20퍼센트 정도였다. 수수료와 제반 경비, 곡물로 세를 납부할 때에는 운반비, 운송 중에 상하거나 벌레, 쥐 등에 의해 자연적으로 발생하는 손실분 등 온갖 명목으로 부가세를 뜯었다. 무슨 업무에든 부가적인 뇌물이 필요했는데 그것을 누규(陋規)라고 했다. 명절이나 절기마다 관원에게 바치는 선물은 '절기마다 바치는 예물'이라는 뜻으로 절례(節禮)라고 했다. 부가세로 거둔 돈은 운영 경비와 지방관의 생활비 등으로 사용되었다. 청나라 초기에 1개 현에서 부가세로 거둔 돈이 3,000~3,500냥 정도였고, 이 중 공식적으로 지방관의 생활수당으로 전용된 돈이 600~700냥 정도였다.[108]

청나라는 한족을 회유하기 위해 거의 모든 관직에 동수의 만주족 관리와 한족 관리를 함께 두는 이중 관리 체제를 만들었다. 관리 월급으로 나가는 총액이 명나라 때보다 늘었기 때문에 월급을 늘려줄 수가 없었다. 그래도 청나라 건국 초기에는 관리들의 기상이 높았다. 만주족은 외치고 다그쳤다.

"우리는 명나라처럼 되지 말자."

사신으로 중국에 온 조선의 관리들도 놀랐다. 명나라 관원과 달리 청나라 관원은 정말로 뇌물을 요구하지 않았다. 그러나 현실 앞에서 성인군자는 없다. 명나라 멸망 후 45년이 지난 1689년, 청나라 관리들도 똑같은 아귀로 변했다.

"들으니 예부(禮部, 중국의 예조)의 서리들이 관원들과 결탁하여 조금만 건수가 있어도 공갈하며 요구하기에 한정이 없다고 합니다. 그래서 그전부터 주청사가 갈 때에는 별도로 수천 금을 가지고 가서 뜻하지 않은 일에 대비하였습니다. 관향소에 있는 은 5,000냥을 조정에서 분부하여 내주도록 하여, 만약 저

---

**108** 양렴은 제도에 대해서는 다음의 책을 참조했다. 岩見宏, 〈養廉銀制度の創設について〉,《東洋史研究》 22-3, 1988; 임계순,《淸史》, 신서원, 2007, 178~179쪽.

쪽에서 일이 생기면 그것으로 주선하게 하고, 무사하면 관향소에 다시 납부하게 하는 것이 매우 편리한 일이겠습니다. 관향소의 은 5,000냥을 사신에게 내줄 뜻을 본도에 분부하는 것이 어떨지 모르겠습니다" 하니, 임금이 이르기를 "그전에도 사신이 요청한 일이 있을 때에는 은을 빌려준 규례가 있었다. 이번에도 은 5,000냥을 빌려주어 그 이자를 쓰게 하고 본래의 은은 다시 납부하게 하라" 하였다.[109]

둑이 한 번 무너지면 물살은 거침없는 법이다. 1718년이 되면 조선이 뇌물용으로 책정한 돈이 5,000냥에서 3만 냥으로 뛰었다.[110] 1721년 조선 사신단이 마련해야 하는 뇌물은 9만 냥이었다. 단 3년 만에 3배나 뛰었다. 분명 심각한 사태였다. 바로 다음 해인 1722년에 즉위한 옹정제는 특단의 대책이 필요하다는 사실을 절감하고 있었다. 하지만 관리들의 비현실적인 급여 체제를 그대로 두고 비리를 청산하기란 불가능했다. 그렇다고 무턱대고 봉급만 올려준다고 사태가 해결될까? 관리들은 이미 뇌물에 맛을 들였고 인간의 탐욕은 끝이 없는 법이다.

고민하던 옹정제는 묘안을 짜냈다. '양렴은'이라는 이름도 기발한 특별 수당이었다. 양렴은이란 '염치를 기르는 돈'이라는 뜻이다. 봉급 외에 관리의 행실에 따라 지급하는 수당 내지는 보상금이다. 옹정제는 지방 관청에서 걷는 부가세를 정식 세금으로 인정하고 모두 국고로 환수했다. 그리고 양렴은이라는 이름으로 관리들에게 다시 하사했다. 양성화를 통해 자의적인 비

---

109 《비변사등록》, 숙종 15년 8월 11일.
110 《비변사등록》, 숙종 44년 10월 14일.

리를 막고 정부의 공식 회계로 흡수한 것이다. 대신 이것을 정식 월급이 아니라 일종의 성과급으로 바꾸었다. 청렴하고 근면하게 살면 보수의 몇 배에 해당하는 금액을 지급하겠다는 것이다. 양렴은의 보상액은 상당해서 정식 월급의 30~100배였다. 총독의 월급이 180냥이었는데 양렴은은 2만 냥이었다. 부(府) 수령의 경우 지부는 월급이 105냥인데 양렴은은 1,000냥, 지현은 월급이 45냥인데 양렴은은 1,000냥이었다.

양렴은의 성과 요인은 수당제보다 부가세의 양성화에 더 큰 의미가 있다. 많은 역사가가 부가세의 양성화를 과소평가한다. 음성적으로 거두던 돈을 양성화한 것은 눈 가리고 아옹 하는 것에 불과하다고 말한다. 그러나 음성과 양성의 사회적 효과는 음극과 양극만큼 차이가 크다. 일단 부가세 자체가 필요 없는 경비가 아니다. 부가세를 악용하고 남용해서 문제였던 것이다. 따라서 관에서 꼭 필요한 최소 재원조차 음성적으로 변한 것 자체가 관리들이 부가세를 이용한 축재를 합법화하기 위한 고도의 수법이었다.

부가세가 없으면 운영이 되지 않으니 아무리 청렴한 관원도 묵인할 수밖에 없다. 그 순간 모든 관원이 비리의 사슬로 얽힌다. 그늘에서 비리는 곰팡이와 독버섯처럼 빠르게 번져간다. 양성화를 해도 비리는 증가하지만 그늘에서 자라는 속도는 당할 수가 없다. 비리를 근절하지 못하면 조절이라도 해야 하는데 비리를 향해 돌을 던질 사람이 없다.

양렴은은 제법 성공을 거두었다. 역사적으로 볼 때 뇌물과의 전쟁에서 필승의 무기로 많이 사용된 것이 양렴은과 같은 충분한 물질적 보상이었다. 관련 성공 사례로 세계 최고 수준의 청렴 국가 싱가포르가 자주 언급된다. 싱가포르는 관리들에게 최고의 대우를 해주는 대신 부패에는 엄격하다. 그러면

건륭제(1711~1799, 재위 1735~1796)
청나라 제6대 황제이며 강희제 시대를 이어 청나라의 최고 황금기를 이룩했다.

풍족한 대우와 보상이 뇌물에 대한 완전한 백신일까? 역사적으로 보면 필요조건이기는 하지만 충분조건이 되지는 못한다.

옹정제 다음 황제인 건륭제의 시대가 되자 청나라 관리들이 배가 나오고 퉁퉁해지면서 명나라 관리들과 외모까지 똑같아지기 시작했다. 다시 뇌물이 만연하고 부패 액수가 커져갔다. 50년을 통치한 건륭제 치세에 유명한 수뢰 사건이 몇 번 터졌다.

1781년 감숙성 순무 왕단망과 감숙성의 관리들은 관직을 팔고 과거 급제를 팔면서 3년 만에 청나라 1년 예산의 4분의 1이나 되는 돈을 모았다. 감숙성의 서쪽 끝으로는 사막과 유목지대가 시작되는 황량한 지역이었다. 그곳에서 기록적인 금액을 축적한 이유는 건륭제가 해외 무역 창구를 폐쇄하고 감숙성으로 몰아버린 덕이었다. 엄청난 돈이 감숙성을 통해 들어가고 나갔다. 이 일은 독점적인 권력이 행세하는 곳에는 뇌물이 몰려들 수밖에 없다는 진리를 다시 한 번 확인시켜준다.

그러나 진짜 최악의 부패 사건은 건륭제가 죽은 다음에 밝혀졌다. 건륭제가 절대 신임하고 주요한 뇌물, 독직 사건을 다 맡아서 수사한 화신이 부패의 주범이었던 것이다. 화신은 건륭제가 수족으로 키운 인물이었다. 평범한 팔기 가문 출신의 화신은 아버지의 직책을 이어받아 황궁 경비원이 되었다가 건륭의 눈에 띄어 바로 벼락출세를 했다. 겨우 25세에 총리대신 격인 군기대신이 되었다. 나중에 그의 아들은 공주와 결혼했다. 건륭제는 화신에게 사상 유례없는 총애와 독점적 권력을 주었다. 모든 면에서 탁월해 '십전노인(十全老人, 열 번의 원정을 승리로 이끈 노인)'이라는 별명까지 얻은 건륭은 이상하게도 독점적 권력이 부패한다는 단순한 진리를 외면했다.

절대 신임을 얻던 화신은 건륭제가 사망하자마자 역공을 맞았다. 신임 황제인 가경은 즉위하자마자 화신에게 강제 자살을 명령했다. 화신에게서 몰수한 재산은 8억 냥으로 청나라 20년 예산과 맞먹었다.[111]

양렴은의 처절한 종말이었다. 그러나 너무 폄하할 필요는 없다. 19세기 이전 사회에서 세계 어디에나 뇌물을 근절한 일은 고사하고 이 정도로 충격적인 규모의 뇌물 사건이 발생하지 않은 곳은 없었다. 양렴은이나 기타 제도가 없었다면 청나라는 더 크고 조직적으로 부패했을 것이다. 청의 뇌물 억제 정책은 청나라 건국 초기에 왕조의 기틀을 잡고 나라를 유지하는 데 어느 정도는 공헌했다.

하지만 양렴은 이야기는 풍족한 보수가 관리의 부패를 방지하는 필요조건이기는 하지만 뇌물을 근절하는 결정적 수단은 되지 못한다는 진리도 가르쳐준다. 싱가포르의 성공은 공무원의 보수 외에도 여러 가지 제도가 종합적으로 작용한 덕분이다. 싱가포르 외에 청렴한 국가들도 대부분 공무원의 보수가 훌륭하다. 하지만 절대로 충분한 보수만으로 뇌물이 근절되

---

111 마크 C. 엘리엇, 양휘웅 옮김, 《건륭제》, 천지인, 2011, 341~343쪽.

지 않는다.

## 공직에서 추방하거나 연좌제로 처벌하기

중국과 조선처럼 중앙집권 국가에서는 관료의 권한이 컸다. 관료의 권한이 크면 책임 역시 크게 지워야 한다. 커다란 이권을 다루는 관료들은 양심적이고 합법적인 행동보다 부정이 주는 이익이 클 때 뇌물의 유혹에 빠진다. 정치와 조직이 부패하면 단지 경제적 이익을 올리기 위해서뿐만 아니라 조직 안에서 융합하고 출세하기 위해서도 부패에 손을 담가야 한다.

관리의 부패를 방지하는 방법도 같은 원리이다. 관리로서 얻는 이익보다 피해가 클 때 뇌물의 유혹을 억제시킬 수 있다. 수익보다 피해를 크게 하는 방법으로는 뇌물 수수액을 상회하는 벌금, 관직 삭탈, 사면 금지 등이 있다. 이런 법은 오래전부터 이미 시행되고 있다. 그러나 별 효과가 없다. 뇌물액을 판정하기도 어렵다. 벌금이 크면 조사관과 조사받는 사람 사이에서 벌써 흥정이 일어날 것이다. 뇌물액의 3배를 내게 하는 법이 있다고 하자. 뇌물액을 1억 원으로 판정하면 벌금으로 3억 원을 내야 한다. 그러면 조사관과 조사받는 사람이 담합한다. 뇌물액을 2,000만 원으로 하고 6,000만 원을 벌금으로 낸다. 조사관에게 1억을 준다. 그래도 피고는 3억 원의 절반가량인 1억 6,000만 원만 물면 된다.

관직을 삭탈하고 추방하는 형벌은 위협적이기는 하다. 그러나 하급 관리는 무서워하겠지만 진짜 국가에 위해를 주는 큰 뇌물을 다루는 고관이라면 어떨까? 그는 이미 한 재산 모아놓고 명의 변경도 해놓았다. 관직을 떠나면 아쉽기는 하지만 행복한 여생을 보내는 데에는 지장이 없다. 독직 사건으로 물러난 프랜시스 베이컨이나 워런 헤이스팅스도 공직에 복귀하지 못했지만 여생을 풍족하고 우아하게 보내는 데에는 문제가 없었다. 조선의 고위 관료들은 거의 무죄를 받거나 사면되었다. 《대명률》에서 뇌물죄는 사면 대상에서 제외하라고 했지만 우리 조상은 중국법을 무조건적으로 수용하지 않고 창의적으로 수정해서 사용했다.

사형이나 팽형은 거의 공갈포여서 하급 서리나 포교나 하급 장교들은 사형을 당하기는 했지만 집안 좋은 정식 관리에게는 거의 위협이 되지 않았다. 상류사회 출신 관리에게 가장 위협적인 형벌은 그를 관직에서 영원히 추방할 뿐만 아니라 자손의 관료 임명까지 제한하는 것이다. 이것을 장리자손 금고법(贓吏子孫 禁錮法)이라고 한다. '장리'는 뇌물을 받은 관리를 말하며 뇌물죄와 횡령죄가 모두 적용된다. '금고'는 벼슬길을 막는다는 의미이다.

벼슬길을 막는 형벌은 꽤 위협적이었다. 양반 관료 가문이라고 세습이 밥 먹듯이 쉬운 것은 아니었다. 재상쯤 되면 아들들에게 하급 관직이나 무관직, 관청 서리, 그것도 안 되면 명예직이나 산직(실제 근무지는 없고 관품만 받는 것)을 주는 일이 어렵지 않았다. 그러나 재상의 아들이라도 하급 관직은 하급 관직이고, 명예직은 명예직이었다. 다음 대로 가면 위상이 하락했고, 그 상태로 4, 5대가 지나면 양반이라는 신분 자체가 위태로웠다. 최소한 중견 관료 이상이 될 수 있는 똑똑한 아들 하나는 두거나 사촌, 육촌 범위 내에 인재 한 명은 있어야 했다.

개별 가족에 국한된 이해 문제가 아니었다. 관원이 없으면 직계가족뿐만 아니라 사촌, 팔촌, 외가까지 꽤 범주가 큰 친족 집단 전체가 물자가 달리고 약을 구하기도 힘들어지는 등 여러 가지 고통을 겪어야 했다. 친족 집단 전체의 침몰이 시작된다.

한 개인의 사회적 성공과 실패는 가문의 삶과 직결되었다. 연좌는 그 공동책임을 강조하는 위협이었다. 관리들은 연좌를 무서워했다. 뇌물을 받아서 처벌을 받아도 그냥 처벌을 받느냐, 장리로 판정을 받느냐는 대단히 중요했다. 장리로 판정을 받으면 연좌가 뒤따랐다.

뇌물을 받은 관리는 우선 장부에 기록해서 이조, 병조, 사간원에 명단을 통보했다. 인사를 맡은 이조와 병조는 당사자를 다시 임용하지 않도록 유의했다. 이미 고려시대에도 장죄는 사면령에서 제외 대상이었다. 또 다른 제외 대상은 반역, 불효 등과 같은 반인륜 범죄였기에 장죄는 이와 같은 차원의 범죄였던 셈이다.

장리의 아들은 문과 계통의 과거 시험에 응시할 수 없었다. 그리고 아들과 손자는 중앙의 주요한 부서와 지방관으로 나갈 수 없었다. 격이 떨어지는 기술직이나 무과를 통해 군인이 되는 것만이 가능했다. 그들이 고위직에 오르는 것은 물론이고 엘리트 관료가 될 수 있는 길을 원천적으로 봉쇄했다. 이 일이 가능한 것은 이조 등이 보관한 명단 때문이다. 문관의 인사행정을 담당하는 이조는 과거 시험을 볼 때 자신의 조상과 외가의 이름을 적어내는 신원 조회를 거쳤다. 명단을 대조하면 쉽게 찾아낼 수 있었다.

처음 김영란법에서도 논란이 된 것이 일가친척이 받는 뇌물을 어떻게 처리할 것이며, 일가친척의 범주를 어디까지로 하느냐는 것이었다. 조선시대에도 같은 고민을 했다. 조선의 연좌 범위는 넓었다. 법에 규정된 아들과 손자뿐만 아니라 사위까지 범위에 들어갔다. 같은 혈육도 아닌데 사위는 왜 포함되었을까? 그 이유는 결혼 풍속 때문이다. 고려와 조선 전기까지 결혼은 장가가는 풍속이었다. 말하자면 남자가 여자의 집에 사위로 들어가서 거주하는 형식이다. 그래서 사위는 장인과 같이 살았다. 당연히 관리가 얻는 수익이 처가와 외가에도 친가와 거의 구분 없이 분배되었다. 뇌물과 모리 활동은 상납자가 자진해서 바치는 경우도 있지만 커다란 친족 집단에서 오는 각종 요청과 가문의 행사를 수행하기 위해 자행되는 경우도 많았다. 조선시대의 관료는 거의 매일같이 가문과 친구들로부터 여러 요청을 받았다. 연좌는 이런 요구를 자제시킬 수 있다는 기대효과도 있었다.

또 하나의 중요한 연좌는 관리의 추천인에 대한 연좌였다. 조선시대의 관리 임명 때에는 종3품 이상의 관리가 후보자를 추천할 수 있었다. 인재를 찾아 등용하자는 취지였지만 악용되기도 쉬운 제도였다. 추천받은 사람이 범죄를 저지르면 천거자도 연좌되었다. 이 법은 당나라 때 정비되어 중국에서 계속 사용되었다.

그러나 연좌는 개인의 인권이라는 측면에서 보면 분명히 억울한 처벌이었다. 연좌제가 반인권적이라는 인식은 조선시대에도 강했다. 인권에 대한 의식이 강해서라기보다 관료들의 피해가 컸기 때문이겠지만 부당하고 억울한 것은 어쩔 수 없었다. 조선시대에는 연좌의 범주를 크게 줄였다. 하지만 역모죄, 뇌물죄, 횡령죄는 연좌에서 놓아줄 수가 없었다. 천거인과 피천거인 사이에 보은의 커넥션이 지속적으로 발생했기 때문이다. 특히 지방 산물이 많이 나거나 중요한 고을 수령과의 커넥션은 한양에 사는 전 관료층과 집안을 먹여 살렸다.

연좌의 필요는 인정하지만 당하는 사람 입장에서는 억울했다. 왕의 입장에서는 자기 마음에 드는 사람을 마음대로 등용하기 어려웠다. 비록 누구나 인정하는 인재라고 해도 마찬가지였다. 당시에도 이 문제는 논쟁의 대상이었다. 특히 힘이 센 왕의 경우에는 더욱 그러했다. 세조가 사헌부 관리로 김국광을 임명하려고 하자 관료들이 들고일어났다. 반대의 이유는 하나였다. 김국광이 장죄로 처벌받은 황보신의 사위라는 것이다.

황보신은 유명 재상 황희의 둘째 아들이다. 그래도 황보신은 세종 때 장죄로 처벌을 받았다. 당시 황희에게는 관청의 여종을 첩으로 삼아서 낳은 아들이 있었다. 그의 이름은 황중생으로 동궁에서 급사 일을 했다. 그런데 어느 날 왕실의 금잔, 광평대군의 금띠, 동궁의 귀걸이가 사라졌다. 의심을 받은 황중생의 집에서 귀걸이가 발견되었고, 전에 없어진 물건도 그의 소행임이 밝혀졌다. 문제는 금잔의 무게가 황금 20냥이었는데 발견된 것은 11냥뿐이라는 것이었다. 이미 황금을 녹여서 일부를 누구에게 준 것이다.

황중생을 추궁하니 형 황보신에게 주었다고 했다. 황보신은 극구 부인했다. 또 다른 범죄도 드러났다. 황보신이 의금부의 말 1필과 옷감 2필을 훔쳤다는 것이다. 세종은 고민하다가 결국 황금을 훔친 것은 무죄로 처리하기로 했다. 형제간에 물건을 주고받았으면 뇌물죄가 성립할 수 없다는 이유에서였다. 다만 관청의 물건을 훔친 것은 장죄에 해당하여 처벌했다.

결국 아버지의 자식 사랑은 끝나지 않았다. 문종이 즉위하자 89세였던 황희는 아들의 죄가 애매하고 고문으로 자백했기 때문에 용서를 빈다고 왕에게 청했다. 문종은 황희의 생애 마지막 소원을 물리치기 어려워 아들의 관료 신분은 회복하도록 했다.

그럼에도 황보신의 사위는 장죄에 걸렸던 장인 탓에 요직인 사헌부 소속으로 옮기지 못할 상황이 된 것이다. 세조의 결정은 간단하고 명쾌했다.

"관리가 될 사람은 사람됨이 직책에 적당한지를 보는 것이다. 가계 따위에 얽매이지 마라."

나중에는 황보신의 아들을 수령으로 임명하는 것도 허락했다. 그러나 김국광은 성종 때 결국 사고를 쳤고, 그와 동생은 당대를 뒤흔든 뇌물 스캔들의 주역이 되었다.

거물들의 이야기를 보면 자손 금고와 연좌법의 효과가 미미한 것 같다. 그러나 단정할 수도 없다. 《조선왕조실록》은 형사 기록이 아니라 정치 기록이다. 거물급 인물들의 이야기, 후세에 귀감이 될 사례, 즉 법을 잘 지킨 모범 사례보다는 법을 잘 지키지 않은 사례나 문제가 되는 사례가 담긴다. 그리고 20세기 이전에는 세계 어디에서나 고위 관료들이 뇌물죄로 잡혀 들어간 경우가 매우 드물다.

기록에서 찾기는 힘들지만 중하급 관리로 내려가면 장리로 지목되어 집안과 후손이 어려움을 겪고 개인의 삶이 망가진 경우도 적지 않은 것 같다. 부정과 뇌물은 여전히 끊이지 않고 시대가 내려갈수록 심해졌지만, 긍정적으로 보면 이런 노력이 있었기에 어느 정도 수준이라도 유지되었다고 볼 수 있다. 다만 장리자손 금고죄는 어디까지나 중세적 관료 제도라는 특수한 사정에서 탄생한 법이라는 사실을 명심해야 한다. 아울러 조선이 장리와 그의 자손, 특히 고관들에 대한 사면 금지와 같은 법전의 기본적인 원칙을 좀 더 잘 준수했더라면 뇌물의 역사는 달라질 수 있었다는 점도 새겨야 할 교훈이다.

## 만남을 차단해 뇌물의 경로를 원천봉쇄한다

고려시대, 조선시대에 청탁을 하기 위해 누군가를 만나는 것, 특히 엽관 운동을 위해 인사권자를 만나는 것을 분경(奔競)이라고 한다. 분경은 바쁘게 뛰어다니며 경쟁한다는 뜻이다. 전통시대의 용어 중에서 제일 유머러스하지 않나 싶다. 그러나 당사자나 사회에 미친 해악은 결코 가볍게 웃어넘길 수 있는 일이 아니었다.

분경이라는 용어는 고려시대부터 사용되었다. 고려 전기보다는 후기에 많이 사용되었다. 이유는 간단하다. 12세기 이후로 무신정권의 성립, 과거 제도의 발달, 지방 사대부의 성장으로 관료직을 얻기 위한 경쟁이 많아졌다. 그렇다고 경쟁이 없는 왕씨 왕족과 귀족 몇 가문이 정권을 독점한 고려 전기의 체제로 돌아가자고 할 수도 없었다.

경쟁이 거세지자 뇌물과 청탁도 늘었다. 특히 인사 비리는 인류의 영원한 숙제이다. '나라님도 가난은 구하지 못한다'는 말이 있지만 성군, 명군의 시대에도 인사 비리는 판쳤다. 세종 시대에도 그랬고 영조 시대에도 그랬다.

부사과 이제가 말했다. "가문이 한미한 자는 권문세가에게 굽혀야 하고, 소원한 자는 친근한 자에게 빼앗기며, 평온하고 조용한 자는 분경하는 자에게 가려지니, 인사를 시행하기도 전에 관직의 비용이 먼저 정해지고, 임명장이 나오기도 전에 벌써 임명자의 이름이 전파되니, 신은 알지 못하지만 전후에 전관(銓官)을 맡은 자가 과연 모두 적임자이겠습니까?"[112]

---

112 《영조실록》 39권, 영조 10년 12월 10일, 신해.

인사 비리와 청탁을 막기 위해 등장한 법이 분경금지법이다. 청탁을 하지 말라는 법이 아니라 아예 만나지 못하게 하는 법이다. 요즘도 가끔 유사한 법을 사용한다. 시험 출제관이 되면 시험이 종료될 때까지 호텔에 감금되곤 한다. 외부와의 연락도 금지된다. 직계가족의 초상이나 나야 외출이 허락된다. 분경금지법은 그 정도가 아니다. 관료들은 아예 서로 만나지 못한다. 이 법은 고려시대부터 시행되었고 구체적인 규정으로 1399년 8월에 내린 명령이 남아 있다.

> 지금부터 종실, 공후, 대신과 개국 정사공신에서 모든 관료와 선비는 서로 사적으로 만나지 말 것이다. 만일 억울하고 원통하여 고소할 것이 있으면 관청이나 공공장소에서 만나 호소하라. 위반하는 사람은 먼 곳으로 귀양 보내고 종신토록 벼슬에 나오지 못하게 한다.[113]

어마어마한 법이다. 그런데 이때만 해도 관료 중에는 일가친척이 많았다. 아무리 신분제 사회이고 특권 사회였다고 해도 조선시대에는 고위 양반가라고 다 번듯한 관료가 되지 않았다. 아들 중에서 관료가 되는 사람은 보통 잘해야 한 명이었다. 나머지는 하급 관청의 서리, 장수, 군관, 궁궐의 사무관, 별감이 되기도 하고 평민으로 사는 사람도 있었다. 좌우간 관료를 만나지 말라고 하면 부자간이나 형제간에도 만날 수가 없었다. 가족끼리 못 만나게 하는 것은 너무 심하지 않은가? 그래서 단서 조항이 있었다. 삼사촌 친척과 절제사(節制使)의 군관은 제외되었다. 그런데 여기에도 조건이 있었다. 오직 조

---

113 《정종실록》 2권, 정종 1년 8월 3일, 경자.

문과 문병일 때에만 만나야 한다는 것이다. 그렇다면 관료들끼리는 조문이나 문병도 안 된다는 소리였다. 너무한 듯하지만 일단 법은 그랬다. 이 명령의 마지막 문장은 이렇게 끝난다.

"(이 법을 지켜서) 조선이 억만 년 가도록 하자."
그런데 머리 좋은 사람은 금방 이런 생각을 했을 것이다.
'자신이 가지 않고 하인이나 대리인을 보내면 되지 않을까?'

하지만 그것마저도 금지되었다. 단속을 맡은 관리들이 분경 올 것 같은 사람의 집 근처에 매복하고 있다가 들어가는 사람을 잡는다. 그가 편지를 지니고 있거나 뭔가 물건을 지니고 있으면 바로 적발한다. 그렇다면 아예 증거를 지니지 않고 구두로 전하게 하면 되지 않을까? 그럴 수도 있겠지만 아무런 증거가 없으면 심부름꾼이 거짓말을 하는지도 알 수가 없다. 그리고 맨입으로 하는 청탁은 약하다. 특별한 경우에는 구두 청탁이 가능하겠지만 대부분의 청탁과 뇌물 수수는 상당히 방지할 수 있다.

물론 법이 법대로 시행되었을 경우와 만남 금지령으로 인한 모든 부작용을 감수할 수 있을 경우에 그렇다. 당연히 불가능하다. 하지만 분경 금지에 대한 조선의 노력은 끊이지 않고 이어졌다. 완전히 금지되지도 않았고 금지될 수도 없었지만 최소한 이조판서나 병조판서와 같이 인사권을 가진 사람은 분경을 금지했다. 《경국대전》에 수록된 정식 법 규정은 다음과 같다.

이조 · 병조의 당상관, 여러 장수 중의 당상관, 이방 · 병방승지, 사헌부, 사간원,

판결사(判決事)의 집에 동성 8촌, 이성 6촌, 혼인가, 이웃 사람이 아닌데도 출입하는 자는 장 100대에 3천 리 밖으로 유배한다.[114]

발령을 받으면 바로 사헌부에서 관리를 파견해 집 앞을 지켰다. 이 제도도 타락해서 그들 간에 또 뇌물이 오가는 경우도 있기는 했지만 적어도 노력 정도는 했다. 권세가나 인사권자의 집에 사람이 우글우글하는데 사헌부에서 이를 방치하고 단속하는 사람도 보이지 않으면 사헌부 관원이 탄핵을 받았다. 정말로 분경금지법이 걸린 사례도 적지 않았다. 1429년(세종 11) 내금위 이중림이 병조판서 최윤덕의 집에 갔다가 분경죄로 걸려 장 80대를 맞고(실제로 맞지는 않고 벌금으로 대체했을 것이다) 일반 병사로 군역에 충당되는 처벌을 받은 일도 있었다.[115]

분경 단속은 건국 초에는 활발히 이루어지다가 16세기로 가면서 해이해졌다. 여기에도 약간의 사연이 있는데, 정종 때나 태종 집권 초기처럼 반정 직후 민심이 흉흉하고 역 쿠데타의 위험이 있을 때 분경 단속은 더욱 심했다. 이때의 분경 단속은 뇌물 방지가 아니라 음모 방지가 목적이었지만, 아무튼 인정으로 산 것 같은 조선시대에 이런 법이 시행되었다는 사실이 놀랍다.

분경금지법이 항상적으로 시행된 것은 아니다. 법전에도 있었지만 항상적으로 시행할 수 없었다. 모든 관료를 잠재적인 범죄자로 취급해서 사적인 만남을 금지하는 것은 일단 부작용이 너무 컸다. 사람 사는 세상에는 온

---

114 《경국대전》 〈형전〉 '금제(禁制)'
115 《세종실록》 43권, 세종 11년 2월 22일, 무술.

갖 사연들이 생긴다. 옛날에는 특히 약재나 편지, 다양한 편의를 관료에게 청탁할 수밖에 없는 사회였다. 그것을 다 막으면 뇌물을 막겠다고 사람의 생명도 여럿 잡을 수 있다.

법의 형식도 문제였다. 1429년 군기판사 한온이 병조판서 최윤덕의 집에 갔다가 분경죄로 걸렸다. 분경죄로 확정되면 파직되고 관료 인생도 끝난다. 한온은 공사의 급한 용무로 최윤덕의 집에 갔다고 했다. 그 말이 사실일 수도 있다. 예를 들어 야밤에 국경에 여진족이 침공했는데 분경죄에 걸릴까 봐 출근 시간까지 기다리다가는 성 하나가 떨어지거나 마을 주민이 몰살당할 수도 있다. 그 순간 한온은 결심을 해야 한다. 관료의 생명을 걸고 보고하러 갈 것인가, 안전하게 규정대로 처신할 것인가?

세종은 한온이 공무로 갔다는 보고를 받고 처벌을 면했다. 그런데 그의 말이 거짓말일 가능성도 있다. 애매하게도 공문서를 들고 보고하러 간 것은 사실이지만 그 자리에서 청탁을 했을 수도 있다. 삼사촌 간의 만남, 초상, 병문안도 마찬가지이다. 삼사촌을 분경에서 예외시키면 분경을 금지하는 것이 아니라 뇌물을 바치는 경로만 하나 더 만드는 일이 될 수 있다. 분경 대상이 아닌 관직 없는 가난한 삼사촌 친척이 브로커가 돼서 청탁을 도맡게 되는 것이다. 지금 시대에도 그대로 벌어지는 일이다.

결과적으로 분경은 아무리 금지해도 가진 사람과 명문가는 얼마든지 할 수 있었고 오히려 그들의 수익을 올려주었다. 잡다한 사람, 배경 없는 사람들이 맹목적으로 권력가의 문을 두드리는 것을 막아주니 권세가는 오히려 편할 수도 있었다. 분경금지법은 권력가나 인사 담당 관리의 문 앞에 청탁자들이 떼로 몰려드는 것을 방지하는 효과는 분명히 있었다. 청탁자 중에 관리의 부패와는 무관한 '무작정 상경' 식의 청탁자들이 섞여 있었다고 해도 그들을 보는 사람들은 국가의 인사가 엉망으로 돌아간다고 한탄하고 불만을 토로할 것이다. 그런데 권세가의 문전이 한산하다면 뒤로 무슨 짓을 하고 있다고 해도 일단은 안심이 되고 불순분자나 선동가가 비난할 증거가 없다.

그러나 그렇다고 해서 몰염치한 엽관 행위를 방치할 수 없다. 국가는 언제나 부정에 대해 무언가를 하고 있다는 가시적인 모습을 보여야 한다. 오늘날 우리 사회에도 실효성과 무관하게 감성적 효과와 가시적 생색만 내는 법과 정책이 무수히 많다.

조선 정부는 분경금지법의 양날의 효과를 알고 있었다. 제일 좋은 방법은 간간이 시행하는 것이다. 분경금지법은 조선시대 내내 간간이 어쩌다 분위기 전환용으로 시행되었다. 인사철에 한시적으로 시행되기도 했다. 아예 시행하지 않는 경우도 있었는데 시대의 정치적 환경에 따라 달랐다.

# 쇠뿔을 바로잡으려다
# 소를 죽인다

　우리 사회에는 아직도 조선 사회에 대한 뿌리 깊은 비하가 있다. 근원적인 혁신은 하지 못하고 지엽 말단적인 것만 손보았다든가, 개혁은 하지 못하고 기득권층의 이익만 지키려고 했다는 등의 비판이다. 근대화 과정에서 조선이 혁신을 회피하고 보수적으로 나아간 적은 분명히 있다. 그러나 이러한 비판의식에는 보다 근원적이고 사회문화적이며 총체적인 원인이 있다.

　뇌물에 대해서도 조선은 뇌물 공화국이고 권력가와 관리들은 부정부패를 감싸기에만 급급했다고 생각한다. 하지만 크게 잘못된 생각이다. 우리 역사에 대한 뿌리 깊은 비하, 이전 시대의 권력층과 지배층에 대한 맹목적인 반감이 어우러진 결과이다. 여기에《조선왕조실록》에 대한 아마추어적인 태도가 더해진다. 실록을 보면 온통 제도의 문제점, 잘못된 법령, 부정부패, 뇌물을 받은 관리에 대한 처벌 논의로 가득 차 있다. 이 내용을 보고 조선은 법을 만들어도 시행하지 않고, 관리들은 규정을 우습게 보고, 권력자는 법령을 피해 갔다고 생각한다.

　그러나 국정을 논의할 때 잘한 것보다 잘못한 것을 지적하고 처벌하는 이야기가 대종을 이루는 것은 당연한 일이다. 자동차 수리 센터의 기록을 보면 차량의 문제점과 고장 기록만 가득한데 그것을 보고 이 회사의 차는 불량품투성이라고 단정해서는 안 된다. 국정도 마찬가지이다. 그런 기록이 가득하다는 것은 그만큼 국가가 체제 유지를 위해 치열한 노력을 했다는 증거이다. 세상에 완벽하게 법을 지키는 나라도, 권력자의 부패가 전혀 없거나 정쟁이 없는 나라도 없다.

뇌물에 대한 조선의 노력은 오히려 처절하거나 지나쳤다. 조선에서 뇌물이 일상적으로 자행된 것처럼 보이는 것은 조선의 사회와 상업이 발달하지 못하고 수수료 개념조차 없었던 탓이 크다는 것은 앞에서 말했다. 대신에 뇌물 액수는 중국이나 세계의 강대국에 비하면 적었다. 경제력이 낮아서 뇌물이 발생하는 이권도 사실은 적은 편이었다. 그래서 조선 후기에 화폐가 통용되고 사회 곳곳에 이권이 늘어나자 뇌물에 놀라 뇌물을 없애기 위해 돈을 폐지하자는 극단적 건의까지 등장했다. 법과 제도, 관청에 대해서도 극단적인 조치를 내리는 경우가 있었다. 대표적인 예가 강무(講武)를 중단한 일이다.

강무란 조선시대에 시행한 기동훈련이다. 4년마다 대개는 수도에 주둔하는 중앙군을 대상으로 경기와 강원 지역에서 기동훈련을 했다. 왕이 직접 참가하고 대신과 고위 장수가 총동원되는 국가적인 훈련이었다. 강무는 보통 군대를 풀어 사냥을 하는 형식으로 진행되었다. 그것 때문에 또 오해를 받는데 정말로 사냥 놀이가 목적은 아니었다. 물론 왕으로서는 강무가 정말 모처럼 만에 돌아오는 가장 호쾌하고 신나는 나들이였지만 그것은 어디까지나 부수적인 의미였다.

그러나 강무를 한 번 시행하려면 신하들의 반대 상소가 빗발쳤다. 제일 많이 나오는 반대 이유가 올해가 흉년이고 백성들이 힘드니 이번에는 쉬자는 것이었다. 그러다가 영원히 폐지하자는 의견이 나왔는데 강무 때문에 뇌물이 오고 간다는 것이다. 강무를 한 번 하려면 왕부터 관료, 장수, 병사가 총동원되었으니 지나가는 고을의 지방관과 백성들도 수많은 노역에 무상으로 강제 동원되었다. 물자를 나르고 길도 닦아야 했다.

조선은 농본사회라 대규모 행차에 하청을 줄 곳이 없었다. 모두 백성을 동원했고, 곳간에서 식량과 물자를 빼내고 닭과 돼지를 잡아 조달해야 했다. 나르는 것 자체도 큰일이었다. 군사들은 동원에서 빠지고, 백성들은 강제 노동에서 빠지고, 부자든 가난뱅이든 할당량을 줄이려고 관원과 향리에게 뇌물을 바쳤다. 왕과 조정 대신이 다 지나가니 그 틈에 한 번 만나거나 청탁을 넣으려는 사람도 줄을 섰다.

이 폐단과 백성의 고통이 작았던 것은 아니다. 강무를 담당하는 전문 회사나 노역 단체를 만들면 백성의 고생은 줄어들겠지만 기업을 만들고 임금을 지불하는 것은 상업을 억제하자는 농본억말(農本抑末)이라는 농본사회의 원칙을 훼손하니 절대 안 되었다. 애초에 부정을 근절하면 되지 않느냐고 말할 수 있지만 절대 불가능했다. 병이 난 사람, 초상을 당한 사람, 무언가 긴급한 일이 생긴 사람의 사연은 부지기수였다. 그것을 일체 무시하면 수많은 사람들이 죽거나 불행한 사고가 생긴다. 봐주기 시작하면 한이 없고, 관리와 향리의 주머니만 두둑해진다. 공정하게 처리하기란 거의 불가능하다. 사진도 없고, 의사의 진단서도 없다. 아프다고 하면 판별할 방법도 없다. 유일한 방법은 훈련에 참가하면 합당한 보수를 지급하거나 특혜 혹은 승진

기회를 주는 것이었다. 그러나 보수를 지급하려면 세금을 늘려야 하니 여기서 또 부정부패와 무리수가 발생했다. 우리가 분노할 문제가 아니고, 사실상 체제의 시대적 한계다.

자, 이제 결단을 해야 한다. 백성의 고통과 뇌물 문제를 포기할 것인가, 국방을 포기할 것인가? 조선은 국방을 포기했다. 결과적으로 그것이 백성을 위하는 것이냐 하는 문제는 제기할 수 있지만, 조선은 강무라는 기동훈련 제도를 멈춰 세웠다.

조선에는 직업군인이 없었다. 부병제(府兵制)를 시행해서 병사가 1년 중 3~4개월만 군에서 근무하고, 나머지 기간에는 고향에 돌아가 민간인으로 살았다. 3~4개월 근무는 출석 체크한 후 연병장에서 몇 가지 형식적인 훈련을 하고 경계근무를 서는 것이 전부였다. 군대가 전투력을 지니려면 반드시 기동훈련을 통한 전술 훈련을 해야 한다. 군대의 실전 전투력에서 기동훈련이 얼마나 중요한지를 아는 사람이라면 경악할 노릇이다. 사격장에서 하는 활쏘기나 연병장에서 하는 총검술 훈련, 제식 훈련과 각개전투 훈련은 말 그대로 기초 훈련에 불과하다. 그 훈련만으로는 전투를 할 수 없다. 그런데 조선은 뇌물을 이유로 강무를 중단했고, 16세기에는 사실상 없어졌다.

조선은 임진왜란으로 그 대가를 단단히 치렀다. 임진왜란 초기에 조선 군대가 형편없이 무너진 것은 과거에 우리들이 역사책에서 배운 것처럼 조선의 군제가 형편없이 무너졌기 때문만은 아니다. 조선 사람들이 나약하고 게을렀기 때문도 아니다. 한말에 조선에 온 서양인들은 한결같이 조선인의 기질이나 생활태도를 보면 아주 강한 군대를 만들 수 있을 것 같다고 말했다. 조선의 군사가 허약해진 근본적인 원인은 기동훈련을 포기하자 군의 전략과 전술적 능력, 그리고 전면전 준비까지 포기한 결과로 이어졌기 때문이다. 전형적인 교각살우(矯角殺牛)이다.

국가에 제일 중요한 기능이 국방이다. 기동훈련을 포기해도 치안 유지는 할 수 있지만 전쟁은 불가능하다. 뇌물 방지를 이유로 군대의 실전 능력을 포기하는 나라가 세상에 어디 있을까? 보통은 반대로 하는 것이 정상인데 말이다. 역사는 반복된다. 특히 같은 장소, 같은 사람에게는 반복될 가능성이 높다. 잘못이 오늘날 우리에게도 되풀이되고 있지 않은지 돌이켜 볼 일이다.

# 부패 척결을 위한
# 홍콩과 싱가포르의 노력

## 홍콩의 염정공서

앞서 말했지만, 부정부패가 없기로 유명한 국가나 도시를 들라고 하면 누구나 떠올리는 곳이 싱가포르이다. 그러나 싱가포르 못지않은 도시가 홍콩이다. 홍콩이라고 하면 쇼핑의 천국, 환락가 등의 이미지가 강해서 청렴도는 떨어질 것 같은 느낌이지만 최근 몇 년 전에는 아시아에서 청렴지수가 제일 높은 싱가포르의 뒤를 이을 정도였다. 2011년 국제투명성기구가 발표한 부패인식지수(CPI)에 의하면 싱가포르는 세계 183개 국가에서 5위, 아시아에서 1위였으며, 홍콩은 세계 12위, 아시아에서 2위였다. 그러나 홍콩도 1970년대까지는 부패의 온상이었다.[116]

1840년 중국이 영국의 아편 수출을 막는 과정에서 이 두 나라가 전쟁에 돌입했다. 아편전쟁은 중국이 종이호랑이임을 유럽에 철저히 각인시킨

---

116 홍콩의 반부패 정책에 대해서는 다음의 글을 참조했다. 김호삼, "홍콩의 염정공서(廉政公署, ICAC) 연구", 〈사법연수원 논문집〉 11, 2014; 최진욱, "제도와 부패: 홍콩의 염정공서(ICAC)의 반부패 활동에 대한 평가", 〈한국행정학보〉 39-4, 2005; 김정계, "홍콩의 반부패 전략의 평가와 성공요인", 〈동아인문학〉 22, 2012.

사건이었다. 영국 원정군은 16척의 군함과 31척의 지원함으로 인도를 출발하여 닝보와 톈진항을 공략했고, 중국은 영국과의 협상에 응할 수밖에 없었다. 홍콩은 전쟁이 낳은 사생아였다. 중국은 멕시코 은화로 600만 달러를 배상금으로 지급하고 홍콩을 영국에 할양했다.

인천광역시보다 조금 큰 홍콩은 항구를 기반으로 한 무역으로 크게 성장할 수 있었다. 특히 사회주의를 지향한 중국 본토 아래쪽에 자리 잡은 자유무역지대라는 점에서 지리적 이점을 가질 수 있었다. 중계무역과 풍부한 노동력, 그리고 영국식 제도와 인프라는 홍콩의 위상을 높일 수 있는 요인이었다. 그 결과 자본의 결집과 유통이 활발해져 주식시장 역시 세계에서 두 번째로 큰 곳이 되었다.

문제는 경제적 부가 몰리면서 새로운 사회적 문제, 즉 부패가 꽃을 피우기 시작했다는 사실이다. 경제적 부의 축적이 반드시 부패를 불러오는 것은 아니다. 그렇지만 홍콩은 부패할 만한 몇 가지 요인들이 존재했다. 대개 부패는 권력과 제도를 장악한 공무원들과 그들과 관계를 맺으면서 이익을 추구하는 일반인들의 관계 속에서 뇌물로 나타난다.

홍콩의 인구는 650만 명에 가깝고 인구밀도는 세계 최고 수준이다. 홍콩은 자연산물이 적은 대신 사회적 부를 추구할 기회가 열려 있었다. 그만큼 경제성장 속에서 과실을 따기 위한 사회적 경쟁이 치열했다. 국가권력을 이용하는 것은 경쟁에서 이기기 위한 가장 효율적 방법이었다.

홍콩 정부는 영국 여왕이 임명하는 총독 아래에 정청(政廳)과 자문기관인 임기 5년의 입법심의회, 행정참사회가 있었다. 입법심의회는 12명 이하의 공무원과 13명의 민간인(중국인 9명)으로 구성되었다. 행정참사회는 정원이 12명(중국인 3명)이었다. 권력이 소수의 손에 집중되면 부패가 싹틀 소지가 많아진다.

특히 인구의 대부분을 차지하는 중국인은 인간적 관계를 이용한 뇌물과 관시(關係)의 관습에 오랫동안 물든 사람들이었다. 공무원에게 주는 뇌물은 과거 청나라의 관리들에게 주는 관행처럼 인식되었다. 홍콩에 대한 소속감과 애정이 결핍된 것도 중요한 이유였다. 대부분의 중국인은 본토에서 만들어진 사회주의 정권을 피하거나 여러 이유로 옮겨온 사람들이었다. 그들에게 홍콩 정부는 자신들의 정부가 아니었고, 뇌물과 부패로 인한 홍콩 정부와 홍콩 사회의 타락은 자기 일이 아니었다. 공무원에게 주는 뇌물은 외국의 간섭을 덜 받기 위한 세금 정도로 생각했다.

경제적으로 크게 성장하던 1960년 이후 홍콩의 부패는 성행할 수밖에 없었다. 심지어 트렌치 홍콩 총독은 1969년 의회 연설에서 이렇게 말하기도 했다.

"홍콩의 부패는 오랜 관행이다. 여느 사회처럼 여기에도 존재한다. 부패의 정도는 추측만 무성할 뿐이다. 하지만 도처에 존재한다는 사실은 감내할 수 없는 일이며 가능한 한 모든 것을 없애야 한다."

이렇게 부패 문제는 과거 이래 점차 심각한 수준에 이르고 있었다. 뇌물은 생활 속으로 파고들었고 소시민과 노동자에게 비공식적인 세금의 수준으로 발전했다. 특히 뇌물이 가장 잘 파고든 곳은 보통 사람들의 생활과 밀착된 경찰 조직이었다. 과거 한국의 교통경찰이 터무니없이 법규 위반 딱지를 발급하는 과정에서 뇌물을 받고 눈감아준 관행을 연상하면 이해가 빠를 것이다. 더구나 홍콩 경찰이 부패 조사권을 갖고 있었기 때문에 자신들의 조직원을 스스로 감싸는 경향이 생기게 되었다. 그 결과 경찰은 부패 혐의로 처벌되거나 발각되지 않았고, 심지어 경찰이란 직업 자체가 '저위험, 고수입'의 대명사로 불리게 되었다.

물론 홍콩에서도 부패 방지를 위한 법이 없었던 것은 아니다. 원래 홍콩은 영국에 할양된 이후 영국 관습법을 따랐다. 그래서 공무원에게 뇌물을 주는 것은 경범죄에 해당했다. 1897년 경찰의 도박 스캔들이 벌어지자 경범죄 처벌법을 따로 제정했으며 사례금, 특전, 보상이나 선심까지 뇌물로 규정했다. 그런데 이 법은 공무원에게만 적용되는 한계를 지녔다.

2차 세계대전 이후에 제정된 부패방지법은 처벌의 대상과 범위를 확대하고 여러 유형의 부패 행위를 조사하면서 처벌 한도까지 높였다. 또한 홍콩 경찰청 수사국 내에 부패 사건만 전담하는 반부패국(ACB)을 만들었다. 성과가 없었던 것은 아니지만 수사만으로 부패와 뇌물 행위를 막는 데에는 역부족이었다. 홍콩 정부가 택한 첫 번째 방식은 법의 강화였다. 1971년 제정한 뇌물방지법은 지나친 재력을 지녔거나 호화로운 생활을 하는 공무원을 부패한 것으로 판단해서 기소할 수 있게 하고 경제생활(은행계좌, 금고 등)에 대한 조사와 가택수색까지 가능하게 했다.

그런데 인간은 자신의 행위에 대해 계산하는 버릇이 있다. 뇌물을 받는 것이 처벌보다 이익이라고 생각되면 처벌을 두려워하면서도 실행에 옮긴다. 걸리지 않을 가능성이 크다면 위험을 감수한다. 설사 주변에서 누가 체포되는 경우를 보거나 자신이 적발될 때에도 운명이나 재수 탓으로 돌리는 심리적 경향이 있다. 이에 뇌물에 대한 처벌 규정도 강화되어 홍콩달러로 최고 10만 달러의 벌금과 징역 7년형에까지 처할 수 있게 되었다.

법이 강화되면서 부패의 처벌을 맡은 관서도 자연히 확대되었다. 과거 반부패국은 반부패부(ACO)로 격상되었고 경찰 자문위원이 책임자가 되었다. 그렇지만 반부패부가 경찰에서 독립된 기구는 아니었다. 반부패국의 위상을 정할 당시에 법무장관은 이 기구가 경찰 내부에 존속해 있어야 한다고 주장했다. 반면 의회에서는 경찰에서 독립시켜야 한다고 했다. 양자는 그 수장으로 자문위원을 앉히고 기구 자체를 경찰 내에 둔다는 내용으로 타협했다. 절충과 타협이 정치의 일반적 행위이지만 개혁에서 가장 큰 문제는 어정쩡한 타협이다. 이 부서의 장이라는 자리가 탐이 나 차지하려는 정치권과 자기 조직의 힘을 약화시키지 않으려는 법무부의 입장이 만난 것이다.

반부패부는 2년 가까이 활동하면서 152건을 기소하는 데 성공했지만 결국 문제가 터지고 말았다. 1973년 뇌물 혐의를 받은 경찰의 최고 책임자 가드버가 영국으로 탈출하는 사건이 벌어졌다. 이 사건은 대중의 분노를 불러일으켰으며 6개월간의 시위로 이어졌다. 가드버는 결국 홍콩으로 소환되어 4년의 실형을 선고받았다. 홍콩 정부는 상당한 정치적 부담감을 느껴야 했고, 대중의 신뢰를 회복할 방안을 모색하지 않을 수 없었다.

결국 정부는 블레이어-케르를 위원장으로 한 조사위원회를 발족시켜 뇌물방지법을 다시 검토하도록 했다. 그 결과 이 법의 문제로 두 가지가 지적되었다. 피의자의 인권 등을 보호하는 장치가 수사를 방해한다는 것과 수사권이 독립되어야 한다는 것이었다. 특히 경찰 책임자의 부패 혐의로 인해 조직을 독립시켜야 한다는 견해가 힘을 얻게 되었다. 이에 법의 개정을 통해 피의자의 보호 장치를 없애고 혐의자의 경우에는 여행 기록을 제출하도록 했다.

그래서 탄생하게 된 조직이 바로 염정공서(廉政公署)이다. 1974년 2월 염정공서는 부패 척결과 공공성의 신뢰 회복이라는 두 가지 과제를 안고 출발했다. 이 조직은 홍콩 총독의 직속으로 만들어져 경찰이나 행정 기구와 독립된 체계를 갖게 되었다.

조직의 수장은 염정전원(廉政專員)이라 했고 집행처, 방지탐오처(防止貪汚處), 사구관계처(社區關係處)로 조직을 구성했다. 집행처는 사건의 접수, 조사 결정과 수사를 맡았으며 나중에 소속 인원도 1,000명에 가깝게 늘어났다. 특이하게도 부패 사건 수사에서 상당한 법적 권한을 가지고 있어 영장 없이 체포와 가택 수색이 가능하도록 했다. 그만큼 홍콩 당국이 뇌물 등과 연계된 부패를 심각하게 인식했다는 증거일 것이다.

방지탐오처는 염정공서 정원의 4퍼센트로 구성된 작은 부서이다. 이곳은 정부나 공공부문의 업무 절차 등에서 부패가 생겨날 여지를 줄이는 데 목표를 두었다. 업무의 합리화를 꾀하기 위한 자문팀까지 두고 부패 방지를 위한 공무원 교육을 맡았다. 그리고 사구관계처는 보다 독특한 부서이다. 이 부서는 시민과의 관계를 목적으로 하고 부패 방지를 위한 일반 시민 교육과 함께 언론과 지역사회와의 관계를 맡았다.

염정공서의 직원들은 공무원과 별도로 충원하고 인사위원회의 권한 밖에 두어 독립성을 보장받았다. 이들은 다른 정부 부처로도 이동할 수 없으며 특히 조사받은 고위직 공무원 아래에 배치되지 않는다.

염정공서의 활동은 홍콩 시민에게 대체로 긍정적으로 평가받았다. 2004년 국제투명성기구의 조사에 따르면 홍콩은 146개국 가운데 상위 16위에 오를 정도로 발전했다. 2008년에는 12위였다. 이때 한국은 40위였다. 단지 30여 년 만에 부패국에서 청렴국으로 전환한 것이다. 여기에는 염정공서의 역할이 크다고 할 수 있다. 그래서 염정공서는 부패 방지를 위한 제도적 설계, 법 집행, 시민 교육의 3박자가 모두 잘 들어맞는 기구로 평가받았다.

이러한 결과는 홍콩 사회 내부의 경제적 발전에 따라 부패 방지가 가장 중요한 이슈로 등장했고, 이를 해결하기 위한 노력을 최우선으로 해야 한다는 공감대가 형성된 결과이다. 염정공서가 출범하여 주요 수사 대상으로 부각된 곳이 경찰 조직이다. 경찰이 범죄 조직이나 중소 상인들과 결탁하여 저지르는 부패가 가장 심각한 문제였다. 이 때문에 경찰과 염정공서는 커다란 갈등을 하게 되었고, 심지어 1977년 경찰 2,000여 명이 반(反)염정공서 시위를 벌일 정도였다. 이에 따라 홍콩 총독은 몇 가지 범죄를 제외하고 1977년 이전에 있었던 가벼운 범죄의 책임을 일정 부분 면제해주기로 결정했다. 이 사실은 염정공서가 그만큼 활동적이었음을 반증한다.

## 초법적 부패 수사만으로는 부족하다

싱가포르의 방법도 크게 다르지 않다. 세계 최고 수준의 청렴을 자랑하는 싱가포르도 1960년대까지는 부패가 판쳤다. 부패방지법이 1937년에 제정되었지만 이름뿐이었다. 1960년 수상 리콴유는 명목뿐인 부패방지법을 개정하고 수상실 직속기관으로 부패행위조사국(CPIB)을 발족시켰다. 싱가포르에서 부패 통제 활동은 주로 이곳에서 관장하여 부패방지법과 1989년에 제정된 부정축재몰수법을 통해 법적 제재를 가하고 있다.

부패행위조사국의 권한은 막강하다. 공직의 부정행위와 민간 부문의 부정행위까지 조사하는 권한을 보유하고 있다. 혐의가 있을 경우 영장 없이 체포할 수 있으며 관련 자료 청구권, 자료 압수수색 등의 권한을 부여받았다. 부패한 공직자의 재산은 돈세탁을 방지하기 위해 몰수하거나 동결할 수 있는 권한도 있다.[117] 이런 초법적 권한은 자칫 남용되면 정적에 대한 탄압이나 여러 가지 정치적 의도로 악용될 소지가 있다. 이에 대해서 리콴유는 아시아적 특성을 들어 주장했다.

"아시아적 문화는 서구의 문화와 근본적으로 다르다. 왜냐하면 아시아인은 공동체의 이익을 개인의 이익보다 중시하기 때문이다. 이것이 아시아 경제 성공의 초석이다."

"진정한 유교주의는 공과 사를 분명히 하는 것이며 가족이나 친구를 위해 공적 자원을 유용하는 일이 발생하지 않도록 조심해야 한다."

리콴유의 이 신유교주의는 오랫동안 아시아 문화의 개성과 아시아적 가치를 주장한 사람들에게 매우 큰 호응을 받았지만, 약간의 어폐는 있다. 유교적 가치관이 강한 나라의 특징은 정신이 아니라 오랜 국가체제에서 왔다. 절대국가체제를 겨우 17세기에 확립하고, 그것도 동양적 국가의 기준에서 보면 국가와 영주가 반반 섞인 듯한 체제를 경험한 서구와 달리 유교 문화권의 국가는 국가, 사회, 사상이 결합된 강력한 국가체제를 유지했다. 이것이 개인주의보다는 국가적이고 집단적인 가치를 우선시하는 경향을 낳았다. 하지만 동시에 강한 관료주의, 공조직의 부패, 공권력의 부패에 대한 시민 참여의 부재를 낳았다.

싱가포르나 홍콩에서 초법적 특권을 지닌 강력한 부패방지기구가 사회적 합의를 얻어 출발할 수 있었던 것은 여타의 민주국가 혹은 정치적 대

---

117 이상수, "싱가포르 부패방지제도", 〈동아시아연구〉 16, 2006.

립과 분열이 강력한 나라에서는 쉽게 시행할 수 없는 일이다. 리콴유의 유교론은 바로 초법적 권력으로 부패를 누르는 방식을 지지하기 위한 이론이다. 그러나 오랫동안 일방적 국가체제에서 살아온 나라에서 이러한 초법적 기구는 여차하면 부패를 말살하고 국가를 부흥시키기 위해 지도자와 정부에게 강력한 권력을 주라는 고대 그리스 참주정의 '정당한 독재론'으로 발생할 소지가 충분하다. 그러므로 강력한 부패방지기구와 그것을 받아들이는 유교적 심성이 부패 척결의 원인이라고 보는 견해는 위험하고 불충분하다. 그 견해를 인정한다고 해도 다른 나라에 그대로 적용할 수 있는 가능성은 거의 없다.

홍콩과 싱가포르의 성공에서 우리가 자주 간과하는 사실이 있다. 반부패 정책을 성공으로 이끈 중요한 비결은 시민의 자각이다. 홍콩과 싱가포르 모두 부패를 예방하기 위한 시민의 자각을 형성하는 데 많은 투자를 했다.

염정공서 서장을 역임한 앰브로즈 리(李少光)는 "홍콩이 세계적인 청렴 사회로 변모할 수 있었던 양대 원동력은 염정공서 설치와 지속적인 대국민 교육이었다"라고 하면서 법치주의에 대한 홍콩 정부의 의지와 주민들의 부패 청산 노력을 강조했다. 부패사범의 기소와 처벌만으로는 불충분하다고 판단, 염정공서를 설치한 뒤 국민 교육에 치중한 것이 주효했다는 것이다. 당시 실제로 유치원에서 초등학교를 거쳐 대학교까지 부패 문제와 신고의식 교육을 했고, TV와 라디오 광고도 적극 활용했다. 또 부패의 토양을 없애기 위해 행정절차상 불필요한 것은 과감히 잘라냈으며, 공무원이 유혹에 빠지지 않도록 임금을 대폭 인상했다. 신문과 방송 등 주요 언론매체도 염정공서 직원이 부패를 단속하는 활약상이 담긴 드라마와 다큐멘터리 등을 자주 편성해 정부가 하는 부패와의 전쟁이 여론의 지지를 받는 데 큰 도움을 주었다.[118]

이런 교육은 교육만으로 성공한 것이 아니다. 싱가포르나 홍콩은 교육이 효과를 보기 쉬운, 즉 유교가 아니라 도시의 사회경제적 조건에서 국가와 관리와 국민의 이익을 일치시키고 공유하기 쉬운 조건을 지녔다. 홍콩과 싱가포르의 성공을 이해하기 위해서는 두 도시가 모두 금융, 상업, 관광으로 먹고사는 경제도시라는 점을 간파해야 한다.

홍콩의 예를 보자. 중국 혁명 당시 수많은 부르주아 직업인들이 홍콩으로 들어왔다. 홍콩은 중국의 어느 지역보다 전문가와 부르주아 계층의 밀도가 높았다. 그들이라고 청렴한 시민 계층은 아니었다. 그러나 1970년대에 들어서 홍콩 시민들도 홍콩이 일시적인 피난지가 아니라 자신들의 거주지라는 의식이 강하게 싹텄다. 홍콩의 경제 개발로 상업과 금융이 발달하면서 청렴한 사회가 자신들의 삶의 질과 경쟁력을 높이고 전통적인 인정과 인맥 사회가 오히려 부메랑으로 돌아온다는 사실 또한 자각하기 시작했다. 이 공감대가 사회 전반으로 퍼지고 그 기반이 밀도 있게 조성되었다는 점이 홍콩과 싱가포르의 특성이다.

부패와의 전쟁은 쉬운 길이 아니어서 대개는 실패하고 만다. 부패 척결을 맡은 기구가 또 다른 상위 권력을 갖고 다시 부패에 연루되는 악순환이 전개될 수 있기 때문이다. 홍콩의 염정공서는 이와 다른 새로운 모델을 제

---

118 홍덕화, "세계에서 가장 성공한 부패방지기관 홍콩 염정공서", 〈국민권익위원회 계간지〉, 2009년 12월.

시했다는 점에서 주목할 대상이다. 그렇지만 이 모델이 다른 나라에서 그대로 쉽게 적용될 것을 기대해서는 안 된다.

　뇌물을 척결할 때, 부패 척결이 사회 발전은 물론이고 자신의 이익과 직결된다는 인식과 그것을 뒷받침하는 경제 발전이 뒤따르지 않는 한, 부패 개혁이 실패할 조건은 더 많이 생기게 된다. 실력과 능력이 그대로 인정되고 반영되는 사회일수록 부패가 싹트기 어려운 환경이 된다. 반대로 편법을 효율로 착각하는 사회의 미래는 어두운 그림자가 계속 유지될 것이다. 안타깝게도 최근의 홍콩은 이에 대한 또 하나의 실례가 되어가고 있다. 중국에 반환된 이후 보이지 않게 홍콩도 부패지수가 올라가고 청렴도가 하락하기 시작했다. 사태가 어디까지 어떻게 이어질지도 뇌물의 역사에서 매우 중요한 관심사가 될 것이다.

# 국제협약을 통한
# 전 세계적인 뇌물 방지 노력

## 뇌물에 대한 이중적 태도

2,000명의 승객이 탄 배가 침몰 위기에 빠졌다. 바다의 신으로부터 심청이
를 바치면 나머지 전원을 구해주겠다는 제안이 들어왔다. 자, 1,999명의 생
명을 살리기 위해 한 사람의 생명을 희생하는 것은 옳은 일일까? 1,999명의
승객에게 투표를 했더니 놀랍게도 옳지 않은 일이라는 응답이 다수 나왔다.
그러면 심청이는 제물이 되는 일을 모면했을까? 그날 밤 어떤 사람이 심청
이의 방에 침입해 그녀를 바다에 던져버렸다. 사람들이 그 사람을 붙잡아 살
인자라고 비난하자 그는 대답했다.

"맞다. 심청이를 희생시킨 것은 잘못된 행위이고 나는 살인자다. 그러
나 나는 내가 살기 위해 그녀를 희생시킨 것은 아니다. 1,999명의 사람들을
살리기 위해 내가 악마가 되기로 결정했다."

그는 악마일까, 살신성인을 실천한 순교자일까?

이 이야기가 조금 끔찍하다면 좀 더 철학적으로 접근해보자. 다수의 이
익을 위해 소수를 희생시킨다는 원리, 다수의 건전한 이익을 위해서라면 약

간의 불법이나 비도덕적 행위를 용납할 수 있다는 생각이 과연 도덕적으로 용납될 수 있을까? 어떤 윤리학자도 동의하기를 망설일 것이다. '최대 다수의 최대 행복'을 모토로 하는 공리주의자라면 긍정하지 않을까? 그러나 공리주의자들은 이렇게 말하며 펄쩍 뛰거나 화를 낼 것이다.

"최대 다수의 최대 행복은 그것이 정당하고 합리적으로 수행되어야 한다는 것을 전제로 한다. 결코 소수나 약자를 희생시켜도 된다거나 어떤 수단과 방법을 사용해도 좋다는 의미가 아니다."

하지만 공리주의는 어쩔 수 없이 그런 일면을 내포하고 있다. 공리주의를 비난할 일은 아니다. 공리주의자가 아니라도 현실에서 비슷한 일은 수도 없이 벌어진다. 그리고 우리는 갈등한다. '흉악범의 인권은 어디까지 보호해야 하는가', '흉악범의 인권을 위해 선량한 다수가 희생되어도 괜찮은가', '아름답고 깨끗한 도시를 만든다는 이유로 판자촌을 철거해도 되는 것인가' 하고 말이다.

한국이 사상 최초로 월드컵 결승전에 올랐다. 승리를 1분 남겨놓고 상대방 스트라이커가 볼을 빼앗아 한국 골대로 단독 질주를 한다. 다리를 걸어서라도 그를 막아야 할까? 아니면 월드컵 우승을 향한 100년의 염원을 포기하더라도 페어플레이 정신을 지켜야 할까? 아마 해설자들을 포함한 모든 사람들이 이렇게 소리칠 것이다.

"반칙을 해서라도 끊어라."

이 이야기가 뇌물과 무슨 상관이 있을까 싶지만 뇌물에서도 '정의란 무엇인가' 하는 딜레마는 어김없이 발생한다. 특히 이 고민이 두드러지게 발생하는 분야가 외교이다. 재미난 사실은 국내에서 오가는 뇌물과 국제 관계에서 오가는 뇌물에 대한 입장 혹은 악마적 공리주의에 대한 입장이 확 다르다는 것이다. 조선시대에도 그토록 뇌물을 혐오하던 유학자들이 외교관계로 접근하면 갑자기 마키아벨리스트로 돌변했다.

"국제정치에는 영원한 적도, 영원한 아군도 없다"라는 비스마르크의 명언을 빌리지 않더라도 외교란 겉으로는 가장 우아하고 속으로는 가장 추악한 비즈니스이다. 목적을 이루기 위한 모든 수단이 공공연히 또는 암묵적으로 용인된다. 뇌물도 그렇다. 외교 석상으로 가면 뇌물과 향응이 정당하고 당연한 수단이 된다.

조선은 사대 외교의 원칙에 의해 중국에 정기적으로 사신을 파견해야 했다. 절대 빼먹어서는 안 되는 사신이 매년 정월 초하루 신년 행사에 참석하는 정조사(正朝使)였다. 신년에 맞추기 위해 동지 정도에 출발하기 때문에 동지사(冬至使)라고도 했다. 다음으로 중요한 사신이 성절사(聖節使)인데 황제와 황후의 생일 축하 사신이다. 황태자의 생일 축하 사신인 천추사(千秋使)도 있었지만 나중에 폐지되었다. 조선 중기 이후로는 정조사, 성절사를 모두 정조사로 합쳤다. 이외에 사안에 따라 파견하는 부정기 사신이 있었다.

사신을 보낼 때면 뇌물과 접대비가 필요했다. 특별히 중요한 일이 있으면 더 큰 돈이 필요했다. 1721년 사신단 파견을 준비하면서 뇌물로 책정한 금액은 은화 7만 냥이었다. 20일 후에 다시 2만 냥을 추가해 9만 냥이 되었다. 은화 9만 냥의 가치는 설명하기 어렵다. 1832년 7월 중국으로 가던 영국 무역선이 표류해서 홍주 앞 고대도에 정박한 일이 있었다. 무역선에 실린 화물이 유리병 등 사치품이었는데 은화로 7만 냥 분량이라고 했다. 다른 기록에는 중국이 매년 서양에서 사치품을 수입하는 데 사용한 가격이 100만 냥이라고 나와 있다. 9만 냥이면 1년 사치품 수입액의 10분의 1인 셈이다. 이런 엄청난 거금이 외교 석상에서 뇌물로 소비되었다.

돈이 아까워서라도 뇌물을 사용해서야 되겠느냐는 비난이 나올 법도 한데 일고의 고민도 없다. 1518년(중종 13) 경연에서 중종이 중국에 보내는 뇌물을 비난하는 발언을 했다.

중원에서는 우리나라를 예의지국으로 알고 있는데, 하찮은 벼슬아치에게 뇌물을 보내 일을 성사시키려고 한다면 매우 부끄러운 일이다.[119]

중종은 뭔가 남달랐던 것일까? 여기에는 재미있는 사정이 있다. 이흠이라는 명나라의 통역관이 우리나라의 요청을 해결하는 데 자신이 힘을 많이 썼다고 뇌물을 요구한 것이다. 정부는 주지 않을 수가 없었는데, 정식 관리도 아니고 조선으로 치면 잡직 중인에 불과한 통역관에게 국가가 뇌물을 주는 것이 창피했다. 그래서 뇌물은 동방예의지국의 품위에 어울리지 않는다는 발언이 나온 것이다. 그렇다고 이흠의 요청을 거부한 것도 아니다. 국가가 뇌물을 주는 대신 사신이 개인적으로 주는 형식으로 하자는 것이었다.

이 외에도 외국에 뇌물을 보낸 사건이 발각이 나서 국제 문제가 되었을 때 뇌물 때문에 국가가 명성을 잃었다고 탄핵하는 정도였다. 그런 일만 없으면 외국에 뇌물을 쓰는 것은 비용 문제 외에는 고민할 것이 없었다.

이런 이중적 태도가 발생하는 이유는 이해관계 때문이다. 뇌물은 정부

---

119 《중종실록》 22권, 중종 13년 5월 26일, 갑자.

와 국가를 타락시킨다. 그런데 외국에 주는 뇌물은 받는 쪽이 주는 쪽과 완전히 분리되어 있어서 뇌물로 조직이 썩어가는 것은 남의 나라 일이 된다. 따라서 처벌도 느슨하다.

국내에서 뇌물을 사용하면 문제가 되지만 남의 나라에서 뇌물을 사용하면 못 본 척하는 경우가 많았다. 외국의 유전 개발을 위해 뇌물을 썼다면 자국의 부패와는 무관하고 뇌물로 얻는 이익은 크다. 단지 기업의 비용이 조금 증가했을 뿐이다. 뇌물로 인한 수혜 집단은 크고 분열은 적다. 국가적인 정책과 사업은 전 국민의 이해가 공유된다. 국내 사업에 입찰해서 A 기업이 뇌물로 붙고 B 기업이 떨어지면 국민이 분열되지만 국가적 거래는 이익을 공유하는 집단 역시 국가적으로 커진다. 좀 더 거국적인 경우에는 상대 국가를 부패시켜 그들의 국가경쟁력을 떨어뜨리는 것이 자국에는 이익이 된다.

제국주의 국가는 식민지를 정복하거나 지배할 때, 혹은 제3의 국가들과 거래할 때 상대가 부패하고 뇌물에 통하면 이익을 관철하기가 더 쉬웠다. 냉전시대를 돌이켜보면 동서 진영을 막론하고 전 세계에 부패한 독재자를 키워 하수인으로 삼았다. 탐욕에 빠지고 국민과 괴리된 지도자일수록 강대국에 더 의지하게 된다는 발상이었다. 그렇다고 제3세계의 독재와 부패를 모두 강대국 탓으로 돌릴 수 없다. 국가마다 자생적 구조와 발전 단계가 다르고 그것에 따른 책임이 있다. 그러나 아무튼 이때만 해도 타국의 불행은 자국의 행복인 시대였다.

## 로마에서는 로마의 관습을 따른다

명석한 두뇌와 야심이 만나면, 또 명석함이 격정과 분노까지 지닌다면 사람은 곧잘 무모한 일을 벌이거나 자아도취에 빠진다. 영국 휘그당의 하원의원 에드먼드 버크가 바로 그런 인물이다.

버크는 아일랜드계 영국인으로 더블린에서 태어났다. 부친은 법학을 전공하기를 바랐지만 버크는 아버지와 거의 의절할 것도 각오하고 문학을 전공했다. 가난한 문학가로 살던 그는 1759년에 정치에 투신했고, 1765년에 휘그당의 맹주이자 수상이 되는 로킹엄의 개인 비서가 되었다. 이후 그는 로킹엄의 후원을 받아 오랫동안 국회의원으로 활약했다.

문학가 출신답게 버크는 격정적이고 도전적인 연설과 날카로운 명언들, 그에 걸맞은 정치 활동으로 유명해졌다. 그는 영국의 아메리카 식민지 정책, 보스턴 차 사건을 유발한 차 과세와 같은 부당한 정책을 강도 높게 비난했다.

"내가 관심을 가지는 것은 당신들에게 인민을 불행하게 할 권리가 있는가의 여부가 아니라 인민을 행복하게 하는 것이 당신들의 관심사인가 아닌가 하는 것입니다."

정치인이 이처럼 멋진 말을 만들어내기란 쉽지 않다. 그러나 그의 명성을 높인 사건은 초대 인도 총독 헤이스팅스의 부패와 뇌물 사건에 대한 공격이었다. 버크의 탄핵으로 시작된 헤이스팅스의 재판은 1786년에 시작되어 7년을 끌었다.

헤이스팅스는 무명의 동인도 회사 직원으로 인도에 파견되었는데 그곳에서 동인도 회사의 CEO가 되었고 마침내 초대 인도 총독으로 선출되기에 이르렀다. 엄청난 부를 축적한 그는 중산층의 평균 연봉이 25파운드이던 시절, 총독 연봉으로 3만 파운드를 받았다. 하지만 지위가 높으면 쓸 곳도 많다. 그는 부양가족, 친구, 하인, 파티 비용 등을 위해 이 거금을 거의 생활비로 탕진했다. 노후를 대비한 저축은 뇌물로 채웠다. 그의 재산은 알려지지 않았지만 1772년부터 13년간 동인도 회사를 통해 인도에서 영국으로 송금한 돈이 21만 8,000파운드였다. 이 금액은 회사의 회계 자료를 통해 알아낸 액수이다. 비공식적 루트로 인한 수익은 아무도 모른다.

뇌물죄답게 비리에 대한 추측도 무성했지만 증거는 빈약했다. 드러난 증거에 대해서도 헤이스팅스는 3가지 방법으로 피해 갔다.

첫째, 인도의 관행에서는 선물과 뇌물을 구분할 수 없고 선물 없이는 통치할 수 없다는 논리를 들었다. 대표적 사건이 문니 베감의 뇌물 사건이다. 문니 베감은 무희 출신의 젊은 미녀로 벵갈을 통치하는 나와브 왕의 첩이었다. 헤이스팅스는 베감을 왕궁 관리로 임명하는 대가로 3만 5,000파운드를 받았다. 그는 인도의 관행이라고 반박했다.

여기서 또 하나 중요한 사실이 당시 인도는 영국의 국가적 식민지가 아니었다. 인도는 동인도 회사가 통치하고 있었고 형식적 주권자는 여전히 인도의 왕국들이었다. 실효적으로 영국의 권력이 행사되고 있다고 해도 인도는 여전히 다른 나라였다. 그러니 인도를 지배하고 인도 지배층의 협력을 얻어내기 위해서는 그 나라의 관습과 주권을 존중해줄 수밖에 없었다는 것이다. 감정적으로 보면 치졸한 변명 같지만, 20세기 후반까지도 세계의 모든 나라들이 고민했고, 우리를 포함해서 모든 나라들이 사실상 굴복하지 않을 수 없었던 논리였다.

둘째, 자신이 받은 뇌물이 개인으로서 받은 것이 아니라 회사 경영을 위해 회사의 명의로 받은 선물 또는 재물이라고 둘러댔다.

그래도 버크를 선두로 한 반대파들이 치열하게 물고 늘어지자 세 번째 방법을 사용했다. 증인 제거였다. 헤이스팅스 사건이 한창일 때 캘커타의 저명한 정치인이었던 난다 쿠마르가 문니 베감이 헤이스팅스가 받은 뇌물을 증언한 고발장을 의회에 제출했다. 용기 있는 행동이었지만 헤이스팅스 반대파들이 후원한 행동이기도 했다. 위기에 몰린 헤이스팅스는 인도의 현지 권력을 움직여 난다 쿠마르를 문서위조죄로 체포했다. 헤이스팅스의 친구, 그리고 구성원 전부가 영국인이었던 법정은 난다 쿠마르를 영국의 문서위조죄로 걸어서 재판 3개월 만에 사형을 시켜버렸다.[120]

인도인에게 적용할 수 없는 영국법으로 인도에서 인도의 유력 인사를 제거한 것이다. 이 행동이 정당하다면 인도에서 인도인의 관습에 따라 회사의 이익을 위해 한 행동들도 영국법에 저촉되어야 한다. 그러나 불행하게도 영국의 부패방지법은 막 이때쯤에 제정되어서 헤이스팅스에게 소급 적용을 할 수가 없었다. 게다가 헤이스팅스는 수상 피트의 확실한 후원을 받고 있었다.

흥분한 버크는 거칠게 덤벼들었다. 그러나 거대한 적과 너무나 명명백백한 범죄 사실, 이 승리가 자신에게 가져다줄 엄청난 명성에 천재의 자아도취라는 병이 도졌다. 그의 연설은 명문을 넘어서 고문으로 변했다.

그의 잔인함은 자신의 부패 이상이었습니다. 그러나 그의 잔인함보다 더 무서운 어떤 것이 그의 위선 속에 있었습니다. 왜냐하면 음흉하고 가차 없는 손으로 인권 박탈을 행하고 대국 인도의 수백 귀족과 젠트리의 식량을 빼앗아버

---

120 헤이스팅스 사건, 특히 문니 베감 사건은 존 T. 누난의 《뇌물의 역사》 133~139쪽을 참조.

릴 때에는 언제나 두 눈에 가득 눈물을 흘리면서 상처 입은 인간성으로부터 피처럼 흘러나온, 바로 그 상처에 대한 최상의 약인 귀중한 고약을 그는 인간 종족에게 치명적이며 증오할 만한 독약으로 바꾸어놓았습니다.[121]

버크는 패배했다. 자아도취에다 산만하고 장황한 연설문이 결정적이지는 않아도 어느 정도 패배의 원인이 되었다. 그가 연설을 시작하면 의원들이 썰물처럼 도망치는 바람에 그에게 '식당 벨'이라는 별명이 붙었다.[122] 헤이스팅스를 보호하라는 지령이나 뇌물을 받은 의원들의 선동이 작용했겠지만, 문장으로 읽어도 이해가 가지 않는 연설을 들어주기란 고역이었음은 분명하다. 250명의 의원 중에 헤이스팅스를 유죄로 가결한 의원은 6명뿐이었다.

하지만 헤이스팅스에게 승리를 안겨준 진정한 요인은 외국에서 오간 뇌물은 국내에서 오간 뇌물과는 다르다는 현실론이었다. 이념적으로 용납할 수 없다고 해도 이 현실론이 지닌 설득력을 대수롭지 않게 보아서는 안 된다.

현실론에 있어서는 헤이스팅스의 저격수인 버크도 자유롭지 않다. 헤이스팅스보다는 못하다고 해도 버크도 구린 구석이 많은 정치가였다. 조지 3세의 아메리카 정책을 비난한 것은 그의 진심이었다고 해도 그 대가 혹은 고마움의 표시로 아메리카의 의원들과 부호들로부터 상당한 후원을 받았다. 의원이라는 직위를 이용해서 일가친척의 이권과 구직에도 개입했다.

---

121  브로노프스키 · 매즐리시, 차하순 옮김, 《서양의 지적 전통》, 학연사, 2009, 464쪽.
122  브로노프스키 · 매즐리시, 위의 책, 465쪽.

후세의 역사가들이 버크의 비리를 많이 들춰냈는데 역사가들의 비판도 갈라진다. 시대적인 상황과 환경을 이해해주자는 입장과 가차 없는 정직한 기준을 적용해야 한다는 날 선 비판이 있다. 만약 당시에 버크가 비리로 고발을 당했다면 그는 정치인으로 살아가기 위해서 이 정도의 이권 개입과 후원은 어쩔 수 없는 것이며 자신이 동료 의원들에 비해 절대 부패하지 않았다고 항변할 것이다. 아메리카에서 건너온 돈에 대해서는 식민지의 특수한 사정과 분위기를 특유의 명문장으로 웅변한 것에 고마움을 표시하는 자발적인 선물이라고 주장할 것이다.

타국의 관행과 행동에 대해 본국의 법은 어디까지 간섭하고 제재할 수 있느냐 하는 물음은 진정으로 심각한 것이다. 타국의 뇌물 관행에 정의의 검을 드는 행동은 주권 침해가 될 수도 있다.

아예 뇌물의 개념이 다른 경우도 있다. 급행료는 미국에서는 합법이고, 영국에서는 불법이다. 팁은 허용해도 사례금은 안 되는 나라가 있고, 사례금은 인지상정이라고 하면서 팁은 갈취라고 항변하는 나라가 있다. 높은 곳에 있는 정의는 언제나 공허한 부분이 있는데, 사바세계에서 만인이 공감하는 원칙을 세우기란 어렵다. 대중은 다른 나라의 사건에는 정의의 잣대를 들이대다가도 자기 나라의 일에는 종종 자존심과 감정에 휘둘린다.

결론적으로 말하면 거의 1970년대까지도 타국의 관습에 따른 뇌물은 무죄라는 판결이 주류였다. 이 장에서 정의의 기준, 정의의 검, 주권 같은 난해한 이야기를 제시했지만 사실 승리의 비결은 간단하다. 이해관계이다. 국내에서 행해지는 검은 거래와 부패는 당사자를 제외하고 모든 타자가 피해자가 된다. 국제 관계에서는 국가의 이익이 나의 이익이다. 수천조짜리 유전의 채굴권을 두고 우리나라와 타국이 경쟁을 한다. 상대는 뇌물을 쓰고 우리는 정의를 지키다가 유전을 잃었다. 전 국민이 정의의 대가를 치러야 한다. 국제사회에 비리를 공표하고 도움을 요청한다면 어떨까? 유전은 채굴자를 다시 입찰하겠지만 채굴권은 우리가 아닌 제3국에 넘어갈 것이다. 이후로 전 세계에 산재한 수많은 자원 보유국들은 한국과의 거래를 기피할 것이다. 그리고 한국 경제는 세계 역사에서 위대한 순교자가 될지도 모른다.

## 청렴 국가를 향하여

앞에서 여러 번 소개했지만, 우리가 알고 있는 청렴 국가들도 1950~1960년대까지는 국내에서든 국제 관계에서든 뇌물이 노골적으로 횡행했다. 21세기의 세계는 적어도 20세기보다는 획기적으로 청결해졌다. 여기에는 1977년에 미국에서 제정한 해외부패방지법과 같이 외국에서 저지른 뇌물죄도 처벌한다는 법과 OECD 뇌물방지협약과 같은 뇌물에 대한 국제 공조가 큰 역할을 했다.[123]

오늘날 뇌물의 세계는 확실히 가시적인 변화를 겪고 있다. 아직 청정 지역이 세계의 절반이 안 된다고 해도 변화의 폭은 확실히 빠르다. 최근에는 경제력 대비 부패지수에서 세계 최고 수준의 불일치를 보이며 청렴지수의 저 아래쪽에 있던 관시의 나라 중국에서도 특이한 소식이 전해지고 있다. 2014년 영국의 다국적 제약회사 글락소 스미스클라인(GSK)은 중국의 정부 관료, 의사, 병원 직원에게 30억 위안(5,500억 원) 상당의 뇌물을 제공한 혐의

---

**123** 신동화, "OECD 뇌물방지협약 발효의 의외와 시사점", 〈KIEP 세계경제〉 5, 1999; 박석범, "OECD 뇌물방지협약과 이행 동향", 〈OECD focus〉 3, 2004.

로 유죄판결을 받았다. 중국 법원은 이 기업에게 30억 위안의 벌금을 부과했다. 이 사건은 중국에 진출한 전 세계 기업들에게 충격으로 받아들여졌다.

이 사건이 중국의 뇌물 관행에 대한 획기적인 변화의 서곡이라고 보기는 어렵다. 30억 위안의 벌금이 어디로 갈지도 의문이고, 뇌물죄의 적발과 벌금은 외국계 기업에게는 이중적 부담이 될 수도 있다. 뇌물은 한 번의 극적인 판결이나 사형과 같은 극약처방으로 단번에 치료되지 않는다. 그러나 최소한 중국이 이 정도로 변화의 노력을 보인 것은 변화 중에 변화라고 할 수 있다. 시간이 좀 더 흐르면 역사가들은 이 시기가 뇌물의 역사에서 분명히 획기적인 전환점이거나 역사적인 시도였다고 평가할 것이다.

국제 공조가 이루어지는 데에는 여러 가지 원인이 있지만, 결정적인 원인은 타국에서의 뇌물이 곧 우리의 이익이라는 등식이 약화되었기 때문이다. 20세기 후반부터 세계 경제의 글로벌화 시대가 도래했다. 아시아, 중남미, 중동의 신생 국가들이 경제력이 성장하면서 시장을 개방하고 경쟁적으로 외국 기업을 유치하기 시작했다. 신생국들은 대부분 뇌물에 둔감하고 인정에 약한 사회구조를 지닌 데다가 갑작스런 경제성장이 부패한 정권에 경제력을 불어넣어 강력한 정부와 커넥션을 탄생시켰다. 글로벌화와 빠른 사회 변화로 개발도상국들의 경제와 부패가 급속히 성장하면서 각국의 부패에 대한 인식이 변하기 시작한 것도 중요한 계기가 되었다. 당연해 보이고 사람 사는 모습으로 보이던 인정과 뇌물이 자신들에게 커다란 피해를 입히고 성장을 저해하며 왜곡시킨다는 사실을 국민이 체득하게 된 것이다.

하지만 현재 국제 뇌물방지협약을 주도하는 나라는 선진국이다. 개발도상국과의 거래가 커지다 보니 뇌물의 요구도 커졌다. 관리들이 뇌물을 주지 않으면 공짜로 지어주는 다리나 빈민에 대한 원조도 받지 않겠다는 이야기가 수없이 떠돈다. 자원 채굴, 시장 개방, 기업 유지 등을 두고 국제 관계에서 거대한 커미션 시장이 형성되었다. 글로벌 경제 구조와 다국적 기업 구조에서 발생하는 부패는 전염성이 매우 높다. 타국에서 벌이는 사업을 뇌물에 의존하게 되면 다국적 기업과 수출 기업의 내부도 오염된다.

한편 개발도상국은 가뜩이나 선진국과 어려운 경쟁을 해야 하는데 그들의 거대한 뇌물 공세를 이겨낼 수 없다. 시장이 개방되고 외국 기업이 들어오면서 선진국은 부유해지고 후진국은 타락해간다. 선진국은 청결한 사회에서 살면서 후진국에 와서 오물을 뿌리고 간다. 이 구조는 후진국은 절대 선진국이 될 수 없다는 좌절감과 선진국이나 선진 자본주의 국가에 대한 분노를 낳는다. 자본주의 체제는 공정경쟁에 의한 성장과 역전의 가능성이 사라지면 죽은 체제가 되는데 말이다.

한마디로 바다 건너 국가에서 뿌린 뇌물이 자국의 기업을 타락시키고, 자신들에 대한 분노와 테러를 조장하게 된다. 글로벌화가 뇌물과 부패의 순환 구조와 오염의 범위를 바꾸어버렸다. 인터넷 바이러스처럼 국경 없는 뇌물과 부패의 네트워크가 발생했다.

흥미롭게도 OECD 국가들 간에도 국제 공조에 참여하고 헌신하는 정도는 차이가 있다. 어떤 나라는 빨리 가입하고, 어떤 나라는 주저하고, 어떤 나라는 가입을 해놓고도 실천하기를 주저한다. 근본적인 원인은 피해의 공유에 있다. 영국은 미국보다 해외 뇌물에 대한 처벌과 국제 공조가 빨랐다. 국가의 수익 구조에서 금융업의 비중이 높은 영국은 해외에서의 부패가 자국의 경제에 미치는 영향이 빠르고 컸다. 반면 제조업과 수출 비중이 높은 나라일수록 타국에서의 뇌물 제공을 금지하면 기업의 수출 경쟁력이 떨어진다는 고민이 커진다.

해외 뇌물방지법은 영국이 빨랐지만 OECD를 통한 국제협력을 주도한 나라는 미국인 점도 이 때문이다. 미국은 록히드 마틴 사건(군수업체 록히드가 일본 고위 관료에게 뇌물을 준 일)을 계기로 1977년에 해외 부패방지법을 제정했다. 그러나 법을 제정하자 미국 기업들이 뇌물이 횡행하는 해외 시장에서 큰 피해를 입는다고 하소연하기 시작했다. 이에 미국은 OECD와 WTO를 통해 국제 부패방지협약에 다른 나라들이 동참하도록 유도했다.

한국과 일본처럼 수출 의존도가 무척이나 높은 나라에서는 국제협약의 피해가 더욱 크다. 부패방지협약의 최대 수혜자는 미국이고 우리나라가 가장 큰 피해를 입고 있다고 말할 수 있다. 그러나 넓은 눈으로 보면 부패지수는 국가의 장기적 발전에 커다란 피해를 입힌다. 우리가 국내의 뇌물과 부패 관행에 만족할 수 없다면 국제사회에 대한 이중적인 자세 또한 버려야 한다.

결국 뇌물에 대한 근본적인 대처법은 강력한 법도, 정의로운 규정도, 치열한 국민 교육도 아니다. 뇌물의 역사를 돌이켜보면 인류가 만들 수 있는 방법, 가능한 시도, 뇌물에 대한 현자의 경구까지 나올 수 있는 것은 모두 나왔다. 문제는 방법을 적절히 가공해서 선택하고 효율성을 높이는 데 있다. 근본적인 방법들은 지역과 신분을 가릴 것 없이 뇌물과 부패가 전체 국민에게 큰 피해를 입힌다는 사실을 체득하고 깨닫는 사회구조를 이루는 것이다. 반대로 이런 구조적인 인식이 결여된 방법이나 감정과 현장의 논리에 호소하는 방법으로는 언제나 그랬듯이 반짝 효과로 그치고 말 것이다.